守正创新，行稳致远
——中国特色高水平高职学校和专业建设计划建设成果案例集

汪 焰 主编

电子工业出版社
Publishing House of Electronics Industry
北京·BEIJING

内 容 简 介

浙江工贸职业技术学院（简称"浙工贸"）作为教育部中国特色高水平高职学校和专业建设计划（简称"双高计划"）建设单位，围绕"双高计划"建设任务和绩效目标，紧盯"引领"，强化"支撑"，凸显"高"，彰显"强"，体现"特"，在引领职业教育改革发展和增强适应性，服务国家战略和地方经济社会发展，推动形成国家层面支撑职业教育高质量发展的政策、制度、标准等方面形成了一批国家级和省级标志性成果。为进一步促进和引领"双高"建设，推广先进经验，学校组织"双高"建设团队总结"一加强、四打造、五提升"十大任务和一个特色"双高"建设任务的做法与经验，凝练为70个建设案例。

案例在编写体例上包括标题、摘要、关键词、正文，正文部分包括实施背景、主要做法、成果成效、经验总结和推广应用等部分。案例内容逻辑严谨、重点突出、简明流畅、图文并茂，充分体现了理论性、创新性和示范性。案例可为同类"双高计划"建设单位提供借鉴，共同提高"双高"建设水平，也可为其他高职兄弟院校提供借鉴，促进职业教育内涵发展，还可为职业教育研究者提供参考。

未经许可，不得以任何方式复制或抄袭本书之部分或全部内容。
版权所有，侵权必究。

图书在版编目（CIP）数据

守正创新，行稳致远：中国特色高水平高职学校和专业建设计划建设成果案例集/汪焰主编.—北京：电子工业出版社，2022.12
ISBN 978-7-121-46154-5

Ⅰ.①守… Ⅱ.①汪… ②Ⅲ.①高等职业教育－教育研究－中国 Ⅳ.①G718.5

中国国家版本馆 CIP 数据核字（2023）第 155174 号

责任编辑：康　静
文字编辑：杜　皎
印　　刷：北京七彩京通数码快印有限公司
装　　订：北京七彩京通数码快印有限公司
出版发行：电子工业出版社
　　　　　北京市海淀区万寿路 173 信箱　邮编：100036
开　　本：787×1092　1/16　印张：25.25　字数：643.2千字
版　　次：2022年12月第1版
印　　次：2022年12月第1次印刷
定　　价：120.00元

凡所购买电子工业出版社图书有缺损问题，请向购买书店调换。若书店售缺，请与本社发行部联系，联系及邮购电话：(010) 88254888，88258888。
质量投诉请发邮件至 zlts@phei.com.cn，盗版侵权举报请发邮件至 dbqq@phei.com.cn。
本书咨询联系方式：(010) 88254609，hzh@phei.com.cn。

编写委员会

主　　编　汪　焰
副 主 编　贾永枢　夏正超
参　　编　郑　凉　杨晓珍　蔡景界　李　丹
　　　　　张其亮　任志杰　罗　坚　林海春
　　　　　郑道友　赵秀芝　成荣芬　王国银
　　　　　王本轶　杨松涛　黄路瓯　王小明
　　　　　吴同喜　郑大转

前　言

浙江工贸职业技术学院自入选中国特色高水平高职学校和专业建设计划（简称"双高计划"）建设单位以来，坚持以习近平新时代中国特色社会主义思想为指导，锚定国内一流、国际有影响的高水平高职院校建设目标，紧盯"引领"，强化"支撑"，凸显"高"，彰显"强"，体现"特"，围绕"一加强、四打造、五提升"十大任务和一个特色"双高"建设任务，整体推进专业群建设和学校整体发展，取得了一系列标志性成果，引领职业教育改革发展和人才培养，服务国家战略和区域经济社会发展能力全面升级，彰显了学校的贡献力和影响力。本书精选自"双高"建设以来，截至 2022 年的 70 个案例，在编写体例上包括标题、摘要、关键词、正文，正文部分包括实施背景、主要做法、成果成效、经验总结和推广应用等部分。案例内容逻辑严谨、重点突出、简明流畅、图文并茂，充分体现了理论性、创新性和示范性。案例多维度、全景式、立体化展现学校"双高"建设成果成效，全面呈现了学校"双高"建设的新经验、新机制、新模式和新成果，是学校"双高计划"阶段性建设成效的一次全面、系统的总结和凝练。

学校办学实力显著增强，引领职业教育高质量发展。 坚持和加强党的全面领导，落实立德树人根本任务，入选全国高校党建工作标杆院系；荣获浙江省教学成果奖一等奖 3 项、二等奖 2 项。建成国家级职业教育专业教学资源库 2 个、国家精品在线开放课程 4 门，总访问量超过 1 亿人次；入选国家级骨干专业 3 个、国家级生产性实训基地 3 个、国家级课程思政示范项目 2 个、国家级教师教学创新团队 1 支，教师教学能力比赛获国家一等奖 1 项、二等奖 2 项、三等奖 1 项，创历史新高。创新创业教育成为金名片，入选首批国家级创新创业教育实践基地。毕业生人才培养质量跟踪调查连续 8 年名列全省高职院校前两位。

学校服务迈向更高能级，有力支撑国家战略和地方发展。 围绕先进制造、新一代信息技术等战略性新兴产业及数字经济、创意设计等现代服务业，构建八大高水平专业群；建成两大国家级协同创新中心；知识产权服务园打造世界知识产权组织技术与创新支持中心；立项教育部"能者为师"特色项目 7 项；参与"863"重大科技项目研发；2019 年发明专利数列全国高职院校第 2 位，2020 年发明专利数列全国高职院校第 3 位，荣登 2021 年中国高职改革活力指数科技创新榜第 4 位。

学校围绕热点、难点率先探索实践，服务国家职教政策制度建设。 率先研制与实践"'双师型'教师专业发展标准"，以光电制造与应用技术等 5 个专业为标准研制对象，系统设计了"四阶段、四维度""双师型"教师专业发展标准；牵头"跨境电子商务"等国家专业教学标准修订 4 项；向海外输出"应用法语"等高水平专业教学标准 4 项；创新创业教育形成"研训创融通"典型模式，入选教育部百强典型案例；参与制订教育部、浙江省政府《关于推进职业教育与民营经济融合发展助力"活力温台"建设的意见》，助力职教高地建设与先进模式推广。

一花独放不是春，万紫千红春满园。我们希望本书能给全国同类"双高"校建设单位的领导、职能部门、"双高"建设任务的管理者、教师提供借鉴，大家通过相互学习、相互交流，共同提高"双高"建设水平。本书也可为其他高职兄弟院校提供经验借鉴，促进职业教育的适应性和职业教育类型发展，同时可供广大中职学校参考使用，促进中职、高职一体化发展。本书还可供职业教育研究者和有志于从事职业教育的本科生、研究生使用，书中提供了来自一线建设者的生动案例，从中可感受到职业教育发展的勃勃生机。

学校"双高"建设取得的成果，离不开上级主管部门的深情厚爱与大力支持，离不开兄弟高职院校的鼎力相助，在此对大家多年来对浙江工贸职业技术学院的厚爱、关心和支持表示衷心的感谢，对学校全体教师的热情参与和辛勤研究表示诚挚的谢意！"双高"建设任重而道远，本书收录的70个案例仅是初步探索，我们必将踔厉奋发，勇毅前行，为"双高"终期验收交上一份满意的答卷。由于编者水平有限，书中难免有不成熟、不完备之处，敬请广大读者提出宝贵意见。

编　者

2022 年 12 月

目 录

一、加强党的建设

守正创新，行稳致远
　　——以高质量党建统领"双高"建设 ……………………………………………… 3

固本强基，红色铸魂
　　——全面提升基层党组织活力 ……………………………………………………… 9

构建"四梁八柱"文化体系，厚植国家"双高"校的文化自信 …………………… 16

调制套餐，为清廉文化建设"提味增鲜" ………………………………………… 20

二、打造技术技能人才培养高地

落实五育并举，培养创新型复合型高素质技术技能人才 …………………………… 29

深度挖掘地方特色资源，建构高职课程思政育人体系 ……………………………… 35

传承技艺，育人无形
　　——国家级课程思政示范课"木活字印刷术传统技艺"教学实践 ……………… 41

弘扬文化自信，提升价值内涵
　　——国家级课程思政示范课"海报设计"教学创新的探索与实践 ……………… 47

围绕"四个四"，构建职业本科特色专业评价体系 ……………………………… 53

构建三级竞赛体系，提升教师教学能力 …………………………………………… 57

基础共享，核心差异，能力递进
　　——光电专业多元学制人才培养的探索与实践 …………………………………… 62

光电制造学院推进"1+X"书证融通，深化专业人才培养模式改革与探索 …… 66

三、打造技术技能创新服务平台

建设协同创新平台，激发科技创新活力 …………………………………………… 73

校企联合攻关，服务国家重大工程 ………………………………………………… 79

建设省级博士创新工作站，服务中小微企业发展 ·· 85
创新成果转换机制，推动科技赋能区域发展 ·· 90
打造地方特色高端智库，提升决策咨询服务水平 ·· 95

四、打造高水平专业群

健全五大机制，支撑高水平专业群建设 ··· 105
坚持产业需求导向，牵头研制国家标准，打造光电制造国家级高水平专业群 ············· 109
基于 OBE 理念，打造人工智能省级高水平专业群 ·· 114
立足视觉健康行业，打造眼视光技术市级优势专业群 ··· 119
双轮驱动，建设数字商贸市级优势专业群 ·· 124
产教深度融合，文旅体协同发展，打造旅游与休闲市级优势专业群 ······················· 129
"学园城"一体化融通，打造创意设计专业群 ·· 135
内外联动，打造跨境贸易专业群 ··· 140
单核心双融合多通道，打造智慧工商管理专业群 ·· 144

五、打造高水平"双师"队伍

发挥园区优势，探索六种路径，造就六类人才 ·· 153
研制教师专业发展标准，打造"双师型"教师队伍 ··· 159
抓住三个着力点，构建高水平科研团队 ··· 164
校企双元，三能融合，打造电子商务职业教育国家级教师教学创新团队 ·················· 170
立德树人，教研相长，打造智能光电制造技术职业教育省级教师教学创新团队 ·········· 176
"一体两翼"强技能，"工匠文化"塑"双师" ··· 182
实施"五子"工程，开启"双师"凯旋门 ·· 186

六、提升校企合作水平

面向中小微企业，依托行业协会的高职实践教学改革与创新 ································· 193
以电为基，以光为盟，打造全国职业教育光电技术专业联盟 ································ 198
以混合所有制为导向，打造眼镜产业学院的探索与实践 ····································· 204
基于"工匠工坊"的软件技术专业现代学徒制实践探索 ····································· 209

基于产业学院的物流管理专业现代学徒制育人实践与探索……214
政企学研深融合，创新文创学院发展新模式……221
政校行企共建，探索产业学院多元建设模式……227
共建共享共认，校企合作打造数字孪生智能制造产教融合基地……232

七、提升服务发展水平

打造世界知识产权组织技术与创新支持中心，服务温州城市创新发展……241
发挥视光专业优势，服务全民视觉健康……247
建设社区教育课程，助力社区银龄跨越"数字鸿沟"……252
发挥国家级体育俱乐部功能，打造全民健身"桥头堡"……258
普查盘活文旅资源，赋能共同富裕温州样板打造……263
释放办学牵引力，助力山海协作……269
推进育训结合，打造社会服务培训工贸品牌……274
开展职业技术等级认定评价，助力工匠培养……279

八、提升学校治理水平

传承创新，激扬新时代工贸精神，争当"重要窗口"先行者……287
以群建院，提升二级管理效能与水平……293
打造"智慧工贸"，赋能学校治理现代化……298
"五个一流、四链贯穿"，构建人才培养质量保障体系……302

九、提升信息化水平

以点驱动，聚点成线，以线带面
　　——"区域和学校整体推进智慧教育综合试点"建设……309
打造数改应用场景，提升学校信息化水平
　　——智慧校园"一脸通"综合应用……315
打造数字工贸，畅游智慧教学
　　——以数字化赋能温台职教新高地建设……320
"三化引领"构建在线资源建设与应用体系……327

发挥国家级教学资源优势，深化"互联网+"教学改革 ················· 331
系统推进"八个有"，实现在线教学同质等效 ····················· 335

十、深化两岸交流合作

深化两岸交流合作，打造交流合作平台
　　——"海峡有渡，创意无限"两岸青年创客工作坊 ··············· 341
建设台湾青年创业创新平台，助力浙台经济社会融合发展 ············ 345

十一、提升国际化水平

以"校企共建海外（法语）实训基地"为抓手，打造应用法语专业国际化办学"特色"
　　样板 ·· 351
高标准输出专业标准和国际教材，提升专业国际化水平 ············· 358
工业机器人技术专业依托国际化资源，打造国际化专业的探索与实践 ··· 362
厚植青年人才成长的沃土，打造中美青年创客标杆 ················· 369

十二、创新创业教育

四共理念引领下的高职"研训创融通"创新创业人才培养 ············ 377
建设创新创业资源库，打造双创教育生态圈 ························ 380
深化园区化产教融合，培养创新创业人才 ·························· 384
以"四化"加强双创教育　带动学生高质量就业 ···················· 388
五力聚合，学创一体，打造专创融合专业（群） ···················· 390

一、加强党的建设

一、西藏的变迁

守正创新，行稳致远
——以高质量党建统领"双高"建设

摘　要：高校党建工作是新时代党的建设伟大工程的重要组成部分，是办好中国特色社会主义高校的根本保证。学校①党建双创工作一直坚持举旗帜、立标杆、树榜样、引方向、育新人的目标导向，强调"突出政治建设、突出思想引领、突出使命担当、突出守根固本"的创建导向，全力推动学校党建工作质量提升。

关键词：高职党建；立德树人；"双高"建设；党支部

一、实施背景

高校党建示范创建和质量创优（以下简称"双创"）工作是新时代高校党建工作的重要组成部分。2018 年 5 月，《中共教育部党组关于高校党组织"对标争先"建设计划的实施意见》要求高校党委增强党建主体意识和党建品牌意识，打造高校党建工作"特色品牌"，推动事业发展总体目标。为此，学校党委结合新时代党建工作规律、教育事业发展规律、人才培养规律等，探索出一套具有学校特色且可复制、可推广的经验做法和实施案例，引领学校事业健康、科学、高质量发展。

二、主要做法

（一）突出政治建设，坚持"红色领航"

1. 坚持社会主义办学方向

学校深入学习贯彻党的十九大和十九届历次全会精神，全面贯彻党的教育方针，始终坚持社会主义办学方向，以立德树人为根本，坚持和完善党委领导下的校长负责制，严格执行学校党委会议议事规则、学校校长办公会议议事规则和学校"三重一大"决策制度实施办法等制度，充分发挥党委总揽全局、协调各方的作用。

2. 层层压紧压实主体责任

党委书记切实履行"第一责任人"职责，带头做到重要工作亲自部署、重大问题亲自过问、重点环节亲自协调、重要案件亲自督办。学校制定年度党建工作要点，规划年度重点任务和责任分工，逐级逐层签订党建、意识形态工作责任书，推动全面从严治党向基层延伸、向纵深发展。

---

① 在未限定情况下，本书中"学校"均指浙江工贸职业技术学院。

3. 层层建牢思政工作阵地

学校健全校院两级理论学习中心组，坚持学思用贯通、知信行统一，优化以上率下的学习传导机制；成立马克思主义学院，加强对课堂、讲座、报告、教材等各类思政阵地的管理，牢牢把握意识形态工作的领导权、管理权、话语权。

图 1 为学校党委与二级党组织签订党建责任书。

图 1　学校党委与二级党组织签订党建责任书

（二）突出思想引领，守牢"红色铸魂"

1. 扎实开展党史学习教育

以建党 100 周年为契机，学校把党史学习教育作为立德树人的重要抓手，开展专题党课、诵读红色经典、红色艺术创作展、微党课大赛和"沿着红色足迹学党史"等形式多样的学习教育，成立教师党史宣讲团和"00 后"学生特色理论宣讲团，筑就"至诚讲坛""习读会"和"工贸大讲堂"三大精神宣讲阵地。"00 后讲百年党史"在全国高校思想政治工作网展播，如图 2 所示。

图 2　"00 后讲百年党史"在全国高校思想政治工作网展播

2. 健全"三全育人"体系

学校实施"思政铸魂"计划，落实立德树人根本任务，配齐壮大思政工作队伍，全面构建以思政课程为主体和支撑的全课程育人机制，推进"一院一品"特色思政品牌项目建设，不断丰富"三全育人"工作内容。2019—2021年，学校共有4个项目入选温州市"十大育人"工作室。

3. 浓郁特色校园文化

学校深化"大宣传"工作格局，遵循"文化强校"理念，通过建制度、搭平台、强队伍、重服务，传承与创新红色文化、"瓯"字非遗①文化、创新创业文化、体教结合文化、刘基文化、志愿服务文化等，构建起极具辨识度的"四梁八柱"浙江工贸职业技术学院文化体系。

（三）突出使命担当，锻造"红色先锋"

1. 锻造有力、有为的干部队伍

学校坚持正确选人、用人导向，推动干部队伍、干部工作系统性重塑。牢记确保党的事业后继有人的政治责任，大力选拔培养优秀年轻干部，建立重点培养人才库，学校40周岁及以下干部占比25%，女干部占比25%，党外干部占比10.9%，队伍结构梯次合理。每年按计划开展暑期干部读书班、中长期外派培训和挂职锻炼等工作，修订完善干部日常管理和考核评价机制，激发干部敢担当、有作为的内生动力。

2. 锤炼素质过硬的党员队伍

学校按照新时代党建工作要求，选优配齐二级学院党总支书记、副书记和专职组织员，定期组织基层党支部书记和党务骨干集中培训；出台《教职工党员2020—2023年集中轮训方案》，做好教职工党员政治理论学习教育；开展"党组织书记角色意识大体检""争做新时代组工人"主题实践活动，提升队伍业务能力和党性修养；注重在"双高"建设等急难险重任务中考验党员干部履职担当的能力，开展"潮聚瓯江·浙工贸群英谱"先进典型选树活动，激发广大师生党员学习、弘扬和争当先进的热情。

图3为基层党支部书记与党务骨干培训班合影。

（四）突出守根固本，筑牢"红色阵地"

1. 将"红色根脉"扎深扎实

学校布局基层党组织架构，将支部建在专业（群）、科研团队上，实现教师党支部"双带头人"书记全覆盖，推动党的工作与教学、科研、学生管理服务等紧密融合；持续推进党支部"堡垒指数"和党员"先锋指数"考评管理，深化高校党建"对标争先"建设，遴选校级党建工作标杆院系和样板支部，3个基层党组织成功入选全国、全省党建双创培育创建单位。

2. 将"红色朋友圈"扩容提质

学校发挥党建在立德树人中的引擎作用，制订实施"校企地党建共同体"创建方案，推进学校党建高质量发展与拓宽"三全育人"新渠道、打造思政教育新课堂、深化实践育人新模式相融合，实现党建与育人双融双促双提升；积极与相关政府单位、行业协会及头部企业

---

① "非遗"为"非物质文化遗产"的简称。

等成立多个党建联盟或党建共同体,开创党建共建、资源共享、人才共育、发展共赢新局面。

图3　基层党支部书记与党务骨干培训班合影

3. 将党风廉政建设推向纵深

学校出台《深化"清廉工贸"建设实施方案》,系统梳理小微权力运行清单,排查廉政风险,分层分类签订党风廉政建设责任书,完成学校政治生态建设状况的自查、全面评估和分析研判工作,形成风清气正的政治生态。学校连续11年高质量开展"廉洁文化月"系列活动,探索出独具学校特色和辨识度的廉洁文化品牌,学校廉洁教育经验做法被浙江省纪委监委网站、浙江省教育厅纪检监察网及杭钢集团微党建等采纳报道,如图4所示。

图4　调制套餐,为清廉文化建设"提味增鲜"

三、成果成效

（一）政治引领更加彰显

全体教职工更加自觉在思想上、政治上、行动上同党中央保持高度一致，不断增加"四个意识"，坚定"四个自信"，坚决做到"两个维护"。

（二）组织建设更加有力

学校成功打造教育部全国党建样板支部 1 个，打造省级党建标杆院系 1 个、样板支部 1 个，荣获浙江省课程思政示范校、浙江省"三育人"先进集体、浙江省党建"双百示范"工程、浙江省高校文化育人示范载体、杭钢集团"先进基层党组织"等荣誉。

图 5 为学校党委获杭钢集团"先进基层党组织"颁奖现场。

图 5　学校党委获杭钢集团"先进基层党组织"颁奖现场

（三）党员作用更加凸显

多名师生党员获得浙江省高校优秀党员、浙江省黄炎培职业教育杰出教师奖、浙江工匠、杭钢劳模等荣誉，杨晓珍入选浙江省高校思政工作中青年骨干队伍建设项目。

四、经验总结

（一）政治站位要高远

各级党组织要把党建双创工作作为贯彻落实新时代党的建设总要求、加强党对学校各项事业的全面领导、夯实党建工作基础、落实立德树人根本任务的最有力的抓手和重要载体，压紧压实工作责任。

（二）统筹协调要强化

党建双创工作要认真学习贯彻上级相关要求，结合学校中心工作，统筹校内外资源，协调党建、教学、科研、思政等方面的关系，做到多管齐下、多向发力、多方融合、多维发展。

（三）目标结果要实化

党建双创工作要坚持目标导向、问题导向、效果导向，围绕破解党建双创工作中的重点、难点问题的途径和方法等开展调查研究，积极补短板、强弱项，创新工作方式，推动各项举措落地、落实。

（执笔人：俞通海）

固本强基，红色铸魂

——全面提升基层党组织活力

摘　要：自党的十八大以来，学校党委按照"旗帜""标杆"要求，深入贯彻新时代党的建设总要求和新时代党的组织路线，以政治建设为统领，深入落实党对学校工作的全面领导，落实立德树人根本任务，持续加强党的组织体系建设，不断夯实组织基础，锻造先进党员队伍，全面提升党的建设质量。各级党组织不断守正创新，成为为党育人、为国育才的坚强战斗堡垒。

关键词：立德树人；组织建设；基层党组织

一、实施背景

加强和改进基层党建工作是新时代高校党的建设高质量发展的必然要求，是贯彻党的教育方针、坚持社会主义办学方向、落实立德树人根本任务的重要途径。学校党委心怀"国之大者"，深入贯彻落实习近平新时代中国特色社会主义思想，聚焦立德树人这一中心任务，不断健全"抓院促系，整校建强"的工作格局，以高质量党建引领学校各项事业高质量发展。

二、主要做法

（一）深化"抓院促群"

学校聚焦新时代中国特色高职教育发展需求，系统性重构院系设置，成立 7 个二级学院党总支，选优配强二级学院班子，落实党政共同负责制，完善二级学院"党总支议事规则""党政联席会议事规则"，涉及人才引进、年度考核、廉政责任等重要事项，实行党政主要负责人"双签"制度。探索在专业群上建立党支部，落实"双带头人"教师党支部书记 100% 全覆盖，推行党支部书记参与相关专业（群）的发展规划、经费使用等重要事项决策制度，并由党支部对所在二级学院、专业（群）教职工岗位晋升、职称评定、评优评先等事先做出思想政治鉴定，以党建赋能专业群高质量发展。

（二）筑牢"红色根脉"

学校遵循《中国共产党普通高等学校基层组织工作条例》，系统梳理学校基层党建工作的地位作用、目标指向、总体要求、重点任务、方法路径、主体责任和最终落脚点，出台"深入贯彻省委'红色根脉强基工程'打造新时代党建工作高职样板的实施方案"，构建"各级守土有责、各方携手共抓"的履责机制，推动基层党建工作质量整体跃升；以深化产教融合，推进"三全育人"为立足点,与相关政府单位、行业协会及龙头企业等成立多个党建联盟或党建共同体,提质扩容"红色朋友圈",构建"资源共享、优势互补、互相促进、共同提高"的基层党建工作新格局,激发党建活力,提升育人成效。

图1为光电制造学院与温州瑞明机械工程有限公司成立党建共同体,图2为人文学院与娄桥街道党工委签约党建联盟实践基地。

图1　光电制造学院与温州瑞明机械工程有限公司成立党建共同体

图2　人文学院与娄桥街道党工委签约党建联盟实践基地

（三）抓实"先锋示范"

根据"控制总量、优化结构、提高质量、发挥作用"的总体要求，学校坚持突出重点、统筹安排，加大党员培养和发展力度，把好师生党员的入口关、教育关和交流关；优化入党积极分子教育、评价和政审等工作方法，建立书记联系重点发展对象工作机制；高质量做好吸纳高知群体入党工作，强化人才对党的政治认同、思想认同和情感认同；规范民主生活会、主题党日活动和支部"三会一课"组织生活，开展党员民主评议工作和基层党组织星级建设，全面落实"双指数"管理；制订实施《学校教职工党员集中轮训方案》，举办"毕业生党员最后一次党课"等活动，不断强化党员意识，充分发挥党员先锋模范作用。

图 3 为现代管理学院党总支开展"服务文明城市创建"主题党日活动。图 4 为学生党总支开展主题党日活动。

图 3 现代管理学院党总支开展"服务文明城市创建"主题党日活动

（四）突出"品牌建设"

学校围绕高校党建"对标争先"建设计划，着力推进基层党建"示范创建"和"质量创优"工作，聚焦"以党建项目为引领，打造特色党建品牌""推进基层党建赋能增效"两大重点工作建设任务，组织遴选校级党建品牌和校级党建工作标杆院系、样板支部培育创建对象，以点带面，推动形成"一总支一品牌""一支部一特色"的基层党建生态。2021 年，学校光电制造学院光电专业群党支部成功入围"全国党建工作样板支部"培育创建单位（如图 5 所示），人工智能学院党总支入围浙江省高校党建工作"标杆院系"，现代管理学院体育党支部入围浙江省高校党建工作"样板支部"培育创建单位。

图4 学生党总支开展主题党日活动

图5 光电制造学院光电专业群党支部入围"全国党建工作样板支部"培育创建单位

三、成果成效

（一）师生理想信念更加坚定

广大师生自觉做共产主义远大理想和中国特色社会主义共同理想的坚定信仰者和忠诚实践者。在新型冠状病毒感染疫情期间，师生党员主动扛起责任，自愿组建先锋服务队，让党旗在防疫一线高高飘扬，100 余篇先进事迹报道被教育部官网、《浙江日报》、浙江在线等媒体刊发转载。师生党员多次在浙江省教育厅视频会议上做专题发言，多个案例入选全国和浙江省优秀在线教学及实践案例。

图 6 为教职工党员积极参加校园疫情防控志愿服务工作。

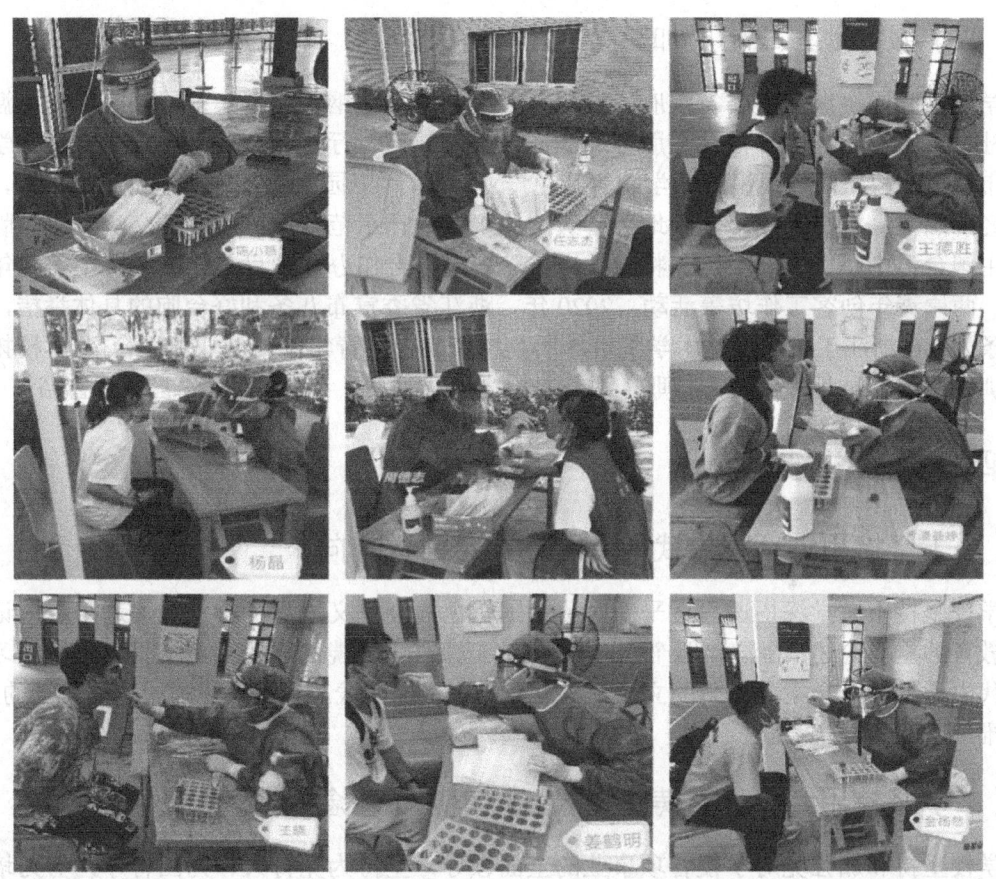

图 6　教职工党员积极参加校园疫情防控志愿服务工作

（二）立德树人成效更加显著

学生立志听党话、跟党走，以实际行动践行社会主义核心价值观，扎根基层、奉献国家。学校连续 15 年高职毕业生初次就业率超过 98%，毕业生人才培养质量跟踪调查 5 年名列全省高职第 1 位，3 年名列全省高职第 2 位。学校以创业带动就业主题案例入选教育部全国普通高校毕业生就业创业工作百强典型案例。学生在各类职业技能大赛、"互联网+"创新创业大赛、"挑战杯"大学生创业计划竞赛等赛事中获得省级以上荣誉 983 项。

（三）党建工作品牌更加彰显

截至目前，学校入选全国高校党建样板支部1个、全省高校党建标杆院系1个、样板支部2个。16名党员教师荣获黄炎培职业教育杰出教师、浙江工匠、浙江省优秀共产党员、杭钢劳模、杭钢优秀党务工作者、杭钢优秀共产党员等荣誉称号。党建工作案例"高职党建'实字经'"被《光明日报》报道，"小宿舍里的大教育"被《中国教育报》报道；"构建'四位一体'组织，服务学生创新创业"荣获全国高校支部风采展示工作案例；学生党总支获全省高校"双百"示范党组织；"非遗文化"获全省高校文化育人示范载体；"微党课"选手获集团微党课比赛一等奖1次、二等奖1次、最佳作品奖1项；学生参加全省"卡尔·马克思杯"知识竞赛，获一等奖。

（四）服务地方战略更加有力

学校紧紧围绕浙江省委省政府、温州市委市政府及杭钢集团重大发展战略，立足温州，面向社会，践行和拓展学校社会服务职能；与政府部门、行业、企业等联合成立环保学院、温州市知识产权学院、眼镜产业学院等特色产业学院；"三园区三基地"建设成效显著，获批数字经济国家高技能人才培训基地、省级特色工业设计示范基地等；对外交流形成品牌，先后与中国台湾中华大学、美国盖特威技术学院等举办合作办学项目，连续举办中美青年创客大赛、两岸青年创客工作坊等活动。2020年，浙江省委宣布八条利好台胞的具体举措，其中第一条为"在浙江工贸职业技术学院等5所高校建立台湾青年创新创业新平台"。学校拓展社会培训，选派党员骨干到地方挂职，进行社会普查调研等，助力山区26县共同富裕。

四、经验总结

（一）坚持用创新理论武装头脑，锚定前进方向

学校坚持不懈学深悟透习近平新时代中国特色社会主义思想，特别是习近平总书记关于高等教育的重要论述；围绕"四个面向"，始终把工作融入党和国家事业大局，坚持用习近平新时代中国特色社会主义思想的立场、观点和方法指导实践，着力破解制约改革发展的难题，扎实推进"双高"建设。

（二）坚持用红色基因铸魂育人，树牢理想信念

学校坚持和加强党对学校各项事业的全面领导，坚持为党育人、为国育才，努力培养德智体美劳全面发展的社会主义建设者和接班人；要大力开展党情、国情、校情教育，用好红色资源，讲好红色故事，将传承红色基因融入立德树人全过程，让"听党话、跟党走"的信念成为全体师生的自觉追求。

（三）坚持用先进典型示范引领，带动党建创优

学校坚持完善党建工作"标杆院系""样板支部"和"双带头人"工作室培育创建体系，积极宣传展示、推广运用先进基层党组织的好思路、好方法、好经验，巩固拓展高校基层党建工作成果；要坚持打造特色党建品牌，创新工作方法，激发工作活力，推动党建工作

全面创优。

（四）坚持党建和业务统筹谋划，推动融合互促

学校树牢"以高质量党建引领高质量发展"理念，坚持党建工作和业务工作一起谋划、一起部署、一起落实、一起检查；坚持以推动基层党组织开展联学共建为切入点，围绕业务工作的重点和难点，不断丰富"党建+"形式和内涵，以"咬定青山不放松"的劲头推动党建工作与业务工作融合发展。

（执笔人：应马忠）

构建"四梁八柱"文化体系，厚植国家"双高"校的文化自信

摘 要：学校有60多年的办学历史和文化积淀，在"以钢铁意志做人、建业、报国"的杭钢精神和"大气致远，精工诚贸"的校训精神的指引下，通过建制度、搭平台、强队伍、重服务和传承与创新红色文化、非遗文化、杭钢文化、工贸文化、创新创业文化、教体融合文化、刘基文化、志愿服务文化，构建起极具辨识度的"四梁八柱"浙江工贸职业技术学院文化建设体系。

关键词：文化育人；四梁八柱；文化自信

一、实施背景

习近平总书记强调，要增强文化自觉，坚定文化自信，铸就中华文化新辉煌。用中华民族伟大复兴中国梦鼓舞大学生，用社会主义核心价值观培育大学生，用习近平新时代中国特色社会主义思想武装大学生，为培养德技并修的时代新人注入文化自信，在浙江"重要窗口"和共同富裕示范区建设中扛起文化传承与创新重任，是浙江工贸职业技术学院（以下简称"浙工贸"）作为国家、省"双高计划"建设单位的使命和担当。

为此，浙工贸通过建制度、搭平台、强队伍、重服务和传承与创新红色文化、非遗文化、杭钢文化、工贸文化、创新创业文化、教体融合文化、刘基文化、志愿服务文化，构建起极具辨识度的浙工贸"四梁八柱"文化建设体系，如图1所示。

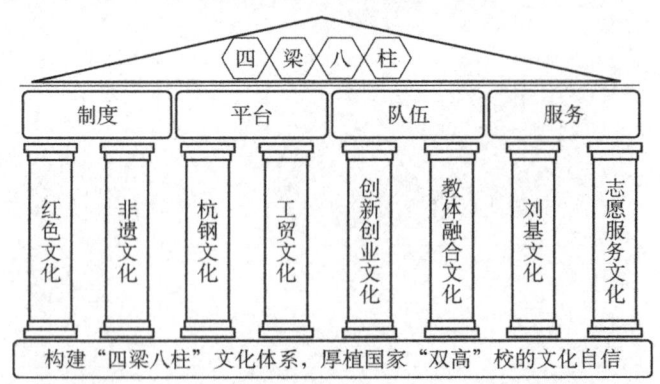

图1 浙工贸"四梁八柱"文化建设体系示意图

二、主要做法与成效

（一）在文化自信的历史坐标中坚定社会主义高校办学方向

1. 以百年党史提升中华民族伟大复兴的历史自信

以"四全促四度"，党史学习教育紧、实、热、特，实现对16000多名师生学习全覆盖。分众化学习、立体化宣讲、融合化宣传，突出党史学习教育的"历史味、时代味、工贸味"。举办百年百米百人图说红色精神等庆祝建党百年系列活动。学校入选浙江省职业教育党史学习教育成果，并在教育部全国高校思想政治工作网展播（全省三所职业院校之一）。

图2为微党课视频在全国高校思想政治工作网展播。

图2 微党课视频在全国高校思想政治工作网展播

2. 胸怀两个大局，夯实意识形态文化根基

增强马克思主义理论底蕴，发挥"至诚讲坛"的理论溯源和"工贸大讲坛"的理论走心作用，全年召开各类形势政策报告会400余场，坚定师生的中国特色社会主义的道路自信。荣获浙江省第四届"卡尔·马克思杯"理论知识竞赛二等奖。增强优秀传统文化底蕴，发挥区域文化研究中心、浙江省思政教师骨干队伍、红石榴工作室、红韵瓯风工作室等平台作用，用浙江省"一大"红色文化、瓯塑等"瓯文化"和"千年商港"的温州文化等文化富矿，增进师生道德自觉，提升道德自信。增强现代科技文化底蕴，紧抓"数字浙江"建设的战略和数字化改革的部署，把网上舆论工作作为宣传思想文化工作的重中之重来抓，构建网络文化家园。学校是温州高校清朗网络联合会副会长单位。

（二）以"四个三"联动构建工贸文化的"四梁八柱"

1. "三环相扣"的文化育人机制，确保育人工作落到实处

（1）突出组织引领。构建"党委统一领导、党政齐抓共管、职能部门紧密配合、二级学院具体落实"的多级联动校园文化建设体系，强化对文化育人工作的组织领导和统筹协调。成立全省高职院校第二家马克思主义学院。

（2）突出顶层设计。把文化建设纳入学校发展的战略全局来思考谋划。"十四五"发展规划、"双高"建设方案、年度党委工作报告均对学校文化建设做出部署。

（3）突出协同落实。出台"文化校园建设方案""育人导师制实施办法"，全力推进"三全育人"。学校是浙江省实践育人重点建设校。

2. "三园辐射"的文化平台，促进时代新人文化自觉的实践养成

（1）校园文化育人平台，包括以理论溯源为旨归的工贸大讲坛、致诚讲坛，以以文化人、以美育人为目标的校园文化活动，以政策宣讲、环境育人为抓手的"红色文化长廊"，以校史教育为核心的校史馆，以"这里江山别样红"为主题的思政虚拟仿真实训室等，极具时代气息。

（2）园区化产教融合育人平台。学校政产学研联动，与政府共建"三园区三基地"，建有区域文化研究中心、瓯塑研究院、刘基文化研究所，以及瓯绣、瓯窑、木活字工作室等文化平台，并获评国家级众创空间。

（3）同心圆式社会服务育人平台。以学校为圆心，校地联动、校企联动、校政联动形成辐射效应。与地方党校形成"红色"双联动，在浙江省"一大"会址建立红色思政理论课教学实践基地，开展教科研深度合作，让红色基因在青年中代代传承。与街道共建"宣讲名师工作室"，探索出形式新、接地气、聚人气的社区宣讲新模式，宣讲直接服务达 2000 多人，《人民日报》客户端对其进行了专题报道。

3. "三师协同"的文化育人队伍，形成育人工作合力

学校建平台、引人才、育人才，打造思政教师、专业教师、工艺大师"三师协同"的文化育人队伍。思政教师把握思政方向，打造优质的思政主课堂，坚守育人第一阵地，引导专业课程骨干教师、工艺大师牢固树立知识传授与价值引领同频共振的教学理念，实现地方特色文化资源在育人中的最大效能。2021 年，2 支教师团队荣获国家教学创新团队称号，1 名教师获评浙江省黄炎培职业教育杰出教师，1 支教师队伍获浙江省首批高校思政工作中青年骨干队伍立项。专业课教师、工艺大师在技术技能人才培养中统筹融入地方特色文化资源，使文化育人和技能提升同向同行。学校拥有一支由"浙江工匠"、教育部课程思政名师、刘基文化研究首席专家，以及浙江青年工匠等 20 余人组成的结构优化、技艺精湛的传承队伍，成为温州市乃至浙江省非遗文化保护传承的中坚力量。

4. "三维联动"的社会服务网络，用文化助力共同富裕示范区建设

（1）塑好核心点。学校立足校园、回归民间、服务社会，与社区、革命老区、校园、企事业单位共建，打造社会服务核心点。通过公益课堂、创意集市、网络课堂、结对帮扶和专题讲座等形式，与基层众面对面，架起可观、可听、可感的地方特色文化传承与弘扬的桥梁。每年培养校内学生 500 多名，并在温州市特殊教育学校、温州黄龙强制隔离戒毒所等开设非遗课外课堂。

（2）穿好链接线。依托党史宣讲团、暑期社会实践队、非遗传承志愿服务队等社会服务队伍与群众需求无缝链接。学生红马甲志愿团队连续 10 多年义务为农民工购买火车票，形成志愿服务育人品牌，开展世界青年科学家峰会志愿服务（如图 3 所示）、"银龄微课堂"、新青年下乡"暖冬"计划等各类志愿服务活动。

（3）扩大覆盖面。做好组织覆盖，哪里有需要，社会服务核心点就建在哪里。扩大工作覆盖，把社会服务工作延伸到革命老区、偏远山区等最需要的地方去。用好网络覆盖，推动社会服务领域优质资源放大利用、共享复用。

三、推广应用

（一）讲好中国故事

落实习近平总书记"数字浙江"建设的战略目标和浙江省委"数字化改革"战略部署，推进治理体系提升和教育智慧化水平。"'八个有'保障课堂同质等效"线上教学案例入选全国高职教学改革典型（全省唯一）。"打造数字工贸 畅游智慧教学"由杭钢集团以专报形式报送浙江省委、省政府。

图3 学生志愿者助力2021年世界青年科学家峰会

（二）讲好杭钢故事

承办杭钢集团的党史学习教育理论研讨会，赴平阳浙江省"一大"会址开展"六个一"教育活动，挖掘杭钢集团产业报国的红色故事，"以钢铁意志做人、建业、报国"的杭钢精神焕发时代新风。《弘扬钢铁意志，守护绿水青山》参加浙江省国资委微党课大赛获三等奖、杭钢集团一等奖。为杭钢集团创作《皋亭春色》《花开盛世》《南宋西湖景》等大型瓯塑作品。

（三）讲好职教故事

深刻领悟习近平总书记赋予职业教育"大有可为"的殷切嘱托，讲好工贸学院"职业教育"大有可为的故事。把学校发展放到全省共同富裕示范区建设和杭钢集团现代一流企业建设中谋划推进，讲好工贸学院"共富路上话担当"的故事。2021年，学校公众号刊发460篇文章，3次入围全国职业院校微信公众号综合影响力前100名，《把牢乡村振兴的人才着力点》《五航育民族学生》《抗疫中的浙工贸力量》《人人出彩的职教梦》160篇报道登上《人民日报》、学习强国、中国教育、浙江新闻、浙江在线等主流媒体平台。

（执笔人：杨晓珍）

调制套餐，为清廉文化建设"提味增鲜"

摘　要：学校历来重视清廉建设，秉持"党建引领，立德树人"主线，坚持"三不"一体推进方针，连续 11 年开展"崇德向善、勤学倡廉"的校园廉洁文化系列活动，致力于营造浓厚的"以清为美、以廉为荣"的清廉文化育人环境，将清廉文化建设融入人才培养、办学治校之中，师生参与度、教育结合度、社会认可度逐年提升，不断彰显校园廉洁文化的"思政味""瓯越味""职教味"。

关键词：党建引领；立德树人；校园廉洁文化；清廉工贸

一、实施背景

高校立德树人，就是培养德智体美劳全面发展的社会主义建设者和接班人，而廉洁是中华传统美德，更是职业人应具备的基本职业素养。习近平总书记一贯高度重视培养社会主义建设者和接班人，明确要求"要坚持社会主义办学方向，要把立德树人的成效作为检验学校一切工作的根本标准"，指出"人无德不立，育人的根本在于立德。这是人才培养的辩证法。办学就要尊重这个规律，否则就办不好学"。

为此，学校坚持把习近平新时代中国特色社会主义思想落实到具体行动上，始终坚持立德树人理念，创新载体深化党建引领，融合深度、恒度、广度、效度，激发师生活力，弘扬廉洁文化，全面发挥党建引领业务工作的作用，助力推动党建工作水平提升和"双高"建设。

图 1 为学校举行 2022 年校园廉洁文化月总结暨表彰活动。图 2 为学校举办廉洁文化作品展。

图 1　学校举行 2022 年校园廉洁文化月总结暨表彰活动

图 2　学校举办廉洁文化作品展

二、主要做法

（一）融入立德树人，烹出"思政味"

通过体系化、项目化、机制化，以点带面，推进清廉文化融入学生日常教育管理和课程思政教育，持续在党性教育、警示教育、制度宣讲、作品征集、竞赛评比、提质增效六大系列活动上重点发力。结合党史学习教育和喜迎党的二十大，学校积极创新廉洁教育活动主体，将廉洁教育与思想政治教育相结合，系统谋划，将党风廉政建设知识竞赛嵌入学生思政课堂，在立德树人的教育要求下构建育人新模式。2022 年，有 13688 名师生参与喜迎党的二十大暨党风廉政建设知识竞赛活动，在校师生参与人员每年递增。同时，学校还创新活动主题，以"寻百年记忆、倡廉洁新风"为主题持续承办了温州市第四届大学生廉洁主题演讲赛（如图 3 所示），让清廉融入红色，成为立德树人的鲜亮底色。

（二）融入地方文化，烹出"瓯越味"

2021 年，学校基于校内刘基文化研究平台，致力融合刘基廉洁文化元素，在学校府东路校区刘基广场建设完成廉洁教育基地（如图 4 所示），传扬工贸师生"让清廉之风吹进校园，我们每个人在行动"的"美心"和"魅力"，已于 2021 年底对师生开放；并将清廉文化融入学生寝室，在瓯江口校区打造"清心廉行"的寝室文化长廊（如图 5 所示）。2022 年，学校组建师生清风宣讲团，积极开展清廉单元创建工作。图 6 为学校首届清风师生宣讲团聘任仪式。同时，学校持续激励教师认真研究清廉文化建设的规律和特征，来自人文学院的贾永琪老师以"地域文化资源与高校廉政文化建设的融合运用研究"为题获得高分立项，成为 24 个立项课题之一。

图3 学校承办温州市第四届大学生廉洁主题演讲比赛

图4 学校府东路校区廉洁教育基地

图 5 学校瓯江口校区寝室文化长廊

图 6 学校首届清风师生宣讲团聘任仪式

（三）融入课程改革，烹出"职教味"

学校自 2012 年开始，每年面向全校师生开展校园廉洁文化作品征集活动。设计与数字艺术学院开设广告设计与制作、动漫制作技术等专业，设计类专任教师以学校廉洁作品征集活动为抓手，积极融入职业教育课程改革。自 2021 年以来，共收到海报、动漫、微视频、书法等各类作品 3201 件，其中设计与数字艺术学院师生参与作品 1124 件，郑央凡等 4 位教师指导学生并获奖作品 70 件；来自鞋类设计与工艺专业的刘剑老师以"补鞋匠"为素材创作了作品《初心在方寸，咫尺在匠心》（如图 7 所示），寓意"鞋海无涯勤作舟"，师德匠心融初心，将职教专业发展与清廉文化建设紧密结合。

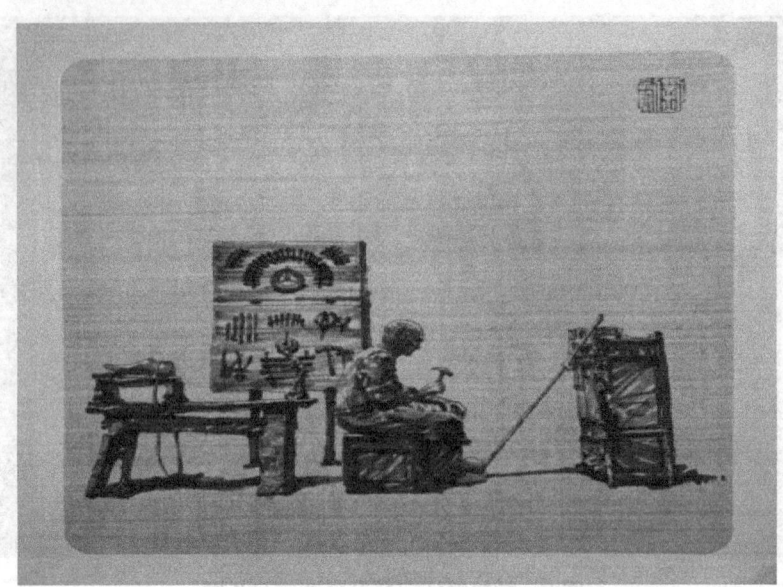

图 7　刘剑老师作品《初心在方寸，咫尺在匠心》

三、成果成效

（一）进一步深化党风廉政建设教育

强化顶层设计，注重将纪律教育纳入思想政治理论学习，分层分类组织推进领导干部、管理人员、专业教师、大学生等不同群体的纪律教育，统筹联动开展党性教育、纪法教育、警示教育，注重发现、发掘身边正反两种典型，大力推进以案释德、以案释纪、以案释法工作，多维度深化党风廉政教育。

（二）进一步浓郁风清气正发展氛围

各二级学院党组织积极发挥主体责任，结合自身专业特色承办学校相关活动，将廉洁文化建设融入人才培养、专业建设之中，基层党组织的组织力和师生的参与度都得到了提升。干部廉洁从政、教师廉洁从教、职工廉洁从业、学生廉洁修身意识进一步加强，校园清廉文化建设氛围进一步浓郁。学校管理制度和运行机制进一步完善，内部治理体系建设取得新的成效。

（三）进一步夯实基层党建工作基础

结合活动的开展，各基层党组织在行动上主动探索，深刻认识到新形势、新任务对基层党建工作的新要求，做到政治上同向、思想上同心、步调上同频、行动上同力，使自身党建工作的整体思路更加适应新时代党建工作的新要求，进一步夯实了党建工作基础。

四、经验总结

自 2012 年以来，学校不断丰富校园廉洁文化活动形式和组织载体，不断探索并积累了宝贵的经验。

（一）持续植入廉洁思维是基础

多方位持续植入廉洁思维是基础，应打通面向师生的廉洁文化教育渠道，通过廉洁教育、警示教育、实践活动等方式，引导师生涵养廉洁诚信品质、尊敬廉洁道德行为。

（二）推动师生主动实践是关键

高校师生需从增强自我意识做起，切实做到以树人为核心，以立德为根本，主动用习近平新时代中国特色社会主义思想武装头脑，让廉洁内化于心，外化于行，多元主体共同联动、由上至下、由浅入深，渐渐浸润高校净土。

（三）共建师生互通平台是抓手

结合课程思政和思政课堂，充分发挥学校课堂的主战场优势，根据形势发展，打造出台对师生吸引力强、参与方式多的廉洁文化活动，并借助"互联网+"创新发挥拓展性作用，强化师生互通互联。

五、推广应用

结合高校办学规律和特点一体推进"不敢腐、不能腐、不想腐"，既是新时代高校党风廉政建设和反腐败工作的具体实践内容，也是新时代高校党的建设需要面对并解决的理论研究课题。学校打造校园廉洁文化的经验和探索多次获上级及兄弟院校肯定，学校的经验做法被浙江省纪委监委网站、浙江省教育厅纪检监察网、杭钢微党建等报道。人工智能学院的同学以名为《拒绝成为一名精致的利己主义者》的演讲荣获温州市大学生廉洁主题演讲赛第一名。

图8为学校的经验做法被浙江省纪委监委网站报道。

图8 学校的经验做法被浙江省纪委监委网站报道

（执笔人：黄爱素）

二、打造技术技能人才培养高地

落实五育并举，培养创新型复合型高素质技术技能人才

摘　要：学校全面深化产教融合，深入实施"五育并举"，通过优化人才培养方案，模块化重构课程体系，足量保质开展思政教育，突出加强劳动教育、美育教育和体育教育，构建德智体美劳全面发展的人才培养体系，为职业教育教学改革，培养全面发展的高素质技术技能人才积累了经验。

关键词：人才培养；五育并举；全面发展

一、实施背景

自党的十八大以来，习近平总书记多次强调，要"培养德智体美劳全面发展的社会主义建设者和接班人"，并且要求"努力构建德智体美劳全面培养的教育体系，形成更高水平的人才培养体系"。"五育"是培养能够担当民族复兴大任的时代新人的必然要求，是实现教育现代化、建设教育强国的重要部署。

面对这种教育新形势，高职院校人才培养模式只有进行相应调整才能适应这种新要求。为此，学校深入实施"五育并举"，构建"四个四"特色人才培养体系，不断强化学生通识能力，加强德育、美育、体育、劳动教育，为全力助推教育教学改革、"打响双高攻坚战"、深化内涵建设提供全面系统的保障。

二、主要做法

（一）统筹规划，创新人才培养体系

学校围绕职业教育新形势、新特点，聚焦立德树人根本任务，不断完善有机衔接、循序渐进的课程体系，构建浙工贸特色人才培养体系（如图1所示）：立足"服务国家和区域战略，服务产业改造升级，服务技能型社会建设，服务技能人才可持续发展"四个服务，推动"职业教育链、技能人才链、战新产业[①]链、创新创业链"四链衔接，强调"职业能力、社会能力、创新能力、发展能力"四种能力，打造"通识教育课、专业技术课、专创融合课、集中实践课"四类课程，培养德智体美劳全面发展，适应经济社会发展需求的高素质复合型、创新型技术技能人才。

---

① 战新产业即"战略性新兴产业"的简称。

图1 浙工贸特色人才培养体系

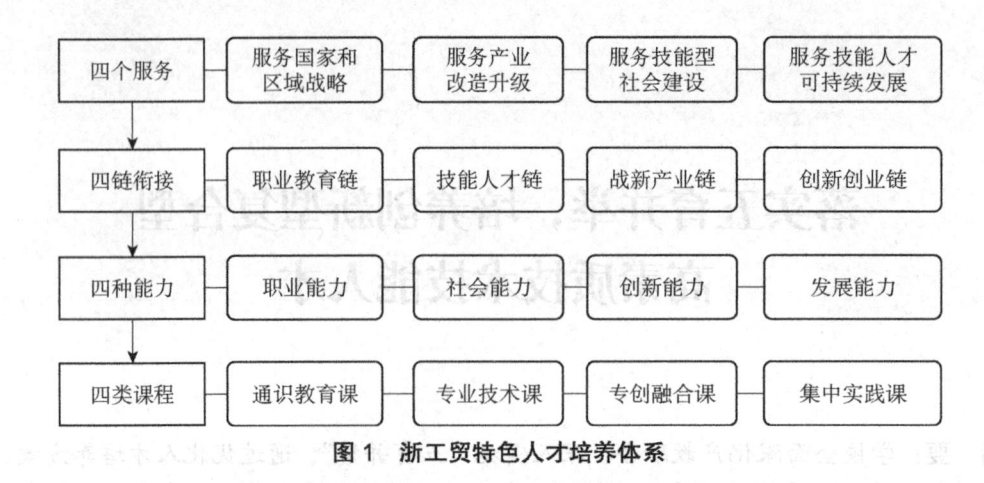

（二）深挖地方特色资源，实施"三位一体"课程思政，综合育人

坚持社会主义核心价值观思想引领，深度挖掘浙江、温州区域特色精神价值和道德实践等思政资源，逐步将地方特色资源转化为系统完善的学校思政育人案例库。组建专业课教师、思政课教师、企业导师三元协作的课程思政教学团队，构建教师、课程、课堂"三位一体"课程思政育人体系，实施"三位一体"课程思政，综合育人。以专业群为单位，凝练突出专业群类型特质的课程思政建设理念，遵循通识教育课、专业技术课、专创融合课、集中实践课四类课程全覆盖的原则，落实习近平新时代中国特色社会主义思想、社会主义核心价值观、中华优秀传统文化教育、法治教育、职业理想和职业道德教育五类要素及地方特色资源，编制专业群课程思政教学大纲，系统推进将课程思政融入专业人才培养方案、课程标准和教案。第二课堂实践与课程思政相互联动，有机融合，发挥第二课堂的思政育人功能。

（三）实行"套餐式"修习模式，强化学生通识能力

根据通识教育目标，兼顾专业开设要求和学生选课需求，实行"套餐式"修习模式，将通识教育课分为思想政治理论课、人文素养课和职业素养课（详见表1），全力施行"必修+模块化限选+学生自选"的"套餐式"通识课程模式，全面体现通识"全人培养"目标。其中"必修"课程主要为思想政治理论、军事、心理健康、创新创业等；"模块化限选"课程主要将英语、语文、信息技术和数学按教学模块细分为英语等级辅导、应用文写作、大数据应用等，让各专业（群）根据实际产业所需，从320学时中至少选择80学时进行修读；多途径丰富通识课程供给，通过"学生自选"满足不同学生的不同需求。

表1 通识教育课课程设置

课程模块	序号	课程名称	课程性质	学时
思想政治理论课	1	毛泽东思想和中国特色社会主义理论体系概论	必修	72
	2	思想道德与法治	必修	48
	3	形势与政策	必修	16
	4	四史	必修	16
人文素养课	5	军事（含军事理论、军事技能）	必修	148
	6	体育	必修	108

续表

课程模块	序号	课程名称	课程性质	学时
人文素养课	7	心理健康教育	必修	32
	8	劳动教育	必修	16
	9	人文素养选修课（2门）	任选	32+32
	10	大学英语——职业英语素养	必修	32
	11	大学英语——英语等级辅导	限选	32
	12	大学英语——专升本英语	限选	32
	13	大学英语——专业英语	限选	32
	14	大学语文——经典诗文鉴赏	限选	16
	15	大学语文——应用文写作	限选	16
	16	大学语文——口才实训	限选	16
职业素养课	17	信息技术——大数据应用	限选	16
	18	信息技术——人工智能	限选	16
	19	信息技术——文献检索	限选	16
	20	大学数学——高等数学	限选	48
	21	大学数学——经济数学	限选	48
	22	大学数学（进阶）——工程数学	限选	32
	23	职业发展与就业指导	必修	16
	24	大学生创业基础	必修	32
	25	职业素养选修课（2门）	任选	32+32

（四）加强德育、美育教育，培育学生劳动素养

学校出台《五育并举实施方案》，构建德智体美劳全面培养的教育体系。突出德育实效，加强四史教育，依托"党建与思政三维虚拟仿真体验教学中心"，开设融合高校党建和思政工作的综合实践课程，实现高校党建理论教育和思政课堂的延伸。学生处、社团通过举办校园文化艺术节、社团文化节、周末文化广场、公寓文化节等活动，大力弘扬爱国主义和革命英雄主义，强化思政教育。领略"艺术"之美，增强美育熏陶，提高审美素养和鉴赏水平；倡导"劳动之美"，弘扬劳动精神，教育引导学生崇尚劳动、尊重劳动。成立"三瓯一木"工作室，开设瓯塑、瓯绣、瓯窑和木活字等非遗课程，打造学校"瓯文化"非遗特色美育选修课，同时充分发挥学校场所优势、专业优势和师资优势，为学生提供多样化劳动实践和职业体验机会，将劳动精神、劳模精神、工匠精神和劳动安全等融入实际操作中。

（五）弘扬"体育之美"，促进学生身心健康发展

学校高度重视体育工作，统筹规划体育发展，把增强学生体质和促进学生健康作为学校教育的基本目标之一和重要工作内容。以生为本，合理安排教学内容，促进学生"课内外一体化"进程，在保证学生修满体育必修课的同时，在大学二年级开设12门板块课程，

包括学校特色的地掷球、网球等。积极开展"阳光长跑"活动，要求学生每学期参加长跑活动（100公里），磨炼学生的意志品质，培养其良好的锻炼习惯，切实提高广大学生的健康水平和吃苦耐劳精神，有效提高学生体质。学生体质健康测试成绩进步显著，学生体质抽测成绩较往年大幅提升，合格率达99%，处于全省高校前列。不断探索体育与专业技能相结合的培养模式，例如，酒店管理专业融入形体、体能训练等课程，全面提升学生的基础体能和综合素质。

三、成果成效

（一）人才培养质量优异

1. 人才培养质量全省名列前茅

毕业生质量调查显示，学校2019届毕业生与2012届毕业生相比，对母校满意度提升22%，2014—2021年毕业生质量跟踪调查5次位居全省第1位、3次位居第2位。

2. 学生各类技能竞赛屡获大奖

截至2021年，学生在各类职业技能大赛中获得国家级奖项123项、省级奖项377项。

3. 学生资格证书获取率高

2020年，学校组织的"1+X"财务共享服务职业技能等级证书（初级）考核通过率高达97.62%，被企业方（北京东大正保科技有限公司）评为优秀院校代表。

（二）职业发展后劲十足

学校通过对五育并举人才培养体系的扎实推进和实施，深化模块化课堂教学改革，培养学生厚实的素养底蕴、可持续的价值、可操作的技能和可迁移的思维。据统计，学校毕业生多数已担任企业技术骨干和管理骨干，成为支撑企业的中坚力量；大多数学生的薪酬远高于平均水平；学生继续深造意愿强烈，2021年专升本升学率达60%左右。

（三）文体素养提升显著

在五育并举的大背景下，学生的精神生活、文体素养得到了显著提升，尤其在相关比赛中硕果累累。2021年度，在教育部主办的全国第六届大学生艺术展演活动艺术表演类节目中，微电影《爷爷的军旗》进入国赛，并获得二等奖（如图2所示）。小合唱《梨花颂》获得2021年浙江省大学生艺术节合唱（甲组）二等奖（如图3所示）。1个项目获得浙江省少先队课题研究立项，2个项目获得浙江省青少年课题研究立项。

此外，学校高度重视体育工作，大力促进体教融合，至今已获得14项世界冠军，获得全国冠军100余项。在网球方面，学校已为社会培养输送100余名高水平网球运动员。2021年，学校网球队参加浙江省第十二届大学生网球锦标赛，获得丙组男子团体冠军（如图4所示），男双、混双亚军，男单季军，女子团体第5名、女单女双第3名的优异成绩。学校在其他竞技比赛中依然表现优异。在全国第十一届残疾人运动会暨第八届特殊奥林匹克运动会上，学生邵世敏所在的浙江女队在中国盲人门球比赛中勇夺冠军（如图5所示）；学校足球队参加"浙江省校青少年校园足球联赛"，获得"超级组"女子第三名。

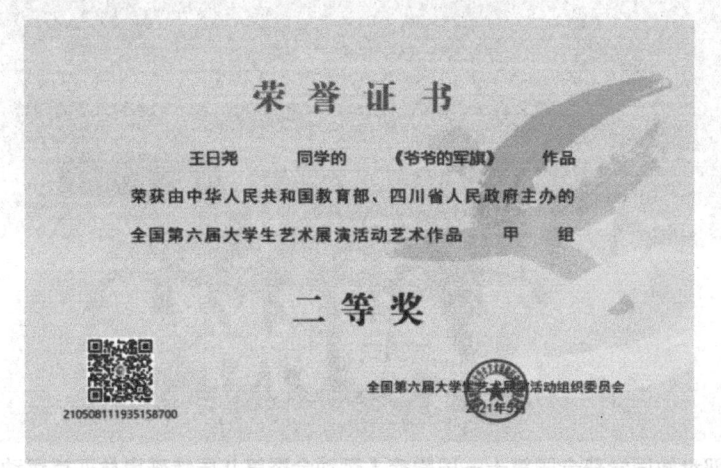

图2 作品《爷爷的军旗》荣获全国第六届大学生艺术展演活动艺术作品甲组二等奖

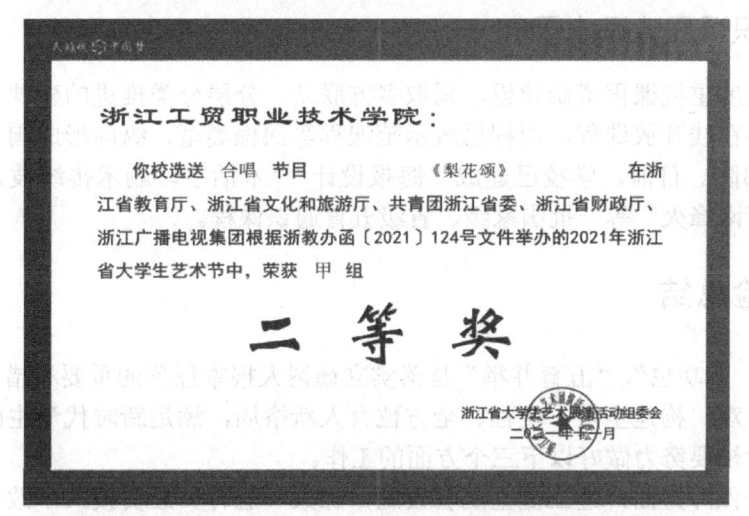

图3 《梨花颂》在浙江省大学生艺术节荣获甲组二等奖

图4 校网球队参加浙江省第十二届大学生网球锦标赛获丙组男子团体冠军

图 5　邵世敏同学获全国第十一届残疾人运动会暨第八届特殊奥林匹克运动会冠军

（四）通识课程建设水平高

学校历来高度重视课程资源建设，采取多方联动、分层分类推进的建课方式，横向形成精品课程、精品在线开放课程、课程思政示范课程等课程类型，纵向形成国家、省、市、校四级课程建设梯队。目前，学校已建成"海报设计""木活字印刷术传统技艺""刘基文化""商务素养""浙南烽火"等一批国家级、省级五育通识课程。

四、经验总结

"蒙以养正，圣功也"，"五育并举"是落实立德树人根本任务的重要举措，学校将树立新的人才培养质量观，构建全员、全程、全方位育人新格局，满足新时代学生的新需求。在下一步建设中，学校要努力做好以下三个方面的工作。

（1）在资源保障方面，建立健全配套设施，加大"五育"经费投入，改善并充实学校德育、美育、体育、劳动教育设施。

（2）健全人才培养质量评价体系，确定不同学段、不同科目的差异化、个性化发展指标，实现学校的"百花齐放"和教师的"百家争鸣"，使各科教师都能得到存在感和获得感，形成"五育并举"人才培养的良性循环。

（3）充分利用当代大学生创造性的心理需求，加强基于互联网技术的"五育"平台建设，通过创设贴近时代的学习情境，突出教育的灵活性、平等性，提升学生学习的主动性。

（执笔人：李晨、施星君）

深度挖掘地方特色资源，建构高职课程思政育人体系

摘　要：高校课程思政建设是落实立德树人根本任务的战略举措，坚持社会主义核心价值观思想引领，深度挖掘浙江、温州区域特色精神价值和道德实践等思政资源，分类构建课程思政资源库，打造特色课程思政示范课程，构建教师、课程、课堂"三位一体"课程思政育人体系，扎实推进具有特色的课程思政，培育"工贸课程思政范式"。

关键词：地方特色资源；课程思政；育人体系

一、实施背景

全面推进高校课程思政建设是深入贯彻落实习近平总书记关于教育的重要论述和全国教育大会精神的重要举措。自党的十八大以来，习近平总书记先后主持召开全国高校思想政治工作会议、全国教育大会、学校思想政治理论课教师座谈会等重要会议，做出一系列重要指示，强调要加强高校思想政治教育。2020年4月，教育部等八部门提出《关于加快构建高校思想政治工作体系的意见》，要求全面推进所有学科课程思政建设；2020年5月，教育部印发《高等学校课程思政建设指导纲要》，明确高校课程思政建设是落实立德树人根本任务的战略举措；2021年3月，教育部开展课程思政示范课程、教学名师、教学团队和教学研究示范中心建设工作。系列文件的推出为推进高校课程思政建设工作指明了前进方向，提供了根本遵循。学校历来高度重视课程思政建设，出台《课程思政建设实施方案》，修订完善专业（群）人才培养方案，探索构建与德智体美相互衔接、相互协调的劳动教育新模式，深度挖掘地方特色思政资源，构建教师、课程、课堂"三位一体"的课程思政体系，扎实推进具有特色的课程思政，培育"工贸课程思政范式"。

二、主要做法

（一）深入落实五育并举，修订完善专业（群）人才培养方案

依据《教育部关于职业院校专业人才培养方案制订与实施工作的指导意见》和学校《课程思政建设实施方案》，学校修订《高职专业（群）人才培养方案的原则意见》，聚焦立德树人根本任务，坚持德技并修、育训结合，把思想政治教育贯穿人才培养体系，融入课堂教学、技能培养、实习实训等环节，促进思政课程与课程思政有机衔接，提高思想政治教育的实效性，探索构建与德智体美相互衔接、相互协调的劳动教育新模式，引导学生刻苦学习、精进技艺、全面发展。

（二）甄选特色资源，分类构建课程思政资源库

基于校地合作，学校与温州市委宣传部、政研室、社科联联合成立区域文化、刘基文化、温州商人等专门研究机构；采取田野调查、专家推荐等方式，甄选具有潜质的地方特色资源；利用温州浙南革命文化资源、区域非遗文化资源、温商创业文化资源等，对照价值塑造点，提炼思政元素，构建涵盖四个自信和职业素养的课程思政资源库。

"基于地方，彰显特色"的课程思政资源库分类如图1所示。

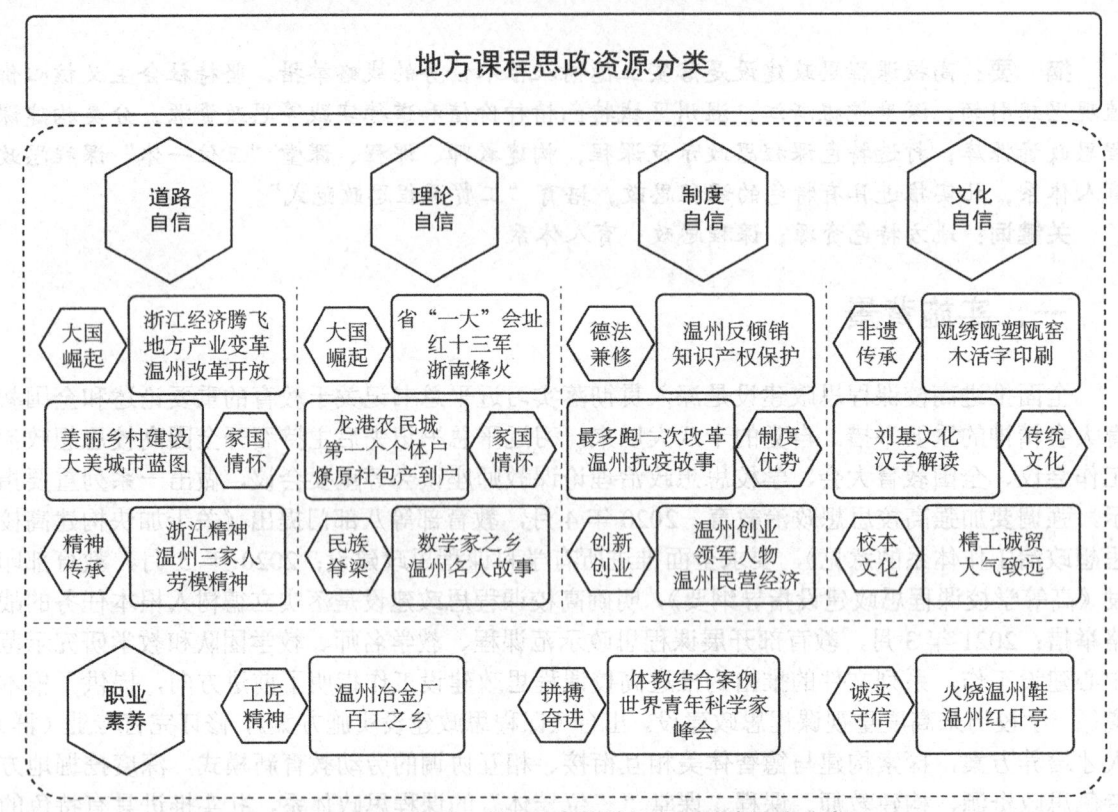

```
                        地方课程思政资源分类

      道路自信           理论自信          制度自信           文化自信

  大国    浙江经济腾飞   大国    省"一大"会址    德法    温州反倾销      非遗    瓯绣瓯塑瓯窑
  崛起    地方产业变革   崛起    红十三军        兼修    知识产权保护    传承    木活字印刷
          温州改革开放           浙南烽火

  美丽乡村建设  家国    龙港农民城      家国    最多跑一次改革  制度    刘基文化      传统
  大美城市蓝图  情怀    第一个个体户    情怀    温州抗疫故事    优势    汉字解读      文化
                      燎原社包产到户

  精神    浙江精神      民族    数学家之乡      创新    温州创业        校本    精工诚贸
  传承    温州三家人    脊梁    温州名人故事    创业    领军人物        文化    大气致远
          劳模精神                                      温州民营经济

      职业            工匠    温州冶金厂      拼搏    体教结合案例    诚实    火烧温州鞋
      素养            精神    百工之乡        奋进    世界青年科学家  守信    温州红日亭
                                                      峰会
```

图1 "基于地方，彰显特色"的课程思政资源库分类

（三）构建协同育人课程体系，分类打造特色课程思政示范课程

学校坚持专业、通识、思政、劳动、美育、体育、创新创业教育互相融合，建构"通识平台课+专业课+实践课"三结合，融文化知识、思政元素、技术技能于一体的协同育人课程体系。

（1）发挥公共基础课程的价值塑造和示范引领作用，依托地方特色思政教育资源库，打造以"浙南烽火""富强中国""大国工匠"等一批集中体现价值引领作用的特色课程，让显性思政教育掷地有声。

（2）将思政教育元素融入专业课教学各个环节，根据学生成长发展规律，系统设计思政教育的递进教学路径，使思政教育贯穿于人才培养全过程。

（3）将思政教育与实践教学紧密结合起来，形成实践类课程思政教学体系，培育学生精益求精的工匠精神，以及吃苦耐劳、爱岗敬业、诚实守信、团队合作、开拓创新等职业品质。

（四）深化课堂教学革命，落实课程思政育人任务

从专业（群）特点和学生实际需求出发，学校及时创新课程思政教育理念、教学内容和方式方法，建立健全思政课教师与专业课教师的常态化交流机制，以及课程思政教学团队内部的模块化分工协作机制，推进现代信息技术在课程思政教学中的应用，通过教学改革促进学习革命，创新课堂教学模式。

图 2 为"激光 3D 打印技术"课程思政教学模式。

整体教学安排

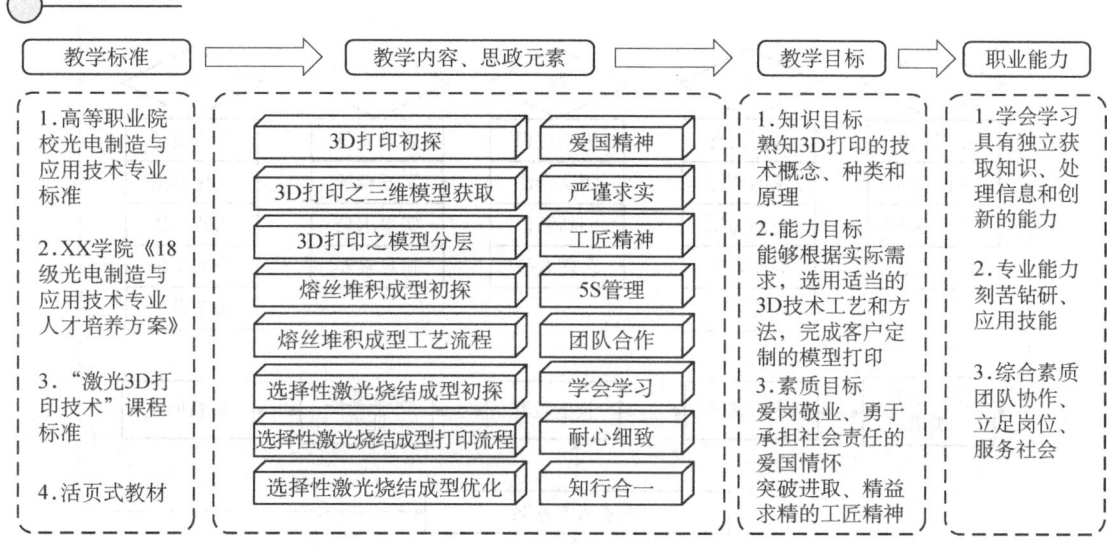

教学标准	教学内容、思政元素	教学目标	职业能力
1.高等职业院校光电制造与应用技术专业标准 2.XX学院《18级光电制造与应用技术专业人才培养方案》 3."激光3D打印技术"课程标准 4.活页式教材	3D打印初探 — 爱国精神 3D打印之三维模型获取 — 严谨求实 3D打印之模型分层 — 工匠精神 熔丝堆积成型初探 — 5S管理 熔丝堆积成型工艺流程 — 团队合作 选择性激光烧结成型初探 — 学会学习 选择性激光烧结成型打印流程 — 耐心细致 选择性激光烧结成型优化 — 知行合一	1.知识目标 熟知3D打印的技术概念、种类和原理 2.能力目标 能够根据实际需求，选用适当的3D技术工艺和方法，完成客户定制的模型打印 3.素质目标 爱岗敬业、勇于承担社会责任的爱国情怀 突破进取、精益求精的工匠精神	1.学会学习 具有独立获取知识、处理信息和创新的能力 2.专业能力 刻苦钻研、应用技能 3.综合素质 团队协作、立足岗位、服务社会

图 2 "激光 3D 打印技术"课程思政教学模式

（五）探索"岗课赛证创"五维合一，优化课程思政实施路径

学校以真实创业活动为载体，融入对应岗位典型工作任务。结合"1+X"考证素养目标、技能竞赛及学生创业要求的能力目标，构建课程思政教学改革模式，弘扬社会主义核心价值观，倡导正确的"三观"，引发思考和行动，将思政教学元素以浸入式、案例式、画龙点睛式、专题嵌入式、探究式等方式融入教学之中，运用信息化教学手段把岗位知识传授、技能培养、价值引领有机地融入岗位培训、课程改革、考证和创业的全过程，使思政育人、育才水到渠成。"岗课赛证创"五维合一课程思政实施路径如图 3 所示。

（六）深挖地方特色资源，构建"三位一体"的课程思政育人体系

学校坚持将社会主义核心价值观作为思想引领，深度挖掘浙江、温州区域特色精神价值和道德实践等思政资源，逐步将地方特色资源转化为系统完善的学校课程思政案例库。组建专业课教师、思政课教师、企业导师三元协作的课程思政教学团队，围绕课程思政建设，构建教师、课程、课堂"三位一体"的课程思政育人体系（如图4所示），从人才培养方案思政目标到课程标准思政目标，再到课堂教学思政目标，三层递进式将课程思政融入教学目标之中。

（七）加强条件保障，切实推进课程思政建设

（1）健全课程思政建设成效考核评价与监督机制，将课程思政建设质量、内容、成效等

工作情况纳入学校人才培养工作考核，贯彻落实"师德一票否决制"。

（2）完善课程思政协同建设运行机制，加强职能部门和二级学院协同，定期开展调研和专项研讨，研究提出具体政策和措施，确保课程思政建设落到实处。

（3）强化经费支持，以项目形式对课程思政工作提供资助，加大对课程思政建设的资金倾斜力度，保障课程思政工作有力推进。

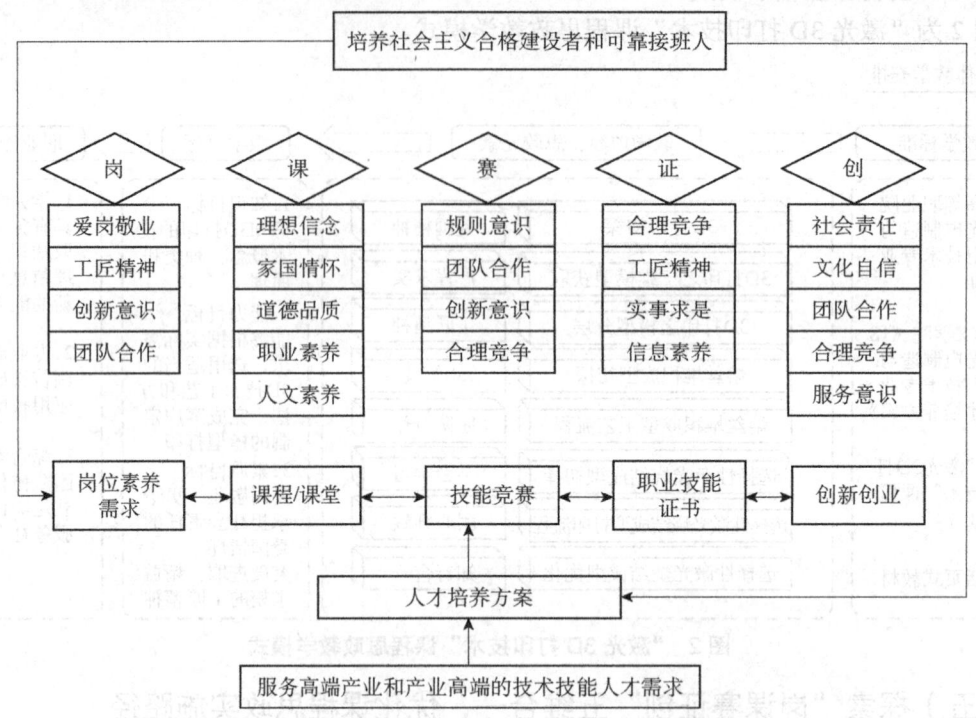

图3 "岗课赛证创"五维合一课程思政实施路径

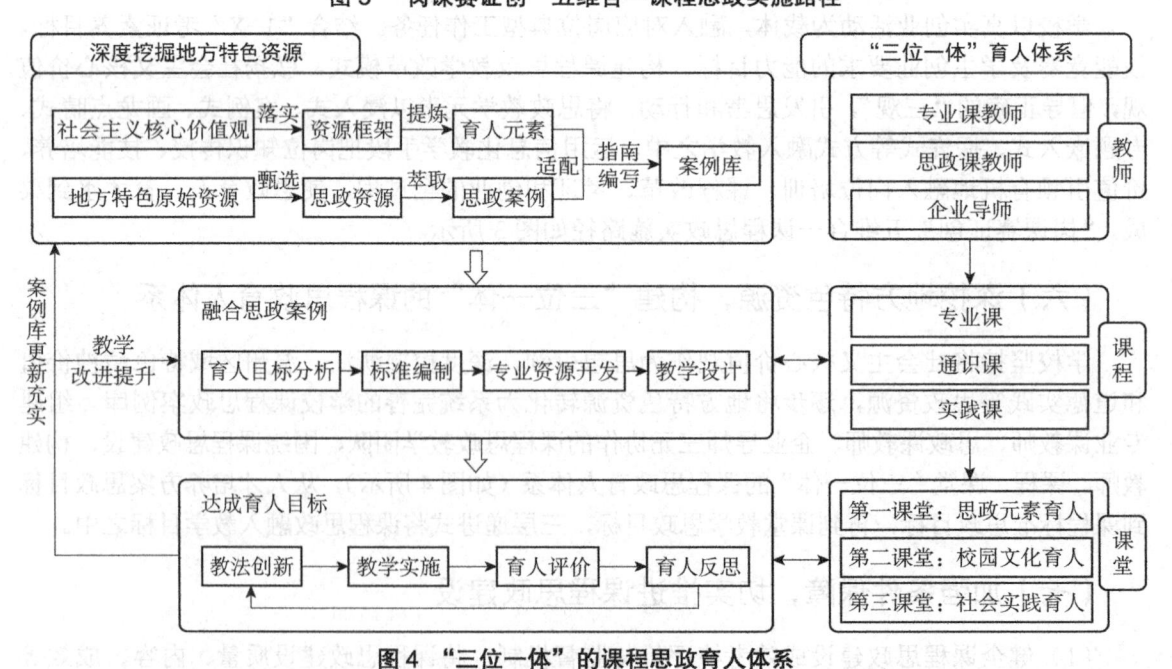

图4 "三位一体"的课程思政育人体系

三、成果成效

（一）理论成果丰富，受到广泛关注

学校在全国率先出版《新时代高职课程思政理论与实践》专著，为新时代高职院校开展课程思政建设提供范例。根据中国知网数据，学校课程思政教学研究论文被引量位居全省高职院校第一。学校完成《强国之道：社会主义核心价值观的汉字学解读》等著作3部；《中国教育报》刊发学校课程思政研究成果《从思政课程到课程思政，路该怎样走》《新时代高职课程思政如何落地》2篇，《学习时报》等转载85次；《有风景的思政课》入选《学习强国》；形成《因时而化、因时而进、因势而新，推进疫情下的课程思政》等课程思政教学案例300余篇。

（二）成果辐射全国，形成广泛影响

学校基于地方特色资源的课程思政资源建设与"甄·萃·融"创新实施模式形成广泛影响，接待来校学习交流500余人次。在北京大学举行的全国职业院校思政课教学改革与创新论坛、全省高校课程思政教学研讨会、全省高职院校课程思政现场推进会上，学校代表做《深度挖掘地方特色资源，建构高职课程思政体系》等专题报告，多次受邀赴中南大学、云南大学及浙江省内高职院校做《强国之道》《富强中国》等专题报告，并被湖南电视台等媒体宣传报道。学校成果在浙江、黑龙江、湖北、贵州等省份同类院校推广使用，取得较好的效果。"海报设计""木活字印刷术传统技艺"2门课程入选教育部课程思政示范课、教学名师和教学团队，数量居全国高职院校第2位。

图5为余闯校长受邀在全国职业院校思政课教学改革与创新论坛上做专题报告。图6为汪焰副校长在浙江省高职院校课程思政现场推进会上做《甄·萃·融：浙工贸特色课程思政模式的探索与实践》主旨报告。

图5　余闯校长受邀在全国职业院校思政课教学改革与创新论坛上做专题报告

图 6　汪焰副校长在浙江省高职院校课程思政现场推进会上做
《甄·萃·融：浙工贸特色课程思政模式的探索与实践》主旨报告

四、经验总结

课程思政评价体系是全面实施课程思政的保障措施、衡量标准和反馈机制，要构建合理完善、切实可行的课程思政评价体系，要做好以下三个方面的工作。

（1）健全教学质量管理体系，建立多维多元的课程思政质量评价标准，把课程思政建设成效作为学校教学绩效考核的重要指标。

（2）成立课程思政专项监督检查小组，定期对课程思政建设情况进行监督评价，建立常态化评价反馈机制。

（3）加大对课程思政建设优秀成果的支持力度，选树课程思政建设样板，构建"显隐结合"的课程思政工作激励体系，确保课程思政工作有力推进。

（执笔人：李霞）

传承技艺，育人无形
——国家级课程思政示范课"木活字印刷术传统技艺"教学实践

摘　要："木活字印刷术传统技艺"是一门公共选修课程，面向全校各专业各年级学生。一方面，课程注重传承源自四大发明之一的木活字印刷术传统技艺，在技艺传承中对学生进行中国工匠文化和精神教育。另一方面，课程注重发挥高校文化研究优势，挖掘传承木活字印刷术蕴含的文化内涵，培养学生的文化自信、爱国情怀。此外，课程精心选取技艺的呈现内容，借之对学生进行中国传统文化教育。课程实现了技艺传承，并育人于无形之中。

关键词：木活字印刷术；传统技艺；工匠文化；传统文化；高校育人

一、实施背景

印刷术是中国古代四大发明之一。在印刷术发明之前，文化的传播主要依靠手抄，不仅费时费力，而且容易出错，严重阻碍了文化的发展和传播。印刷术的发明为知识的广泛传播创造了条件。在印刷术发明后，印刷术不仅在我国长期使用，而且先后传播到世界其他国家和地区，推动了整个人类文明的进程。

随着时间的推移，古老的印刷术逐渐被现代化的印刷方式取代，并陷入传承危机。我国古老的活字印刷术现在仅在浙江温州瑞安一带为印制宗谱被使用。瑞安东源村的木活字印刷术在2010年被列入联合国教科文组织"急需保护的非物质文化遗产名录"。

作为一所地处温州的高校，学校长期关注并致力于温州地域传统技艺和文化的保护、传承。2014年，学校与瑞安东源村合作，将这一古老的传统技艺引入学院进行传承，开设了"木活字印刷术传统技艺"公共选修课程。作为一门在高职院校开设的课程，该课程在传授木活字印刷传统技艺的同时，将中华优秀传统文化与工匠精神自然融入整个教学过程之中，潜移默化地涵育学生的文化自信，实现了技艺传承，并育人于无形之中。

二、主要做法

"木活字印刷术传统技艺"课程结合自身面向全校学生公共选修的特点，在具体的教学过程中，主要从以下方面实施课程思政。

（一）教师强化思政育人意识，形成正确课程思政教育认知

在"大思政"高校思政教育时代背景下，任课教师要强化课程的思政育人意识，正确定

位课程在工贸学院整个思政教育中的地位,形成正确的思政教育认知。

(二)提升教师的自身政治素养和思政育人能力

作为非专业思政课教师,任课教师注重提升自身的政治素养和思政教育能力,确保在教学过程中正确对学生进行思政教育。

(三)向学生传承木活字印刷术传统技艺,涵育学生的工匠文化和精神

木活字印刷术作为一种古老的传统技艺,包含一系列的技艺操作,如用毛笔反写汉字、刻字、印刷、装订等。通过教学,学生在一定程度上掌握该技艺,也被涵育出精雕细刻、严谨认真、执着专注、坚守奉献的工匠精神。

(四)挖掘技艺蕴含的传统文化内涵和价值,培养学生的文化自信、爱国情怀与传承担当

在教学过程中,通过讲述中国古代印刷术从产生、发展到向世界传播的历史过程,及其在人类文明进程中扮演的重要角色,培养学生的文化自信,进而产生对祖国的热爱之情。通过讲述木活字印刷术被联合国教科文组织列入"急需保护的非物质文化遗产名录"的紧迫传承形势,使学生感受到当代大学生要肩负起的传承责任与担当。

(五)精心选取技艺呈现内容,对学生进行中国传统文化教育

木活字印刷术作为一种传统技艺,其呈现的文化内容也是课程很重要的组成部分。课程在所有教学环节都精心选取了适合高校教学、育人要求的文化内容。例如,刻字,选取"和""信""家"等字;印刷,选取儒家经典《三字经》等。通过学习,学生在学会雕刻、印刷等传统技艺的同时,进一步明白这些汉字和经典蕴含的中华优秀传统文化内涵和道德价值,成为我国社会主义建设需要的合格建设者和可靠接班人。

三、成果成效

(一)助力大学生自身的成长,使学生受益终身

通过选修,学生不仅亲自接触中国古代四大发明之一的木活字印刷术,领略古人的伟大智慧,还在技艺练习的过程中,明白了做人做事的道理,在潜移默化中得到成长,受益终身。

(二)育人成效在校园文化建设等方面得到彰显

课程思政教学的成效,在服务学院人才培养、校园文化建设等方面得到明显体现。例如,学生将木活字传统技艺与校园廉洁文化活动结合,设计《木活字廉之印章》等系列作品,在专业设计中巧妙融入学到的传统技艺与价值观念。

图 1 为选修课学生利用木活字印刷术传统技艺和中国传统文化元素创新的木活字文创产品。

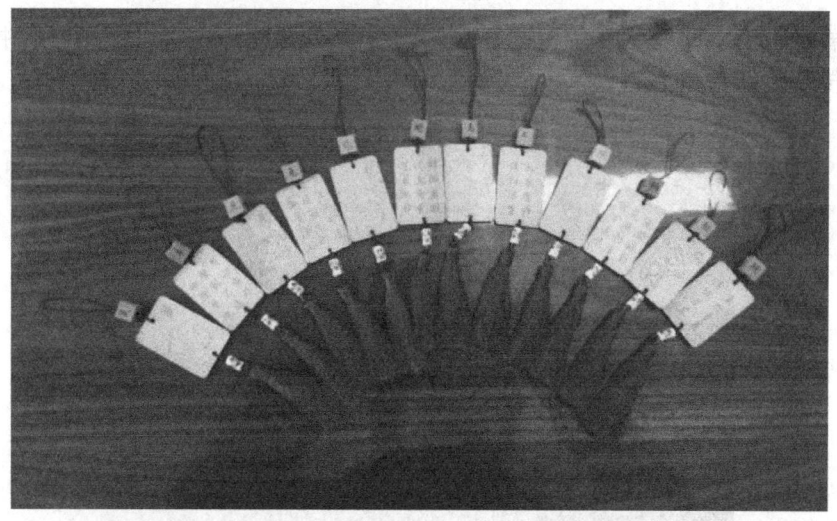

图1 选修课学生利用木活字印刷术传统技艺和中国传统文化元素创新的木活字文创产品

（三）两次参与中央电视台电视节目录制，得到国家和社会广泛认可

"木活字印刷术传统技艺"课程在2021年5月被教育部评为"课程思政示范课程"（图2）。课程师生先后多次参与国家、省、市等不同媒体的电视节目录制。例如，2017年、2018年，课程师生先后两次和合作传承人老师一起前往中央电视台，参与中央电视台一套（CCTV-1）《我有传家宝》《非遗公开课》节目录制（如图3、图4所示），在国家级媒体平台，宣传、展示高校非遗技艺传承和思政育人的成效。

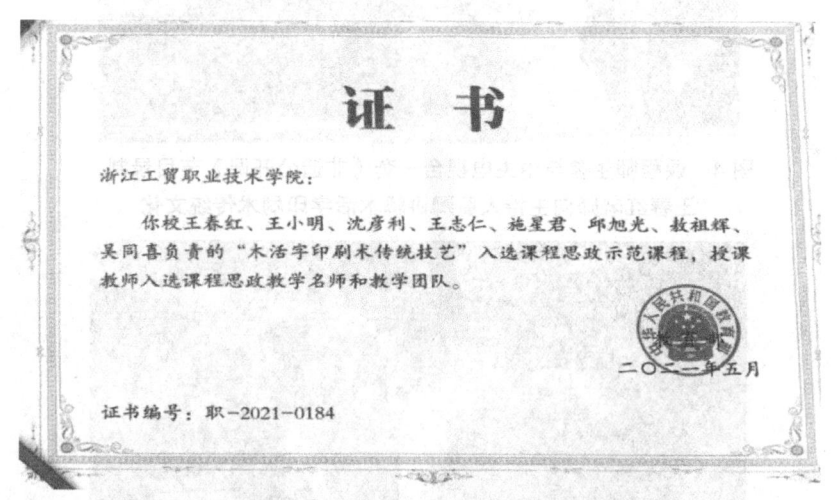

图2 "木活字印刷术传统技艺"课程被教育部评为"课程思政示范课程"

（四）课程走出校园，积极服务社会

该课程师生持续参加国家、省、市等各类展会、展示活动，走进温州市的中小学、社区，向社会宣传、推广木活字印刷术传统技艺与文化。

图5为课程师生参加"浙江·台湾周"活动，学生向时任浙江省委副书记王辉忠等领导展示、介绍木活字印刷术传统技艺与文化。图6为课程学生参加温州创意市集，向广大市民

朋友讲解、展示木活字印刷术传统技艺与文化。图 7 为课程师生走进温州市的中学，传承木活字印刷术传统技艺与文化。

图 3　课程师生参与中央电视台一套《我有传家宝》节目录制，
现场展示木活字印刷术传统技艺与文化

图 4　课程师生参与中央电视台一套《非遗公开课》节目录制，
王春红老师向主持人董卿讲解木活字印刷术传统文化

图 5　课程师生参加"浙江·台湾周"活动，学生向时任浙江省
委副书记王辉忠等领导展示、介绍木活字印刷术传统技艺与文化

图 6　课程学生参加温州创意市集，向广大市民朋友讲解、展示木活字印刷术传统技艺与文化

图 7　课程师生走进温州市的中学，传承木活字印刷术传统技艺与文化

四、经验总结

　　学校立足木活字印刷术传统技艺，发挥高校文化传承、研究优势，形成独具特色的思政育人教学模式。"木活字印刷术传统技艺"作为一门在高职院校开设的公共选修课程，通过从2014年至今的不断实践、探索、尝试、创新，逐渐形成了具有自身特色的、比较成熟的思政育人教学模式。课程立足于木活字印刷术传统技艺，在技艺传承的过程中充分发挥高校文化传承、研究的优势，注重对技艺蕴含的传统文化和价值的挖掘、弘扬。同时，通过精心选取

技艺呈现的内容，传承中国传统文化和理念，将教学与育人紧密结合，实现了高校立德树人的教学目标。

五、推广应用

随着我国综合国力的持续增强，对于传统技艺、文化的保护、关注力度日益加大，国家层面出台了相关保护、传承政策，社会各界也分别以自己的方式投入中国传统技艺、文化的传承、保护中来。学校在其中无疑占有不可忽视的地位，应该发挥自身的作用。

全国的大学、中学、小学，甚至幼儿园，现在纷纷引入了不同类型的中国传统技艺和文化，进行校内传承。本课程的教学模式是基于长达 8 年的探索、实践和应用，并见到成效，所以对全国院校同类课程具有现实的推广、借鉴价值和意义。

（执笔人：王春红）

弘扬文化自信,提升价值内涵
——国家级课程思政示范课"海报设计"教学创新的探索与实践

摘 要:课程思政建设是新时代高等院校教学改革的重中之重,为了推动课程思政在设计类课程教学实践方面有效融合,充分发挥育人功能,将价值观引领寓于知识传授和能力培养之中。"海报设计"课程通过挖掘课程独特设计文化和当代价值,运用恰当的教学方法和课程组织形式,重点提升学生公益心、提高团队协作精神、增强文化自信,与学院的思政课程形成互促的协调效应,即以培养学生创意设计能力和创新思维为主线,技术技能培养与正向价值观养成教育相互融合,实现德技并修。

关键词:课程思政;课程教学模式;德技并修

一、实施背景

2016年,习近平总书记在全国高校思想政治工作会议上指出:"要用好课堂教学这个主渠道,思想政治理论课要坚持在改进中加强,提升思想政治教育亲和力和针对性,满足学生成长发展需求和期待,其他各门课都要守好一段渠、种好责任田,使各类课程与思想政治理论课同向同行,形成协同效应。""我国高等教育肩负着培养德智体美全面发展的社会主义事业建设者和接班人的重大任务,必须坚持正确政治方向。高校立身之本在于立德树人。"高等职业教育作为高等教育的重要组成部分,理应肩负起落实立德树人根本任务的重任,积极推进各专业、各课程与思想政治理论课的融合建设,使大学生能力素质与精神素养得到全面提升。

为此,学校深入推进课程思政建设改革,构建"大思政"格局,要求"各门课都要守好一段渠、种好责任田,使各类课程与思想政治理论课同向同行,形成协同效应"。在此背景下,广告艺术设计专业"海报设计"课程深度挖掘和提炼专业知识体系中蕴含的思想价值和精神内涵,从课程所涉专业、行业、国家、国际、文化、历史等角度,增加课程的知识性、人文性,提升引领性、时代性和开放性,为高职院校课程思政贡献浙工贸经验。

二、主要做法

(一)"一主线、两融合",定位课程思政目标

结合学校"甄·萃·融"的课程思政模式,将本课程思政建设定位为"创意主线、正观

护航",即以培养学生创意设计能力和创新思维为主线,技术技能培养与正向价值观养成教育相互融合,实现德技并修。课程思政目标定位如图1所示。

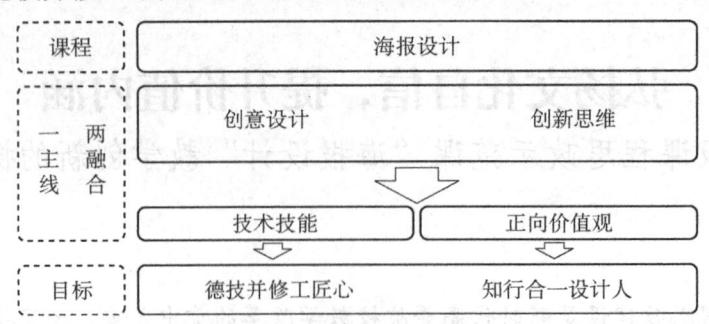

图 1 课程思政目标定位

(二)深入挖掘,分类构建课程思政资源

深入挖掘思政资源,萃取公益类、商业类、文化类三类思政资源,构建形成了九大主题、26个基本类型、98个元素点的课程思政资源。完善课程案例,尤其结合最新热点事件,遴选当代大学生最关注并共情的社会现象和热点话题形成新的案例,从而让学生更容易接受教育,提高课程思政效果。

(三)结合课程项目,教学内容融合两大元素

以课程基本内容为基础,遴选引起学生共情的当代社会现象和热点话题,收集潮流创意、设计新技术,融合技术技能项目库和思政元素库"双库"资源两大元素(如图2所示),重构课程教学项目。

在课程教学中,将俄乌冲突这个最新的热点事件引入课堂教学中,组织学生思考和讨论。通过课堂教学教育学生热爱和平,在理论讲授结束后的实操环节让学生以"反战-和平"为主题设计海报作品(如图3所示),在设计过程中进一步提升课程思政的效果。通过课堂教学,在传授学生知识技能的同时潜移默化地培养学生正确的价值观和人生观。

(四)"学、练、展"结合,改革教学组织形式

在课堂教学组织上推陈出新,开展课程作业"随手展"活动,将学生打印或手绘的海报作品在课堂内进行粘贴展览,以这样的形式,常态化地促进学生对待课程作业的"匠心",同时将学生海报作品蕴含的思政内容潜移默化地扩大影响面,增强了课程思政的效果。课堂作品随手展如图4所示。

(五)"分类多维度",构建课程考核评价机制

依托浙江创意园,构建由学生、教师、企业共同组成的评价机构,形成"分类多维度"的评价机制,如图5所示。

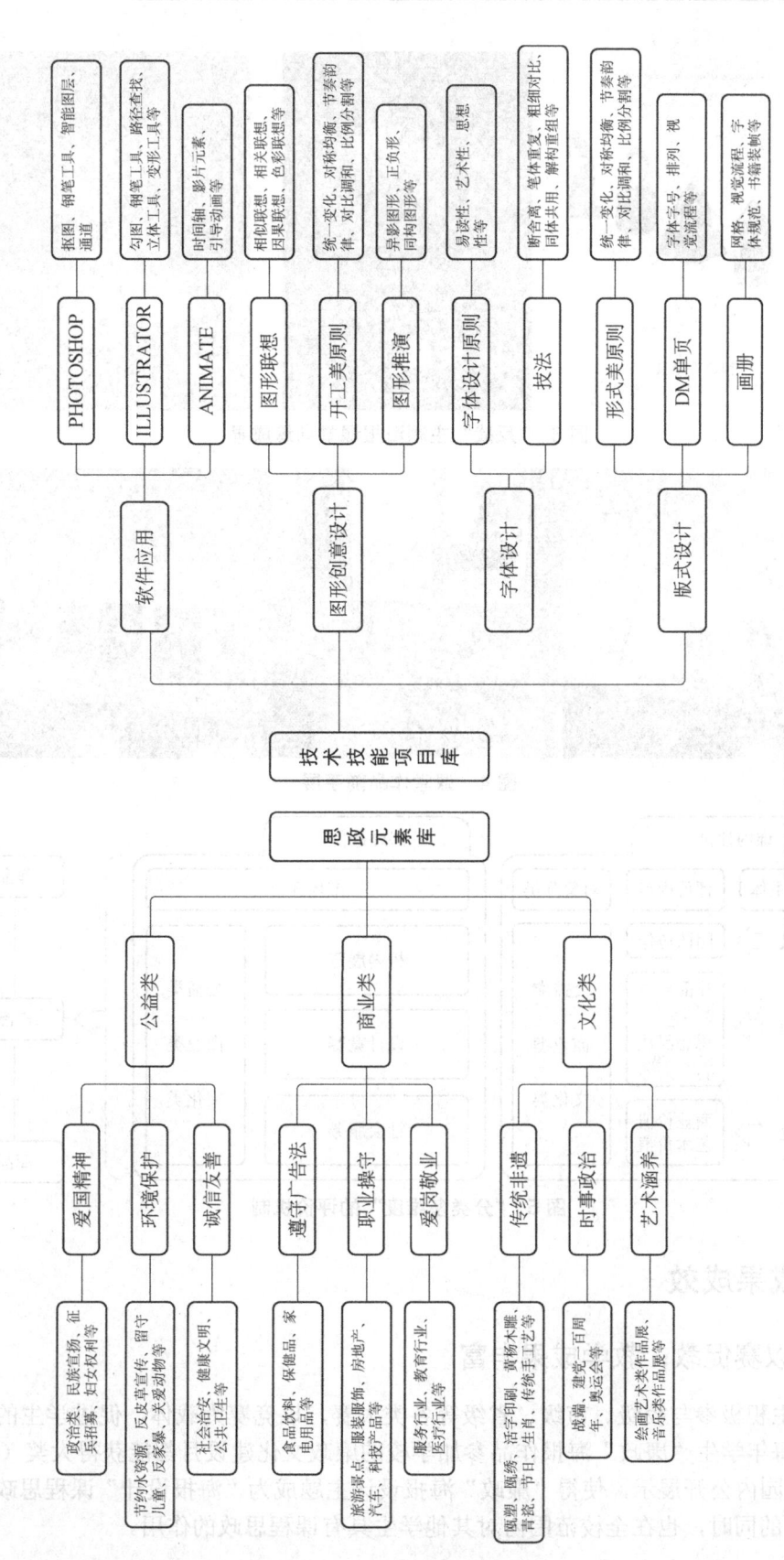

弘扬文化自信，提升价值内涵——国家级课程思政示范课"海报设计"教学创新的探索与实践

图 2 课程双库资源树

图3 "反战"主题海报课堂训练成果

图4 课堂作品随手展

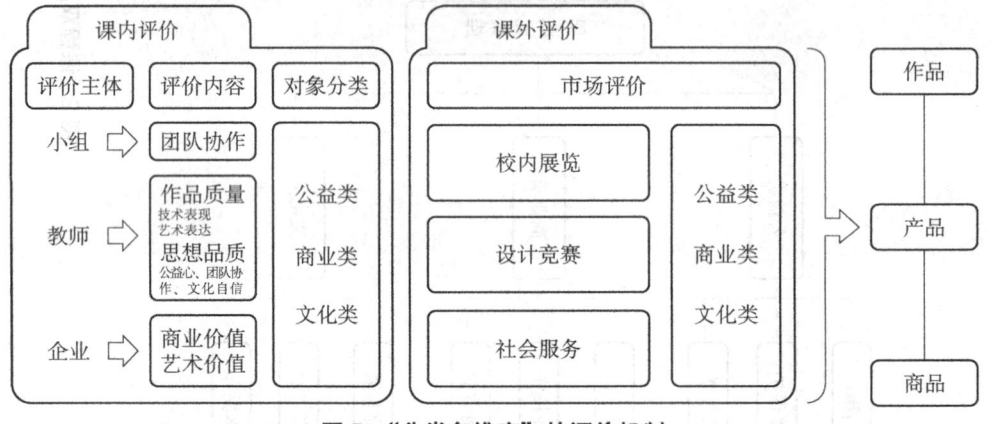

图5 "分类多维度"的评价机制

三、成果成效

（一）以赛促教，教学成果丰富

鼓励学生积极参与校级、市级、省级等各类大赛，以竞赛为载体，促进学生的主观能动性。例如，每年学生"廉政"海报作品参加学校的廉政文化建设月都能获得大奖（如图6所示），并在校园内公开展示，使得"廉政"海报设计主题成为"海报设计"课程思政项目中的"规定项目"的同时，也在全校范围内对其他学生具有课程思政的作用。

弘扬文化自信，提升价值内涵——国家级课程思政示范课"海报设计"教学创新的探索与实践

图6 学生在廉政文化建设月获奖

依托浙江创意园，广告艺术设计专业加强了与温州市广告协会的合作。"海报设计"课程利用课程的特色，每年推荐学生的优秀作品参加温州市文化广播电视新闻出版局（简称"文广新局"）主办的"广协杯"大赛，以及浙江省的"金桂杯"大赛。学生作品多次获奖，在社会上展示了专业育人的成效。我们的学生在获得荣誉的同时，也能进一步促进课程思政的实质效果，提升学生的优秀品质。

图7为学生参加"温州时尚文化广告"设计大赛获奖。

图7 学生参加"温州时尚文化广告"设计大赛获奖

学校鼓励团队教师积极参与各项比赛，提升实践能力，从而促进教学能力的提升。团队主要成员黄江波老师的海报作品《众桥》（第四期）获得新时代枫桥经验全国文化创意征集暨新时代"枫桥经验"全国海报邀请展的推送，如图8所示。

图8 海报作品《众桥》

· 51 ·

（二）社会媒体报道，课程思政形成典范

“海报设计”课程思政建设获得了社会媒体的关注，课程思政得到更大的推广。图 9 为“海报设计”课程思政媒体评价。

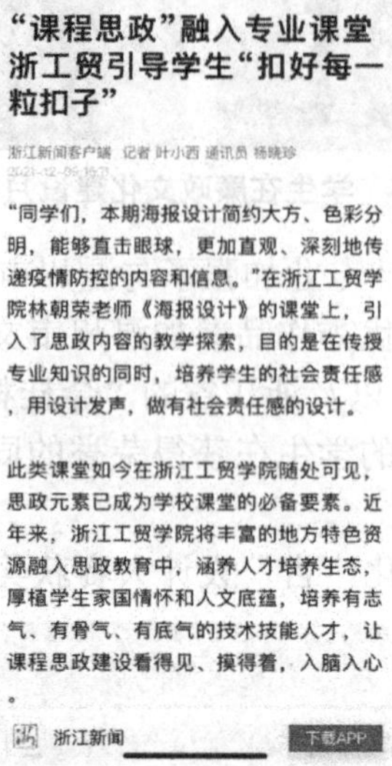

“课程思政”融入专业课堂浙工贸引导学生“扣好每一粒扣子”

浙江新闻客户端 记者 叶小西 通讯员 杨晓珍

“同学们，本期海报设计简约大方、色彩分明，能够直击眼球，更加直观、深刻地传递疫情防控的内容和信息。”在浙江工贸学院林朝荣老师《海报设计》的课堂上，引入了思政内容的教学探索，目的是在传授专业知识的同时，培养学生的社会责任感，用设计发声，做有社会责任感的设计。

此类课堂如今在浙江工贸学院随处可见，思政元素已成为学校课堂的必备要素。近年来，浙江工贸学院将丰富的地方特色资源融入思政教育中，涵养人才培养生态，厚植学生家国情怀和人文底蕴，培养有志气、有骨气、有底气的技术技能人才，让课程思政建设看得见、摸得着，入脑入心。

浙江新闻 下载APP

图 9 “海报设计”课程思政媒体评价

四、经验总结

（一）挖掘自身特色

相比其他课程，“海报设计”在融合思政教育上具有独特优势，认清这些独特优势，充分挖掘这些思政资源，能更好地发挥出课程思政教育的育人和传播教育功能，真正实现好中央文件中“加强课堂教育的建设管理，充分挖掘和运用各学科蕴含的思想政治教育资源”“坚持全员、全程、全方位育人原则，把思想价值引领贯穿教育教学全过程和各环节”等要求。

（二）融合思政课程理论

将思政课程的“道”“体”与专业类别课程的“器”“用”有机结合起来，实现思政课程主导的马克思主义理论逻辑、历史逻辑与专业类课程蕴含的学科伦理、人文观照、社会关怀等有效衔接，最大化地提升思政课程与课程思政的协同效能和育人质量。

五、推广应用

学校持续推进“大思政”建设，深度挖掘地方特色资源，建构高职课程思政体系，得到教育部、浙江省、温州市与杭钢集团领导的充分肯定，以及专家同行的充分赞誉。学校课程思政建设团队多次在浙江省高校及相关大会上做经验分享。

（执笔人：林朝荣）

围绕"四个四"，构建职业本科特色专业评价体系

摘　要：学校立足两大职业本科合作办学试点，积极开展探索实践，围绕"四个四"，构建职业本科特色专业评价体系。通过学校应用实践及校际应用推广，验证了评价体系的科学性、可行性，以及对于职业本科专业的适用性。

关键词：职业本科；特色专业；评价体系

一、实施背景

发展职业本科是新时代我国职业教育提质升级的必由之路。历经多年实践，我国职业本科学校层面形成了高职升格、独立学院转设、高职与独立学院合并转设等多种办学模式，专业层面形成了"4+0""3+2"等联合培养模式。浙江工贸职业技术学院作为全国"双高计划"建设单位，自2016年起与温州大学合办"4+0"机械工程本科专业；2020年起与浙江水利水电学院合办"3+2"自动化本科专业。

在职业本科办学进程中，如何全面洞悉、客观把握和精准评判专业建设水平和人才培养质量，如何有效开展诊断改进工作，评价体系的"标尺"作用不可或缺。然而，由于职业本科特定的人才培养定位、模式及特征，现行的高职专科或应用型本科专业评价体系均不适用，亟须构建具有职业本科独特辨识度的专业评价体系。

学校立足两大办学试点，积极开展探索实践，围绕"四个四"，构建了职业本科特色专业评价体系，如图1所示。通过学校应用实践及校际应用推广，验证了评价体系的科学性、可行性，以及对于职业本科专业的适用性。

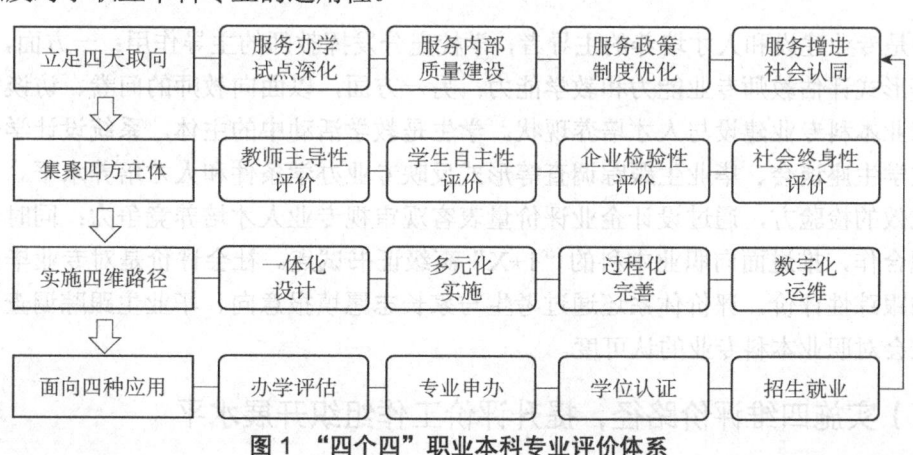

立足四大取向	服务办学试点深化	服务内部质量建设	服务政策制度优化	服务增进社会认同
集聚四方主体	教师主导性评价	学生自主性评价	企业检验性评价	社会终身性评价
实施四维路径	一体化设计	多元化实施	过程化完善	数字化运维
面向四种应用	办学评估	专业申办	学位认证	招生就业

图1 "四个四"职业本科专业评价体系

二、主要做法

（一）立足四大价值取向，明确专业评价体系设计思路

1. 服务办学试点深化

习近平总书记指出，要发挥好试点对全局性改革的示范、突破、带动作用。目前，全国已经开设了数百个职业本科办学试点。学校主动承担试点使命，积极探索职业本科专业评价体系建设，致力于以评为鉴，总结经验，发现不足，带动试点工作走向深化。

2. 服务内部质量建设

诊断改进是内部质量保证体系建设的关键环节，评价体系是教学诊断的重要依据。学校以评价体系为主线，构建了"四个一流"（专业、课程、师资、学生）职业本科专业内部质量保证体系。通过诊断改进激发质量建设内生动力，推动专业建设与人才培养水平持续螺旋上升。

3. 服务政策制度优化

我国职业本科发展政策供给始于2014年，迄今累计出台9项政策，但政策体系仍不完善，标准制度、管理制度、评价制度均有缺位，政策红利有待进一步释放。学校通过专业评价体系构建与实施，及时总结经验规律，形成研究报告、论文等系列成果，为我国职业本科发展政策体系完善提供依据。

4. 服务增进社会认同

职业本科是职业教育的标杆，是职业教育类型化发展和摆脱"低人一等"偏见的"重要法宝"。学校坚持开放办学，立足社会视角，设计的职业本科专业评价体系充分反映产业诉求和民众期许，以评价的导向作用增进社会认同。

（二）集聚四方评价主体，发挥各自在专业评价中的作用

教师是专业建设和人才培养的主导者，学校充分发挥教师的主导作用：一方面，以说课、公开课等形式评估教师专业能力和教学能力；另一方面，以面向教师的问卷、访谈等手段评价所在职业本科专业建设与人才培养现状。学生是教学活动中的主体，系统设计学生评价量表，通过学生座谈会、毕业生跟踪调查等形式反映专业办学条件和人才培养水平。企业是人才培养成效的检验方，通过设计企业评价量表客观审视专业人才培养竞争力；同时与第三方评价组织合作，推进面向职业本科的"1+X"高级证书试点。社会评价是对专业毕业生可持续发展的跟踪性评价，评价体系还通过考生与家长志愿填报意向、毕业生跟踪调查等多维视角反映社会对职业本科专业的认可度。

（三）实施四维评价路径，提升评价工作组织开展水平

1. 一体化设计评价体系

以系统思维和全面质量管理理念做好评价顶层设计，以定性与定量结合的方法统筹规划

指标体系，确定指标权重，设计测度方式。

2. 根据指标内涵和价值取向差异化设计评价方式

针对生师比、报到率等条件性指标，以数据采集平台信息为依据，直接赋分评价；针对专业设置、教学改革等过程性指标，采用专业提供自评报告及佐证材料、专家审议等形式评价；针对毕业生发展、科技服务等成果性指标，根据成果清单及佐证材料定量评价。

3. 注重过程化完善

学校在理论演绎、实证调研、专家论证等基础上形成初始评价体系。通过校内各年段职业本科专业的持续跟踪试用，探寻指标客观性、权重合理性、方法可行性方面存在的不足，并动态调适优化。

4. 实行数字化运维

学校在专业诊断改进平台基础上开发了专门针对职业本科专业评估的功能模块（如图2所示），根据指标体系动态采集和更新专业各方面数据，充分发挥大数据、人工智能技术在数据监测、诊断预警等方面的作用。

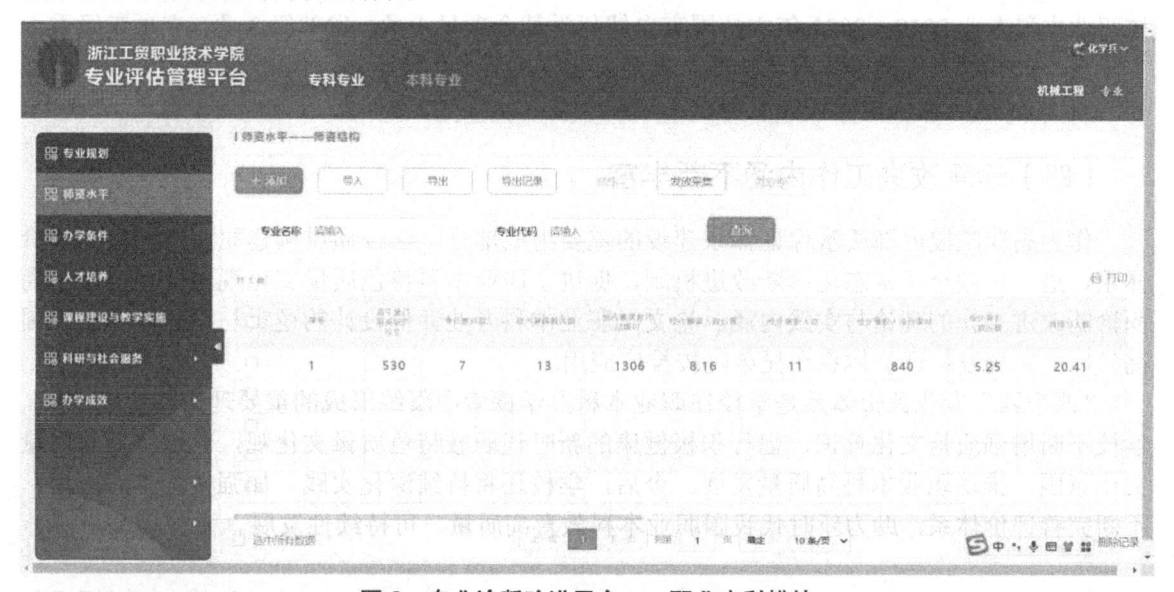

图2 专业诊断改进平台——职业本科模块

（四）面向四种应用场景，充分发挥"以评促建"功能

职业本科专业评价体系面向以下四种应用场景。

（1）面向专业办学水平评估，帮助教育行政主管部门和院校自身动态精准掌握专业办学水平，洞悉试点实践中的要点、亮点与难点，并制定行之有效的应对策略。

（2）面向新专业申办，评价当前高职院校相关专业是否达到申办本科层次的条件。

（3）面向学位认证，评估学校及职业本科专业是否有条件申请学士学位授予权。

（4）面向招生就业，通过第三方评价结果信息披露或人才培养质量排名，为广大考生和家长报考职业本科专业提供参考，为广大学生规划学业发展方向提供依据。

三、成果成效

（一）专业建设目标更为明确

职业本科专业建设以往只能参照高职专科或应用本科学校相关评价标准。学校建立职业本科专业评价体系，从培养定位、师资水平、办学条件、课程建设等方面做了系统规定，进一步明确了职业本科专业建设目标，以及复合型、创新型高层次技术技能人才目标。

（二）人才培养质量大幅提升

评价体系有效引导专业厘清职业本科规律，洞悉职业本科特质，加强"三教"改革，强化学业指导，大幅提升了人才培养质量。2020届、2021届毕业生学位获取率达100%；职业发展水平和考研率均不低于同类专业应用本科学校；毕业生调查满意度高达99.74%。

（三）技术服务水平显著增强

相对高职专科而言，职业本科评价体系更注重专业技术技能服务能力。在此导向下，学校职业本科专业2019—2021年主持国家自然科学基金项目1项、省部级3项，立项市级重点实验室、市级重大科技攻关项目5项；承接企业委托技术改造课题，到账1200多万元；开展社会培训2870人次。技术技能服务水平冠居全校。

（四）诊断改进工作内涵不断丰富

作为高职院校内部质量保证体系建设的重要组成部分，学校通过构建职业本科专业评价体系，进一步健全了常态化诊断改进机制，促进了职业本科特色质量文化观生成，丰富了高职诊断改进工作的理论与实践内涵。论文《职业本科专业评价设计的逻辑与路径》在《中国高教研究》刊发；评价体系在兄弟院校推广应用。

"四个四"专业评价体系是学校在职业本科办学探索中凝练形成的重要理论与实践成果。学校不断增强质量文化意识，倡行积极健康的新时代职教特色质量文化观，营造浓厚的质量文化氛围，推动职业本科高质量发展。今后，学校还将持续深化实践，加强校际推广应用，不断完善评价体系，助力新时代我国职业本科教育高质量、可持续性发展。

（执笔人：施星君）

构建三级竞赛体系，提升教师教学能力

摘　要：全国职业院校技能大赛教学能力比赛由教育部主办，是全国职业院校教学类比赛规格最高、规模最大、含金量最高的赛事之一。学校 2021 年、2022 年连续两年在全国职业院校技能大赛教学能力比赛中荣获国赛一等奖 1 项、二等奖 2 项、三等奖 1 项，省赛一等奖 4 项。学校领导高度重视，亲临现场指导备赛；健全竞赛管理机制，出台多项激励举措；精心打造智慧教室，创造良好竞赛环境；积极组织各类培训，全面提升教学能力。学校采取一系列有效举措，实现重大突破，使比赛创学校历史最好成绩。

关键词：教学能力；国赛；最好成绩

一、实施背景

全国职业院校技能大赛教学能力比赛由教育部主办，是全国职业院校教学类比赛规格最高、规模最大、含金量最高的赛事之一。比赛内容涵盖专业人才培养方案、课程标准、教学设计、教学实施报告等的撰写，课堂教学视频的录制，以及现场教学和答辩等。

2022 年全国职业院校技能大赛教学能力比赛，学校人工智能学院教学团队（林烨、徐群、蔡文明、戚伟业）的作品《基于开源鸿蒙的智能炼苗系统开发》获得国赛一等奖（如图 1 所示）。2021 年全国职业院校技能大赛教学能力比赛，学校获得国赛二等奖 2 项、国赛三等奖 1 项。设计与数字艺术学院石娜教师团队（石娜、步月宾、刘淼、季红军）的作品《老年鞋柔性制作》荣获国赛二等奖（如图 2 所示）。为推进东西部职业教育共同进步，学校首次尝试与西藏职业技术学院联合组队参赛，获得喜人成绩，其中光电制造学院郑秀丽老师所在团队的作品《汽车灯光系统检修》荣获国赛二等奖，苏一菲老师所在团队的作品《太阳能电池片质量检测控制系统设计》荣获国赛三等奖。在省赛中，学校教师发挥出色，7 支参赛队伍全部获奖，总共包揽一等奖 3 项、二等奖 2 项、三等奖 2 项，取得国赛资格 1 项，一等奖获奖率高达 43%，一等奖获奖数量位居全省第 4 位。

二、主要做法

（一）学校领导高度重视，亲临现场指导备赛

赛事开展后，学校领导高度重视、全面布局，教务处和各二级学院迅速行动，积极落实各项工作。党委书记盖庆武在府东路校区多功能厅召开 2022 年教学能力比赛启动工作会（如图 3 所示），表示学校领导班子高度重视教学能力比赛，各职能部门和二级学院要完善方案，建立机制，协同合作，共创辉煌。3 月，校长余闯在瓯江口校区国际学术报告厅召开 2022 年

教学能力比赛校内选拔赛，充分肯定了各教学团队自强不息、艰苦奋斗的精神，希望参赛教师以比赛为契机，发扬"工贸人"奋发进取、精工诚贸的拼搏精神，坚定信心，提高站位，摘金夺银，勇攀高峰。4月，副校长汪焰在瓯江口校区会议报告厅召开2022年教学能力比赛集训动员会，认真总结学校2021年参赛情况，提出备赛建议、分析比赛策略，积极动员参赛团队克服困难，打磨作品，不忘初心，砥砺前行。

图1 人工智能学院林烨教学团队荣获国赛一等奖

图2 设计与数字艺术学院石娜教师团队荣获国赛二等奖

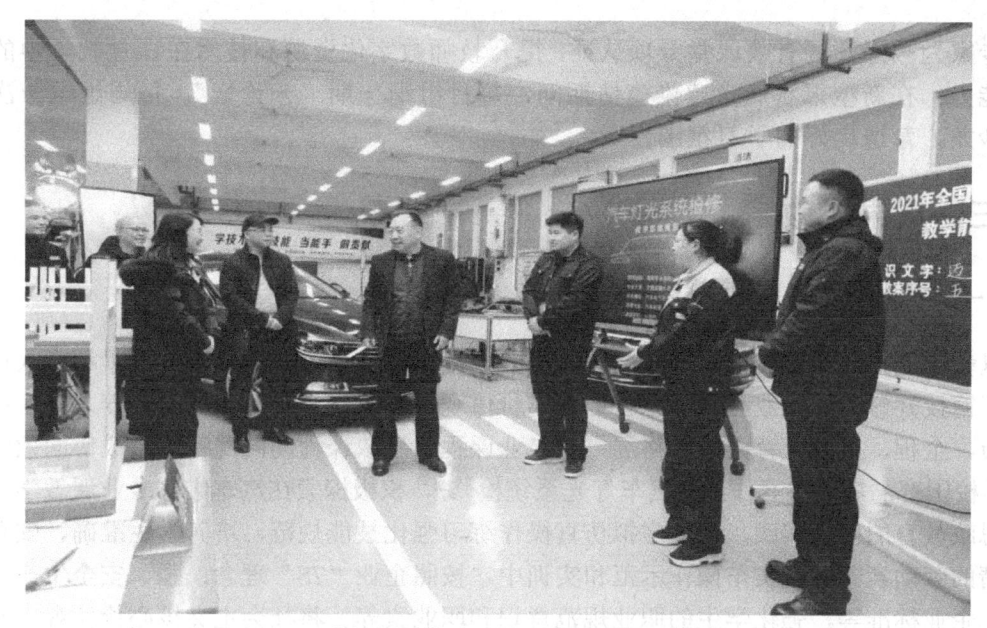

图3 学校领导高度重视，亲临现场指导备赛

（二）健全竞赛管理机制，出台多项激励举措

学校以教学能力比赛为引领，深化赛教融合教学改革，以比促练，以赛促教。建立健全校级、省级、国家级三级竞赛组织体系。每年开展校级教学能力比赛和省级教学能力比赛集训，营造良好的比赛氛围。为全面推进学院国家"双高"建设，提升教师教学能力，充分调动分院、教师积极参与高职院校教学能力比赛的积极性和主动性，提高大赛成绩，学校在《技能竞赛管理办法》的基础上，推出一系列创新举措，取得了显著成效。例如，将大赛的参赛成绩列入分院、专业（专业群）的年度考核体系，将重点项目培育数量和参赛情况列为学校年度考核内容；对各分院教学能力比赛工作进行年度考核，考核结果纳入分院年度教学考核结果；参加竞赛获国家级以上奖项的，在年度考核和评优评先中给予优先考虑等。

（三）精心打造智慧教室，创造良好竞赛环境

良好信息化教学环境是教师开展信息化教学活动的前提。在新校区建设之际，学校充分采纳师生意见建议，以促进教学改革为目标，以服务教学为核心，精心打造了10间具备教室智能管控、课堂互动教学、教学过程督导评价、数据分析与可视化等功能的数字化智慧教室，为师生营造了一个集教学设备智能化、教学环境个性化和教学模式多样化于一体的智慧学习环境。通过提升软硬件基础设施、引入信息化教学平台等方式，创设良好信息化竞赛环境。

（四）积极组织各类培训，全面提升教学能力

为有效提升教师的教学能力，学校定期组织各类培训、校内分享、专题学习等活动。每季度由教务处主办、各二级学院承办主题教学论坛，提升教师数字化教学水平；组织多类型线上、线下公开课教学观摩活动，为全校教师提供交流经验和展示教学成果的平台；

组织专家为教师开展有效课堂专项认证,提升教师数字化资源和技术在课堂教学中的实际应用能力;在新型冠状病毒感染疫情期间,每月组织一期"云论坛",每周组织一次线上教学沙龙,营造良好的学习氛围。

三、成果成效

(一)推进课程思政高质量建设

以教学能力比赛为契机,各参赛团队充分挖掘一线教学中蕴含的育人元素和育人逻辑,突出"德技并修"的职业教育类型特征,寓价值观引导于知识传授和能力培养之中,探索构建全员、全程、全方位育人的大格局,使专业课程与思政课程同向同行,形成协同效应。例如,学校国赛二等奖参赛作品《汽车灯光系统检修》,积极探索在汽车维修专业课教学中渗透课程思政教育的创新实践,通过虚拟仿真操作练习强化技能规范,培养学生准确、安全、精益求精的劳动素养。在实车操作示范和实训中,按照企业"7S"理念,强调安全生产、节能环保、企业标准等,强化学生的职业规范意识和职业素养。将社会主义核心价值观、职业道德、职业素养、安全生产、节能环保、劳动精神、工匠精神等融入教学活动,用润物细无声的方法落实专业课教学的立德树人任务。

(二)打造优秀师资团队

学校以鼓励教师参加教学技能大赛为抓手,大力加强教师队伍建设,突出"双师型"教师个体成长和"双师型"教学团队建设相结合,提高教师教育教学能力和专业实践能力,优化专职兼职教师队伍结构,大力提升"双师型"教师队伍建设水平,为培养大批高素质技术技能人才提供了有力的师资保障。

(三)形成部门联动响应机制

全校各部门积极参与大赛,为大赛做好"保驾护航"的工作。学校领导充分调动校内外各种资源,提供"绿灯式"便利条件,服务参赛队员。教务处统筹,党校办、图书信息中心、总务处、宣传部、保卫处等多部门联动配合,鼎力协助,使大赛顺利完成。为了确保比赛不受干扰,各部门设立多项应急预案,保证赛事正常进行。

(四)完善教学竞赛组织模式

以教学能力比赛为契机,建立健全"校级、省级、国家级"三级竞赛培育机制。坚持"以赛促教、以赛促学、以赛促改、以赛促建"的总体思路,注重成果转化,发挥优秀作品的引领辐射作用。强化教师教学能力培养,注重打造高水平、结构化的教师教学创新团队,着力构建职业教育教学质量持续改进的良好生态。

(五)发挥模范榜样示范作用

六年备战从未停歇,锲而不舍终获其成。2017年、2018年、2019年,电子信息工程技术专业蔡文明、徐群和等教师在浙江省高职院校教学能力比赛中崭露头角，连续 3 年获得省赛二等奖，决定继续冲击省赛舞台，这是他们"国赛梦"的开始。2021 年，林烨和戚伟业两位教师加入团队，四人凭借勇往直前的精神，最终斩获省赛一等奖，却遗憾未能入围国赛。2022 年，林烨教师团队克服负面情绪，再次专注投入省赛备战当中。漫长的备赛经历让团队四人习惯了加班、熬夜、早出晚归的忙碌状态。多年的参赛经历、7 个月的充分准备、200 多个日夜的执着坚守、不计其数的推倒重来才造就了省赛特等奖的荣誉。

四、经验总结

（一）优秀师资队伍是基础

教师队伍是发展职业教育的第一资源，是支撑新时代国家职业教育改革的关键力量。加快推动现代职业教育高质量发展，离不开一支支政治素质过硬、业务能力精湛、育人水平高超的高素质专业化创新型高校教师队伍。学校鼓励教师参加教学技能大赛，大力加强教师队伍建设，将"双师型"教师个体成长和"双师型"教学团队建设相结合，提高教师教育教学能力和专业实践能力，优化专职、兼职教师队伍结构，大力提升"双师型"教师队伍建设水平，为培养大批高素质技术技能人才提供了有力的师资保障。

（二）部门联动配合是保障

全校各部门都积极参与大赛，为大赛"保驾护航"。在封闭训练期间，党委书记盖庆武特意前往训练点探望慰问和赛前协调，给了参赛团队莫大的支持与鼓励；校长余闯多次参与现场指导，讲解赛事"雷点"，让团队成员思路更加清晰；副校长汪焰事无巨细，悉心指导，运筹帷幄，充分调动校内外各种资源，提供"绿灯式"便利条件，服务参赛队员。此外，更有教务处统筹，党校办、图书信息中心、总务处、宣传部、保卫处等多部门联动配合，使大赛顺利完成。

（三）完善竞赛机制是关键

学校全面贯彻党的教育方针，落实全国职业教育大会精神，立足职业教育的改革与发展，深化"三教"改革。以教学能力比赛为契机，建立健全"校级、省级、国家级"三级竞赛培育机制；坚持"以赛促教、以赛促学、以赛促改、以赛促建"，持续深化推进"双高"建设，注重成果转化，发挥优秀作品的引领辐射作用；强化教师教学能力培养，着力构建职业教育教学质量持续改进的良好生态。

五、推广应用

学校竞赛组织模式和竞赛培育机制通过院校交流进行宣传和推广，获得了省内外高职院校的高度赞誉。获奖师资团队通过对外讲座、指导传授备赛经验，在浙江省内形成较大的影响力，为全省教师教学能力提升做出了贡献。

（执笔人：章洋舟、石娜）

基础共享，核心差异，能力递进
——光电专业多元学制人才培养的探索与实践

摘　要：围绕中国激光与光电产业集群不同岗位能力需求，基于"基础教学资源共享、核心技能平台分类、实践创新能力递进"理念，以浙江省四年制高职人才培养试点专业建设为契机，精准制订不同学制人才知识和技能培养目标及课程标准；依托国家教学资源库建设，组建集导、学、辅、测于一体的模块化数字教学资源；产科教高度融合，搭建以项目为驱动的能力递进式实践平台，探索多元学制不同技术技能型人才的培养模式。

关键词：产业集群；光电专业；多元学制；人才培养

一、实施背景

实现人才供给侧与产业发展需求侧相匹配是高职院校人才培养的重要使命。2011年，全国首批创新型产业集群——激光与光电产业集群——正式立项，集群的快速发展及光电技术的升级换代，急需大量具备应用型、复合型和高端创新型特征的不同类型高素质技术技能人才。高职光电专业以三年制高素质高技能人才培养为主，技术技能人才的数量和结构无法匹配产业集群的快速发展，已经成为制约光电产业转型升级的瓶颈。

围绕中国激光与光电产业集群不同岗位能力需求，以"基础教学资源共享、核心技能平台分类、实践创新能力递进"为建设路径，以国家职业教育专业教学资源库建设和浙江省四年制高职人才培养试点为契机，精准制订不同学制人才知识和技能培养目标及课程标准。依托国家教学资源库建设，组建集导、学、辅、测于一体的模块化数字教学资源。产科教高度融合，搭建以项目为驱动的能力递进式实践平台，构建"三模块、三层次、三载体"项目实践体系，培养光电制造与应用技术专业（以下简称"光电专业"）二年制高职（三年中职+二年高职）、三年制高职、四年制高职本科等多元学制的不同高素质技术技能型人才。图1为高职光电专业多元学制人才培养框架图。

学校光电专业多年在金平果高职高专专业竞争力排名中居全国第一位。光电专业牵头组建的专业群（光电制造与应用技术专业群）获国家"双高计划"立项，先后获批国家骨干专业、浙江省优势专业，主持建设了国家光机电应用技术教学资源库，创建了国家协同创新中心。光电专业学生获省级以上奖项60余项，多次荣获全国"瑞萨杯"电子竞赛一等奖等荣誉。光电专业毕业生跟踪调查连续7年稳居全省前二位，在企业3年的稳定率高达80%，薪酬远高于平均水平。

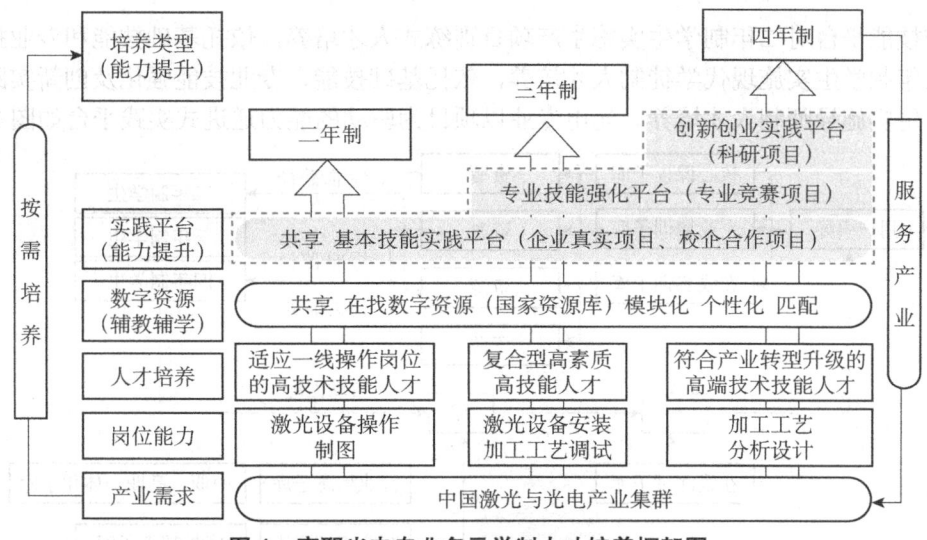

图1 高职光电专业多元学制人才培养框架图

二、主要做法

（一）精准定位不同岗位能力，明确区分不同学制的差异化培养目标和课程标准

光电专业依据激光装备制造与应用产业链中岗位能力的要求，明确培养二年制学生熟练操作使用激光设备的能力，培养三年制学生激光设备制造及售后服务的能力，培养四年制学生提供解决工艺及售后方案的能力。依据培养目标，差异化制订"激光加工技术"等课程标准，不同学制精准实施，同课不同标。依据课程标准，整合构建模块化教材，明确区分不同学制的教学内容难易程度和知识深度。

（二）校企共建共享，打造集导、学、辅、测于一体的专业教学资源

光电专业联合武汉软件工程职业技术学院等10所高校、奔腾激光（温州）有限公司等16家企业、华中科技大学等高校的178位教师与企业专家，牵头共建国家职业教育光机电应用技术专业教学资源库。资源库包括核心课程和中职、高职一体化等八大子库，包含课程23门、微课1184门，以及动画、视频等颗粒化资源47752条。资源库基础资源共享，集导、学、辅、测于一体，同时设置匹配机制，对照二年制、三年制与四年制人才培养目标，以及岗位技术技能要求，分别制订相应的教学标准及学习路径。

图2为光电专业在线教学资源导、学、辅、测功能构架示意图。

（三）产科教深度融合，搭建以项目为驱动的能力递进式实践平台

光电专业依托国家激光制造与材料应用技术协同创新中心、姚建铨院士工作站、奔腾激光产教融合示范基地等科研平台和校企合作中心，以企业真实生产项目为载体，创建基础技能平台，以校企合作项目和专业竞赛项目为载体创建专业技能强化平台，以科研项目为载体创建创新实践平台，构建设备操作、设备安装与调试和激光加工工艺设计三个实践教学模块。

依托基础技能平台对二年制学生实施生产项目训练式人才培养，依托基础技能和专业技能强化平台对三年制学生实施现代学徒制人才培养，依托基础技能、专业技能强化及创新实践平台对四年制学生实施导师制人才培养。光电专业以项目为驱动的能力递进式实践平台如图3所示。

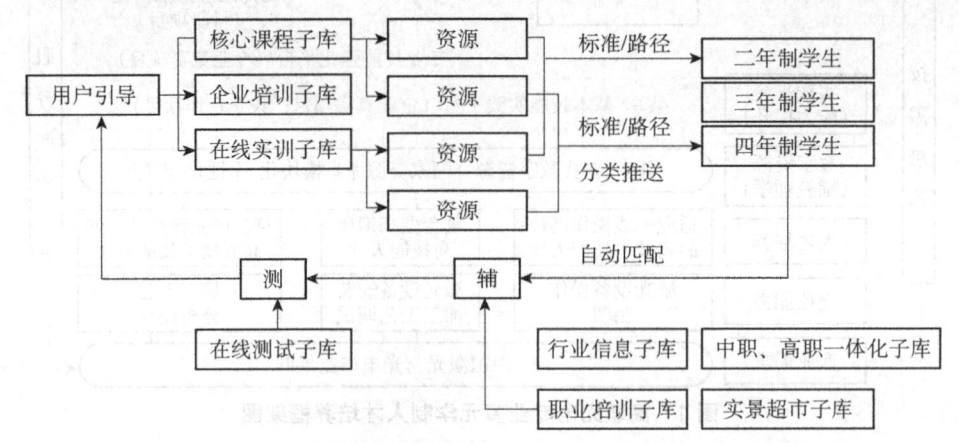

图2 光电专业在线教学资源导、学、辅、测功能构架示意图

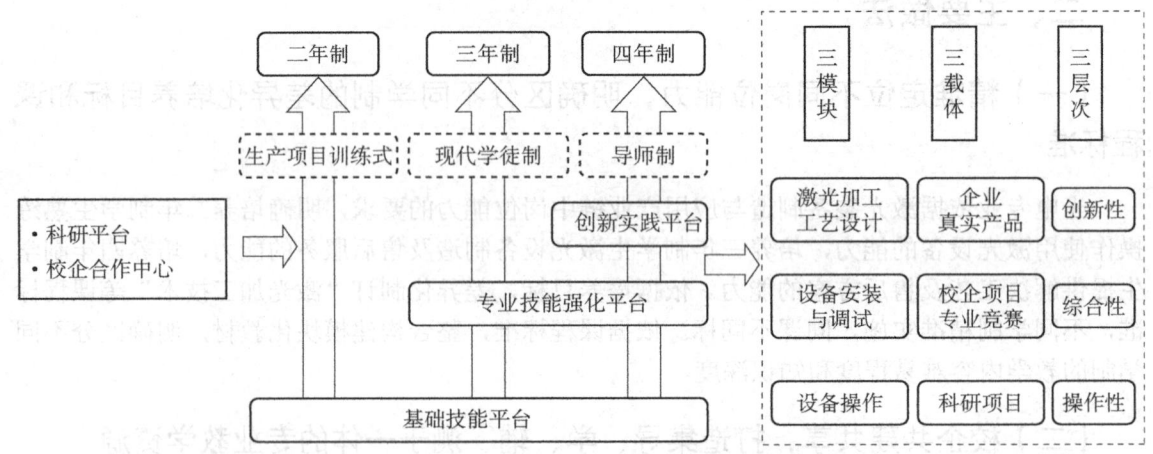

图3 光电专业以项目为驱动的能力递进式实践平台

三、成果成效

2015年，光电专业的成果应用于本专业学生，2017年后成果开始辐射到专业群——工业机器人、模具制造和机电一体化等专业，培养学生累计达1880多人，其中光电设备方向1090余人，激光加工材料方向490余人。毕业生跟踪调查连续7年稳居全省前二位，毕业生用人单位满意度100%，就业率保持在99%以上，专业对口就业率达90%以上，在企业3年的稳定率高达80%，薪酬远高于平均水平。

光电专业在2019年、2020年金平果高职高专光电制造与应用技术专业竞争力全国排名中居第一位。

自成果实施以来，光电专业立项国家骨干专业、浙江省优势专业、省级两岸合作办学专业、省级四年制高职试点专业，获批国家"1+X"激光加工技术应用职业技能等级证书试点（中级），牵头组建的专业群获国家"双高计划"立项；先后创建了国家协同创新中心、温州市重点实验室等 5 个科研平台反哺教学,服务于不同层次的人才培养工作。

光电专业学生参加大赛,获省级以上奖项 60 余项,多次荣获全国"瑞萨杯"电子竞赛一等奖、全国"挑战杯"大赛二等奖、全国机械设计竞赛二等奖、浙江省机械设计竞赛一等奖等荣誉。

光电专业建设省级精品课程 3 门,编写专业教材 44 本,其中 2 本为国家规划教材,4 本为浙江省重点教材,出版专著 1 本,很好地彰显了专业示范引领作用。

四、经验总结

(一)明晰光电专业多元学制差异化人才培养体系

光电专业依据产业集群需求,基于"基础教学资源共享、核心技能平台分类、实践创新能力递进"的原则,明确区分了二年制、三年制与四年制培养方案、教学目标、课程标准,以及教学内容的差异性和层次性,精准制订不同学制人才差异化的知识和技能培养目标及课程标准。

(二)形成颗粒化教学资源按类有机组合的新模式

教学资源库以"科学顶层设计,颗粒化资源、积件有机组合,模块化课程、系统架构搭建"的理念进行建设。在所有资源开放共享的基础上,资源库可按不同学制类别的人才培养标准进行模块化课程搭建及其颗粒化资源有机组合,并基于子库之间的内在关联性自动匹配并推送相应的辅助资源与测试资源,协助不同学制学生完成在线学习,实现能力提升。

(三)搭建"三三三"实践体系,实施不同实践教学模式

针对二年制、三年制与四年制学生不同岗位能力需求,校企共建阶梯递进式的实践、强化及创新平台,推动了实践教学改革。光电专业基于实践平台构建"三模块、三层次、三载体"项目实践体系,形成了生产项目训练式、现代学徒制、导师制三种不同的实践教学模式,建设了相对稳定并动态调整的科研导师教学团队,夯实了学生的核心技术技能,提升了学生的创新能力。

五、推广应用

光电专业建设及人才培养得到了媒体的广泛赞誉,中国网等多家媒体先后报道 23 次;时任浙江省委常委、副省长陈伟俊等领导参观毕业设计展;深圳信息职业技术学院、无锡职业技术学院等兄弟院校到访交流 619 人次。牵头成立光电联盟,该联盟由包括多个高职院校在内的 69 家单位共同组成,联盟内各高校可以开展跨校选课、学分互换等方面的校际合作。牵头完成高等职业学校"光电制造与应用技术"专业教学标准修(制)订,指导了 17 所院校相关专业建设和课程建设。主持建设国家光机电教学资源库,注册学员 114561 人,用户活跃度高达 96.9%。

(执笔人:华学兵)

光电制造学院推进"1+X"书证融通，深化专业人才培养模式改革与探索

摘　要：工业机器人技术专业作为教育部第二批"现代学徒制"试点专业，以及国家第二批"1+X"工业机器人应用编程职业技能等级证书试点专业，通过"1+X"三融合（融合智能制造行业标准、融合企业资源、融合产业需求）等方式，推动构建"1+X"证书标准下现代学徒制人才培养模式，为智能制造高素质技术技能人才培养，推进人才培养模式改革，进行了深入探索和实践，并取得积极成效，为现代学徒制人才培养模式与时俱进提供了新思路和新路径。

关键词："1+X"证书；现代学徒制；融合；"岗课赛证"

一、实施背景

2019年，国务院颁布《国家职业教育改革实施方案》（简称"职教20条"），为全国职业教育改革指明方向。在"职教20条"中，第三条提出"高等职业学校要培养服务区域发展的高素质技术技能人才"；第四条提出要"完善高层次应用型人才培养体系"，"发展以职业需求为导向、以实践能力培养为重点"的培养模式；第七条提出"深化课程改革、增强实训内容"；第九条提出"借鉴'双元制'等模式，总结现代学徒制和企业新型学徒制试点经验"等具体方针。而且，"职教20条"总纲具体指标明确提出，"从2019年开始，在职业院校、应用型本科高校启动'学历证书+若干职业技能等级证书'制度试点（简称"1+X"证书制度试点）工作"。

学校光电专业群骨干专业"工业机器人技术"，作为教育部第二批"现代学徒制"试点专业，以及国家第二批"1+X"工业机器人应用编程职业技能等级证书试点专业，为响应国家职教改革方向，积极围绕专业人才培养目标，坚持"1+X"证书试点融合智能制造行业标准、企业资源和产业需求的"三融合"教育改革方向，构建"1+X"证书标准下现代学徒制人才培养模式，打造智能制造高素质技能人才，在深化专业人才培养模式改革方面进行了积极探索和实践，为高职院校人才培养模式改革与转变贡献浙工贸经验。

二、主要做法

（一）"1+X"融合智能制造行业标准，优化人才培养方案

按照教育部发布的《工业机器人技术专业教学标准》和人才目标定位，对人才培养方案

进行优化，重点进行课程体系重构；引入智能制造领域行业标准和企业生产标准，结合《工业机器人应用编程技能等级标准》及技能大赛考核标准，修改专业培养方案和课程标准；通过专业群平台课、专业核心课、岗位实践课和行业实践课对接学历证书、职业技能等级证书和行业应用实践证书。通过专创融合课，提升学生研究创新能力；实现"岗课赛证"融通，形成"理实拓一体"的现代学徒制课程体系。

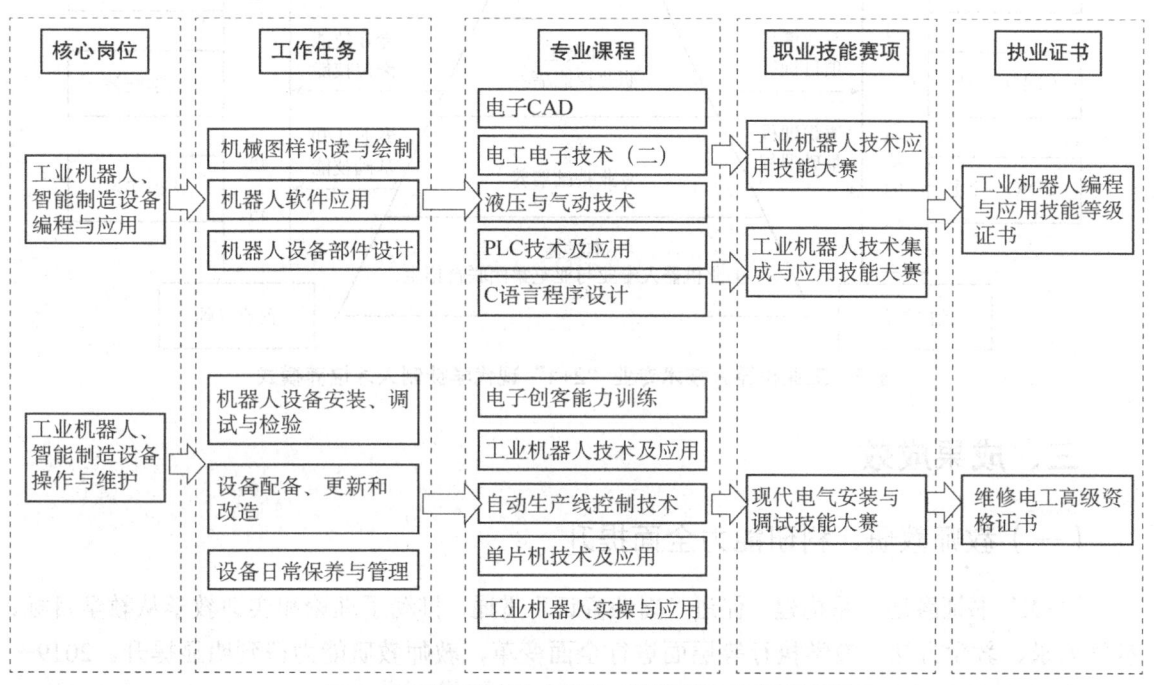

图 1 为工业机器人技术专业"岗课赛证"融通图。

核心岗位	工作任务	专业课程	职业技能赛项	执业证书
工业机器人、智能制造设备编程与应用	机械图样识读与绘制 机器人软件应用 机器人设备部件设计	电子CAD 电工电子技术（二） 液压与气动技术 PLC技术及应用 C语言程序设计	工业机器人技术应用技能大赛 工业机器人技术集成与应用技能大赛	工业机器人编程与应用技能等级证书
工业机器人、智能制造设备操作与维护	机器人设备安装、调试与检验 设备配备、更新和改造 设备日常保养与管理	电子创客能力训练 工业机器人技术及应用 自动生产线控制技术 单片机技术及应用 工业机器人实操与应用	现代电气安装与调试技能大赛	维修电工高级资格证书

图 1　工业机器人技术专业"岗课赛证"融通图

（二）融合企业资源，构建协同创新机制，共建"双师型"教学团队

以《职业教育提质培优行动计划（2020—2023年）》为指导，根据"1+X"证书制度对教师提出的新要求，校企共建多元化的"双师型"教师队伍。与业内一流企业亚龙集团创建产业学院和协同创新中心；与企业共研项目，共建专业，共担课程；吸纳行业、企业全面参与课程教学及专业建设；聘用行业、企业高级技术人员担任实践导师，全面落实"双导师制"，不断优化教师队伍结构，提高教师的实践能力，为"1+X"证书制度试点工作提供师资保障。

工业机器人技术专业"2+1"现代学徒制人才培养模式如图2所示。

（三）融合产业需求，服务区域经济发展目标

"1+X"证书制度落实与社会服务紧密结合。面对传统产业智能化水平低的问题，利用"1+X"机器视觉、数字孪生等先进技术推动企业及产业转型升级；面向浙江南部中小微企业技术人员，以继续教育培训、新型现代学徒制等多种形式开展职业技能培训，全面服务区域

经济发展，助力地方产业转型升级。

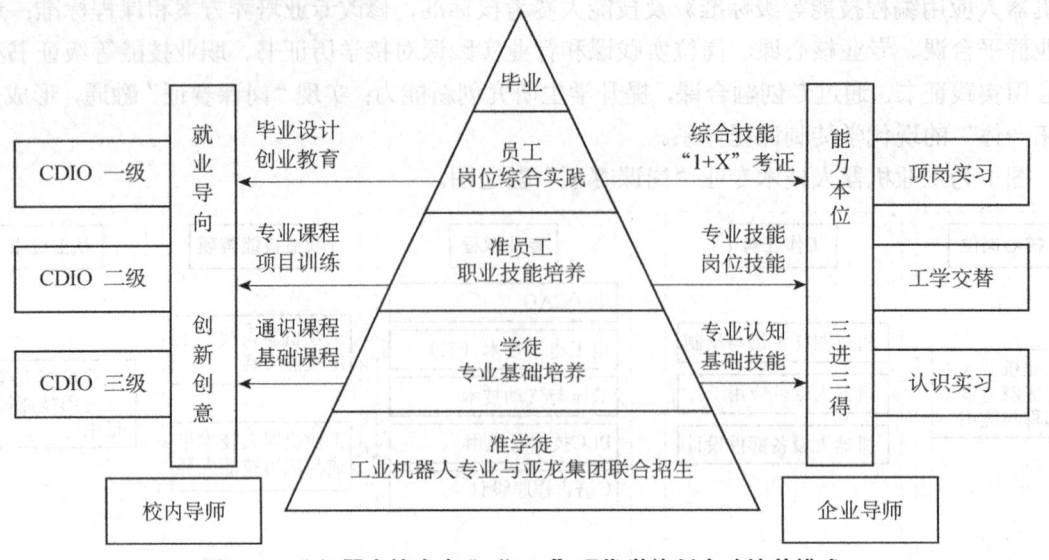

图 2　工业机器人技术专业"2+1"现代学徒制人才培养模式

三、成果成效

（一）教师教研、科研能力全面提升

"1+X"书证融通体系构建，促进"岗课赛证"贯通，推动了理论和实训教学从教学目标、教学要求、教学方法、教学执行等层面进行全面变革，教师教研能力得到明显提升。2019—2021年专业教师已立项浙江省教改课题5项、温州市教改课题9项。

与此同时，团队教师依托高水平产教融合基地、协同创新平台等，积极承担省市各级纵向项目及企业横向科研项目，其中团队自主研发的千万元级智能制造生产线紧扣光电制造关键工序智能化、关键岗位机器人替代、生产过程智能优化控制，极具独创性。

（二）技能竞赛屡获佳绩

2019—2021年，专业学生获得全国大学生电子设计竞赛国家级二等奖2项、省级二等奖2项；金砖国家技能发展与技术创新大赛"工业机器人装调维修技术大赛"国家级二等奖1项，浙江省现代电气控制系统安装与调试技能大赛一等奖1项、二等奖1项；"振兴杯"浙江省青年职业技能竞赛专项赛二等奖1项；在中美创客大赛、"互联网+"大学生创新创业大赛中也有不错的成绩。

（三）"1+X"培训惠及全国

2020年"1+X"工业机器人应用编程（中级）技能考核，专业学生共64人参与，通过率约95.3%。专业承办"1+X"证书师资培训班，为各地教师开展培训，一期培训人数50人，有效推进了高职院校"1+X"证书制度试点工作。

图 3 为工业机器人中级应用编程考核点揭牌仪式。

图 3 工业机器人中级应用编程考核点揭牌仪式

四、经验总结

工业机器人技术专业依托国家"1+X"工业机器人应用编程职业技能等级证书试点与教育部"现代学徒制"试点专业，在实践探索中积累了宝贵经验，为学院推进"1+X"书证融通、深化专业人才培养模式改革提供了可行路径。

（一）顺应产业发展需求是根本

专业发展应充分了解国家发展战略和产业发展趋势，洞悉产业及企业对新技术、新技能人才培养的需求，只有紧随产业发展，及时修正人才培养目标，才能保证人才培养质量伴随社会变化和产业发展而稳步提高，并引领产业技术发展及专业内涵建设协同进步。智能制造强国战略推动工业机器人技术及产业高质量发展，带来人才需求新变化，为校企合作人才培养模式转变（如"现代学徒制"等）带来新平台和新契机。因此，专业改革及人才培养目标必须充分顺应产业发展需求。

（二）校企融合是关键

深入的校企合作关系带来双方人员的融合及双方各类资源的融合，为"1+X"证书制度试点工作提供了充足的教学资源和"双师型"教师队伍，为"现代学徒制"人才培养提供了良好的合作平台。校企联动，能够快速响应人才培养需求和职业证书考核需要，师生均能得到良好的淬炼。

（三）制度创新与建设是保障

人才培养模式的转变给学校管理、学生学习及企业生产等带来一系列问题，必须从制度层面给学生、教师和企业带来信心，解决其后顾之忧。学校必须从制度层面进行创新与改革，创建一系列新的制度规范和激励措施，为人才培养模式转变提供制度保障和政策激励。

五、推广应用

工业机器人技术专业试点的"1+X"证书人才培养体系建设及证书考核体系建设经验与成果，为学校众多专业带来启示。自 2020 年以来，学校已有多项多行业考核点挂牌成立，截至 2022 年 6 月，光电制造技术、物联网应用技术和环保应用技术等专业的"1+X"证书制度试点项目考核点成功在学校落地。

工业机器人技术专业引领的"1+X"书证融通体系建设，将教学与培训有机结合，充分发挥了技能证书考核点的引领示范作用，在社会层面结合实际需求，开展企业服务和社会层面的技能培训和认证工作，出色的工作成绩成功带动学校入选教育部智能制造领域中外人文交流人才培养基地筹建单位。教育部中外人文交流人才培养基地筹建证书如图 5 所示。"1+X"书证融通人才培养模式构建及改革，将为浙江省乃至长三角地区高层次技术技能型人才培养和经济社会发展做出更大贡献。

图 5 教育部中外人文交流人才培养基地筹建证书

（执笔人：李勇）

三、打造技术技能创新服务平台

建设协同创新平台，激发科技创新活力

摘　要：学校以"十四五"规划为指引，完善科研机制，搭建科研平台，组建科研团队等，全力支持建设协同创新平台，培养出一批科研人才，产生了系列科研成果，同时促进了地方产业技术发展，将学校的科研实力引向了一个新的高度。

关键词：科研平台；技术革新；专业优势；成果转化

一、实施背景

2017年发布的《国务院办公厅关于深化产教融合的若干意见》指出："支持企业、学校、科研院所围绕产业关键技术、核心工艺和共性问题开展协同创新，加快基础研究成果向产业技术转化。引导高校将企业生产一线实际需求作为工程技术研究选题的重要来源。"根据文件要求，高职院校的科研工作要立足区域产业转型升级和社会事业发展需要，紧密结合院校本身专业优势，将研究方向侧重于技术创新与应用、专业建设与人才培养、教育教学理论与实用方法、职业教育法规与院校治理、校园文化与区域文化等方面，研究成果主要向解决地方产业需求的关键技术问题、改革人才培养方式、创新管理体制机制方面转化。为此，学校抓住机遇，用十几年时间建设培育了一批市级及以上科研平台，为地方经济发展做出了应有的贡献。

二、主要做法

（一）以机制建设为前提，保障平台创新

健全的科研管理机制是科研平台发展的制度保证。学校修订并出台了一系列科技创新与成果转化的激励文件，包含科研成果转化、科研团队管理、科研平台建设、项目经费管理及部分专项项目管理办法，将科技成果创新潜移默化地融入各类科研管理中来，强调团队梯队协同合作创新研究。学校出台的高水平科研平台激励办法在人员配备、考核、运行经费等方面提供保障，强化平台自我造血功能，引导平台在重大科研项目和区域经济发展上下功夫，为提升平台社会服务能力、反哺教学与人才培养贡献力量。

（二）以科研团队为基础，保障平台智力资源

学校通过培育重点科研团队，以"双高"标志性科研成果为导向，针对不同团队制定科研能力提升策略。学校鼓励更多教师组建和融入科研团队，为以科研团队为依托的科研平台建设注入了活力。

（1）提升科研团队带头人专业水平，培养具有管理能力的优秀教师担任科研团队负责人。

（2）培养团队中坚力量，通过"教授培养工程"和浙江省高等学校国内访问学者（工程师）等政策和项目，鼓励团队教师到企业实践，解决企业实际问题，提升科研平台教师研究能力、创新能力和服务能力。

（3）健全老中青传帮带机制，开启青年科研人才托举工程，提升新教师的科研积极性，进一步强化科研团队素养、优化科研团队结构。

（三）以外部合作为手段保障科研资源

1. 强化校地合作

学校坚持特色办学，注重优势专业，与政府、企业建设了一批开放性创新平台。平台聚焦新材料、健康环保、"互联网+"等新发展领域，在多年科研与社会服务的积累下，与地方深层次合作，携手开创合作共赢新局面。学校与地方企业共建教育部激光制造与材料应用技术协同创新中心，2019年获批教育部协同创新中心，与行业共建教育部电子商务综合服务协同创新中心、智慧物联创新协同中心等创新服务平台。学校项目入选国家级协同创新中心认定名单，如图1所示。学校现代先进制造与材料中心2020年获批立项温州市先进金属材料重点实验室，如图2所示。学校下属温州电子信息研究院长期从事电子信息产业服务，2019年被温州市科技局认定为新型研发中心。学校环保研究院选择优势方向，立足温州市土壤防治，2021年获批立项土壤污染治理重点实验室，如图3所示。2020年，学校与温岭市科技局合作成立学校第一家院外科研成果转化基地——浙江工贸职业技术学院温岭鞋类研究院，为学校鞋类团队对接温岭制鞋企业需求，转化学校鞋类科研成果起到积极作用。这些平台结合专业发展前沿，为企事业单位解决关键问题，服务中小微企业的技术研发和产品升级，产生较高的受益面和经济效益。

教育部关于公布《高等职业教育创新发展行动计划（2015—2018年）》项目认定结果的通知

教职成函〔2019〕10号

各省、自治区、直辖市教育厅（教委），新疆生产建设兵团教育局：

根据《教育部办公厅关于开展〈高等职业教育创新发展行动计划（2015—2018年）〉项目认定的通知》（教职成厅函〔2019〕8号），经各地和有关行业职业教育教学指导委员会推荐及公示，现将认定的骨干专业、生产性实训基地、优质专科高等职业院校、"双师型"教师培养培训基地、虚拟仿真实训中心、协同创新中心、技能大师工作室等项目名单予以公布。

附件：《高等职业教育创新发展行动计划（2015—2018年）》项目认定名单（排序不分先后）

教育部

2019年7月1日

序号	院校名称	协同创新中心名称
149	温州职业技术学院	浙南轻工装备智能技术协同创新中心
150	浙江工贸职业技术学院	浙江省激光制造与材料应用技术协同创新中心
151	浙江工贸职业技术学院	电子商务综合服务协同创新中心
152	浙江工商职业技术学院	模塑制品表面装饰与智能成型技术协同创新中心

图1 学校项目入选国家级协同创新中心认定名单（表格部分截图）

2020年温州市市级重点实验室（工程技术研究中心）立项名单及补助经费情况表

序号	名称	补助经费（万元）	第一期补助经费（万元）
14	温州市生物材料与工程重点实验室	100.00	60.00
15	温州市园艺植物育种重点实验室	52.70	31.62
16	温州市先进金属材料重点实验室	58.95	35.37
17	温州市地质资源与生态环境重点实验室	52.99	31.79
18	温州生物医药磁共振工程技术研究中心	100.00	60.00

图2 温州市先进金属材料重点实验室立项（表格部分截图）

2021年温州市市级重点实验室（工程技术研究中心）立项名单及补助经费情况表

序号	名称	依托单位	负责人	补助经费（万元）	市级财政补助经费（万元）	市财政第一期补助经费（万元）
1	温州市肿瘤相关病原与免疫重点实验室	温州医科大学	薛向阳	63	63	37.8
2	温州市皮肤健康分子生物学重点实验室	温州医科大学	丛维涛	82	82	49.2
3	温州市先进能源存储与转化重点实验室	温州大学	金辉乐	100	100	60
4	温州市智能影像处理与分析重点实验室	温州大学	胡众义	100	100	60
5	温州市韧性城市生命线工程智慧防护应急技术重点实验室	温州理工学院	李博	56	56	33.6
6	温州市应用生物医药信息学重点实验室	温州肯恩大学	Yixin Yang	80	80	48
7	温州市网络安全检测与防护工程技术研究中心	温州职业技术学院	叶展翔	100	100	60
8	温州市土壤污染防治重点实验室	浙江工贸职业技术学院	余闯	73	73	43.8

图3 温州市土壤污染防治重点实验室立项（表格部分截图）

2. 扩大校校合作

学校在科研、社会服务、人才培养等方面发挥专业优势，与多所本科学校实现高质量、高水平、可持续发展的校际合作模式，在产学研合作中开创合作共赢新局面。学校与吉林大学材料科学与工程学院、温州大学、兰州理工泵阀研究院联合共建研究生培养基地，多位教师担任研究生的第二导师，合作推进材料类、机电类专业学位研究生及应用型研究生实践环节的培养和指导，促进平台研究人员科研能力提升。学校联合澳大利亚皇家墨尔本理工大学、温州医科大学口腔学院共建"生物医用材料激光3D打印联合实验室"，组建温州市先进金属材料重点实验室等科研平台，服务地方经济和社会发展，探索用科研反哺教学的新模式。

图4为吉林大学研究生培养基地揭牌仪式。

图4　吉林大学研究生培养基地揭牌仪式

三、成果成效

（一）项目质量提高

科研平台与企业深度融合，熟知企业技术技能瓶颈，高水平科研项目选题精准，内容把控得当。近几年，学校高水平项目立项屡创新高，自2019年以来共立项省级项目35项，立项温州市重大科技专项9项、市级以上项目182项，纵向经费到款1130万元。通过与政府、研究院所、企业等多方共建、协同整合，科研平台研究水平得到整体提升，服务永固集团的科研成果获2022年浙江省科技进步奖三等奖。科研人员参与的科研成果获2021年科技进步奖二等奖。科研平台自主研发的台式垃圾分类学习机、手提箱式垃圾分类学习机在地方社区推广应用，获得好评。

（二）服务能力增强

学校服务地方政府，定期与发改委、商务局、决咨委[①]等政府部门召开咨询论证会议，协助政府制订"十四五"发展规划和行动计划；服务企业，为企业解决新产品研发及生产中遇到的问题。2019—2021年，学校为温州高视雷蒙光电科技有限公司等58余家企业提供技术服务，技术服务与开发等项目共236项，累计到账经费1500余万元；与永固集团、瑞明工业股份有限公司、泰昌铁塔制造有限公司、兴机电器有限公司等企业开展产业化重大项目，实现经济效益达2.6亿元；受温州市政研室、决咨委、发改委、商务局委托，承担决策咨询项目48项，其中咨询成果《对我省公路"桥头跳车"问题的分析及建议》获浙江省委、省政府主要领导批示，获市厅级成果采纳25项，被温州市委、市政府主要领导批示6项。

（三）育人质量提升

学校联合政府、行业、企业，推进多方联动，集技术开发、技能教学、技术服务于一体，

---

① 决咨委全称"决策咨询委员会"。

实现以科研反哺教学。协同中心与企业制订人才培养方案，双方共同开发课程，共同建设实训基地，共同实施教学。协同中心科研人员以师傅带徒弟的形式，指导学生从事科研工作，全方位提升学生技能水平。科研平台立项浙江省产学合作协同育人项目，学生以第一作者申报知识产权达58余件。学生以平台为依托，自主申报学校科研项目、浙江省大学生新苗项目、挑战杯竞赛、大学生科技企业孵化等项目110项，极大地激发了学生的专业学习与研究意识。

图5为教师指导学生进行实践活动。

图5 教师指导学生进行实践活动

四、经验总结

（一）建立校企共同体

学校与企业开展多方位的合作，从技术咨询、技术培训、人才培养、技术研发到帮助企业解决实践中的重大技术问题，把技术成果优先提供给合作企业，进行成果转化和产业化。学校与企业并非简单合作，双方是利益共同体。科研平台不断深化、拓展与行业及区域内其他企事业单位的合作关系，创新合作模式，充分发挥行业在资金、技术和数据等方面的优势，形成学术研究、工程应用和人才培养相互支撑、相互促进的良性发展模式，也形成了"你中有我，我中有你"的共赢共享局面。

（二）强化绩效考核

为加强绩效管理，与政府共建的科研平台接受政府与学校的考核。多部门联动，对科研平台的科研成果、队伍建设、支持学科发展与人才培养、开放交流与运行管理、预算执行等进行全面考核。考核"以评促建"，进一步提升科研平台的建设成效。

五、推广应用

科研平台是科研服务社会的重要载体，由于平台的管理与建设取得不俗的业绩，平负责人及科研管理部门负责人多次就平台建设经验在省市科研活动中做主题分享，并在兄弟院校中推广，个人还受到主管单位及业务指导部门的表彰。

图6为协同中心负责人交流建设经验。

图6　协同中心负责人交流建设经验

（执笔人：康达）

校企联合攻关，服务国家重大工程

摘　要：中国智能能源发展模式和实施方案重要工作就是要铸造中国智能电网，其智能电网核心就是节约资源、降低能耗，减少排放，优化人类生存空间。由于可锻铸铁电力金具不利于节能环保，铝合金电力金具具有较好的耐腐蚀性能，不存在磁滞和涡流损耗现象，学校与协同创新核心单位永固集团共同承担了国家智能电网节能耐候电力金具的研发任务，在校企合作、人才培养等方面取得了不俗的成绩。

关键词：协同创新；先进制造；人才培养

一、实施背景

为了全面建设生态省，打造"绿色浙江"，加快建设资源节约型和环境友好型社会，全面提高可持续发展能力，学校"激光制造与材料技术协同创新中心"与"温州市先进金属材料重点实验室"作为学校"双高"建设中的重要科研平台与永固集团合作开展"超特高压低耗耐候铝合金电力金具的关键技术研究及应用"。该项目服务国家重大工程，助力2030年"碳达峰"与2060年"碳中和"目标，为高职院校联合企业参与国家重大工程项目研发与青年教师能力提升贡献浙江工贸职业技术学院经验。

图1为产学研合作研发签约现场。

图1　产学研合作研发签约现场

二、主要做法

（一）协同共创，充分发挥"双高"创新平台优势

激光制造与材料技术协同创新中心主要开展新材料、先进制造、激光加工技术等方面的技术研发、性能检测（失效分析）、技术咨询、技能培训等社会服务。超特高压低耗耐候铝合金电力金具的研发包括新材料研发、电力金具结构设计与低压铸造成型装置的创新，涉及材料学、材料加工（铸造、模具、数控）、机械工程等多学科。激光制造与材料技术协同创新中心满足多学科交叉的需求；温州市先进金属材料重点实验室提供专业的材料研究分析手段。同时，20名核心科研人员、价值4200多万元的科研设备为项目的顺利实施提供保障。

图2为国家激光制造与材料技术协同创新中心科研团队。

图2　国家激光制造与材料技术协同创新中心科研团队

（二）互通有无，教师深入企业博士后工作站

学校贯彻《浙江省人力资源和社会保障厅　浙江省科学技术厅关于鼓励高校青年博士教师到企业从事博士后研究工作的意见》（浙人社发〔2014〕112号）文件精神，鼓励青年博士教师到企业博士后工作站参与国家重大项目研发，与企业互通有无，补充生产一线高学历人才，用理论指导实践，解决产业化关键技术。同时，教师在企业博士后科研工作站的成熟经验的基础上，更加熟悉企业发展诉求，保证了人才培养的质量，为学校提供科研平台创新能力提供了条件，为研究成果向现实生产力的转化奠定了基础。

（三）体制创新，灵活用人，保障项目研发可持续

学校协同中心为非法人实体，中心创新运营模式，依托学校下属全资子公司温州莱特激光工程研究院有限公司作为独立运营载体，中心以职业属性和岗位要求为基础，突出需求导

向、市场导向，先后与吉林大学、温州医科大学、温州大学等领域专家，实施"开放、流动、竞争、协同"的灵活用人机制，在建设实验室、重大科技基础项目研究等创新活动中，推进关键核心技术联合攻关。同时，在校生也参与项目研发工作，在企业定岗实习的优秀学生被企业聘用，为项目的可持续研发提供保障。

三、成果成效

（一）研发成果国际先进，经济社会效益显著

"超特高压低耗耐候铝合金电力金具的关键技术研究及应用"项目面向西电东送国家战略工程超特高压输电线路所处的恶劣环境及现有铁基电力金具存在涡流和磁滞损耗现状，研究开发了高强度耐候共晶铝基材料，并对铝合金电力金具的结构、成型工艺等相关技术开展研发应用，取得一系列研究成果。研究成果已应用于实际生产，企业铝合金电力金具产品年产能已达 800 万件，在国内市场占有率约 6.7%。2019—2021 年，完成单位新增销售额 105238.35 万元、利税 6103.3 万元，产生了显著的经济、环境和社会效益，有力地促进了我国电力工业的发展。该成果经鉴定，相关技术处于国际先进水平，并荣获 2022 年浙江省科技进步三等奖。

图 3 为科技进步奖鉴定会。

图 3　科技进步奖鉴定会

（二）教师素养提升，科研业绩突出

通过青年博士教师进入企业从事博士后工作，学校的科研能力大幅提升。学校与永固集团、吉林大学等单位合作，与项目相关技术已获发明专利 4 件，发表论文 6 篇，制订国际 IEEE 标准 2 项、中国电力行业标准 2 项、浙江制造团体标准 1 项。在项目实施期间，有两位博士后分别获批国家博士后项目和浙江省博士后项目各 1 项。此外，学校每年均有一定数量的青年教师获批温州市重大研发项目（资助经费 100 万元/项）。

图 4 为浙江省科学技术进步奖三等奖证书。

图 4　浙江省科学技术进步奖三等奖证书

传统可锻铸铁和项目研发铝合金在常温及-60℃条件下的脆性对比，如图 5 所示。

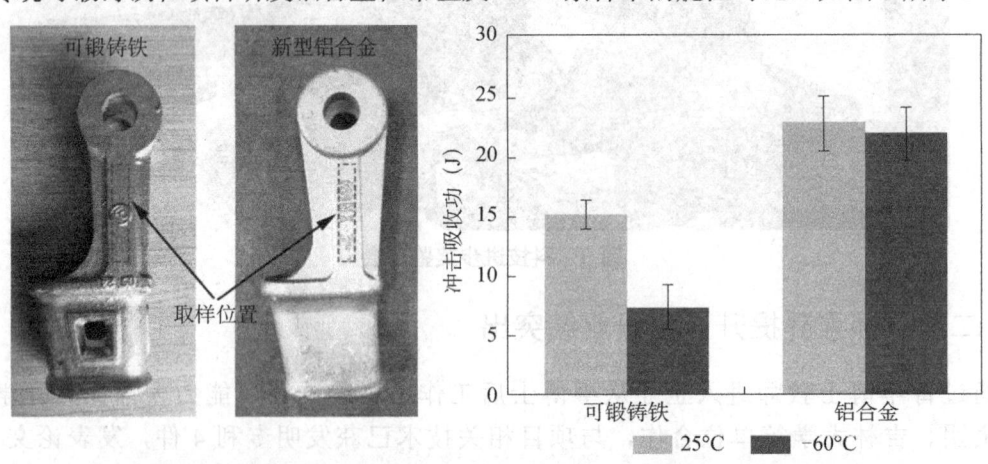

图 5　传统可锻铸铁和项目研发铝合金在常温及-60℃条件下的脆性对比

图 6 所示为学校与永固集团联合攻关项目获温州市科研项目（重大科技创新攻关）立项（表格截图）。

2019年温州市科研项目(重大科技创新攻关)立项清单

序号	项目编号	项目名称	开始日期	完成日期	承担单位	项目负责人	归口管理部门	市区财政补助经费(万元)	本级财政补助经费(万元)	本级本期下达经费(万元)	项目领域	备注
21	ZG2019021	低散发、高尺寸稳定性汽车全塑尾门用LFT复合材料	2019年5月	2020年12月	中广核俊尔新材料有限公司	郑云磊	龙湾区(高新区)科技局	100	20	20	新材料	
22	ZG2019022	基于智能电网建设的高性能铝合金节能电力金具的研发	2019年1月	2020年12月	浙江工贸职业技术学院(浙江第一高级技工学校)	林继兴	浙江工贸职业技术学院	100	100	60	新材料	
23	ZG2019023	共聚酰胺弹性体材料的产业化及热熔丝应用研究	2019年1月	2020年12月	温州大学	张伟禄	温州大学	90	90	54	新材料	

图6 学校与永固集团联合攻关项目获温州市科研项目(重大科技创新攻关)立项(表格截图)

(三)科研服务教学,科研服务学生

学生参与课题的研发,初步培养了科研思路。指导教师鼓励学生申报浙江省新苗人才计划及学院学生科研项目,由学生自主设计实验方案、技术路线等,所有经费在指导教师的监督下自主合理使用,学生的主动性较高。学生主持的科研项目和参与的论文成果如表1、表2所示(均与本项目内容相关)。

表1 学生主持的科研项目

序号	项目名称	负责人	成果类别
1	铝合金电力金具材料与工艺的研发	童 先	新苗人才计划
2	电触点合金冷锻模具材料的设计及热处理工艺的研究	沈建康	新苗人才计划
3	不同细化(变质)剂对 Mg_2Si/Al 基复合材料组织与性能影响	杨明晓	校级课题
4	硼细化及热处理对铝合金电力金具材料的优化	张 敏	校级课题

表2 学生参与的论文成果

序号	论文成果名称	学生参与人	期刊名称
1	热处理工艺对 Sr 变质 Al-11.6Si-0.5Mg 合金组织与性能的影响	童先(第一作者) 林真柱 张 敏	《热加工工艺》
2	原位 $20Mg_2Si/Al$ 复合材料变质工艺优化	诸葛昕 童 先	《特种铸造及有色合金》
3	混合稀土及半固态等温热处理对原位 Mg_2Si/Al 复合材料组织与性能的影响	洪 威 童 先	《铸造》
4	重熔料含量对 ZL101 合金组织与性能的影响	沈建康 童 先	《铸造》
5	P 和稀土复合变质的 Mg_2Si/Al 半固态组织与性能	林真柱 童 先	《特种铸造及有色合金》
6	变质和细化工艺对原位 Mg_2Si/Al 复合材料组织与性能的影响	杨明晓(第一作者) 沈建康	《热加工工艺》
7	基于正交试验的高强度近共晶 Al-11.6Si-3Cu 合金优化设计	柳春媚	《铸造》
8	铜含量对近共晶 Al-11.6Si 合金组织与性能的影响	楼英超	《金属热处理》

此外,通过项目的培养,学校材料工程技术专业已培养出1名硕士,1名在读博士,探索了高职学生的研究生学历培养之路。

四、经验总结

（一）以"双高"建设为前提，建立校企共同体

高水平应用型创新平台建设是"双高"建设的重要内容之一，"双高"建设也提升了创新平台知名度，使其实现了与企业的深度融合，从技术咨询到技术培训、人才培养、技术研发，再到与企业共同解决国家重大工程中的重大技术问题，都离不开与企业多方位合作与合作模式创新。双方现在不仅是合作方，也是利益共同体。双方不断深化、拓展与行业及区域内的合作关系，充分发挥各方优势，形成学术研究、工程应用和人才培养相互支撑、相互促进的良性发展模式。

（二）科研人才培养是关键，促成校企合作

科学研究取得的研发成果与产业化应用离不开平台的土壤，同时也离不开人才队伍建设，两者呈现螺旋式发展现象。青年博士教师从事企业博士后工作，受学历、年龄、要求全脱产等因素的限制，不可能大范围推广。浙江省博士创新站的建设，解决了中小型企业缺技术、缺人才的难题，也深化了青年博士与企业的产学研合作，促成科研成果转化，为中小企业创新创富、青年博士成长成才提供平台，使更多的年轻教师在企业中得到锻炼。

（三）项目研发是抓手，提升教学育人质量

科技发展日新月异，高新技术在企业的实际生产中得到应用，也促使教材更新与教师知识提升。通过社会服务，教师有大量案例素材用于教学，使得教学更加生动、更加自信。通过参与项目研发，教师熟悉企业相关岗位职责、操作规范、用人标准与管理制度，在教学理念上有了更深的认识。这为准确定位人才培养目标和人才需求规格、重构本专业课程体系、改革课程教学内容和教学方法，以及创新奠定了良好的基础。

五、应用推广

近几年，学校创新平台参与国家重大工程，坚持把技术成果优先提供给合作企业，进行成果转化和产业化。科研平台在队伍建设、支持学科发展与人才培养、开放交流与运行管理等方面均取得了不俗的业绩，增加高质量科研成果产出，真正成为科技创新的核心力量，为职业院校服务国家经济和社会建设打牢了基础。

（执笔人：林继兴）

建设省级博士创新工作站，服务中小微企业发展

摘　要：学校立足产业发展需求，通过博士创新站整合创新人才与团队，服务了中小微企业发展，也为学校创新平台的建设与人才培养提供了保障。借助博士创新站的桥梁纽带作用，打破传统学校与企业"孤岛式"人才培养模式，校企双方建立了交流、探讨、共享机制，深化校企合作。同时，加大了对企业人员的技术培训服务力度，有效解决高技术技能人才数量与质量不足的问题，为企业的生产与发展提供有力的保障。

关键词：博士创新站；中小微企业；技术难题

一、实施背景

2022年，浙江省科学技术协会开展"千博助千企"促共富行动，计划通过三年努力，全省建成博士创新站1000家以上，集聚青年博士1000名以上，完成科技创新项目1000项以上。博士创新站以博士英才为依托，通过博士和企事业单位建站合作，着眼于中小型企业生产流程管理、产品迭代升级、技术人才培育、科技项目申报等微技术创新和科技管理等功能定位，其重点在高层次人才集聚相对较弱、社会经济加快发展地区实施，以高水平推进乡村振兴、数字经济、生命健康、新材料、智能装备，以及区域主导产业为主要建站方向。2022年4月，首批25个"浙江省博士创新站"名单公布，研发内容覆盖智能制造、绿色低碳、新材料、农业科技等多个领域。高尧博士领衔的研发团队指导浙江凯威材料有限公司成立的博士创新站榜上有名，如图1所示。此外，关蕾博士合作的浙江联欣科技有限公司、王坤博士合作的浙江睿智钢业有限公司及王春红博士合作的浙江创意园文化传媒有限公司被认定为温州市博士创新站，如图2所示。

浙江省科学技术协会文件

浙科协发〔2022〕7号

首批"浙江省博士创新站"名单
（排名不分先后）

序号	建站单位名称	建站博士
1	乐歌人体工学科技股份有限公司	王㛃、李裕麒
2	宁波中大力德智能传动股份有限公司	娄军强、陈特欢
3	泰顺县拓兴农业开发有限公司	王五宏
4	温州雨泽科技有限公司	苏晓磊
5	浙江凯威碳材料有限公司	高　尧

图1　首批"浙江省博士创新站"名单

图 2 2021 年温州市博士创新站认定名单（表格截图）

二、主要做法

（一）攻关技术难题

浙江凯威碳材料博士创新站由高尧博士领衔，共有研发人员 9 人，其中博士 3 人、硕士 4 人。研发团队围绕开展技术攻关、成果转化、产品迭代升级、技术人才培育、科技项目申报等工作，特别是解决该企业在新材料加工工艺、技术需求及技术难点，实施校企协同攻关。目前，主要开展碳刷材料研发、碳刷制粉与成型工艺创新等工作，实现新能源汽车车载有刷电机降噪，解决国内新能源汽车用碳刷市场需求问题，打破国外企业垄断。

图 3 为浙江凯威碳材料博士创新站揭牌仪式。

图 3 浙江凯威碳材料博士创新站揭牌仪式

（二）培养企业科技人才

博士创新站通过校企合作研发，进一步带动企业员工的技术培训工作。校企共建一体化资源开放共享平台，依托共享平台，研发团队梳理企业技术应用中的共性与个性问题，找到对应解决方案，为企业技术人员提供专项指导培训，提供理论课程和技术技能训练。同时，结合校企联合攻关项目，对企业技术人员开展项目研发指导，从而提升企业技术人员的研发水平。

（三）共建校外实践基地

以优势互补为原则，在建立博士创新站的基础上，双方共建校外实践基地，根据企业岗位情况，为学生开设企业实训实践项目。企业安排能工巧匠、技术骨干参与学生实践教学，对学生进行现场技术指导，根据岗位能力要求，开展量身教学。学校与企业通过资源共享、专业共建、课程共担，共同打造产学研结合的人才培养模式，为企业输送更多高素质技术人才。

图 4 为浙江工贸职业技术学院实习基地授牌仪式。

图 4　浙江工贸职业技术学院实习基地授牌仪式

三、成果成效

（一）博士创新站建设，助推企业技术创新

学校长期从事复合材料开发与应用工作，科研团队主持和参与国家级和市级科研项目多项，具有较强的研究与开发能力。依托博士创新站，校企双方联合开展了新能源汽车用碳刷的研发，校企合作成功立项 2021 年温州市重大科技创新攻关项目"低噪音高耐磨碳刷关键技术研发及其在新能源汽车领域产业化应用"，获得经费资助 100 万元，目前项目已进入中试阶段，实现了碳刷使用寿命的大幅提升和有效降噪，申报发明专利 3 项。

（二）博士创新站建设，解决企业技能人才短缺问题

学校在科研、社会服务、人才培养等方面发挥专业优势，与多家企业实现高质量、高水平、可持续发展的校际合作模式，在产学研合作中开创合作共赢新局面。依托博士创新站开展校外实践基地建设，企业根据岗位能力要求，开展实践教学，在为学生提供实习、实训岗位的同时，也为企业的发展储备合适的技术技能人才。目前，学校已有20余名优秀毕业生在浙江凯威碳材料有限公司就业，其中4人已成为企业技术骨干。

图5为浙江凯威碳材料有限公司博士创新站领衔人高尧博士。

图5　浙江凯威碳材料有限公司博士创新站领衔人高尧博士

（三）博士创新站建设，推动"双师型"教师队伍建设

学校重视教师实践环节的培养和指导，每年大批教师通过访工、访学去企业交流实践。依托博士创新站建设平台，研发团队教师去企业实践30余次，在企业员工培训、专业课程开发、专业实践教学、技术成果转化等方面与企业开展精准化的交流与研讨，从而提高了教师的专业实践能力，更好地服务教学。因此，博士创新站的建立对学校建设教师队伍、优化教师知识结构、提升教师的实践能力等起到了积极的促进作用。

四、经验总结

（一）团队共建，结构合理

建设一支结构合理、创新能力强、研发经验丰富的研发团队是博士创新站工作顺利开展的关键。校企双方需要合理利用和配置校企双方的人力资源，相互协作和交流，完善交流和

研讨机制。校企双方齐力共建博士创新站研发团队，从而打造校企资源共享、优势互补、发展共赢的局面。

图 6 为余闯校长带队赴凯碳威材料公司交流。

图 6　余闯校长带队赴凯碳威材料公司交流

（二）强化团队考核，实现以评促建

为加强科研团队绩效管理，学校科研处、学术委员会、财务处、二级学院等多部门联动，对科研团队的科研成果、队伍建设、专业发展与人才培养、开放交流与运行管理、预算执行等进行全面考核。绩效考核的最终目的是"以评促建"，使团队进一步提升科研平台的建设成效，增加高质量科研成果产出，真正成为学校科技创新的核心力量。

（三）依托重大项目，深化产学研融合

校企以项目为纽带建设利益共同体，双方只有实现共赢才能持续推动博士创新站的建设。双方要深入开展技术创新，企业是"出卷人"，学校是"答卷人"。校企以项目式推进实训基地、研发工作站建设，共同探索人才培养模式，深化产学研融合，为企业提供技术技能人才储备，提升研发能力，助力企业长远发展。

五、推广应用

博士创新站为高校技术服务团队提供了行业领域发展需求，通过去企业指导实践，研究企业发展中的技术难题，以举办学术研讨会议、人才研修班、专题报告会等形式，解决企业实践中遇到的问题。同时，团队返校后会针对人才培养方案和课程教学组织情况进行研讨和调整，提升了人才培养的质量。博士创新站推进博士等高层次人才引进和服务工作，发挥了桥梁纽带的作用，有效地提升了高职院校服务国家科技发展战略的能力。

（执笔人：高尧）

创新成果转换机制，推动科技赋能区域发展

摘　要：学校以"双高"校建设为指引，从机制、平台、环境三方入手，形成了科研发展的良好生态。在深化科研成果形成与转化的体制、机制建设上不断创新，通过打造科研创新团队、搭建科研平台、组建成果转化团队、建设成果转化基地，形成了科研成果孵化、转化、保护全流程运营管理，将学校技术成果有效转化为市场生产力。

关键词：专利授权；科研管理制度；专利挖掘；成果转化

一、实施背景

培育高价值专利，促进知识产权高质量发展，是我国深入实施创新驱动发展战略、建设知识产权强国、实现经济社会高质量发展的必然要求和重要任务。2020年2月，教育部、国家知识产权局、科技部联合发布《教育部 国家知识产权局 科技部关于提升高等学校专利质量促进转化运用的若干意见》，提出全面提升高校专利质量，强化高价值专利的创造、运用和管理，更好地发挥高校服务经济社会发展的重要作用。浙江省先后出台了一系列政策文件，把专利质量提升工程作为浙江省知识产权工作支撑经济社会发展的重要基础性工作，放在优先位置。

为此，学校不断完善管理机制，营造内部和外部环境，打造科研创新团队，搭建科研平台，为高质量专利培育奠定基础，为唤醒高校"沉睡生产力"贡献力量。

二、主要做法

（一）强机制，完善制度保障体系

为进一步激发教职员工的科研积极性，学校出台了科研优秀成果奖励与考核、科研经费管理、成果转化促进办法等一系列科研激励制度，通过建立良好的反馈机制、营造良好的科研内部和外部环境，奠定科研可持续发展的基础。通过加强科研创新团队和科学研究机构的建设与管理，培养一批高水平的应用研究与应用基础研究的创新研究群体，提高研究机构建设质量及其服务地方经济社会发展的能力，有效提升学校科研实力。

（二）建平台，"产学研服"协同创新

学校立足地方产业实际，深化科技创新服务，聚焦行业发展需求，协同政府、科研院所、行业企业开展创新与技术攻关。近几年，学校建成国家级激光制造与材料应用技术协同创新中心、电子商务综合服务协同创新中心和智慧物联应用技术协同创新中心三大协同创新中心

及市级重点实验室和成果转化基地等,涉及新材料、汽摩配、时尚产业、轻工产品设计、物流、电子信息、金融等领域。

其中,激光制造与材料应用技术协同创新中心于 2019 年被认定为教育部协同创新中心,如图 1 所示。2019—2021 年,该中心已承担中国博士后科研基金项目、浙江省重大科技专项等多个省级及以上科研项目,并立足地方,获立温州市重大科技攻关项目 6 个,为企业提供技术咨询服务 100 余次,与企业共建企业研发中心 6 个;发表核心期刊论文 32 篇,获国家专利授权 84 项;专利成果转让 5 项,技术成果转化 5 项,累计实现科研成果产业化经济效益 14179 万元。

图 1 国家激光制造与材料技术协同创新中心

2020 年 5 月,浙江工贸职业技术学院-温岭制鞋研究院正式与温岭市科技局签约入驻温岭科创中心。该研究院作为学校首个院外科技成果转化基地于 2019 年开始筹建,现已组建鞋材研发中心、智能制造研发中心、舒适度研发中心和鞋类设计中心。研究院建设之后,走访温岭规模以上鞋企 30 余家,经费到账 136 万元,申报发明专利 6 项,积极为温岭市鞋类产业转型升级服务。

(三)优环境,构建专利培育流程

学校为知识产权的保护与挖掘创造了良好的内部和外部环境,构建了从专利挖掘、专利申请到专利运营的全方位专利培育路径;邀请知识产权行业专家来校指导专利挖掘,在学校的各类平台中选取新材料、汽摩配、工业设计、电子信息等领域取得的技术成果,指导教职工对研发的技术与产品进行创新点的整理与技术方案的撰写。

学校与温州市市场监督管理局（知识产权局）共建温州市知识产权服务园（如图2所示），该园集中介、信息、运营、投融资、人才培养、维权援助、纠纷调解等服务于一体，是浙江省首家省级知识产权服务业集聚发展示范区。园区为学校知识产权挖掘与保护提供咨询服务，为学校知识产权交易提供信息集散平台，承担了学校大量专利申请、转让等代理工作。2021年，园区将学校46件专利以普通许可方式许可。

图2 温州市知识产权服务园

（四）组团队，打造成果转化队伍

学校有机融合科研管理人员、科研平台负责人、知识产权中介机构成员、联盟、知识产权专业教师等多方面人才，组建成果转化中介队伍，为学校科技成果转化工作提供业务流程指导、政策解读、法务咨询等服务。2021年，首次以校内专利经纪人的形式实现专利转让，知识产权专任教师在充分了解企业需求与学校实际情况后，挖掘出适用于企业的相关专利，共转让专利17项，其中发明专利10项，共计转让金额26.3万元，完成专利许可50项。

三、成果成效

（一）专利授权势头良好，科技创新活力指数名列前茅

根据高职发展智库发布的"2021中国高等职业院校改革活力指数排行榜"，学校位列科技创新活力排行榜第四位，其中发明专利授权工作尤为突出。根据高职发展智库公布的全国高职院校发明专利授权数量统计，学校2019年位列全国高职院校第二位，2020年位

列全国高职院校第三位。

（二）推广应用渠道，专利成果转化成绩逐年攀升

学校不断完善成果转化配套政策，拓展成果转化渠道，推进专利技术供需对接，2021年首次以校内专利经纪人的形式实现专利转让，首次尝试专利许可方式推广学校专利技术。2019—2021年，学校专利成果转让数量分别为1项、3项、7项，转让收入分别为1.2万元、17万元、26.3万元，专利转化成绩逐年提升。

四、经验总结

（一）保障多元主体是关键

政府、科研院所、行业企业、中介服务机构等组织的参与，能够在政策、资金、市场、人才、技术、信息、服务等方面给予学校支持，弥补学校在技术应用、专利运营等事务中的短板和缺陷。学校深度挖掘产学研合作、专利管理与服务、成果转化等工作中的"跨界人员"，如科技特派员、专利经纪人等，创造更多协同机会，提升各类主体协同意愿，增强专利培育的社会基础和创新活力。

（二）建立多渠道平台是基础

学校从不同渠道搭建多样化的专利培育平台，包括组织平台、项目平台、活动平台、物理平台、虚拟平台等，为多元主体创造便利条件。以温州市知识产权服务园为媒介，学校主导或参与各类产学研合作项目，借助大学科技园等载体，孵化适应市场需求的专利项目。

（三）健全管理机制是保障

学校建立科研成果转化激励、市场调节等机制，保障多元主体的有效参与和协同平台的正常运行；通过对研发经费的持续投入、对知识产权服务人才和经费的支持、建设知识产权信息共享平台等措施，鼓励各主体积极参与专利培育和转化工作；通过科研创新团队和科学研究机构建设与管理，促进专利形成；以温州市知识产权服务园为"主战场"，推进专利技术供需对接，实现成果转化。

图3为学校科研处李丹处长宣讲科研激励政策。

五、推广应用

学校在专利工作方面更侧重于专利质量和成果转化。一方面，依托温州市知识产权服务园入驻企业，开展更专业的专利挖掘与专业运营工作；另一方面，以宣讲会的形式，倡导更多教师参与专利工作，无论从事科技创新的科研人员，还是协同配合、管理服务创新的相关部门领导及工作人员，都确保在思想上统一认识，协同行动。

图3 学校科研处李丹处长宣讲科研激励政策

（执笔人：叶佳佳）

打造地方特色高端智库，提升决策咨询服务水平

摘　要：通过打造教育科研工作体系，构建新型教育智库，打通决策咨询成果递交通道，不断强化学校服务地方政府决策的职能，以地方社会经济发展热点、难点和重点问题为研究对象，形成了一系列具有前瞻性、创新性、实用性的研究成果，获得省市领导肯定和采纳，充分发挥学校社会服务功能。

关键词：咨政研究；政府采纳；高校智库建设；社会服务

一、实施背景

自改革开放以来，为了适应经济社会发展的需要，党和政府对决策咨询工作越来越重视，智库所发挥的作用也越来越显著。习近平总书记高度重视智库建设并做出重要批示，强调智库是国家软实力的重要组成部分，随着形势的发展，智库的作用会越来越大，要高度重视、积极探索中国特色新型智库的组织形式和管理形式。在政策引导下，高校智库建设着力发挥科研实力雄厚的优势，把强势的学科和科研与政府的实际需求紧密结合起来，凸显高校智库的咨政成效。2014年初，教育部颁布《中国特色新型高校智库建设推进计划》，整合高校智力资源，打造一批高水平的学术高地和咨询智库，为党和政府科学决策提供高水平智力支持。2020年6月，《中共浙江省委关于建设高素质强大人才队伍打造高水平创新型省份的决定》提出，畅通人才参政议政建言献策的渠道，着力集聚爱国敬业奉献的各方面优秀人才，加强新型智库建设，健全完善决策咨询制度。

近年来，浙江工贸职业技术学院强化服务地方政府决策职能，着力构建新型教育智库和教育科研工作体系，通过调整科研扶持奖励政策，扶植科研团队建设，建立多种科研支撑平台，鼓励科研人员研究经济社会发展的热点、难点和重点问题，发布了一批有质量的决策研究报告，受到省市领导的高度重视和有关政府部门的采纳，产生了较好的社会影响。

二、主要做法

（一）明确决策咨询服务工作的方向定位

近年来，学校立足自身办学特色，主动策应国家和地方重大战略需求，强调要以研究省市急需解决的现实问题、服务政府决策作为工作突破口，确定了对事关社会经济发展的重大现实问题进行前瞻性研究并提出对策建议，争取在重点领域拥有一定话语权和影响，建设一批政府倚重、社会认可的创新团队和新型智库平台的发展目标。在具体做法上，学校科研处根据地方经济社会发展的热点、难点和省市当前的工作重点，采取主动揭榜挂帅与面向全校

科研工作者广泛遴选研究选题相结合的方式确定决策咨询研究选题,并根据现实情况的发展变化,适时对选题进行动态调整;同时,重点抓决策咨询报告的质量,在认真调研、数据充分的基础上,提出客观理性的对策建议。

图1为公共政策选题交流会现场。

图1 公共政策选题交流会现场

(二)理顺服务地方政府决策的工作思路

学校根据经济社会发展的需求和学校的发展定位,确立"三管齐下、均衡发展"的工作思路,即统筹安排基础理论研究,鼓励应用对策研究和横向委托课题研究,兼顾开展长效跟踪课题研究,力求做到三足鼎立,既不偏废学术理论研究,也能抓住应用决策重点,使每个科研人员逐步形成从基础理论研究到长效跟踪课题研究,再到应急性对策研究、横向委托课题研究的"多面手",建起科研人员成长进步和科研协作可持续发展的机制。

(三)建立服务地方政府决策的支撑平台

学校充分整合平台资源,激发科研骨干教师科研积极性,为广大科研人员提供优质的决策咨询课题研究平台和决策咨询成果递交通道。

(1)积极组织申报温州市社科重点研究基地等新高层次平台,并由此搭建向省市政府领导报送研究成果的通道。学校现已成功建设温州市刘基文化研究中心、两岸经济与文化交流创新协同中心、时尚文化研究院、温州市风险投资研究院、温州市台湾研究中心等多个新型智库平台。

(2)通过平台与温州市委政研室、宣传部和温州市文旅局等政府部门建立沟通反馈机制,为教师及时掌握社会热点问题、政府决策需求提供信息保障。

（3）举办高端学术会议、论坛，构建面向海内外温州学研究的高端学术论坛。中国明史学会刘基分会成立大会暨第四届刘基文化学术研讨会如图2所示。

图2　中国明史学会刘基分会成立大会暨第四届刘基文化学术研讨会

图3为两岸（温州）青年创新创业学术论坛暨温州市台湾研究中心成立仪式。

图3　两岸（温州）青年创新创业学术论坛暨温州市台湾研究中心成立仪式

（四）打造服务地方政府决策的专业人才队伍

学校通过引进、培养、选拔等多种形式建立了一支专业化决策咨询人才队伍，凝聚学术资源力量，提升决策咨询服务能力；坚持"请进来"指导帮扶、"走出去"交流学习、"坐下来"促成团队三项并举，强化科研前沿信息交流，提高决策咨询报告撰写质量。校内品牌交流平台"聚贤论道"开阔思路，帮助青年教师解决研究困惑。同时，学校科研工作者做精准的项目定位引导，为科研团队做项目接洽，向政府相关部门积极推荐教师优秀研究成果。现已形成乡村振兴与农文旅融合研究团队、现代物流与供应链管理科研创新团队、数字商贸发展理论与应用研究创新团队等决策咨询服务能力强的科研团队。

图4为青年教师参加科研能力提升工作坊。图5为校外专家来校交流专业前沿技术。

图4 青年教师参加科研能力提升工作坊

图5 校外专家来校交流专业前沿技术

三、成果成效

（一）地方咨政服务成果显著

2021年，学校的研究成果《对我省公路"桥头跳车"问题的分析及建议》获浙江省政府主要领导批示，2022年涉及台湾的报告受到省委宣传部高度认可。自2019年以来，学校已承接10余项市级决策咨询课题，相应的研究成果得到有关领导肯定，获得省部级成果1项、市厅级成果19项，温州市委、市政府主要领导批示10项，企业采纳解决方案25个。学校社科成果获奖及采纳数连年攀升，调研成果获温州市哲学社会科学优秀成果一等奖。近两届温州市哲学社会科学优秀成果奖获奖情况如表1所示。

表1 近两届温州市哲学社会科学优秀成果奖获奖情况

届次	成果名称	等次
第十七届	温州历史文化名人资源的利用与开发研究报告	一等奖
	时尚与城市转型：温州的探索与实践	一等奖
	温州旅本	三等奖
	后微笑曲线——互联网时代之价值链解构	三等奖
	法律与人生——以案说法	三等奖
	基于"八八战略"的温州提升"铁三角"城市地位研究：内涵、机理、模型与策略	优秀奖
	做好弘扬红色文化这篇大文章	优秀奖
	混合式教学在高职生心理健康教育课程中的应用研究	优秀奖
	我国文化产业与科技、金融、互联网融合发展研究	优秀奖
第十八届	戏曲学视域下的明清温州地域社会与文化研究	二等奖
	17—19世纪欧美汉语官话语法著作研究	三等奖
	温州市知识产权事业发展战略研究	学术进步奖
	关于温州发展民办博物馆的思考与建议	学术进步奖

图6为学校咨政成果被浙江省委省政府、温州市委市政府批示。

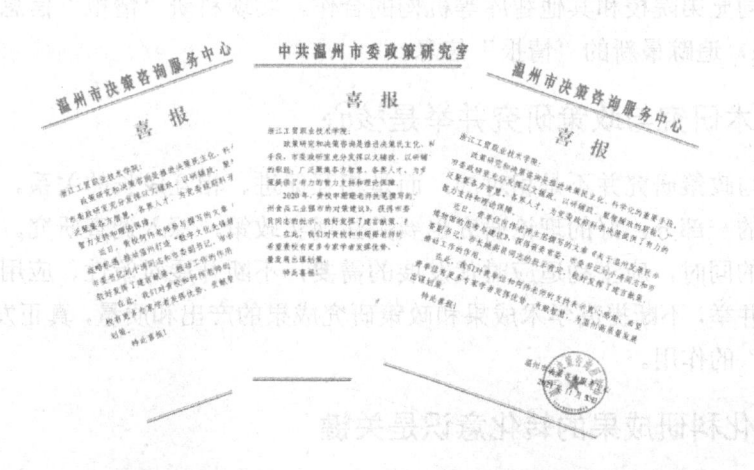

图6 学校咨政成果被浙江省委省政府、温州市委市政府批示

（二）教师科研服务能力稳步提升

2019—2022 年，学校教师的课题研究申报量与立项数逐年攀升，立项浙江省科技厅、浙江省哲学社会科学规划项目、浙江省教育厅等省级项目 30 余项，在地方咨政课题申报数量与立项总数上名列当地高校前茅。学校首次立项浙江省教育厅人文社科重大项目，首次立项浙江省哲学社会科学规划重点课题。

（三）咨政服务团队建设初见成效

2021 年，学校多个科研团队受温州市政府各级部门邀请，主持温州市各类规划的研究与编制。旅游创新团队承担温州各县市区文化旅游发展"十四五"规划及文化旅游资源规划报告的研究和编制工作，促成多个社会服务项目签订，社会服务累计到款 430 余万元。供应链与物流发展研究团队全程为温州市国家城市创建提供决策咨询和技术服务，负责起草的多个实施方案均被温州市政府部门采纳并实施；为正泰集团设计智慧物流信息平台，帮助企业荣获浙江省物流创新试点企业，入选浙江省发改委创新案例，同时助推企业荣获国家 4A 级物流企业，有力地推动了温州现代物流产业的发展。

自 2019 年至今，社科类科研团队培养出 6 位"瓯江社科青年"，为青年教师成长奠定了基础。

四、经验总结

（一）提升科研"情报"的获取能力是基础

（1）树立科研"情报"意识，提升对科研"情报"的关注度和敏感度，及时与政府相关部门、领域专家保持紧密联系，加强沟通交流，以便及时掌握政府工作重心的变化和政策咨询需求。

（2）建立分布广、管理有序、数字化的强大科研"情报"网络，进行多源动态实时的科研"情报"搜集。

（3）加强同兄弟院校和其他智库等机构的合作，实现科研"情报"信息共享，重视各种"情报"信息源，追踪最新的"情报"信息。

（二）学术研究与政策研究并举是核心

学术研究与政策研究并不是相对的，而是相互促进、相互成长的关系。高水平的政策研究是学术研究的一部分，好的理论研究也要关注现实政策，深入调查研究。在开展长期跟踪的储备性研究的同时，应主动适应时代发展的需要，不断开展对策性、应用性研究。学术研究和政策研究并举，不断提高学术成果和政策研究成果的产出和质量，真正发挥科研人员"外脑"和"参谋"的作用。

（三）强化科研成果的转化意识是关键

（1）改变教师以往课题研究完成后就不再关注科研成果转化的观念，提升教师将科研成果转化为咨政报告的积极性。

（2）及时将教师科研成果报送给社科联、政研室，以成果要报、政府简报等多种形式，向相关政府部门提交研究成果。

五、推广应用

学校以咨政研究课题为纽带，组织联合攻关，着力提高综合研判和战略谋划能力，以前瞻性、创新性、实用性的成果为政府、企业科学民主依法决策提供智力支持，受到省市领导的肯定和采纳，取得良好的社会效益。学校决策咨询服务的经验、做法多次被当作典型案例在兄弟院校推广。

（执笔人：李丹）

四、打造高水平专业群

四 打造高水平产业群

健全五大机制，支撑高水平专业群建设

摘　要：学校秉承"高目标、高标准、高质量"发展理念，以标准为统领，以制度为导向，以诊断改进为动力，以专业群建设运行机制创新为突破口，通过建立健全统筹机制、组织机制、运行机制、共享机制和评价机制推动专业群高质量发展，全力推进学校治理体系和治理能力现代化。

关键词：专业群建设；机制创新；现代化治理

一、实施背景

2019年，《教育部 财政部关于实施中国特色高水平高职学校和专业建设计划的意见》提出"面向区域或行业重点产业，依托优势特色专业，集中力量建设一批高水平专业群"，标志着高职教育进入一个新的发展阶段。专业群是链接教育链、产业链与创新链的"桥梁纽带"，是深化产教融合、提升高职院校服务产业竞争力的重要载体，是推动中国特色高水平高职学校建设的基础与关键。

作为中国特色高水平高职学校和专业建设计划建设单位，学校专业群建设尚处于起步阶段，存在建设目标不明确、适应产业能力不强、资源集聚共享不够、柔性治理水平不高等问题，需要创新高水平专业群建设运行机制，从而推动学校高质量发展。

二、主要做法

针对上述问题，学校进行了探索和实践，以标准为统领，以制度为导向，以"诊断改进"为动力，以专业群建设运行机制创新为突破口，通过统筹机制、组织机制、运行机制、共享机制和评价机制这五大机制来推动专业群高质量发展，有力支撑了高水平专业群建设。专业群建设运行五大机制如图1所示。

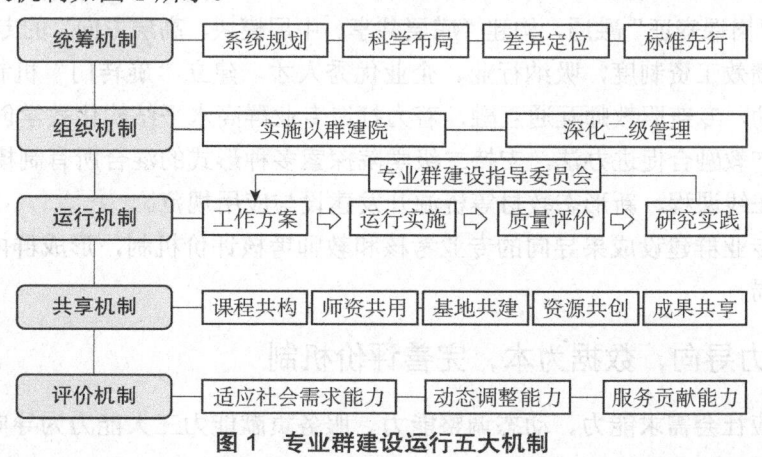

图1　专业群建设运行五大机制

（一）科学布局、标准先行，构建统筹机制

统筹谋划全校专业群布局规划，组织编制高水平专业群建设专项规划；出台《专业群建设管理指导意见》，从顶层设计层面明确了专业群组建、发展、预警、调整和退出的标准、规范和流程，对学校 37 个专业进行整合重构，形成 8 个专业群。重点打造光电制造世界一流专业群、人工智能国内一流专业群，以及眼视光技术、创意设计、数字商贸、智慧工商管理、跨境贸易、休闲旅游 6 个浙江省内一流专业群。在国家标准指导下，对接世界一流和国内知名企业，共同研制一批达到国际领先水平的专业群教学标准。

（二）明确定位，重心下沉，建立组织机制

实行以群建院，将专业群调整归属到相应二级分院，以专业群作为人才培养和资源配置的基层组织。深化学校二级管理改革，不断完善《二级学院党政联席会议制度》《二级学院考核管理办法》《二级学院经费划拨与管理办法》等制度体系，采用目标导向机制，提升二级学院办学效益。学校层面逐步从过程管理过渡到目标管理，履行服务、指导、协调、保障、监督等职能，从而推进治理重心不断向二级学院下沉，充分激发基层办学活力。

（三）对接产业，多方协同，优化运行机制

制定专业群人才需求调研分析规范，明确人才需求调研的目标、原则、思路、对象、流程和预期成果，出台《专业群建设指导委员会组建与运行实施规范》，重点完善《专业群建设管理方法》《专业群考核评估方法》《专业主任、骨干教师考核办法》等文件。构建以二级学院（专业群）、政府、企业、行业、学生等多主体为横向维度，以教学、科研、社会服务等功能为纵向维度，以课程、资源和工程项目为结构单元的专业群网格化合作治理矩阵，保证专业群协同顺畅性和内部自洽性。

（四）深化"五共"，多维互融，健全共享机制

完善专业群内部共享模式，建立"课程共构、师资共用、基地共建、资源共创、成果共享"的专业群内部协同发展机制。

（1）深化"岗课赛证"融通，构建"底层共享、中层模块、高层方向"的专业群课程体系。

（2）改革绩效工资制度，吸纳行业、企业优秀人才，建立"旋转门"机制，促进校企人才双向有机流动，专兼职教师互通互融，着力打造专业群高水平结构化教学创新团队。

（3）出台产教融合促进办法，支持二级学院探索多种形式的混合所有制模式。

（4）完善在线课程、新形态教材等资源开发建设与应用规范。

（5）建立专业群建设成果导向的专业考核和教师考核评价机制，形成群内"共荣共生"的协同发展格局。

（五）能力导向，数据为本，完善评价机制

建立以适应社会需求能力、动态调整能力、服务贡献能力三大能力为导向的专业群诊断

改进机制。学校层面基于数字化校园底层数据平台，筹建专业群建设发展大数据平台，并对接高职人才培养工作状态数据采集管理平台、高等教育学校（机构）统计报表，以及其他第三方评价数据积累平台，对专业群建设及毕业生就业质量与职业发展进行常态化跟踪、分析、反馈与改进。重点实施一年一次、定性与定量结合的专业群教学自我诊断与改进，打造质量诊断改进螺旋上升闭环，从而真正实现专业群"随产而动"，高质量发展。

三、经验总结

（一）以服务区域产业集群为导向

为适应产业集群化演进态势，支撑"服务产业高端和高端产业"，高职院校要根据产业发展变化来设置和调整专业群，以集团军作战的方式高质量服务区域产业集群的需要和职业岗位群的需求。

（二）以群内专业协同发展为目标

为重构专业建设格局，集中优势力量建好重点专业群，推动群内课程、师资、教材、信息等资源共享，必须通过改革基层教学组织，全面打散重构二级院系，基于知识积累规律和技术技能成长规律对高职课程、师资、实训、科研等资源进行合理配置，塑造具有调和、互动、柔性、稳健等特征的专业治理体系和良好的专业群建设生态。

（三）以服务学生成长、成才为根本

为保证人才培养质量，要构建以产业需求为导向，以学习者个体成长为宗旨，以育人为中心，集教学、科研、实训、服务、管理、文化和组织等于一体的良性生态，通过专业群建设运行机制完善和创新来推动基层组织优化、制度完善和文化交融，培养大国工匠。

（四）以学校治理改革创新为驱动

专业群是高职人才培养、科学研究、产业服务等复合功能的基础载体，学校通过诊断改进机制建设，使专业群培养定位更加清晰、规模控制更为合理、资源配置更为高效、权责分配更为清晰、基层工作更有活力、组织效能显著提升，最终提升人才培养质量，这是学校治理创新的重要任务。

四、成果成效

近年来，学校相继获批教育部高等学校创业教育指导委员会副主任单位、教育部现代学徒制试点单位，获得教育部创新发展行动计划认定9项；入选光机电应用技术、创新创业教育2个国家级专业教学资源库，入选国家级精品在线课程4门、国家智慧教育平台14项、国家规划教材12种、国家级教师教学创新团队1支、国家级课程思政示范项目2个、全省高校党建工作标杆院系培育创建单位1个、全省高校党建工作样板支部培育创建单位2个；建成

国家级高技能人才培训基地、国家级众创空间、国家级协同创新中心等一批高能级平台；荣获全国高职高专"创新创业典型经验高校50强""全国深化创新创业教育改革示范高校""浙江省课程思政示范校"等称号。在浙江省教育评估院组织的高职毕业生职业发展与人才培养质量跟踪调查中，连续8年居全省高职高专院校前两位。

（执笔人：施星君、李霞）

坚持产业需求导向，牵头研制国家标准，打造光电制造国家级高水平专业群

摘　要：学校光电制造与应用技术专业群是国家"双高"专业群，专业群坚持产业需求为导向，通过牵头研制《智能光电制造技术专业教学标准》，制订了光电专业群教学标准体系，加强对外交流，实现标准输出，打造光电制造国家级高水平专业群。

关键词：国家标准；光电制造；高水平专业群

一、实施背景

激光具有亮度高、方向性好、单色性好和相干性好的特点，被称为最快的刀、最亮的光、最准的尺。激光技术经过 60 多年的快速发展，已经被大众所认识和接受，特别是激光制造技术具有操作方便快捷、非接触、高柔性、高效率、高质量和节能环保等突出优点，在切割、标刻、焊接、表面处理、高性能复杂构件制造和精密制造等领域已成为主流制造手段，加快了产业转型升级，引领了先进制造业的发展，对工业智能化进程产生了深远影响。根据《中国激光产业发展报告》统计，2015—2021 年，国内激光设备销售收入持续保持增长，从 2015 年的 345 亿元发展到 2021 年的 770 亿元，产业规模不断壮大，在很多领域也紧跟国际步伐。例如，高功率光纤激光器已达到国际同等水平，大大降低了对国外产品的依赖程度，提高了国产化水平，降低了整机设备成本。2015—2021 年国内激光设备市场销售情况如图 1 所示。

图 1　2015—2021 年国内激光设备市场销售情况（单位：亿元）

激光产业现在已经形成了一定的规模效应和聚集效应，并且形成以激光与光电产业为龙头产业，以加工制造业、电气产业为配套产业的激光装备与制造产业链。智能光电制造

技术专业群主动对接产业链,在带动其他专业协同发展的同时,也推动整个产业链不断发展。现在激光产业正在通过标准的制订和实施,将粗犷式发展转为规范化发展。为更好地服务产业发展,满足产业需求,专业教学标准也要不断进行调整,实现产教融合,协同育人。

二、主要做法

(一)坚持产业需求导向,积极参与行业标准制订

近十年来,国内激光器技术获得了快速发展,特别是在高功率激光器方面,万瓦级的光纤激光器已经在国内获得广泛应用。高功率激光属于 4 类激光,具有一定的危险性,在使用过程中,如果操作使用不当,容易造成安全事故;而且在使用过程中会产生高辐射,保障使用安全,对促进高功率激光器及高功率激光制造装备产业健康发展至关重要。2021 年 10 月,在浙江舟山举行了全国光辐射安全和激光设备标准化技术委员会大功率激光器应用分技术委员会会议(如图 2 所示),会议审查、讨论、修改了《高功率激光制造设备安全和使用指南》,并表决通过了该指南修改稿。该指南对高功率激光的范畴进行了界定,对高功率激光制造设备安全防护提出了要求,对设备使用过程中的一些防护要求进行了规定。

图 2 全国光辐射安全和激光设备标准化技术委员会大功率激光器应用分技术委员会会议

(二)坚持职业教育适应性,牵头制订专业教学标准

对标职业教育"提质培优"的要求,深入推进产教融合和教育教学改革,构建现代化职业教育体系。2021 年,教育部发布了新的职业教育专业目录,新专业目录结合智能化、数字化的产业发展趋势,顺应产业发展需求,将很多专业名称调整为"智能+"或"大数据+"等名称,为专业建设指明了方向。同年,受工信行指委①委托,由学校牵头,联合深圳信息职业技术学院、武汉软件职业技术学院等 15 家院校和企业,共同开展"智能光电制造技术专业简介及专业教学标准"的制(修)订工作。通过广泛调研,共收到企业调研数据 91 份、毕业生调研数据 322 份、院校调研数据 36 份。将收集到的调研数据进行详细分析,撰写了详细调研

---

① 工信行指委,全称"全国工业和信息化职业教育教学指导委员会"。

报告,为专业教学标准制(修)订奠定了工作基础,提供了比较全面、客观的依据。积极参与中职《光电仪器制造与维修专业教学标准》修订工作,努力推动中职与高职衔接。

(三)坚持"三教"改革持续性,推动专业群课程标准国际化

为满足光电专业岗位群的复合型技术技能人才培养需求,对现有课程体系重新进行梳理,通过校企合作,理实一体,共同打造包括"通识平台、基础平台、方向平台"的三层平台课程体系,培养学生的通用能力、综合能力与专业能力,构筑形成能力逐层递进培育的教学资源课程。专业群课程体系组织架构如图3所示。基于模块化课程体系,制订专业群课程标准,通过专业群内相关专业方向"交叉"、技术技能知识点相互渗透"融合",实现复合型技术技能人才的协同培养,为专业群课程标准输出奠定了基础。在改革的过程中,对课程体系进行重构,构建以"能力驱动"的模块化教学资源,围绕"工匠"培养,将课程思政等元素融入实际教学过程中,推动实施基于职业工作过程及能力提升的目标,并加强与东盟国家及"一带一路"倡议沿线国家的交流与合作,将专业群教学标准推广到相应的专业中,带动其发展。

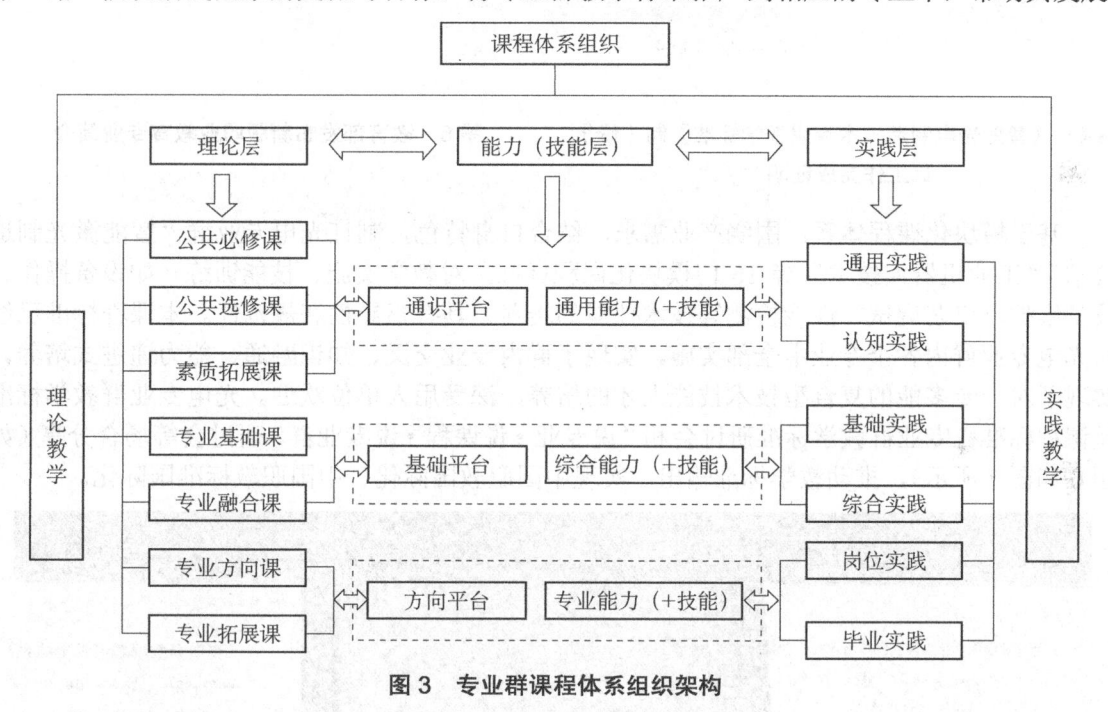

图3 专业群课程体系组织架构

三、成果成效

经过组内成员共同努力,历时6个多月,《智能光电制造技术专业教学标准》和《光电仪器制造与维修专业教学标准》已完成制(修)订工作,专业简介已在教育部网站发布。专业简介和专业教学标准的发布实施,对专业界定、中职高职本科衔接、规范专业建设都具有很好的指导性,特别是对明确人才培养定位、建立课程体系、开发教学资源和实施教学具有指导性和规范性作用。通过牵头制(修)订《智能光电制造技术专业教学标准》,确立了学校本专业在全国同类专业中的引领地位,同时对学校其他专业建设起到了很好的示范作用。

图4为《智能光电制造技术专业教学标准》制(修)订工作完成证明。图5为教育部发布

新版职业教育专业简介。

图4 《智能光电制造技术专业教学标准》制（修）订工作完成证明

图5 教育部发布新版职业教育专业简介

基于模块化课程体系，围绕产业需求，结合自身特色，制订光电专业群"智能激光制造技术""工业机器人技术"等16门模块化课程标准，对教学实施、技能训练（如设备操作、设备维护、工艺调试、性能检测等技术技能的培养）具有指导性和规范性。本课程标准已经在光电专业群内各个专业中全部实施，实现了群内专业交叉、知识融通、能力递进式培养，实现了对一专多能的复合型技术技能人才的培养，深受用人单位欢迎。光电专业群教学标准及课程标准在专业群教学标准研讨会和"说专业·说课程·说专业群"研讨会等场合分享（如图6和图7所示），推动教学标准输出，实现中国职教国际化、中国职教标准国际化。

图6 智能光电制造技术专业举办教学标准国际研讨会

图7 "智能光电制造技术"被"说专业·说课程·说专业群"研讨会作为典型案例

光电专业群总结在人才培养方面进行的探索与实践过程,编写出版专著《智能制造专业群人才培养探索与实践》。该书以智能光电制造技术专业为核心,详细介绍了该专业2012年开设,从专业挂靠到2019年入选国家"双高"专业群的建设历程。在人才培养探索方面,智能光电制造技术专业探索并实践了多层次人才培养路径,实施了五年一贯制、三年制高职、四年制高职本科、研究生联合培养,实现了"中高本硕"相贯通的人才培养体系。在联合办学方面,与台湾中原大学联合培养学生,加强了海峡两岸文化交流与合作,提高了人才培养质量。

(执笔人:钟正根)

基于 OBE 理念，打造人工智能省级高水平专业群

摘　要：浙江省"双高"专业群人工智能专业群，基于 OBE[①]理念，以成果为目标，通过实施"双精准、双融合"人才培养、创新协同产教融合平台、提升服务产业转型升级、优化群内部质量保障机制等措施，打造高水平专业群，为推进教育教学改革、提升专业群综合服务效能提供平台和支撑，为培养高素质技能人才提供保障。

关键词：OBE 理念；人工智能；人才培养；产教融合；服务产业

一、实施背景

新一代信息技术产业作为国家战略性新兴产业，产业规模达 10 万亿元，带动制造业、现代服务业等产业转型升级，带来大量的技术技能人才需求。信息技术产业飞速发展及传统产业转型升级所带来的信息化和工业化的高层次的深度融合，对新一代信息技术人才的知识、能力、素质提出了新的要求。2019 年，国务院印发《国家职业教育改革实施方案》，明确指出，为适应经济社会发展和产业结构调整的需要，增强职业教育服务地方经济社会发展能力，职业教育必须坚持多元办学主体，集中校企合作之力，建设一批引领改革、支撑发展、中国特色、世界水平的高职学校和专业群。由此可见，专业群建设已上升到国家层面的制度设计，这不仅关系到我国职业教育的发展水平，更关系到我国新时代经济发展的人才支撑。如何通过专业群协同发展，培养适应产业需要的技术领先、有国际视野和高素质技术技能人才，是我们面临的挑战。

二、主要做法

（一）坚持服务产业发展，围绕产业与职业岗位群组建专业群

新一代信息技术产业集群由人工智能、云计算、大数据、物联网、高端软件等产业组成，并形成了新一代信息技术职业岗位群，人工智能应用工程师、大数据应用工程师、物联网应用工程师等为岗位群核心岗位，Web 前端开发工程师、数据分析师、云计算运维工程师等为岗位群相关岗位。在专业群中，软件技术专业培养多屏合一系统应用开发能力和云服务系统应用开发能力，服务软件开发工程师和云计算运维工程师等岗位；人工智能技术服务专业培养人工智能应用开发能力，服务人工智能应用工程师等岗位；计算机应用技术专业培养大数据应用开发能力，服务大数据开发工程师和数据分析师等岗位；电子信息工程技术专业培养物联网应用开发能力，服务物联网应用工程师和物联网运维工程师等岗位。专业群内各专业

---

① OBE，英文全称 "outcomes-based education"，意为基于学习产出的教育模式。

共融互通，协同发展，推动专业群高质量发展。

人工智能专业群与新一代信息技术产业集群及职业岗位群的对应关系，如图1所示。

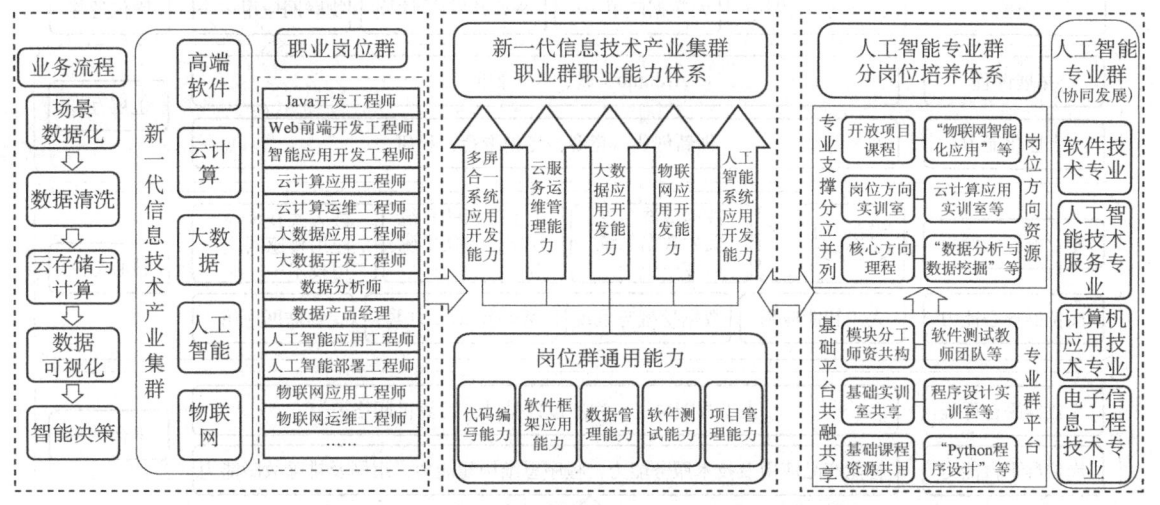

图1　人工智能专业群与新一代信息技术产业集群及职业岗位群的对应关系

（二）以立德树人为根本，实施"双精准、双融合"分类培养

人工智能专业群以"专业基础相通、技术领域相近、职业岗位相关"为原则，以立德树人为根本，根据普高生、三校生（职高、技校、中专）、自主招生、现代学徒制等不同群体特点和项目特点，采取"工匠坊""创客班""职业能力竞赛组""师生研发团队"等多种培养组织形式，实现全专业群精准对接产业集群、精准育人的"双精准"育人模式。以服务复合型人才培养和学生个性化发展为出发点，以"厚基础、侧岗位、重实践"的指导思想，按照"底层共享、中层分立、高层互选、顶层综合"的原则，构建"基础平台+岗位方向+项目实战"的专业群课程体系，如图2所示。其中，平台课培养学生的基本编程能力，岗位方向课程培养学生的岗位核心能力，项目实战训练学生跨专业或解决岗位复杂问题的综合能力和创新实践能力。

（三）以共建共享为理念，打造"协同发展型"产教融合平台

人工智能专业群通过对接数字经济、新一代信息技术等战略性新兴产业，建设智能物联产品开发、大数据采集与清洗等校内专业群共享实训基地；加强与达内科技、厦门万策置业科技、亚龙科技集团等企业合作，重点建设物联网应用示范性企业实践流动站等企业实践流动站、宁波中软国际等校外实训基地，使学生在专业技能、实践经验、工作方法、团队合作等方面快速提高，实现零距离就业；引入浙江索思科技等企业入校，专业群提供场地、设备和管理，企业提供工程师、技术，以企业为主组织生产和学生实训，校企合作共同深入推动校企产学研合作，共同搭建产教融合协同创新育人平台，推进行业、企业参与人才培养全过程，实现校企协同育人。将人才培养、教师专业化发展、实训实习实践、企业服务科技创新功能有机结合，促进产教融合、科教融合，打造集"产、学、研、转、创、用"于一体，互补、互利、互动、多赢的实体性人才培养创新平台。

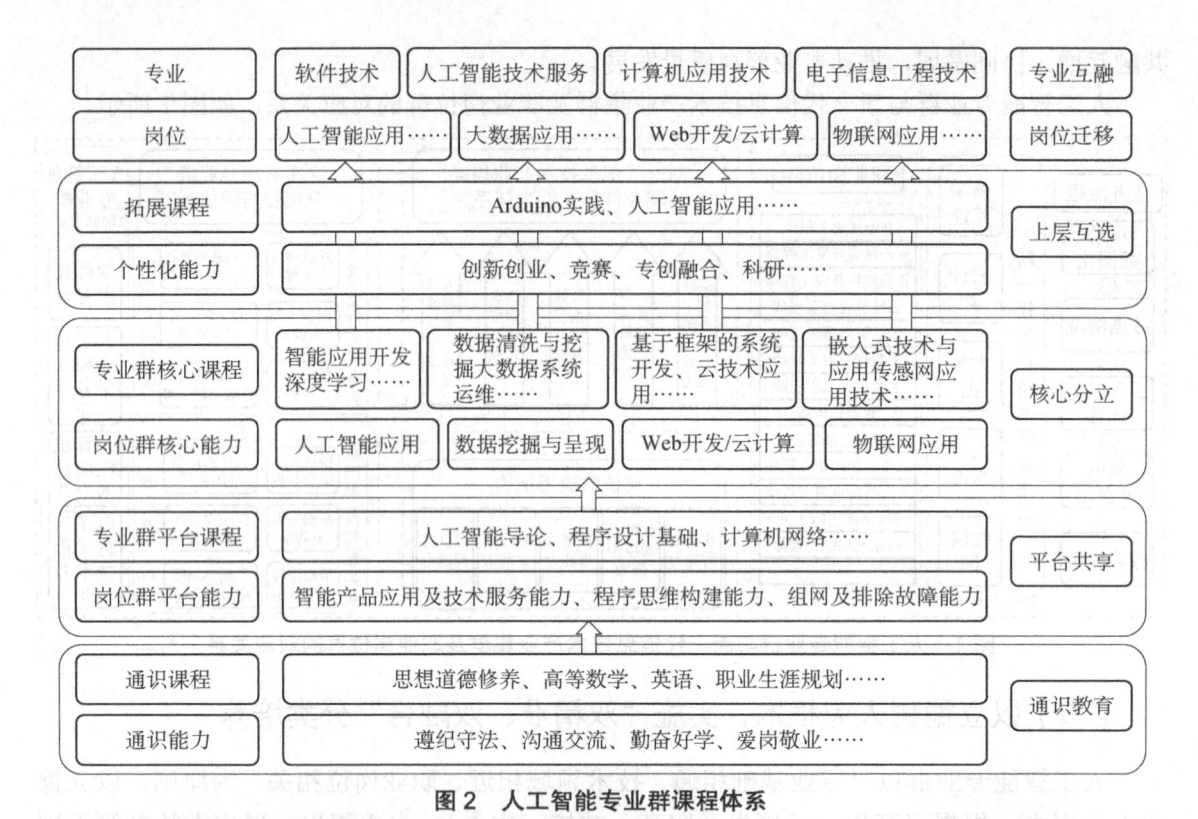

专业	软件技术	人工智能技术服务	计算机应用技术	电子信息工程技术	专业互融
岗位	人工智能应用……	大数据应用……	Web开发/云计算	物联网应用……	岗位迁移
拓展课程	Arduino实践、人工智能应用……				上层互选
个性化能力	创新创业、竞赛、专创融合、科研……				
专业群核心课程	智能应用开发深度学习	数据清洗与挖掘大数据系统运维……	基于框架的系统开发、云技术应用……	嵌入式技术与应用传感网应用技术	核心分立
岗位群核心能力	人工智能应用	数据挖掘与呈现	Web开发/云计算	物联网应用	
专业群平台课程	人工智能导论、程序设计基础、计算机网络……				平台共享
岗位群平台能力	智能产品应用及技术服务能力、程序思维构建能力、组网及排除故障能力				
通识课程	思想道德修养、高等数学、英语、职业生涯规划……				通识教育
通识能力	遵纪守法、沟通交流、勤奋好学、爱岗敬业……				

图2 人工智能专业群课程体系

图3为工学实习基地授牌仪式。

图3 工学实习基地授牌仪式

（四）以拓展服务为手段，提升服务产业转型升级水平

人工智能专业群对知识产权、地方服务机构等业务和信息进行数字化管理，服务战略性新兴产业和传统产业的技术研发和转型升级；依托温州电子信息研究院等创新创业实践平台，为行业、企业提供各类应用性技术服务，为学生提供教育和项目孵化功能；建设师生创新工作室，推进师生创新创业和技术成果转化。对接国家试点"1+X"职业技能等级，与企业共建物联网工程技术等高水平信息化培训中心，面向退役军人、转岗人员、老年人等社会群体开展多种形式的继续教育。每年为学生、企业人员、社会人员开展新技术培训、职业技能鉴

定培训。

（五）以持续改进为目标，优化专业群内部质量保障机制

人工智能专业群基于 OBE 理念，以学生为中心，通过教学质量评估与监控、督导评估多元制度等，全方位建立专业群发展保障体系，通过校内和校外不断循环达到人才培养的持续改进；建立教学质量评估与监控系统，建立多维度、多样性的考核评价机制，完善政府、行业、企业、职业院校等共同参与的质量评价体系，积极对接浙江省教育评估院和第三方机构，进行评估。OBE 成果导向评价体系如图 4 所示。

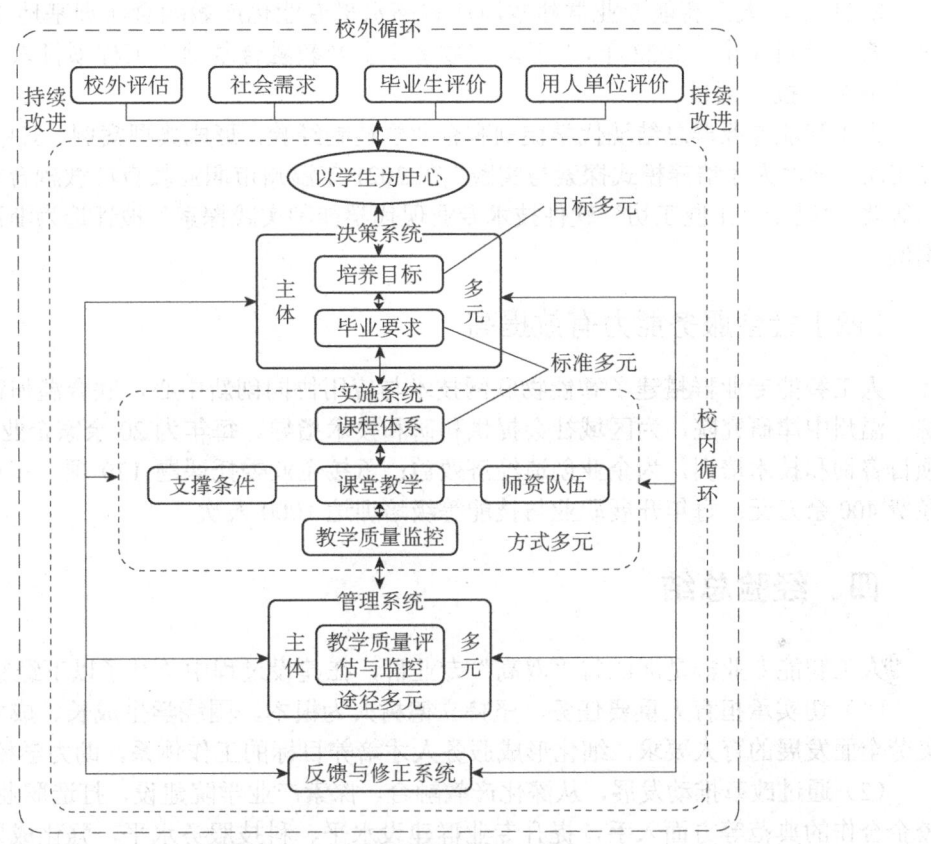

图 4　OBE 成果导向评价体系

三、成果成效

（一）实施分类育人，做到因材施教

人工智能专业群开设统一的岗位课程，建设基于学生意愿和能力的"双精准、双育人"分类培养方案，在大学一年级下学期实施分类培养，最终达到因材施教的目的。启动"1+X"证书制度，开展课程思政建设，实施"CDIO 专业教育+课程思政教育"教学改革，全面推进"三全育人"综合改革工作。

（二）学生专业知识扎实，技能竞赛成绩佳

人工智能专业群在 2019—2022 年获得职业技能竞赛国家二等奖 1 项，国家三等奖 1 项，浙江省一等奖 5 项、二等奖 3 项、三等奖 5 项，承办浙江省云计算应用技能竞赛 2 次。在全国大学生电子设计竞赛上获得高职高专组国家一等奖 2 项、二等奖 1 项的佳绩，并捧得电子设计竞赛最高荣誉"TI 杯"。

（三）做到产教融合，实现双肩育人

2021 年，人工智能专业群建成浙江省高水平专业化产教融合实训基地 1 个、产学合作协同育人项目 1 个。2022 年，"三六零数字安全产教融合基地"工程项目入选浙江省产业融合"五个一批"项目。

人工智能专业群总结现代学徒制和企业学徒制经验，形成典型案例。其中"'共建软件工匠工坊'软件人才培养模式探索与实践"在 2021 年温州市职业教育产教融合案例大赛中荣获二等奖，"基于'工匠工坊'软件技术专业现代学徒制实践探索"被评选为浙江省学徒制典型案例。

（四）社会服务能力有效提高

人工智能专业群搭建了智能物联网技术与应用协同创新中心，联合温州市电子信息研究院、温州中津研究院，为区域社会提供科研和技术指导。每年为 20 余家企业开展技术沙龙、项目咨询和技术培训，为企业创造经济效益；承接企业委托课题 120 项，年均横向课题到账经费 400 余万元；每年开展职业与技能等级培训达 1000 人次。

四、经验总结

人工智能专业群是浙江省"双高"专业群，在建设过程中总结了以下经验。

（1）切实承担育人重要任务，坚持立德树人为根本，围绕学生成长、成才，落实德智体美劳全面发展的育人要求，细化形成服务人才培养目标的工作体系，助力学校"双高"建设。

（2）通过改革推动发展，从深化产教融合，探索产业学院建设，打造职业教育产教融合、校企合作的典范等方面入手，提升专业群建设水平、科技服务水平，强化成果凝练，形成标志成果，彰显特色。

五、推广应用

人工智能专业群以群建院，通过打造高水平专业群提升综合服务效能的做法，得到浙江省、温州市，以及杭钢集团领导的充分肯定。人工智能协同创新中心年接待参观 30 批次以上，省内外 56 所兄弟院校前来交流学习，其中台州职业技术学院、浙江安防职业技术学院、浙江纺织职业技术学院等学院借鉴应用成果进行改革，获得同行的高度认可。

（执笔人：赵静静）

立足视觉健康行业，打造眼视光技术市级优势专业群

摘　要：从视觉健康行业人才需求角度，结合地方特色经济产业眼镜产业与全国眼视光技术专业开创的优势，独创由眼镜设计、眼视光技术、视觉训练与康复三个专业组成的专业群；该专业群主要针对眼视光产品设计、眼屈光检查、视功能检查等产业链上的关键岗位进行人才培养，让需求人群在使用眼视光产品过程中达到"美观安全、清晰持久、舒适健康"的效果。专业群在建成之后，不断分析得失，不断改进，促进产业人才能力提升。

关键词：产业链；专业群；产教融合；共建共享

一、实施背景

温州是中国眼镜生产基地，也是国内眼镜出口的主要产地，是目前中高级别眼镜品牌 OEM 主要基地。现在，温州眼镜产业开始转型，布局国内市场。适合中国人佩戴的眼镜产品有很大的市场需求，而且眼镜参数与形状和视觉健康有非常紧密的关系。《"健康中国 2030"规划纲要》提出，"健康是促进人的全面发展的必然要求，是经济社会发展的基础条件，是民族昌盛和国家富强的重要标志，也是广大人民群众的共同追求"。然而，儿童青少年近视患病率居高不下，会降低人口素质，将对社会、经济甚至国家安全产生重大影响；健康中国离不开儿童青少年的视觉健康。如果想控制儿童青少年近视率的增长，培养好眼视光技术人才是关键。按三大电信运营商公开的数据，我国共有手机用户 16.19 亿户，人均约 1.16 部手机。2021 年，我国手机上网人数为 10.29 亿人。手机、计算机等电子产品的普及，改变了人们的用眼习惯，也对用眼的舒适度提出更高的要求。据统计，全国视疲劳的人数已达 1.5 亿人以上，群体数量也很多。以眼镜为工具，舒适用眼是人们的希望；从眼镜产品设计与开发、屈光检查与诊断、视功能建立等领域来说，我们有必要尝试建立眼视光技术专业群。

二、主要做法

（一）梳理产业链需求，寻找专业群定位

在国家高度重视视觉健康、全民持续关注眼镜产品"健康、时尚、舒适、个性"的背景下，根据浙江眼镜视光产业的特点，立足温州"中国眼谷""中国眼镜生产基地"的产

业集群优势，着眼新一代数字化、智能化技术驱动下的眼镜视光产业链改造升级，聚焦视觉健康的重要性、视力清晰的基础性、眼镜造型的时尚性，对接下游视觉功能提升、中游眼镜验配与上游眼镜产品设计三个紧密衔接的关键环节，开展复合型人才培养和应用技术创新。

眼视光技术专业群群链关系如图1所示。

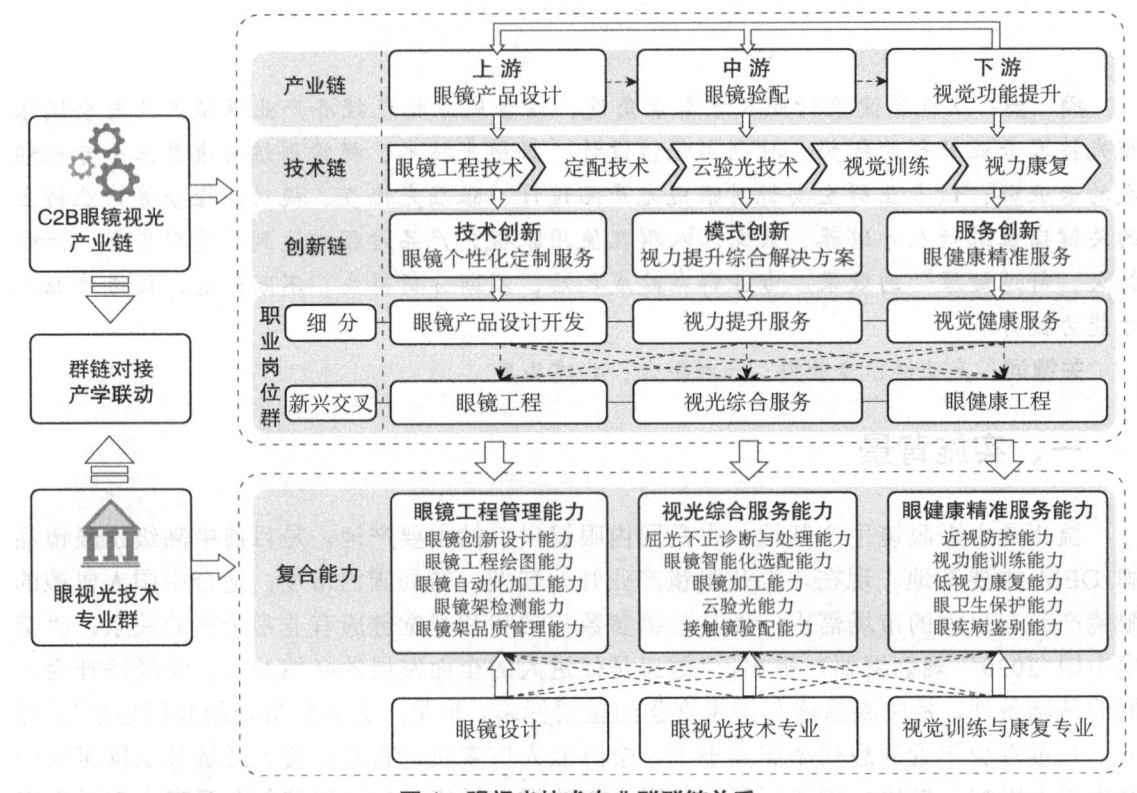

图1 眼视光技术专业群群链关系

（二）整合校内资源、明确各专业定位

专业群基于"专业基础相通、技术领域交叉、工作岗位相关、教学资源共享"的原则组建。依据新技术背景下位于产业链下游的眼健康服务环节对产业链中上游的强力整合与改造作用，结合眼视光技术专业雄厚的办学基础，定位眼视光技术专业为核心专业，眼镜设计和视觉训练与康复专业为协同专业。面对中国有近10亿近视人口的大群体与验光师缺口达30万人的人才需求，明确眼视光技术专业在群中的地位；同时，清晰地认识到眼镜视光新产品设计与开发、老年儿童视觉健康对提升全民视觉健康的重要性。群内各专业在核心技术技能、服务领域方面各有侧重，眼视光技术专业侧重终端视觉健康服务，眼镜设计专业侧重数字化产品设计与工艺，视觉训练与康复专业侧重老年、儿童视觉功能提升。

眼视光技术专业群群内逻辑如图2所示。

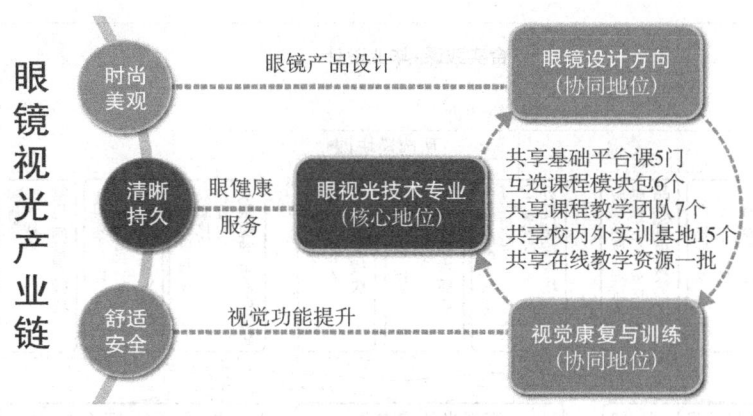

图2 眼视光技术专业群群内逻辑

（三）明确核心岗位、培养多元化人才

专业群采取集群式发展模式，既是对接产业集群的客观要求，也是进一步提升高职院校专业功能体系建设水平的有效措施。技术技能积累和社会服务能力是高职院校专业群建设的重要评价指标，人才是高职院校技术技能积累和社会服务能力提升的主要抓手。在现代工业社会中，产业链是一个庞大的系统，一个专业群人才培养不可能满足整个产业链需求，只能是针对核心关键岗位需求；专业群中各核心专业是服务于产业链的关键子系统，起到核心作用。眼视光技术专业群培养服务视觉健康产业链上的视觉产品设计、屈光检查与处理、视觉功能提升等关键岗位的核心人才。以眼镜视光产业链关键环节职业岗位群能力需求为导向，构建"底层共享、中层分立、高层互选"的三层递进式课程体系。在底层设置共享的通识教育平台课+专业群基础平台课，突出劳动品质、审美品位和创新思维培养，奠定学生发展的宽厚素养基础；在中层模块针对群内各专业对应的岗位核心能力需求，实行核心课程分立培养，满足学生核心岗位就业能力的需求；在高层以高级眼镜验光员、眼镜工程师等多个职业技能证书为导向，设置专业提升课程模块和群互选课程模块，满足学生多方向、多元化、可持续发展的需求。专业群专业结构形成后，围绕推进专业群建设的目标就是整合资源，包括专业群课程体系、师资队伍、实验实训、教学资源等。保证专业群更好地发展，建立符合专业群科学发展的人力资源管理体系和现代化教育理念是非常重要的。其中，课程设置及教学计划表是人才培养过程中的关键要素，专业群平台课决定人才培养针对相应产业链，专业核心课决定人才在产业链中的工作岗位，专业群拓展课决定人才在行业中的就业高度与深度。

眼视光技术专业群课程实施方案如图3所示。

（四）搭建专业平台、协同群链发展

学校联合浙江大光明眼镜有限公司等与眼镜产业相关的10家龙头企业，共建眼镜产业学院；精准定位岗位职能，利用校企各自优势资源，联合进行人才培养，使产业链与专业群无缝对接，创新性地提出"校企双元，共享技术资源、共建师资团队、共搭创新平台、共建实训基地、共施人才培养、共研职业教育"的"双元六共"产教融合模式，充分发挥学院人才、技术等强项和企业设备、资金等优势，定向培养行业新型紧缺人才，开展行业前沿技术研究。

眼镜产业学院功能如图4所示。

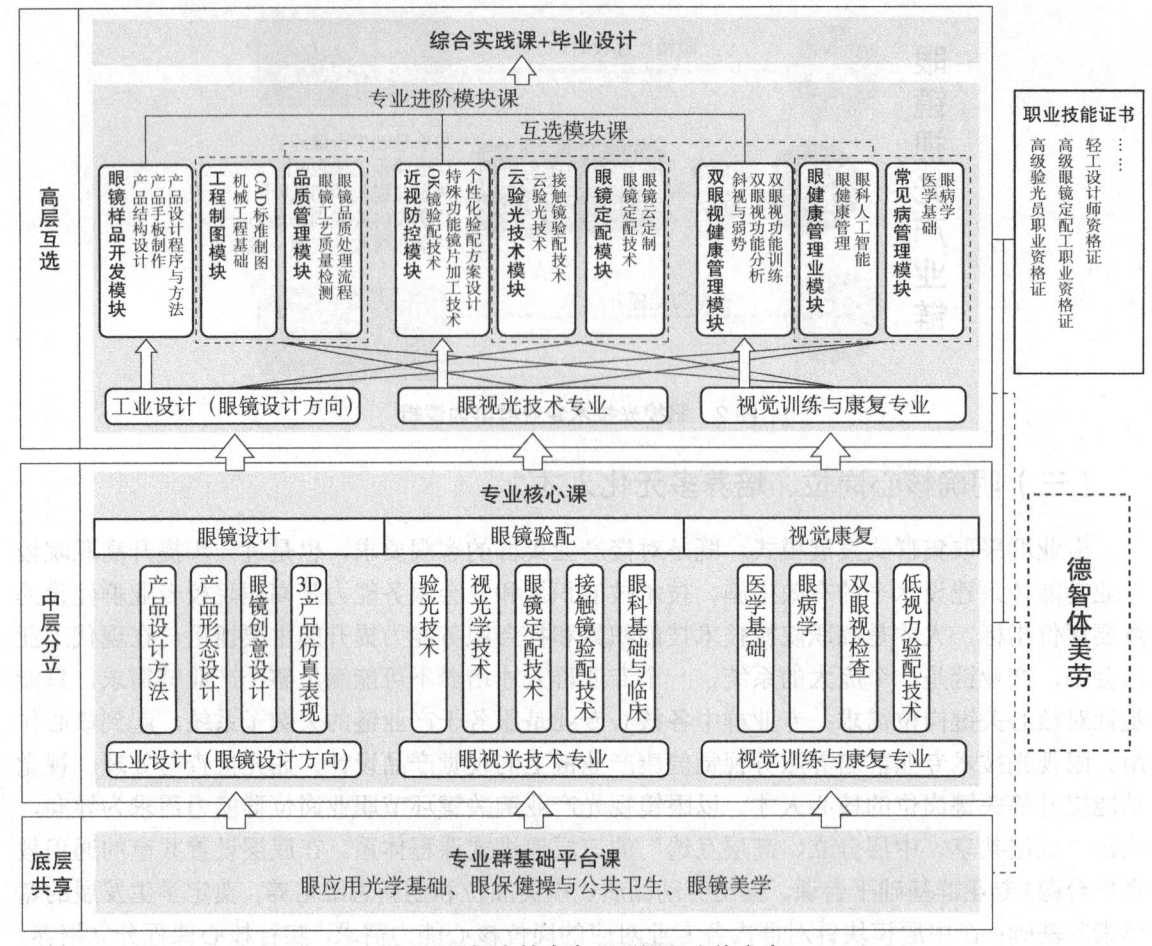

图3 眼视光技术专业群课程实施方案

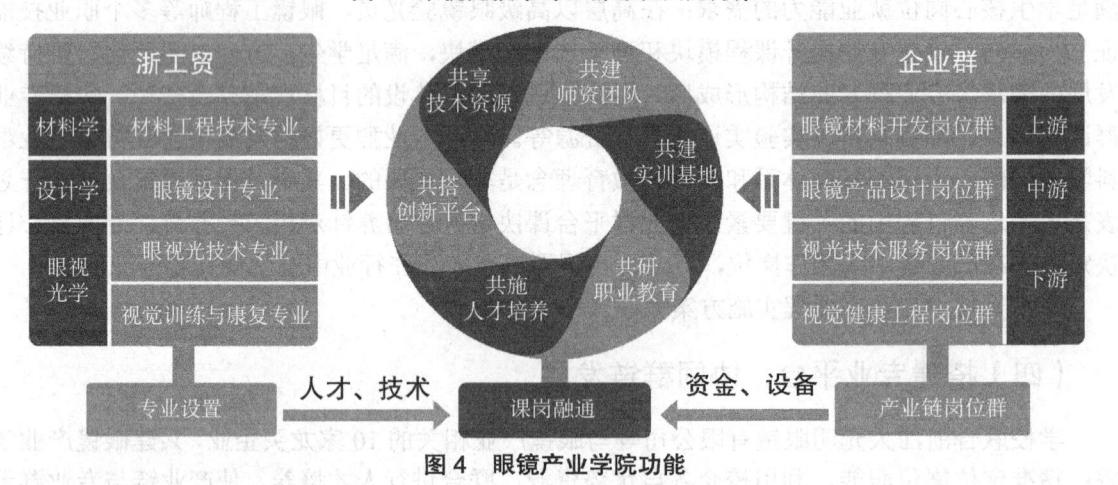

图4 眼镜产业学院功能

三、成果成效

通过组群发展，专业群每年为产业培养近 300 名优质毕业生，在全省范围内每年培训专业人才、招收眼视光技术专业成人大专生、开展职业技能鉴定近 2000 人；共有 2 个产教融合典型案例分别在省市教育部门相关评比中获奖；深化校地合作，与中国眼谷合作建立产教融合示范基地，如图 5 所示。

图 5　与中国眼谷合作建立产教融合示范基地

四、经验总结

专业群建立要结合地方特色产业，研究其在地方国民经济中的地位、在全国行业中的影响力，这是建群基础；结合核心专业本身定位和专业实力，是专业群是否成功的决定因素；搭建良好平台，是保证专业群持续发展的动力。目前还存在产业链过长、校企深度融合不够等方面的问题，下一步计划通过精准岗位分析、开发新专业等手段，形成高度聚焦眼镜视光产业链的专业群。

（执笔人：易际磬）

双轮驱动，建设数字商贸市级优势专业群

摘　要：专业群建设是职业教育"双高计划"的核心工作，也是提高高职院校教学质量的重要支撑。数字商贸专业群立足产业发展需求，创新人才培养模式，着力打造高水平教学创新团队，以教改创新与社会服务双轮驱动，积极建设高水平专业群。

关键词：数字商贸；专业群；教学改革；师资

一、实施背景

随着中国特色高水平高等职业学校和专业建设计划（简称"双高计划"）的实施，加强高水平专业群建设已成为各高职院校的重要任务。高水平专业群建设是高职院校服务经济与社会发展的重要载体，是学校高质量人才培养的重要单元，也是产业转型升级、社会服务能力提升、专业教学资源优化配置的现实要求。

二、主要做法

（一）完善组群逻辑

数字商贸是指借助数字技术开展相关经济贸易活动的系列行为与工作。随着传统商贸业务的逐渐网络化、数字化、智能化，电子商务、跨境电商、新零售、智慧物流、新媒体营销、数据分析等新业务模式逐渐成为主流。商贸流通产业的数字化趋势引发了产业链的重构，并带来旺盛的新型人才需求。

数字商贸专业群（以下简称"专业群"）全面对接商贸流通产业，群内包含电子商务、市场营销、物流管理、跨境电商、商务数据分析与应用5个专业，充分对接产业中网络运营、跨境运营、数字营销、智慧物流，以及商务数据分析与应用等新兴的工作岗位群，服务产业链中"运营、营销、交付"等核心环节，培养具有网店运营推广、跨境电商运作、新零售运作、新媒体营销、精准营销、智能配送、云仓管理、数据分析、创新创业能力的高素质复合型技术技能人才。

其中电子商务专业是专业群龙头专业，物流管理、市场营销、跨境电商是专业群骨干专业，商务数据分析与应用是专业群支撑专业。专业群主要按照"岗位相关性"的原则组建，群内专业前后衔接、协同发展，推进技能人才培养和技术创新。

数字商贸专业群组群逻辑如图1所示。

（二）创新建设模式

专业群是集人才培养、技术技能积累、社会服务等办学功能于一体的基层组织新单元。

要建设高水平、特色化的专业群，需要产教融合、教学与服务并重，为此我们坚持"一核两翼"的建设模式。"一核"其实包括两项内容，是指以技术技能人才培养为核心目标，以高水平专业群建设为核心任务。"两翼"分别是指教学建设和社会服务，即以教学创新推进教学建设，培养高技能人才，服务产业发展需要；以科研创新提升社会服务能力，输出科研成果并反哺教学。这样坚持双轮驱动、产教融合，打造高水平数字商贸专业群。

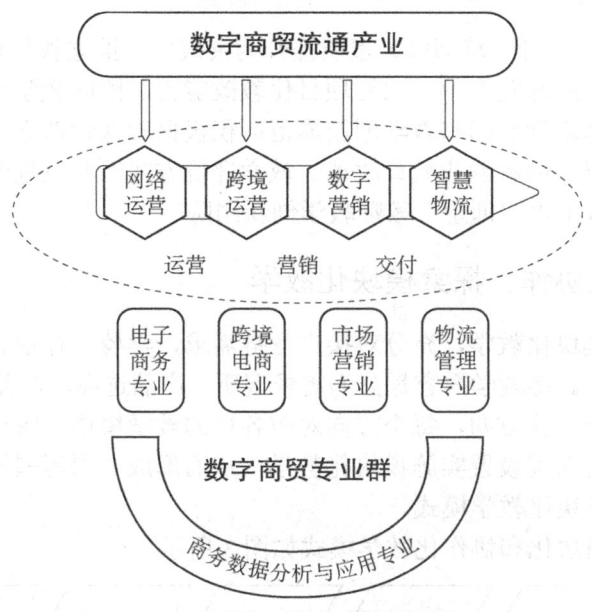

图1 数字商贸专业群组群逻辑

数字商贸专业群"一核两翼"双轮驱动建设模式如图2所示。

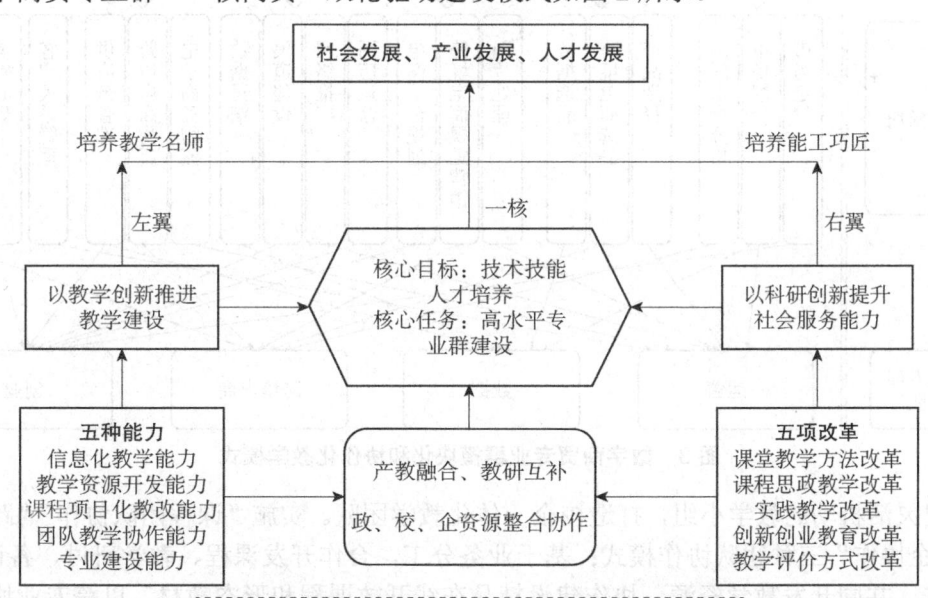

图2 数字商贸专业群"一核两翼"双轮驱动建设模式

（三）围绕内涵建设，苦练教学内功

专业群内涵建设的重心在于教学质量，教学质量来自教学资源要素的合理配置，来自教学改革创新。数字商贸专业群不断优化人才培养模式，从"学创一体"到"模块化教学"，再到"岗课赛证"融通，一切围绕商贸流通行业的核心运作能力和学生数字素养提升。

以"三师"（讲师、技师、培训师）素质提升为突破口，推进教师教学改革，加强教师信息化教学能力、教学资源开发能力、课程项目化教改能力、团队教学协作能力、专业建设能力五种能力，着力培养教学名师和教学创新典范；积极探索课堂教学方法改革、课程思政教学改革、实践教学改革、创新创业教育改革、教学评价方式改革五项改革，推进教学质量工程建设，积极打造高水平"双师型"教师教学创新团队。

（四）深化团队协作，探索模块化教学

坚持团队协作与模块化教学，充分对接产业链需求，学校、行业、企业共同研制专业能力模块化课程设置方案。将教学内容划分为需求调研、产品选品、产品E化、运营推广、物流配送和售后服务六个产业方向，每个方向对应各自的教学模块，每个教学模块包含若干门专业课程，依据模块化课程设置实施模块化教学，从而形成"课程-教学模块-产业方向"环环相扣、紧密联系的模块化教学模式。

数字商贸专业群模块化和协作化教学模式如图3所示。

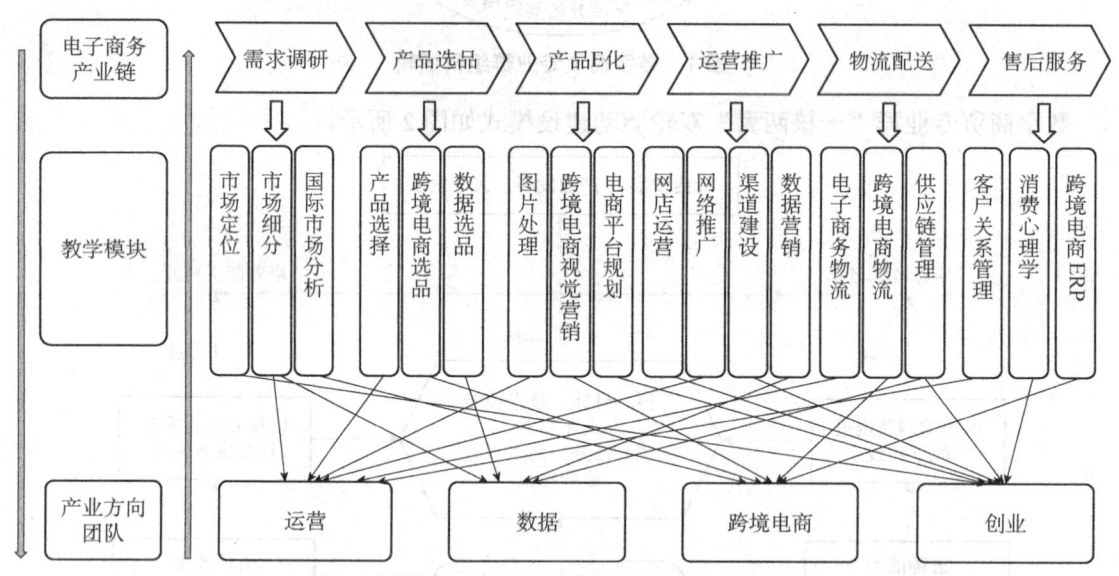

图3 数字商贸专业群模块化和协作化教学模式

组建灵活机动的教学小组，打造校企一体化教学团队。实施"课程团队协作""跨专业协作""校企协作"三种团队协作模式；基于业务分工，合作开发课程、教学研讨、备课磨课、优化教法，共同开发教学资源，协作建设精品在线开放课程和形态教材。以跨专业协作方式完成专业群平台课程与核心课程的教学任务，可以充分发挥每位教师的专长，实现团队师资的优化配置，使合力最大化。

（五）加强产教融合，平台共建共享

坚持教师科研能力与教学能力两翼齐飞，借助导师制培养、企业挂职锻炼、科研工作帮扶等手段，打造具有较强教科研能力和较高业务水平的专业带头人和骨干教师队伍，落实科研反哺教学、科研助推创新创业、科研服务社会的工作目标。加强校企共同体建设，将企业教师融入教学团队，共同开展教学改革、模块教学、资源开发、项目研究、成果转化等工作。

紧跟数字商贸技术发展，加强与行业名企的合作，深化产教融合，集聚学校、政府、企业、行业、市场五方力量和资源，共建"数字商贸全产业链"实践教学基地，主动服务地方产业发展，构建地方性公共服务平台、协同创新中心、博士工作站等平台载体，完善"师资、课程、教学资源、平台、成果"要素互动交流与共建、共用、共享的长效机制，实现产业链、创新链、人才链、教育链四链协同。

三、成果成效

（一）内涵建设成效凸显

专业群核心专业电子商务连续两轮成为省级特色专业，专业群入选温州市特色优势专业群，物流管理专业获批温州市重点专业。高水平团队建设取得重大突破，电子商务教学团队入选职业教育国家级教师教学创新团队，物流管理教学团队入选市级教师教学创新团队，跨境电商专业教师团队入选校级教师教学创新团队。

教学资源开发获得多项高级别成果。例如，"互联网营销策划实务""移动营销"先后获批国家级精品在线开放课程，"视觉营销""商务素养"获批省级精品在线开放课程，"移动营销"入选浙江省课程思政示范课程。《互联网营销策划实务》等3本教材入选职业教育国家规划教材，《移动营销》《物流信息管理》等5本教材入选浙江省高校新形态教材。专业群教师团队先后荣获浙江省教师教学能力大赛奖项4项。

（二）产教融合不断深化

专业群坚持平台建设、深化产教融合，通过校政合作，建设温州名购网产业实战平台，牵头建设温州市电子商务公共服务平台，以及温州直播电商协同创新中心、关蕾博士工作站、市级技能大师工作室等科技创新载体。之后，专业群进一步升级平台建设，获批浙江省高校示范性实训基地、浙江省网络经济公共实训基地，以及获批人力资源和社会保障部"高技能人才培训基地"项目、教育部"电子商务综合服务协同创新中心"，实现平台服务能级的不断提升。

专业群与行业协会及龙头企业深化合作，开设奥康国际、森马电商等现代学徒制班5个，以及国技互联、浙江联欣等重点校外实践教学基地22处，联合企业及温州高校共建大学生电子商务行业实训基地；发挥行业协会的连接与调度作用，共建"产、训、研、创"多功能实训基地，柔性组织"多对多"岗位实习，实施模块化实践教学，创建"面向中小微企业的行业协会+实践教学模式"，荣获浙江省教学成果奖一等奖。

（三）社会服务业绩斐然

专业群坚持服务政府、服务产业，依托温州市决策咨询委员会授予的"数字商贸公共政策创新团队"，积极承担温州市发改委、商务局、运管局等部门委托的 24 项横向课题，11 项成果获得采纳或领导批示，很好地发挥了决策咨询作用，提升了团队成员的科研能力与服务意识，同时培养出多名行业名师名家。

专业群发挥教师的职业技能优势，承担温州市人力资源和社会保障局、温州市总工会委托的高技能人才培训班、项目制培训班等，先后完成 1.2 万人次的社会培训任务。受温州市职业技能鉴定中心委托，开发电子商务师、物流师等不同职业技能等级的标准与题库 4 个，发挥出引领、示范作用。2019—2021 年先后为温州捷点等企业开展技术服务 20 多次，指导学生参加浙江省高职技能大赛，获得一等奖 7 项；培养出王韶宇、唐文文等一批优秀创业学子和电商主播人才，服务了地方产业的发展。

四、经验总结

专业群建设，要根据产业链、人才链的特点，明确人才培养目标和培养规格，理顺各专业之间的逻辑关系，构建完整的课程体系；发挥专业群作为资源整合器和教师工作台的特点，以课程建设提升学生岗位能力，以团队建设提升教学质量。

当然，专业群建设也存在一些不足。例如，团队师资力量还不够强大，博士学位教师、工匠型师资数量缺乏；对学生创业典型和主播人才仍需加大培育力度；校企协作共同体建设不够有力。以上不足之处，是未来几年专业群需要重点突破的方面。

五、推广应用

自专业群成立以来，带头人及骨干教师先后在全国电子商务研讨会、江苏省职业院校教师培训班、苏州经贸职业技术学院专题研讨会做经验分享，精品在线课程建设及课程思政建设成果被省内外多所高职院校借鉴，影响力逐渐扩大。未来专业群将努力建成为省级"双高"专业群、国家级高水平专业群，积极探索举办职业教育本科专业，继续提升人才培养水平，服务浙江省商贸流通产业，使其成为国际国内双循环经济下的优势产业。

（执笔人：魏振锋）

产教深度融合，文旅体协同发展，打造旅游与休闲市级优势专业群

摘　要：现代管理学院旅游与休闲专业群，以习近平新时代中国特色社会主义思想为指导，树立新的发展理念：以文化为魂、以旅游为体、以体育为用、以康养为本；聚焦文旅产业，立足区域经济，构建"校政企行多元联动，产学研用四维并举"的专业群发展模式，在泛旅游与全域旅游背景下，满足产业大发展、大融合对高素质技术技能人才的迫切需求。通过山海协作，为教育扶贫和乡村振兴探索可能的路径和方法。专业群建设取得长足进展。

关键词：校政融合；校企融合；山海协作

一、实施背景

据国家统计局发布的《2020年文化和旅游大数据统计》，2020年全年国内游客28.8亿人次，全国规模以上相关产业营业收入98514亿元。按照全球休闲和旅游业发展规律，结合国内文旅消费市场发展趋势及全域旅游、乡村振兴等政策供给的引导，我国将进入休闲消费、旅游消费的爆发性增长期。

为适应时代需求，行政管理机构于2018年就进行文化、旅游、体育（简称"文旅体"）合并，以期促进职能渗透、引导企业融合发展。为深化产业发展，浙江省的战略目标是，到2025年建成中国最佳旅游目的地。温州市早在2019年就明确，举全市之力建国际化休闲度假旅游城市，因此急需提升从业人员的素养和技能。

现代管理学院旅游与休闲专业群（以下简称"专业群"），基于上述产业融合发展的人才需求和浙江省的实际情况，将旅游管理、酒店管理与数字化运营和体育运营与管理三个专业整合，为培养业界需要的跨界、复合、技术技能型人才进行有益的尝试和探索。

二、主要做法

（一）基于文旅"新六要素"组建专业群

专业群以"商养学闲情奇"要素整合为契机，以旅游管理专业为龙头，集酒店管理与数字化运营、体育运营与管理专业优势组建而成，面向景区、酒店、民宿、体育场馆、赛事，培养管理与运营、策划与服务等岗位所需的一专多能的复合型全产业链人才。

专业之间人才培养理念相通，模式贯通，路径畅通，平台课程联通，共享课程融通，因此融合共生。旅游与休闲专业群组群逻辑如图1所示。

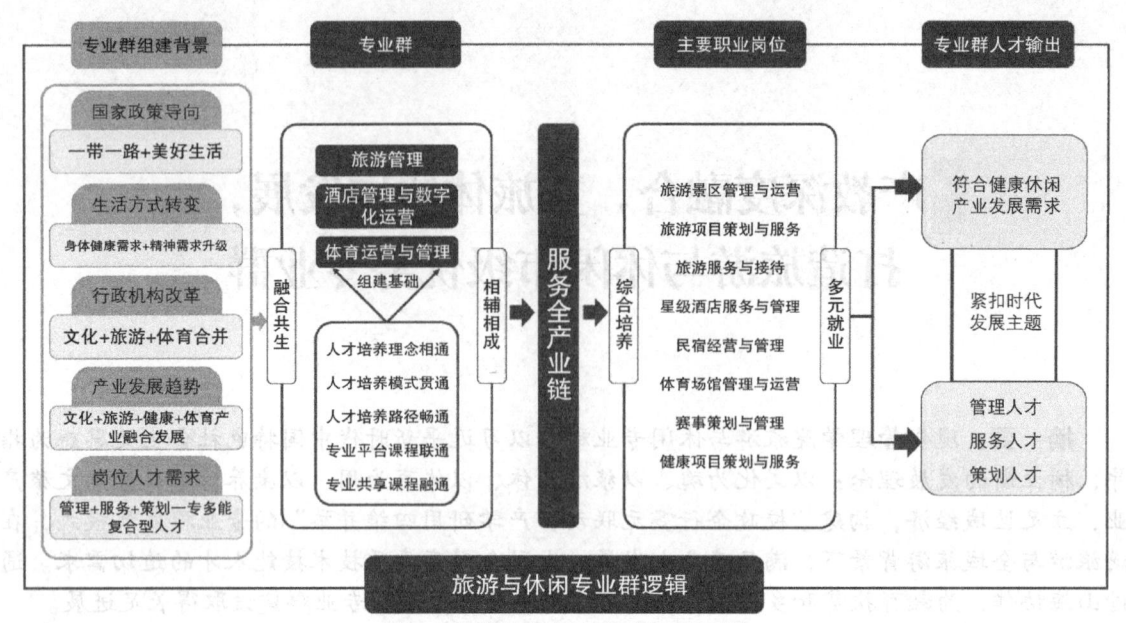

图 1 旅游与休闲专业群组群逻辑

（二）创新"六共双循环"人才培养模式

专业群以"六共"为体，即培养方案共制、教学团队共聘、教学资源共建、校企文化共融、培养质量共管、实训设施共享。六共的逻辑和是"课·证·赛"一体、"校·园·企"融合、"研·训·创"协同。

以"双循环为翼"，整合校外教学资源、聘用行业名师、实现工学结合的"外循环"；创建共享实训中心，从 VR 到拟景酒店，再到园区学生众筹的准企业，形成实践教学的"内循环"；优化实施路径"模块化-递进式"，把实训阶梯的四个阶段（实践四阶）嵌入六个学期。

学校的各实训中心与产业园区作为"学中做"的一翼，产教融合基地作为培养职业人"做中学"的另一翼，一旦羽翼丰满，培养目标实现，便可一飞冲天，振翅高翔。

旅游与休闲专业群"六共双循环"人才培养模式如图 2 所示。

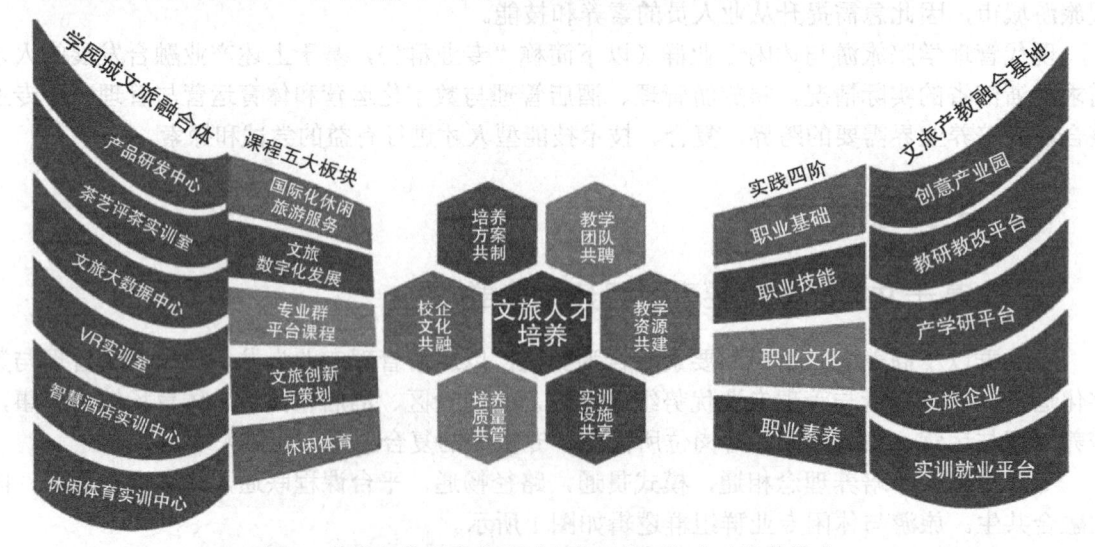

图 2 旅游与休闲专业群"六共双循环"人才培养模式

（三）体系化构建数字文旅综合实训室

为保证"内循环"的实现，专业群构建和完善了一批校内实训中心，分别建成旅游产品设计、策划中心、文旅大数据、VR 实训室、智慧酒店实训基地、茶艺室、休闲康养等实训平台，通过虚拟仿真软件、大数据平台，使实训立体化、系统化，构建"联动-辐射-反哺-共促"的实训生态圈，以实训室的数字化，推进教学手段的现代化，进而提升教学的信息化能力。

（四）搭建"产出导向四双共育"校企合作平台

为保障人才培养质量和成效，专业群实施企校双主体联动管理，将协同育人贯穿培养全过程。校企协同育人平台构建和运作的逻辑是，企业导师入校、文化和制度入课、价值观入脑，实行"双身份学习、双导师指导、双场景保障、双考核控制"的"四双"育人模式。"四双"，即学生双身份，学生亦学徒；教师和业师在拟景和实景中切换；保障，招生即招工，入学即就业；学业和实绩双考核。

"四双"校企协同育人平台如图 3 所示。

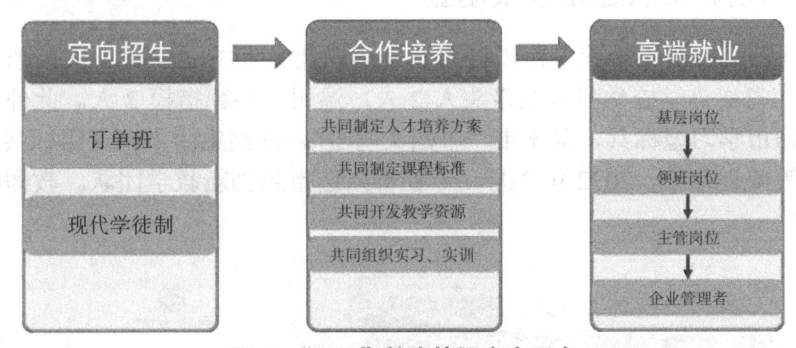

图 3 "四双"校企协同育人平台

三、成果成效

（一）形成政校企合作的良性循环

以旅游专业为龙头，专业群已多次与温州市、鹿城区、瓯海区文旅体局[①]签订合作协议，深层次政学结合，共谋发展。2020 年，现代管理学院党总支还与瓯海区文旅体局党组进行"党建共建"，同组红色联盟。

专业群通过与温州市、鹿城区、瓯海区、瑞安市、龙湾区、浙南产业集聚区等文旅体局合作，促进横向课题的研究；通过与雅高、希尔顿等酒店集团共建学徒班，深化产教融合；通过与 100 家以上企业共建，夯实实践教学基地。以上的"三位一体"措施，既满足了生产性教学的需求，又实现了教学性生产，使专业群成为社会培训、人才培养的"双标"。

（二）促进山海协作与乡村振兴

以"八八战略"、共同富裕为指引，深入贯彻落实浙江省委、省政府关于山海协作和结对帮扶工作的指示：一方面，在教学创新、教师教学能力、科研、学生技能竞赛方面进行对口

---

① 文旅体局全称"文化旅游体育局"。

帮扶；另一方面，在项目申报和文旅资源普查执行过程中，融入被帮扶学校——平阳县第二职业学校和文成县职业高级中学，在整合地方旅游资源及项目开发上，为乡村振兴和教育扶贫探索新的模式。在"三教"改革中共同开发《导游词讲解与创新》教材，带动欠发达地区职业教育的发展。

（三）内涵建设与人才培养质量同步提升

专业群建设基础扎实，目标清晰，成果丰富，举措得当，契合温州经济社会发展需求，2021年被认定为温州市级特色优势专业群。

在2021年的毕业生就业质量调查中，专业群毕业生就业率达100%，留温州率达56.1%，对母校的满意度达99%以上。值得一提的是，2021年数字化背景下的毕业设计，开创性地以短视频、图片、现场技能操作等形式展示，接受企业、社会、同行评价，开创了专业群在数字化建设方面的探索。

（四）教师创新团队建设效果明显

专业群教学团队获得不少荣誉：浙江省黄炎培职业教育杰出教师1人，浙江省师德先进个人1人，浙江省高等学校学科专业带头人2人，温州市师德楷模2人。此外，专业群教学团队还获得温州市学习型标兵，温州市"巾帼文明号"，杭钢集团巾帼文明标兵、青年技术能手、十佳教师等荣誉称号。2022年3月，专业群入选市级创新教学团队。教师团队获奖情况如图4所示。

图4　教师团队获奖情况

（五）教学成果和育人成果突出

专业群教学成果：高职院校教师教学能力大赛二等奖团队 1 个、思政教学名师和团队成员 1 名，以及技能大师、思政工作室各 1 个。

学生参加技能竞赛，获全国一等奖 3 项、团体一等奖 2 项，以及省级二等奖以上奖项 50 余项。毕业生获得荣誉称号有浙江青年工匠 1 人、温州市技术能手 2 人，以及省市级金牌导游、优秀导游 20 余人。

2021 年，"达岸咖啡厅运营拓展项目"获得浙江省职业院校产学合作协同育人项目立项。2022 年，与华住酒店合作课题，获批教育部定向人才培养培训项目。

校企合作育人成果如图 5 所示。

图 5　校企合作育人成果

（六）社会服务成绩斐然

学校文旅智库以突出成绩服务"共同富裕温州样板"和"东亚文化之都"建设，2020 年完成政府项目 11 项，累计经费 120 万元；2021 年完成横向课题 10 项，累计经费 110 万元；2022 年中标温州文旅体局"文旅资源"普查项目，单个项目经费 122 万元。2021 年，被瓯海区文旅体局授予"文旅产业突出贡献奖"，被鹿城区文旅体局授予"战略合作伙伴精诚合作奖"。

专业群服务政府和企业成果如图6所示。

四、经验总结

（一）校政融合谋布局

在传统上，学校一直被动地服从政府的管理和决策。学校专业群将服务意识前置，努力成为政府的智囊团队，在决策的参与度、影响度，甚至在辅助政府决策方面，做了有益的尝试和探索。

专业群教师组成智囊团，与各区、县文旅局建立良好的合作关系，为其撰写"十四五"规划，并参与温州市相关规划的调研，因此人才培养方案定位及建设路径做到了先人一步。

图6 专业群服务政府和企业成果

（二）校企合作促发展

学校是人才供给方，企业是人力需求方，有些大型企业集团对人才有个性化的要求，校企深度融合可以为企业进行个性化的人才培养。双方共建平台，在对学生一般素质培养的基础上，实行订单培养。酒店管理专业的雅高班、希尔顿班等是这些共建订单班的杰出代表，由此催生了酒店管理与数字化运营专业的共建模式，并取得系列育人成果。

（执笔人：孙富山）

"学园城"一体化融通，打造创意设计专业群

摘　要：校企融合发展是我国职业教育发展的改革方向，也是职业院校人才供给侧结构性改革的内在动力和必然选择。专业群的建设和发展需要与行业、企业提升发展形成"一体化"关系。职业院校专业群普遍存在产教融合路径不畅通、课程教学体系滞后企业发展等问题，严重影响人才培养质量，校企合作难以长久维系。创意设计专业群借助校办园、城中校的优势，以"学园城"一体化融通为路径，探索了发展机制，构建了动态化专业群、嵌入交叉化培养模式、匹配化课程体系及教学组织一体化的培养体系，推进高质量人才培养。

关键词：专业群；课程体系；学园城；创意引领

一、实施背景

创意设计产业作为我国文化产业细分领域中的后起之秀，发展速度快，势头强劲，是城市突破发展瓶颈的重要途径，在服务国家战略、推动诸多行业领域转型升级等方面发挥着重要作用。我国的创意设计产业规模日渐扩大，对行业高质量发展和专业人才供给提出了更高的要求。

依托"园区化"办学优势，与创意设计园区协同发展，学院致力于成为创意设计行业人才培养的优秀先行者，充分拓展设计咨询与服务等功能，反哺教学，持续推动改革。经过实践，学院逐步形成了以"鞋类设计与工艺专业"为核心的相关专业组群式的"学园城"发展模式，解决了学院乃至其他同类院校在专业群建设发展中存在的问题：第一，专业群缺乏与创意产业体系化、持续性合作，专业设置、教学内容滞后于设计企业发展；第二，专业群为行业、企业提供设计咨询与服务功能较弱。在发展过程中，对外实施校企"学园城"一体化融通，对内优化专业结构，确保专业群与行业协同发展。

二、主要做法

（一）建立校企"学园城"一体化融通发展机制

学院建立专业群发展组织体系和制度体系，形成"学园城"深度合作长效机制和资源共享与转化机制，实现创意设计专业群（以下简称"专业群"）人才培养与创意设计行业保持同频共振。建立专业建设指导委员会，政府、企业、学校联合成立温州文化创意学院，确保专业群人才培养供给侧与企业需求侧有效对接；"以群建院"，基于专业群构建二级教学单位，实施一体化组织模式，确保实现"学园城"融合发展；建设基于"学园城"统一考量的教师企业实践、挂职锻炼等培养考核制度。

（二）完善校企"学园城"一体化融通实施路径

专业群"学园城"一体化协同。一是专业群与园区协同，以项目为纽带，与教学实践合一，与师徒师生关系合一，实现校园、园区、企业、学生多方共赢，构建利益共享、校企深度合作的园区化的现代学徒制人才培养模式。二是专业群内专业协同，成立领导小组，负责制定专业群建设总体规划，统筹教学、科研、培训各功能的协同推进。三是群内课程协同，在专业群的统一管理下，建立课程协调管理制度。

（三）构建校企"学园城"一体化培养体系

1. 构建与园区企业协同发展的动态专业群体系

专业群面向创意设计产业，对接时尚创意产业链中端的设计与制作环节，覆盖与生活密切相关的鞋履、室内装饰、数字传播、视觉传达四大设计服务领域，涵盖鞋类设计与工艺、广告设计与制作、艺术设计（室内设计）、动漫制作技术四个专业，实现专业群专业之间"专业领域互补、专业要素相近、聚合内生动力"的建群目标。

创意设计专业群与产业（链）的对应关系如图1所示。

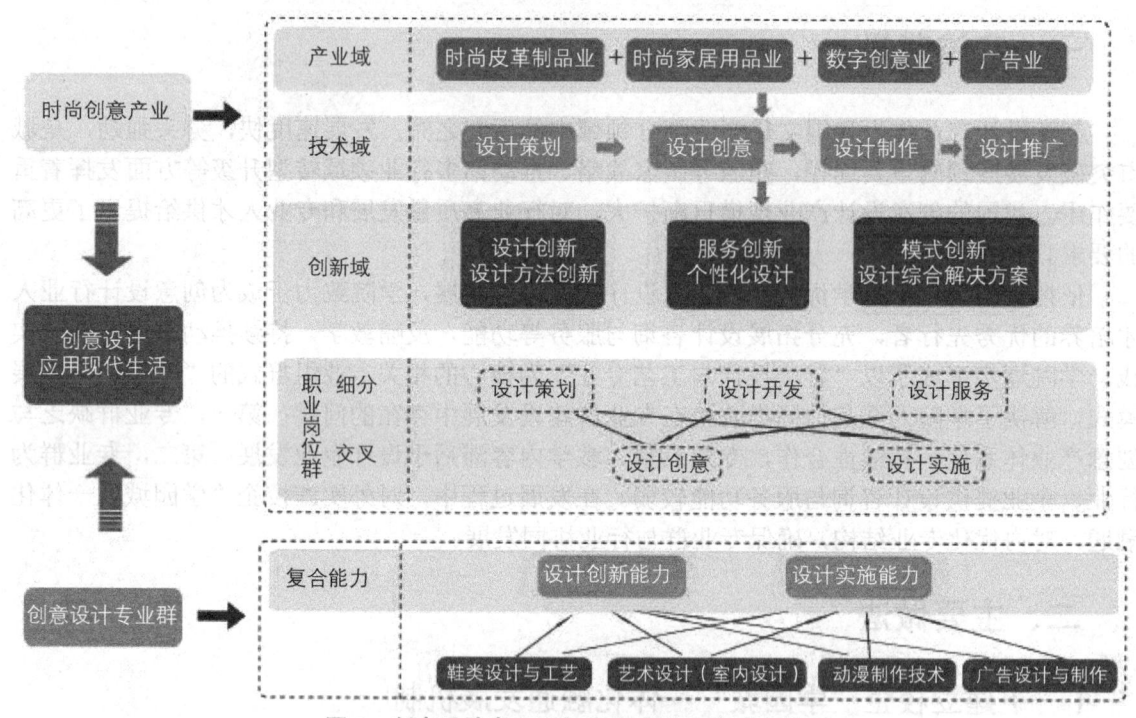

图1 创意设计专业群与产业（链）的对应关系

2. 构建"园区化嵌入式交叉互进"的人才培养模式

专业群依托学院主办的浙江创意园，以及在此基础上建设的省级特色工业设计示范基地和国家级广告产业试点基地，进行园区化人才培养。在多年的教学实践中，专业群充分发挥园区及企业的集聚优势，积极探索"园区化嵌入式交叉互进"的人才培养模式，在教学时间和地点的安排方面实现校内和园区的相互交叉；在师资方面，校内教学以专任教师为主，反之则以园区设计师为主;在教学内容方面,由校内专任教师和园区设计师共同组织、共同设计教学方案,开发校企合作教材;在科研和社会服务方面,学校教学成果依托园区入驻企业进行市场转化,专任教师和学生可以参与园区企业的对外服务。

创意设计专业群"园区化嵌入式交叉互进"的人才培养模式如图2所示。

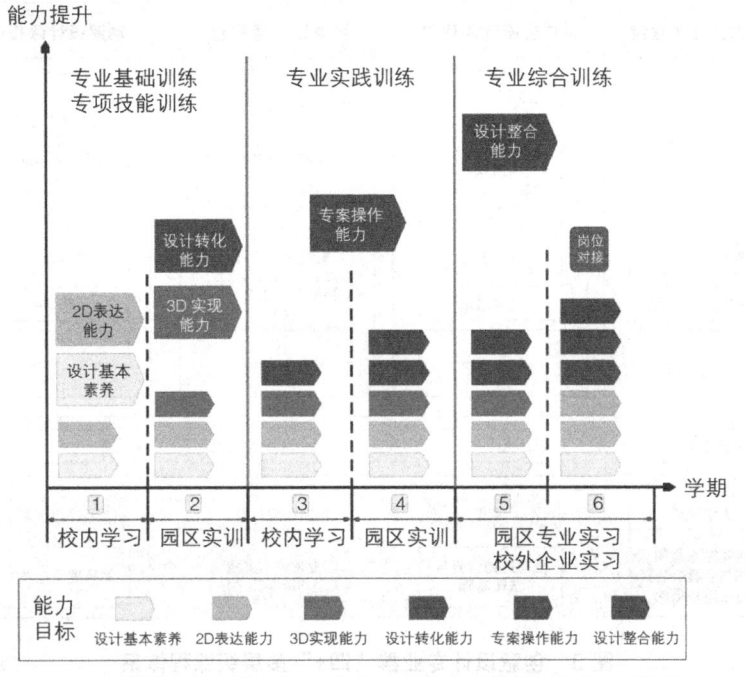

图2 创意设计专业群"园区化嵌入式交叉互进"的人才培养模式

3. 构建匹配园区企业需求的多层级课程体系

专业群以创意设计产业链关键环节职业岗位群能力需求为导向,构建多元融合层级课程体系。在底层设置"素质+"通识课程和"文化+"专业基础课程。"素质+"通识课程着重培养学生的健全人格、人文情怀、科学精神和社会责任感。"文化+"专业基础课程突出培养学生的专业通识能力和创意思维能力,奠定学生发展的深厚素养基础。针对群内各专业对应的岗位核心能力需求,在中层设置"创意+"专业核心课程,满足学生对核心岗位就业能力的需求。互选课程以职业岗位为参考,侧重拓展本专业方向之外的技能。群内各专业学生在具备本专业职业能力的基础上,可跨专业学习群内其他专业的相关课程。在高层设置"项目+"专业实务课程,以任务为驱动,以项目为载体,注重培养学生完成项目的能力。通过将典型项目任务转换为课程内容,使学生不仅参与项目建设的全过程,也从项目运行的各个环节获取知识、掌握技能。

创意设计专业群"四+"多层级课程体系如图3所示。

4. 创新校企协同的专业群"学园城"一体化教学组织

专业群与园区合作,按照"策划、设计、制作、推广"等工作流程建设覆盖产业链中端设计与制作环节的校内外实训基地。在教学时间和地点的安排方面,实现校内和园区的相互交叉;团队教师充分发挥"学园城"一体化优势,依托校企共同设立的教师实践流动站、时尚研究所、文化创意学院等,把园区企业实践、设计服务、学生实践积累的经验和素材,以及企业最新的设计需求、典型案例等及时转化为教学内容,并根据课程特点设计教学项目和学习任务,开展多形态的资源建设和一体化的创新教学组织。

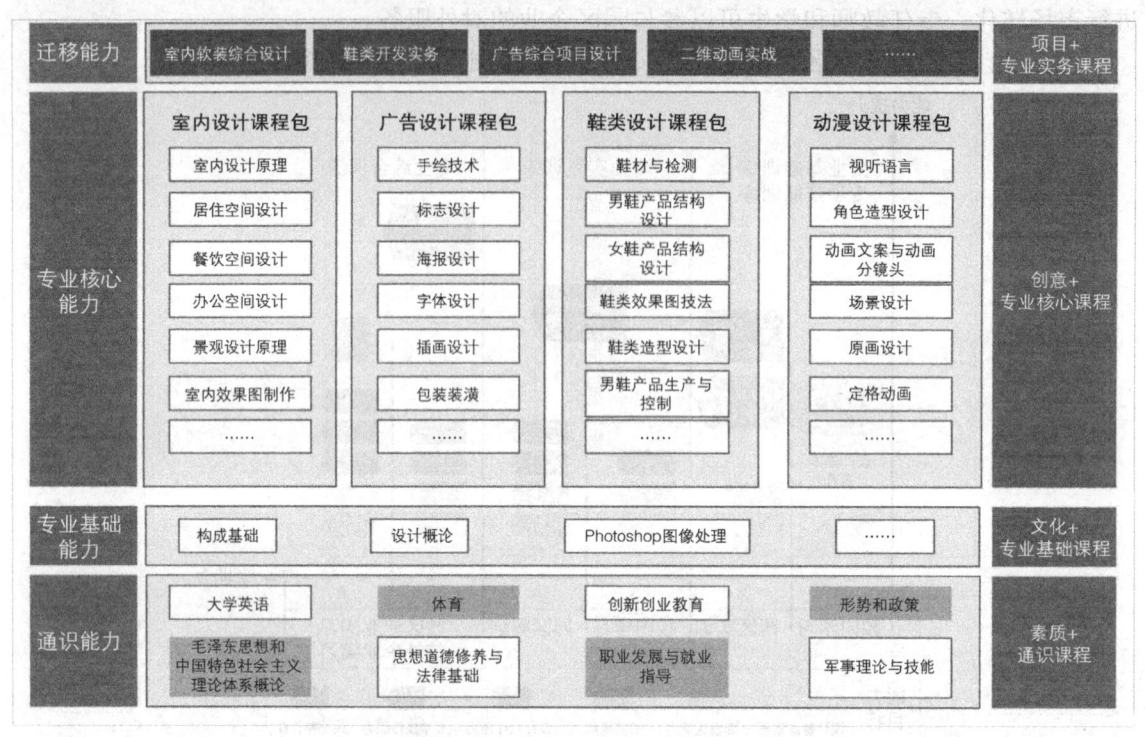

图3 创意设计专业群"四+"多层级课程体系

三、成果成效

2019年,专业群专业入选教育部创新行动计划项目之骨干专业;顺利通过教育部第二批现代学徒制试点工作的验收;2017年获得浙江省"十三五"特色专业、优势专业立项;2021年入选教育部课程思政示范课1门、浙江省教育厅课程思政示范项目1个;专业教师团队入选教育部课程思政教学团队、浙江省教育系统巾帼文明岗、温州高等职业院校教师教学创新团队。

专业群毕业生工作上手快,岗位迁移能力强,职业发展好,得到用人单位的高度认可。

四、经验总结

作为建设浙江创意园、知识产权服务园的牵头单位,学院在充分利用园区聚集资源、进行"学园城"一体化教学中积累了宝贵的探索经验。

(一)"对接先行"是一体化的基础

对园区聚集的资源进行对接是实施"学园城"一体化教学的必要前提,资源既包含园区硬件设施,也包含园区的业态、设计师。在"学园城"一体化教学规划设计时,充分把握科学性、实用性和可操作性原则,为一体化教学改革奠定良好的基础。

（二）"合作共赢"是一体化的目标

构建良好的一体化融通发展机制，以学校、园区的实际需求为出发点，形成校企深度合作的长效机制和资源共享与转化机制，切实推动学校、园区之间的合作共享。

（三）"嵌入交叉"是一体化的关键

推进一体化教学的关键在于园区和学校之间的嵌入交叉。教学场地和园区工位、教师与设计师、学生与员工、教学内容与工作项目、课程体系与岗位需求等方面互相交叉，按需转换。

五、推广应用

学院探索"学园城"一体化教学，以创意设计赋能产业转型升级的做法，得到教育部、浙江省、温州市和杭钢集团领导的充分肯定，以及专家同行的充分赞誉，创意园区、知识产权园区成为校企融合的亮点，年接待参观30批次以上。专业群代表在浙江省高校人才工作推进会、第四届北京大学创业教育博雅论坛上做典型发言和经验分享。以"学园城"一体化教学为要素的案例入选教育部高校毕业生就业创业100个典型案例。

（执笔人：徐晓斌）

内外联动，打造跨境贸易专业群

摘 要：服务区域经济发展和产业发展，需要内外联动，实现专业群人才的培养供给侧与产业发展需求精准对接，教育链与产业链融合发展。群内部，实现各专业资源共享、人才共育；群外部，联合政府、学校、行业、企业资源，共同培养新型外贸人才。跨境贸易专业群在建设的这几年内，切实提升了专业群的人才培养水平，增强了学生创新创业能力和可持续发展能力，具有较强的推广应用价值。

关键词：内外联动；跨境贸易；专业群

一、实施背景

（一）建设背景

2019 年，为深入落实《国家职业教育改革实施方案》，强化职业教育内涵建设，《教育部 财政部关于实施中国特色高水平高职学校和专业建设计划的意见》明确指出：集中力量建设一批引领改革、支撑发展、中国特色、世界水平的高职院校和专业群。"双高计划"建设的整体推进，落脚点在于打造高水平特色专业，进而构建高水平的专业群，服务当地产业。高职院校要主动服务区域经济发展需求，对接区域产业特色，围绕当地产业集群打造高水平专业群，深入贯彻产教融合理念，实现教育链与产业链相融合。

（二）组群逻辑

随着"一带一路"建设的持续推进，传统外贸行业纷纷开始数字化转型。传统外贸产业转型升级对"海外语言+商贸复合型人才"的需求剧增，基于该产业升级背景组建跨境贸易专业群（以下简称"专业群"）。专业群以国际经济与贸易专业为龙头专业，以商务英语、应用法语为支撑专业，服务数字国际贸易产业链中"传统外贸岗位群""跨境电商 B2B 岗位群""跨境电商 B2C 岗位群"等核心岗位群，培养具有良好外语表达、跨境电商运营、外贸客服沟通、创新创业能力的高素质复合型技术技能人才。

二、实施路径

（一）重构专业群课程体系，实现群内资源共享

课程建设是专业群建设的重要基础。专业群根据群发展规划和自身专业设置，对于群内各专业课程体系进行优化重构。第一阶段（大学一年级）开设专业群各专业通用平台课，包

括公共通识课、公共专业基础课，如信息技术、大学语文、军事体育与心理健康模块；第二阶段（大学二年级）开设各专业核心平台课程，包括各专业核心课程、各专业实训课，如群内共享的核心平台课——国际贸易实务、跨境电子商务等；第三阶段（大学三年级）开设高层拓展课程，包括专业群内各专业互通、便于学生职业拓展的跨专业理论课、岗位综合实训课，包括跨境电商实训、POCIB 实训课程等。

跨境贸易专业群组群逻辑如图 1 所示。

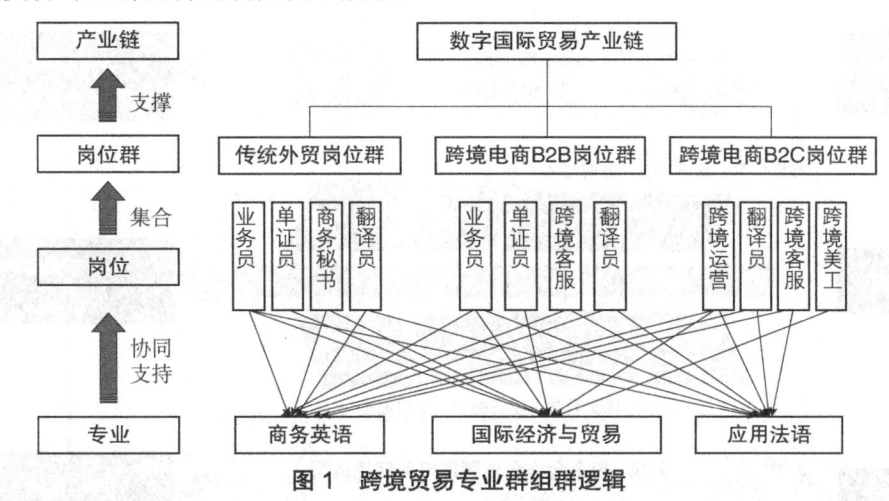

图 1 跨境贸易专业群组群逻辑

（二）培育"双元、双优"师资，建设结构化教学团队

"双元"指校内专任教师和行业兼职教师。"双优"指优秀的教师职业人和优秀的外贸职业人（行业兼职教师）。"双元、双优"专业教学团队共同开发岗位标准、专业标准、课程标准，共编教材，共同备课，共同授课，共同指导学生实践，参与人才培养全过程。行业专家能够从企业角度提出最新的企业要求、平台新规、职业技能标准等。专任教师与行业专家共同开发跨境电商的课程标准，设计课程内容，建设课程资源，编写配套的新形态一体化教材等。同时，专业群根据岗位定位，要求跨境电商 B2C 和 B2B 企业的运营、跟单、客服等岗位的行业骨干专家与校内教师一起，分工协作，建设结构化的教学团队。

（三）深化协同育人，推进"研、训、创"真实项目教学

专业群在"跨境电子商务""国际贸易实务"等核心平台课里融入真实的项目运营，培养学生的平台数据化运营能力、全球化服务能力以及跨境电商创业项目实战能力。以"跨境电子商务"课程为例，教学内容基于真实的企业项目，按照课前"真实项目——研"，课中"真实项目——训"，课后"真实项目——创"三个阶段组织教学，将学生的能力培养与创业实践相结合，通过真实店铺的运营，提升学生的平台实战能力，提升学生学习的实践真实感和成就感。

跨境贸易专业群"研、训、创"真实项目教学模式如图 2 所示。

（四）深度行业融合，构建协同育人体系

专业群在建设的过程中，坚持深入当地外贸行业，将"互联网+外贸产业"发展中需要的

新技术、新工艺、新要求融入专业群建设和课程建设中。专业群与温州市电商行业协会、温州市跨境电商协会、温州网络经济促进会、温州市软件行业协会、温州数字经济研究院等行业机构，以及温州小鹿科技、阿里巴巴、温州雅信眼镜公司、温州中芝贸易等企业深度合作，了解企业的岗位需求，将岗位要求的职业能力、素养能力等融入对应的课程。校企双方共同在专业建设、人才培养、课程设置、学生实习、就业指导等多方面协同育人，共同培养外贸行业人才。

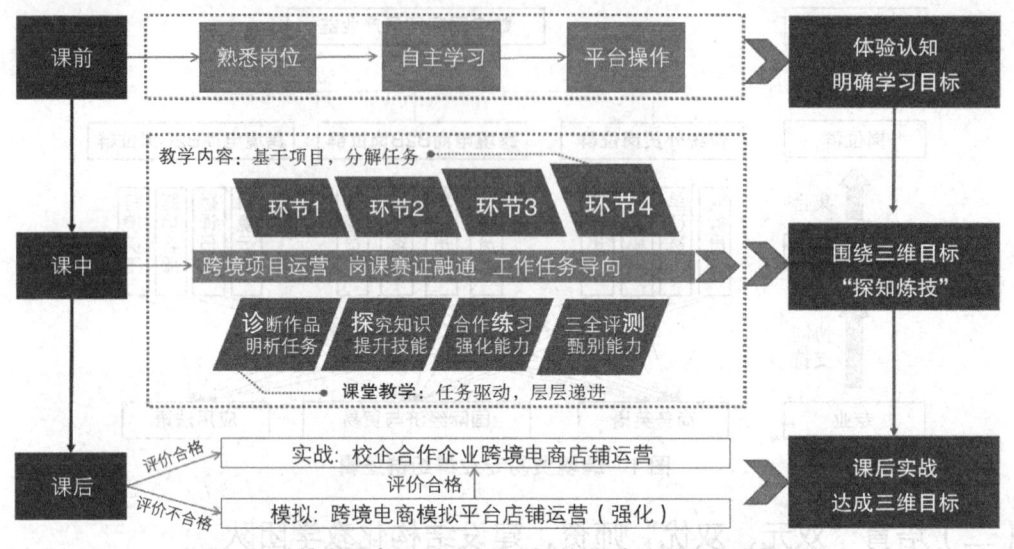

图2 跨境贸易专业群"研、训、创"真实项目教学模式

（五）多元主体合作，共建温州市跨境电商学院

跨境电商人才发展需要政府搭台，高校主导，企业协同，行业共建。2022年，专业群在温州市商务局的支持下，联合温州市跨境电商协会与温州市麒麟阁，共同申办温州市跨境电商学院（浙江工贸），实现产业学院的多元共建。温州市跨境电商学院将充分发挥专业群的优势，为温州企业提供跨境电商运营培训、咨询服务，帮助温州传统外贸企业实现数字化转型。同时，专业群将继续深化创新创业教育和产教融合、校企合作，集中专业群的高水平教学师资团队，打造群策群力的团队，实现专业群及跨境电商学院的信息共享，为温州外贸企业输送更多、更好的新型外贸人才。

图3为温州市跨境电商学院成立大会。

三、成果成效

专业群协同共建校内生产性、创业性实训基地及校外教学性紧密合作实训基地，通过真实项目运作、企业顶岗实习和在线课程资源，强化岗位能力培养。专业群通过师生联动创业，培养学生的创业能力。师生联动创新创业项目带动创业竞赛，实现以赛促学，以赛促教；由创业学子引领孵化创业工作室，提升创新创业能力。专业群注重社会服务，提升服务能力；在社会服务过程中，整合社会资源和社会服务资源，促进专业教学，提升专业人才培养水平。

图3 温州市跨境电商学院成立大会

专业群培养的学生通过在校跨境电商实战，大大提升了跨境电商的实践操作技能，毕业后能够与企业岗位零距离对接。同时，专任教师通过自身转型、企业实践、师生共同创业等项目，也极大地提升了跨境电商运营能力，实现产教协同育人，最终使企业、学生和教师三方受益。专业群每年向温州市及浙江省内跨境电商相关企业输送毕业生近200人。同时，师生共同承接企业速卖通代运营等实战项目。

四、经验总结

跨境贸易专业群在产业变革及岗位需求的基础上，对内提升人才培养质量和师资教学团队，对外加强政校行企（政府、学校、行业、企业）的交流合作，全面推行内外联动的专业群建设机制，突破了专业群长期建设的诸多困境。该模式能够切实提升外贸人才的创新创业能力、复合型能力，形成可借鉴、可复制、可推广的专业群建设模式。专业群产教融合、政校行企交流合作、创新创业型人才培养等模式，被来校交流学习的兄弟院校借鉴和应用，具有较强的应用推广价值。

（执笔人：叶杨翔）

单核心双融合多通道，打造智慧工商管理专业群

摘　要：新时代背景下以智能化、网络化为核心特征的先进制造业、战略性新兴产业成为支柱产业，行业和企业转型升级对人才的需求提出了新要求。在此背景下，工商管理专业群以知识产权管理专业为核心，协同金融管理和人力资源管理专业，聚焦中小微企业发展，探索"单核心、双融合、多通道"模式，形成以知识产权创造、保护、转化、投资、人才"五位一体"为特色的专业群，有力地促进了人才培养工作。

关键词：智慧工商管理；组群逻辑；成果成效

一、实施背景

（一）建设背景

温州民营经济贡献了全市近 90%的税收、工业增加值、外贸出口、就业人员、企业数量，其中尤以中小微企业、制造业、轻工业为核心支柱。温州民营经济转型升级持续推进，对财会类、金融类、人力资源类、知识产权类人才的需求不断提升，为工商管理专业群（以下简称"专业群"）提供了良好的发展契机。此外，智能化、网络化的新技术驱动催生新业态，这对学校专业群建设提出了更高的要求。专业群需要打破学科的固有边界，以独特的跨界思维指引相关工作，围绕中小企业技术创新，服务产业链。专业群建设聚焦知识产权创造、保护、转化、投资、人才五大主题，以适应在创新驱动产业升级转型背景下的人才培养需求。

（二）组群逻辑

在专业群与产业（链）的内在需求衔接上，专业群以知识产权专业为核心，以大数据与会计、金融、人力资源管理专业为协同对象，以产教融合、校企合作为两翼，以信息化、数字化、智慧化为载体，对接先进制造业、新一代信息技术产业、传统优势产业和现代服务业全产业链，打造特色优势专业，形成相互支撑、相互融合、资源共享的工商管理专业群。

工商管理专业群与岗位群的关系如图 1 所示。

在专业群人才培养定位上，聚焦现代管理服务产业，立足中小企业创新融合发展岗位需求，培育"有诚信、懂技术、通财金"的具有创新思维的技术型、跨界复合型高素质技术技能人才。

工商管理专业群人才培养定位如图 2 所示。

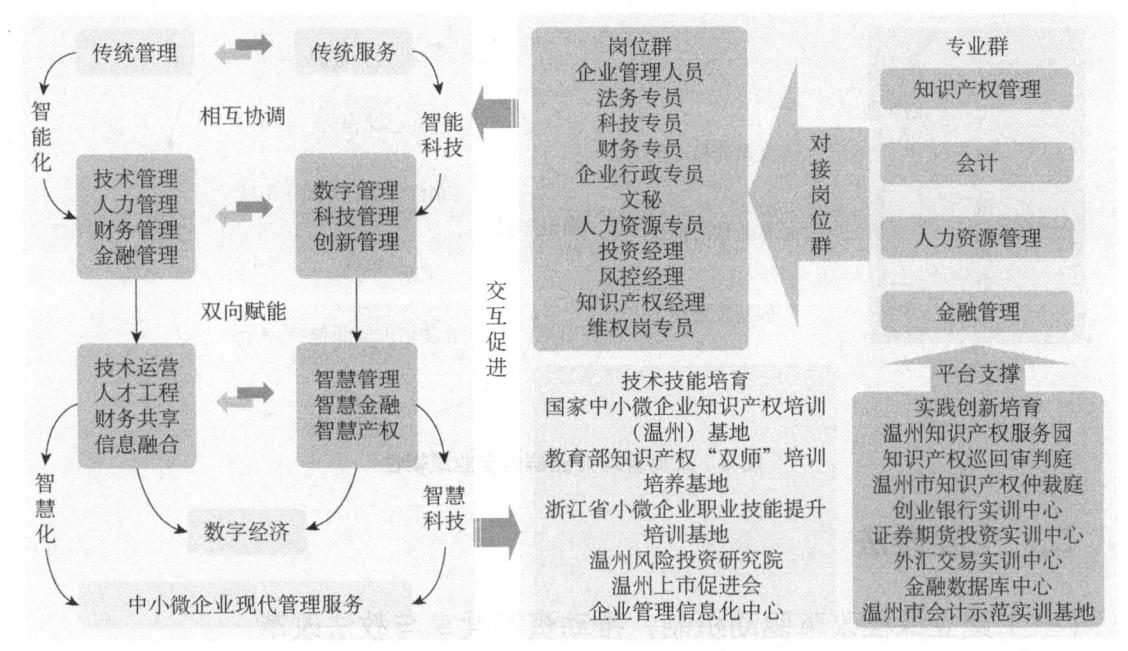

图 1　工商管理专业群与岗位群的关系

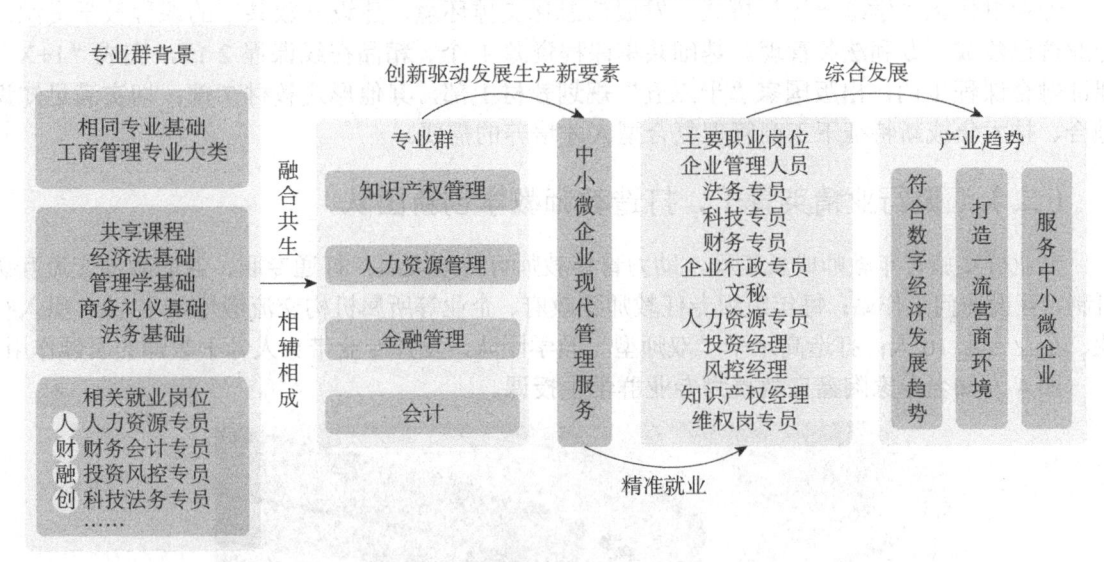

图 2　工商管理专业群人才培养定位

在群内专业的逻辑性上，专业群基于"产业生态相关，职业岗位互通；专业文化共融，职业素养共通；教学资源共享，技能基础相通"的逻辑构建；具体以智能管理、技术申请、财务共享为逻辑主线，紧紧围绕数字管理、智慧管理的主思路，以人文素养核心能力培育为引领，以专业核心能力培育为中心，以创新发展能力培育为加持对象，充分融合现代信息技术，整合资源，优势互补，协同发力，合力培养创新型、跨界复合型高素质技术技能人才。

工商管理专业群内专业逻辑性如图3所示。

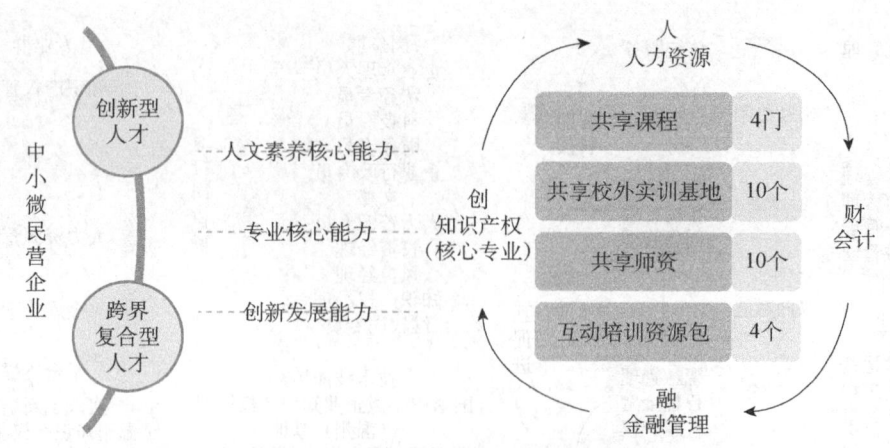

图3　工商管理专业群内专业逻辑性

二、主要做法

（一）建立课程改革驱动机制，推动资源共享与教法改革

专业群优化"学练研评"模式，发展信息化支撑环境，建设开放共享的课程教学资源。专业群已建成《专利法务管理》基础共享课程资源1个、精品在线课程2门，完成"1+X"课证融合课程1门，出版国家"十三五"规划教材1部，其他形式教材7部；切实满足知识融合、技术集成新特征下工商管理复合型人才培养的需要。

（二）汇聚行业精英骨干，打造教师教学创新团队

专业群实施青年教师成长工程，助力青年教师可持续发展；打通专职、兼职教师交流互访机制，互设访问工作站；每年组织专任教师到政府、企业等所属机构交流锻炼1~2人，引入行业、企业专家10人；打造高水平"双师型"教学团队，发挥专业带头人骨干教师的引领作用。

图4为知名专家陶鑫良教授为专业群学生授课。

图4　知名专家陶鑫良教授为专业群学生授课

（三）构建校企合作平台，深化产教融合工作

专业群以组织专任教师去企业、校企合作共建平台等多种方式，搭平台、建公司、送服务，每年为 80 家企业提供服务；引入企业奖学金制度，每年金额 5 万元以上；与企业合作订单班 2～4 个；共建校内外实训基地 80 个以上，2 年内校内设备投入超过 400 万元，开发实训项目 30 个。专业群推进产教融合项目建设，申报省级产教融合课题项目，形成有影响力的产教融合成果 1 项。

（四）完善社会服务体系，提升专业群社会影响力

专业群发挥平台优势，积极拓展社会服务，承接社会培训服务和各类型社会公益活动，每年向社会提供 5000 人次的培训服务（如图 5 所示）；建立世界知识产权组织技术与创新支持中心，为校内外创新主体提供高水平的信息服务；承接政府或企业课题，为区域经济发展出谋划策；为中小企业提供科技创新、成果转化、转型升级、知识产权、金融投资、人力资源配置等全方位服务。

图 5　专业群积极开展社会培训服务

三、成果成效

（一）平台基础夯实

专业群积极布局产业平台，现已建有国家级知识产权培训基地 2 个、省级知识产权培训基地 1 个、市级实训基地 2 个、市级重点建设项目 1 个；建成 85 个校外实训基地、20 个校内实践基地，包括企业信息化管理实训室、管理信息化实训室、人力资源大师工作室、大数据实训中心、外汇期货实训室等；拥有国家"百千万知识产权人才工程" 1 人、浙江省专业带头人 1 人。

（二）人才培养成效显著

专业群在人才培养、教学资源、课程建设、校企合作等多方面取得优异成绩。2019 年，

知识产权管理专业获全国高职专业竞争力排行榜第一位。学生技能竞赛成绩优异，2017—2021年专业群学生在各类技能竞赛中共获得国家级奖项 13 项、省级奖项 131 项；其中 2017 年荣获全国职业技能大赛银行业务综合技能一等奖、第三届全国大学生人力资源管理知识技能竞赛特等奖，在浙江省大学生财会信息化竞赛中共获得一等奖 11 项；2018 年、2019 年连续两年总排名居全省第一位。连续五年毕业生平均就业率达 99%，留温州率达 50% 以上。

（三）教科研成果丰硕

专业群师资力量雄厚，拥有一支实践研究型教学团队，其中有国家"百千万知识产权人才工程" 1 人、浙江省专业带头人 1 人、温州市师德楷模 1 人、长三角优秀 HR 经理人 1 人、温州市十佳人力资源经理 2 人。教师拥有企业实践经历，"双师型"教师占比超过 90%。团队教学科研能力强，主持国家级课题 4 项、省级课题 15 项，主编国家规划教材 2 本，建设省级精品在线课程 2 门。

（四）社会服务能力强

专业群为多家企业提供技术服务，承接政府规划、企业咨询项目 50 多项；服务温州中小微企业，为 100 多家企业提供技术咨询服务，开展企业重大技术项目攻关；与正泰集团等牵头成立知识产权保护联盟 11 家，入专利池专利达 200 多件，有效提升温州企业的知识产权保护水平；社会服务精准，赢得广泛赞誉，承担社会培训超过 1.6 万人次，到账经费 550 万元，向政府提交的报告获温州市主要领导批示 5 次。

四、经验总结

（一）引优育强，外引内培，构建多层次师资体系

专业群在师资的数量和引进高层次人才方面仍有进步空间，现有师资尚不能完全满足建设高水平专业群的要求。为实现该目标，专业群计划通过引优育强、外引内培相结合的方式构建多层次师资体系。

（1）以模块化教学为切入点，实现校企人才在专业群和企业内部跨岗位交流。
（2）探索使用多种方式对校企人才的薪酬进行补贴。
（3）强化校企合作机制，打通专职、兼职教师交流互访机制。
（4）支持专职教师进行深度实践技术服务、学术教学进修或挂职锻炼。
（5）支持企业教师来校强化课程授课和专业建设。

（二）技术引领，建设多元化智慧实训、实践基地

基于新技术对职业教育人才培养的实训内容提出更高要求，为满足新技术业态下的人才培养需求，专业群需对现有实训中心进行升级，计划新建智能型实训中心（包括知识产权检索服务平台）、智能投资理财实践基地、人力资源实训中心等，计划拥有集知识产权、会计、金融管理、人力资源于一体的跨专业智慧实训功能，提升实训室职场氛围布置，满足新技术背景下教、学、做一体化实训教学的需要。

(三)以赛促学,发展短板,多路径提升竞赛成绩

在"双高"建设背景下,学生竞赛、教师技能大赛已成为重要的竞争力。为提升专业群在竞赛方面的成绩,专业群将学生职业素养培养内嵌于专业建设全过程,构建竞赛、证书、社团"三位一体"的差异化学生成长和发展路径,支撑学生成长发展,以赛促学、学赛结合,推动职业素养培育。专业群鼓励教师积极参加教学技能大赛,发挥教学管理层面的作用,做好大赛策划方案;为参赛教师提供最大方便,提升奖励和资金投入预算,让参赛教师感到后方有强大的支持,充分调动参赛教师的积极性,力争在技能大赛国家级奖项上取得突破性成绩。

(四)多措并举,形成产教融合、协同育人长效机制

根据《国家产教融合建设试点实施方案》对产教融合建设提出的思路和要求,以及面对企业工商管理人才的现实需求,专业群将围绕"树立一个目标、制定一套体系、构建一个联盟、促进两方协同"的架构,深化工商管理产教融合机制。

(1)定期邀请相关企业共同制订人才培养方案。

(2)结合专业群四大专业,制定新型人才培养体系。

(3)每年邀请10位企业专家进入课堂,每年组织1~2位专任教师去企业,每年建立1~2个校企合作订单班,每年申报1个省级产教融合课题,每年引入5万元企业奖学金。

最终,形成工商管理复合型、应用型人才培养的长效机制,实现产与教的有机结合。

(执笔人:叶珺君、朱致玮)

五、打造高水平"双师"队伍

五、打造高水平"双师型"
教师

发挥园区优势，探索六种路径，造就六类人才

摘　要：学校长期致力于打造高水平"双师"队伍，为高质量推进中国特色高水平高职学校建设打下坚实的队伍保障，其中"六六制"园区化师资培养模式作为高职院校人才工作典型经验，与浙江师范大学、宁波大学等高校一起在全省高校人才工作推进会上做了书面交流。

关键词：人才工作；六六制；园区化

一、实施背景

学校成功打造"三园区三基地"，即浙江创意园、温州知识产权服务园、国家广告产业园，以及国家级高技能人才培训基地、国家中小微企业知识产权培训基地和省级特色工业设计示范基地。园区总产值超 3 亿元，入驻企业近 60 家、行业协会 8 家、企业联盟 12 个，孵化上市企业 3 家。在园区建设与教育融通一体化实践探索中，通过大力实施"人才强校"战略，创建了"园区化"人才培养特色之路，逐步形成了"六六制"园区化人才培养模式，学校获批教育部知识产权"双师型"教师培养培训基地，成功入选国家"双高计划"建设单位。

二、主要做法

（一）以"混岗教学"为支撑

通过教师到企业实践、企业技术人员到学校教学，每年常态化安排 60 多名教师入园实践，每学期聘请园区 50 余名专业技术人员和企业高管承担教学任务，每个园区至少开办一个辅修专业，负责教学过程。

（二）以"项目合作"为导向

2019—2021 年，教师与园区企业合作承担横向课题 108 项，经费达 636 万元。例如，由学校园区化培养的余威明老师主持温州电子信息研究院，已发展成为温州市领先的手机 App 开发企业和学校现代学徒制试点单位。

图 1 为余威明团队向浙江省委常委、温州市委书记刘小涛介绍最新研究成果。

（三）以"创业实践"为引领

各分院在园区建立创业就业实训中心；6 个设计类专业入驻园区，成立工作室；教师在园区内在职创业，通过市场运作提升实践能力。2020 年，学校荣获省级双创[①]示范基地称号。

[①] "双创"，即"大众创业、万众创新"的简称，亦称"创业创新"或"创新创业"。

图1 余威明团队向浙江省委常委、温州市委书记刘小涛介绍最新研究成果

（四）以"创新活动"为载体

截至2021年，学校已连续7年承办两岸青年创客工作坊、中美青年创客大赛（温州赛区）、温州"白鹿杯"工业设计大赛等省市级活动，并通过常态化开展第二课堂系列活动（例如，知识产权服务园开展"法庭进校园"等），以创新活动形式和内容，不断提升教师专业技能和社会影响力。

图2为知识产权服务园开展"法庭进校园"活动。

图2 知识产权服务园开展"法庭进校园"活动

（五）以"智力共享"为手段

学校开展"双带头人"专业建设，由在园区有影响力的企业名家或技术行家担任兼职专业主任，与校内专业主任共同负责专业开发建设。学校专业带头人和中青年教师到企业开展实质性技术服务，并成为企业技术革新和应用项目研发的主要参与者。

（六）以"契约协议"为保障

学校通过签订入园协议等方式，实现师资互聘，大力推进能工巧匠、专业技术人员和管理专家到学校兼职，参与教学改革、产学研合作等，极大地丰富了学校人力资源和人才队伍类型。

三、成果成效

（一）领军型技能人才

园区内设有瓯塑、瓯绣、瓯窑、木活字等非遗工作室，长期开展文化传承与人才培养工作，孵化出浙江工匠 1 名，浙江省青年工匠 6 名，浙江省"技能大师工作室"1 个，浙江省巾帼文明岗 1 个，温州市"技能大师工作室"9 个，温州市高技能领军人才 2 名，市级及以上首席技师 10 名、名家名师 5 名，省属企业杰出技能标兵 4 名。浙江省"百千万"高技能领军人才郑央凡老师领衔创作的瓯塑作品《雁荡秋色》入选人民大会堂浙江厅（如图 3 所示），王春红博士领衔的木活字工作室亮相中央电视台一套节目（如图 4 所示）。

图 3　瓯塑作品《雁荡秋色》入选人民大会堂浙江厅

（二）"双师型"教学人才

学校打造由资深教授和园区能工巧匠领衔的结构化"双师型"教学团队，分工协作，开展模块化教学。2019—2021 年，有 72 名教师到 51 家企业参加实践。学校培养了国家级职业教育教师教学创新团队 1 支、省级教学团队 1 支、全国优秀教师 1 名、省级专业带头人 23 人、市级以上行业协会副会长 6 人。

图 4 王春红博士领衔的"木活字"工作室亮相中央电视台一套节目

（三）实战型创业人才

教师带领学生在园区成立企业或工作室，进行创业教育和市场化运作。截至目前，有 50 余位教师在园区创业，开设企业 33 家，2 人入选教育部创业导师资源库，3 人入选省属企业创新创业人才。

教师带领学生在园区创业，不断提升实践技能，如图 5 所示。

图 5 教师带领学生在园区创业，不断提升实践技能

（四）创新型科技人才

每年有 30 多位教师参与园区项目研究，针对市场需求开展项目开发和技术难题破解工作，提升教师解决企业实际问题和承担横向课题的能力。

学校教师在园区服务企业，培养人才，被媒体报道，如图 6 所示。

图 6　学校教师在园区服务企业，培养人才，被媒体报道

（五）复合型管理人才

学校委派中层干部负责园区经营和管理，实行任期制和交流制，并将园区的管理经验应用到教育管理中，培养了 10 多名既懂高校管理又懂企业管理的骨干人才。

（六）社会服务型人才

教师到园区、基地内开展社会培训，在行业协会担任职务，准确把握专业发展前沿趋势，不仅服务了社会各类人才培训工作，还更新并完善了教育教学内容。例如，学校与温州专利公司合作开展"专利工程师"培养工作。截至目前，国家中小微企业知识产权培训基地已完成对外培训近 3 万人次等。

（执笔人：郑凉）

研制教师专业发展标准，打造"双师型"教师队伍

摘　要：推进"双高"建设，学校以教师终身发展为根本，以教师专业发展为主线，以促进教师岗位成长为目标，从高职教师的职业品质、专业素养、教育素养、服务素养四个维度，建构教师分阶段、专业能力多维度、指标体系层层递进的高水平"双师型"教师标准通用模型；以产业面向不同的5个专业群为试点，分别研制了5个不同专业、4个不同阶段的教师专业标准20套，走出了一条高质量推进高职院校高水平"双师型"教师队伍建设的道路。

关键词："双师型"；教师队伍；专业发展标准

学校以教师终身发展为根本，以教师专业发展为主线，以促进教师岗位成长为目标，从高职教师的职业品质、专业素养、教育素养、服务素养四个维度，研制教师分阶段、专业能力多维度、指标体系层层递进的高水平"双师型"教师专业发展标准，走出了一条高质量推进高职院校高水平"双师型"教师队伍建设的道路。

一、实施背景

教师队伍是发展高职教育的第一资源，是支撑新时代高职教育改革的关键力量。围绕教师队伍建设，国家先后颁布了《关于实施职业院校教师素质提高计划（2017—2020年）的意见》《中共中央 国务院关于全面深化新时代教师队伍建设改革的意见》等政策文件，强调要建设一支高素质"双师型"教师队伍，研制高等职业学校、应用型本科高校的教师专业标准，对新时代加强教师队伍建设提出新命题与新要求，为高职院校教师专业发展提供了行动指南。

"双高"建设旨在支撑国家重点产业、区域支柱产业发展，引领新时代职业教育实现高质量发展，必须培养千万计的高素质技术技能人才，"双师型"教师队伍建设是确保实现目标的根本保证。同时，不断发展的新兴产业对高职人才提出新要求，师资能力的更新和发展也需要有一个发展着的指导标准。研制高职院校"双师型"教师专业发展标准对于打造新时代高水平的"双师"队伍具有重要意义和价值。

二、主要做法

（一）多级联动，系统性推进

标准研制以协同为原则，分管师资建设的校领导牵头，由高职所、教师发展中心、教务

处、科研处、专业群等联动分工合作,吸纳兄弟高职院校专家、行业企业专家等组建研制团队,分阶段、系统性推进。

(二)聚焦核心素养,构建"双师型"教师专业发展标准模型

基于职业胜任力的冰山模型和洋葱模型等相关理论,筛选高水平"双师型"教师专业能力构成的关键因子,从高职教师的职业品质、专业素养、教育素养、服务素养四个维度构建"双师型"教师标准通用模型,并以通用模型为依据,构建试点专业"双师型"教师标准模型。

图1为物流管理专业"双元三维四路""双师型"教师专业发展标准模型。图2为光电制造专业"双师型"教师专业发展标准模型。

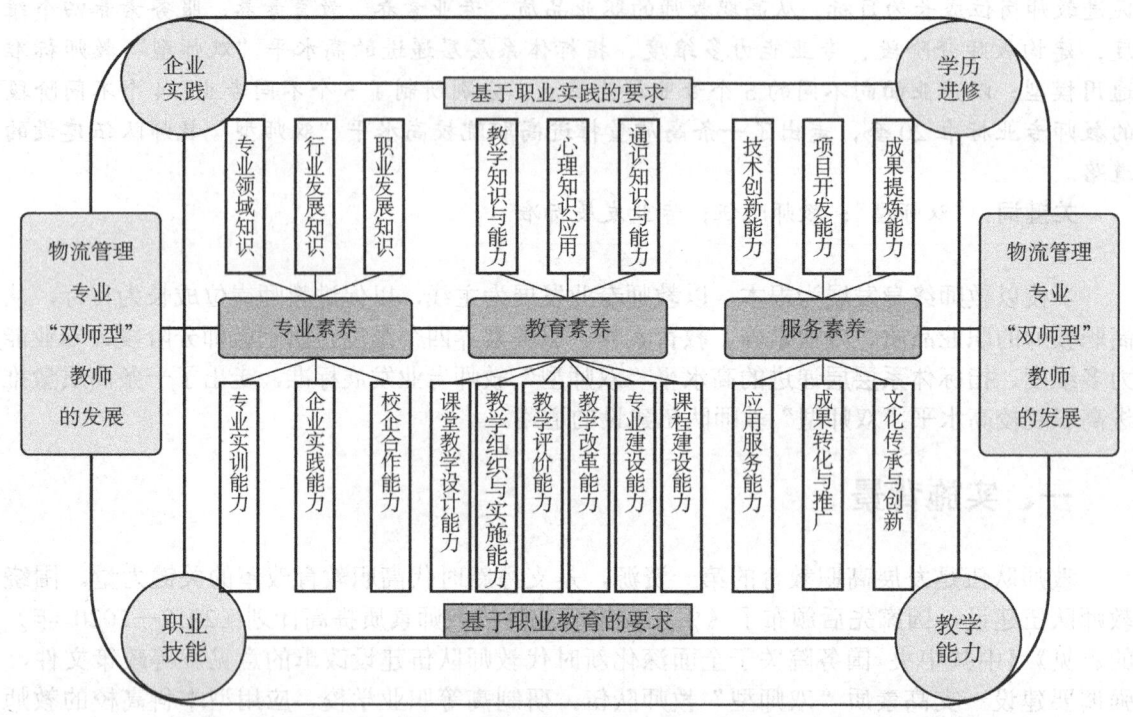

图1 物流管理专业"双元三维四路""双师型"教师专业发展标准模型

(三)模型应用,开发"双师型"教师专业发展通用标准

根据高水平"双师型"教师标准通用模型,分别开发了"双师型"教师职业品质标准体系、专业素养标准体系、教育素养标准体系和服务素养标准体系,建构了教师分阶段、专业能力多维度、指标体系层层递进的高水平"双师型"教师通用标准,图3展示了部分标准。

(四)以光电制造与应用技术等5个专业为试点,研制高水平"双师型"教师专业标准

以通用标准为大纲,以光电制造与应用技术等5个专业为标准研制实验对象,设计教师专业发展标准开发方案,分专业、分阶段(教师专业发展的适应期、成长期、建业期和成熟期)开展高水平"双师型"教师专业发展标准的研制,每个专业研制4个不同阶段的教师专

业发展标准，共计 20 套。

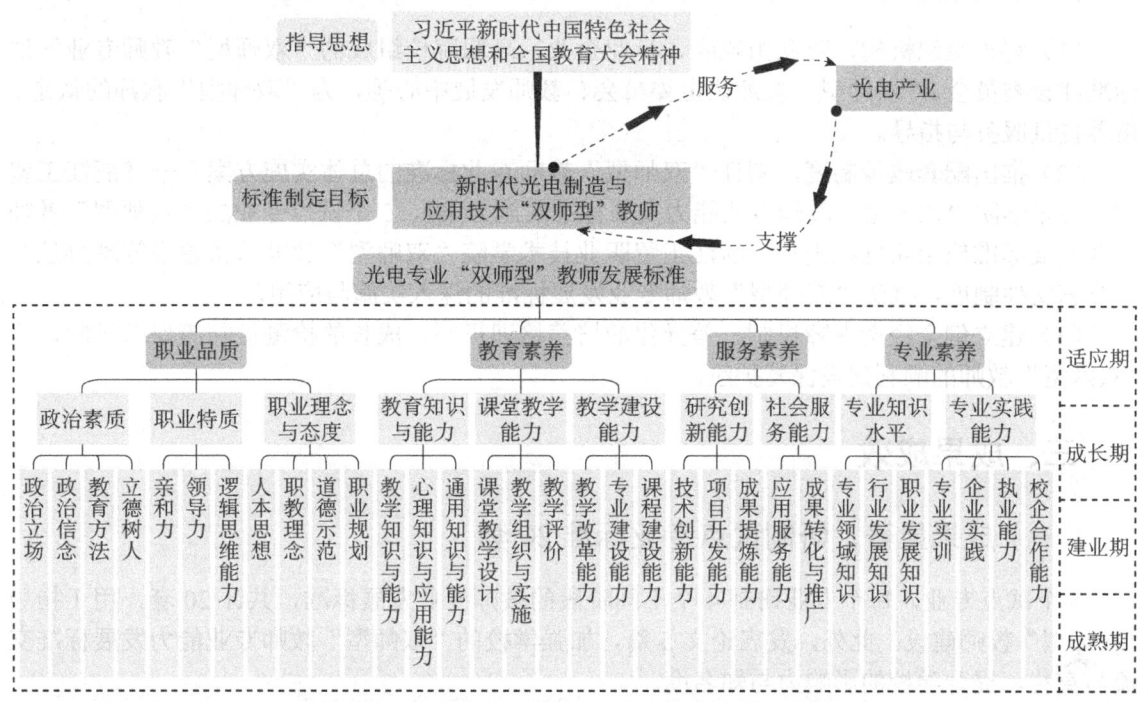

图2 光电制造专业"双师型"教师专业发展标准模型

一级指标	二级指标	三级指标	要素指标	适应阶段（助教）	成长阶段（讲师）	建业阶段（副教授）	成熟阶段（教授）
服务素养	研究创新能力	技术创新能力与项目开发能力	横向技术研发；纵向专业研究	1.具备良好的工业产品形态、结构、材料等分析能力，能将问题进行整理、分类、分析； 2.参与校外科研（教改教研）项目或主持校级及以上科研（教改教研）项目或参与横向项目	1.具备良好的工业产品优化与研发能力，具备解决问题的能力； 2.主持完成市厅级以上科研（教改）项目或能承担横向项目	1.掌握工业学科前沿，能对社会需求产品进行正确预测，提出工业产品自主研发方案； 2.能承担省级以上科研（教改）项目或承担企事业单位委托的重要研发项目	1.掌握工业学科前沿，能对社会需求进行正确预测、提出工业产品系统研发方案； 2.有较强的工业设计领域资源整合能力与外联能力； 3.积极申报国家级科研项目，能承担省级以上科研项目或承担企事业单位委托研发重大项目
		成果提炼能力	论文与著作；成果采纳	1.具有良好的工业产品设计研究方法与科学途径； 2.发表或合作发表所从事专业相关的论文或撰写著作	1.具有优良的工业产品设计研究方法或创新途径，能独立发表与所从事专业相关的论文； 2.参与的研究成果能形成文件或研究报告	1.能在本学科主流和前沿领域开展教学改革与研究工作，有一定研究论文以独立或第一作者的名义在国内外有一定影响力的学术期刊上发表或出版著作； 2.主持的研究成果能形成文件或研究报告并被市级及以上政府主要领导采纳	1.能在本学科主流和前沿领域开展研究工作并取得显著的研究成果，有一定数量的本专业论文以独立或第一作者的名义发表在国内外有一定影响力的学术期刊上； 2.主持的研究成果能形成文件或研究报告并被省级及以上政府主要领导采纳
		成果转化与推广能力	专利与软著；成果转化与转让；科研反哺教学	1.能够申报知识产权，获得产品设计外观专利； 2.能够参与或主持的横向项目运用于教学，形成教学案例	1.能积极申报知识产权，并取得产品设计实用新型专利； 2.取得的专利或软著能够转让或转化； 3.能参与或主持的横向项目运用于教学，并形成教材	1.能申报知识产权，并取得产品发明专利； 2.取得发明专利等，并得以转化，关键技术和成果在相关产业、行业得到推广和应用，产生一定的影响和经济效益； 3.能将主持的横向项目运用于教学，形成专业方案	1.取得多项发明专利，并得以转化，关键技术和成果在相关产业、行业得到推广和应用，产生较高的影响和经济效益； 2.能将主持的横向项目运用于教学，并形成案例集，且参加各项教学类竞赛与评比
	社会服务能力	应用服务能力	生产实践指导；校外培训；技术服务、咨询	1.参与校级访工项目； 2.熟悉企业产品设计与生产流程； 3.能辅助参与校外设计类基础性培训工作	1.参与校级访工项目； 2.熟悉企业产品生产（业务）流程，能解决企业产品设计方面浅显的问题； 3.能参与校外设计类培训工作	1.主持完成业务主管单位访工项目； 2.通过产品设计技术服务、技能培训等手段多领域、多渠道地开展服务地方工业，为企业解决关键问题，有一定的受益面和经济效益	1.通过技术服务、技能培训等手段多领域、多渠道地开展服务地方产品设计领域； 2.能为企事业单位解决产品设计中"卡脖子"难题，并产生较高的受益面和经济效益
		社会影响力	社会兼职与科研活动；科研获奖；科研平台管理；科研团队人才项目	1.参与科研平台的基础研究工作； 2.积极进入科研团队，在人才项目和团队项目中承担基础研究工作； 3.积极申报学院才项目	1.积极参与业内的产品项目鉴定； 2.研究成果能积极争取市级三等及以上科研成果奖； 3.能在科研平台中担任负责人或主要成员，并能完成负责人交待的重要研究工作； 4.积极进入科研团队，在人才项目或团队项目中承担主要角色	1.在工业设计行业内有一定影响力，有社会兼职工作，能担任行业评审专家，并具备项目指导能力； 2.研究成果取得市级二等及以上科研成果奖； 3.在科研平台中担任负责人或主要成员，并完成负责人交待的重要研究工作； 4.担任科研团队主要成员或具备担任市级以上科研平台负责人的条件； 5.积极申报校内外人才项目，入选校级以上人才计划； 6.积极参加各类学术交流活动，在本行业中具有一定影响力	1.在工业设计行业内有一定影响力，兼职行业专业职务，能担任行业评审专家，并具备较强的项目指导能力； 2.研究成果取得市级一等奖及以上成果奖励，或符合参评省级科研成果奖的要求； 3.具备较强的团队指导能力，具备承担省市科研平台的负责人的资格条件； 4.担任市级及以上科研平台主要成员或科研平台主持人； 5.积极申报校外人才项目，入选市级以上人才计划； 6.积极参加各类学术交流活动，在行业中具有较高影响力

图3 工业设计专业"双师型"教师服务素养发展标准（表格截图）

（五）完善体制、机制，加强"双师型"教师专业标准实施的制度保障

（1）完善组织机构，建立由政府、行业企业、高职院校组成的"双师型"教师专业发展标准建设委员会、"双师型"教师认定委员会、教师发展中心等，为"双师型"教师的认定、培养提供服务与指导。

（2）推出配套政策制度，制订"双师型"教师专业标准的总体实施方案——《浙江工贸职业技术学院"双师型"教师专业能力发展标准实施方案》、5个试点专业的"双师型"教师专业发展标准应用实施细则和《浙江工贸职业技术学院"双师型"教师队伍建设管理办法》等配套文件制度，推进"双师型"教师专业发展标准的深入实施与应用。

（3）建立健全经费保障机制、差异化的培养培训机制、成长的检测机制等保障机制，为"双师型"教师的顺利建设保驾护航。

三、成果成效

（一）成果显著，研制试点专业标准20套

5个试点专业，每个专业研制4个不同阶段的教师专业发展标准，共计20套，用于指导"双师型"教师建设。此外，发表论文5篇，加强学校的"双师型"教师专业能力发展标准交流与宣传，提升学校的影响力与知名度。

（二）"双师型"教育教学能力增强，大赛斩获佳绩

学校2021年、2022年连续两年在全国职业院校技能大赛教学能力比赛中荣获国赛一等奖1项、二等奖2项、三等奖1项，荣获省赛一等奖4项。学校连续两年成功承办浙江省职院院校技能大赛高职组"云计算"赛项，荣获省级一等奖、二等奖各1项，并作为省代表队参加国赛，荣获二等奖。同时，荣获全国职业院校技能大赛高职组"货运代理"赛项二等奖。2022年，学生在各类职业技能大赛中获得国家一等奖9项、二等奖12项、三等奖30项，省级一等奖28项、二等奖37项、三等奖68项。

（三）"双师型"社会服务能力大大提升，地方咨政服务受到表彰

学校"双师型"教师去企业参与生产实践指导工作，以技术服务、技能培训等手段为企事业单位解决关键问题，2020年、2021年连续两年科研经费到账突破1000万元。2019—2022年市厅级以上成果获采纳29项，其中省级成果获采纳3项；报告获浙江省政府主要领导和分管副省长批示1项，获温州市委、市政府主要领导批示13项。光电制造专业群教师推广应用激光智能制造等新技术41项，科研成果产业化累计经济效益达14179万元。

四、推广应用

（一）标准模型被教育部"双高"建设大会作为培训材料

以模型建构为主的论文《"双高计划"建设背景下高职院校教师专业发展的逻辑及推进策略》成为2020年教育部"双高建设"专项培训资料。

（二）输出标准，全国范围内加以宣传推广

在《现代教育管理》等期刊发表学术论文3篇，在电子工业出版社出版专著《"双高"背景下高水平"双师型"教师专业发展标准与实践》，输出专业发展标准。

（三）专业发展标准成为"双师型"教师队伍建设指南

"双师型"教师专业发展标准成为选拔新教师的重要指标，从源头上控制了高职教师队伍发展的"双师型"；指导教研活动开展，保证教研活动的科学性和有效性；作为教师专业发展的重要依据，形成合力，服务教师成长；作为教师培养、培训的重要指南，规范教师培训项目及效果考核。

（执笔人：曹大辉）

抓住三个着力点，构建高水平科研团队

摘　要：以专业群和科研平台为依托，学校通过与企业、政府、高校合作，开展以市场为导向的创新活动，逐步培育出一批创新性强、特色鲜明、具有示范性的科研创新团队，取得一系列科研成果。科研团队的建设在培养青年科研人才、提高人才培养质量、提升科研服务社会的影响力等方面做出了贡献。

关键词：专业群建设；科研项目；科研创新团队；科研反哺教学；人才培养

一、实施背景

在建设科技强国的路上，党中央把创新驱动发展战略和人才强国战略摆在了前所未有的突出位置，习近平总书记在"科技三会"[①]上指出："在创新实践中发现人才、在创新活动中培育人才，为科技人才发展提供良好的环境。"随着科学研究综合程度的日益加强，科研型教师单兵作战往往难以完成复杂的科研任务，与他人联合开展科研工作就成为高校科研型教师的必然选择。与此同时，一批新生力量进入教师队伍，急需在科研骨干带领下进入研究领域，科研团队由此应运而生。2021年，学校启动科研团队培养计划，出台团队管理办法，计划用5年的时间遴选培育出10~12支优秀科研创新团队。2021年，经过选拔，遴选培育出1支市级科研创新团队、5支校内科研创新团队。

图1为关于印发《浙江工贸职业技术学院科研创新团队管理办法》的通知。

二、主要做法

（一）以专业群建设带动科研创新团队建设

专业群建设为科研团队建设提供了良好的平台。学校开展专业群分类后，按照"一群一平台，一群两团队"的建设计划，根据学院专业群的分类及科研活动的类型，以不同的建设标准分类建设科研团队，以专业群建设带动科研团队建设，以科研团队建设促进专业群建设。例如，光机电专业群建设成立先进材料研发团队，眼视光技术专业群成立近视防控装备创新团队，电子商务专业群成立数字商贸发展理论与应用研究团队，旅游休闲专业群成立乡村振兴与农文旅融合科研团队。有了专业群在人力资源、产业资源方面的支撑，学校逐步培育一批创新性强、特色鲜明、具有示范性的创新学术团队。

图2为2021年度学校科研创新团队名单（表格截图）。

[①] 科技三会，指2021年5月28日召开的中国科学院第二十次院士大会、中国工程院第十五次院士大会、中国科协第十次全国代表大会。

浙江工贸职业技术学院文件

浙工贸院〔2021〕24 号

关于印发《浙江工贸职业技术学院科研创新团队管理办法》的通知

各二级学院、职能部门、二级单位：

《浙江工贸职业技术学院科研创新团队管理办法》已经学院院长办公会审议、党委会审定通过，现印发给你们，请遵照执行。

浙江工贸职业技术学院
2021 年 3 月 16 日

图 1　关于印发《浙江工贸职业技术学院科研创新团队管理办法》的通知

2021 年度学校科研创新团队名单

序号	编号	类型	项目名称	团队负责人	成员	建设经费
1	cx202101	理工类科研创新团队A类	近视防控装备创新团队	易际磐	张敏、徐良、潘俊杰、梁启兴、余威明、黄小洁、戴盈盈、梁雲洁、郑奕奕、冯美玲、金成鹏、郑定列	30万元
2	cx202102	理工类科研创新团队A类	先进模具CAX创新团队	张跃飞	姜鹤明、王曙光、陈振木、黄知洋、张珊珊、刘敬祺、赵锡锋、王晓慧、张瑞、滕淑珍	30万元
3	cx202103	人文社科类科研创新团队B类	现代物流与供应链管理创新团队	陈碎雷	何丹、陈再波、王震宁、杨翼、张羽、陈超凡、白鸽、张来茜、林晨杰、林彦、王剑灿	9万元
4	cx202104	人文社科类科研创新团队A类	乡村振兴与农文旅融合研究团队	夏正超	项小伟、黄舒拉、叶希聪、邱旭光、张海琼、郑大转、刘菊	15万元
5	cx202105	人文社科类科研创新团队B类	数字商贸发展理论与应用研究创新团队	施星君	魏振锋、成荣芬、汪焰、叶杨翔、明海波、郭晓曼、夏志婕、关蕾、张珏、向政、周妍妍、赵浩兴	9万元

图 2　2021 年度学校科研创新团队名单（表格截图）

（二）以项目为纽带开展科研创新团队建设

学校非常重视科研人才队伍的建设，尤其青年教师、专业后备人才的培养和学术潜力的挖掘，为专业建设储备人才，为学校科研可持续发展积聚力量。服务社会是高校职能之一，是科研工作的进一步延伸。学校分类组建科研创新团队，针对经济社会发展需求，联合企事业单位开展产学研结合的应用性研究。学校组建的科研团队密切关注地方经济社会重大需求与急需解决的重大问题，紧扣服务地方经济社会发展主题，充分利用校外资源，联合校外学术力量联合进行攻关，积极为地方经济社会发展服务。其中，先进材料研发团队联合本科院校科研力量，产出了一系列成果。

图 3 为各研究团队出版的著作。

图3 各研究团队出版的著作

（三）以平台建设为基础，推动科研创新团队建设

科研平台担负着组织科研创新团队、产出重大研究成果、创新科研管理体制、提供社会咨询服务、培养优秀科研骨干、促进专业建设发展的重任，在技术研发、成果转化、人才培养等方面起着重要的带头和示范作用。学校抢抓机遇，加强科研创新相关平台建设，促进创新平台和科研团队融合发展。

（1）积极申报重点实验室、新型研发机构、创新协同中心、社科重点研究基地等科研平台。科研平台促进人才的汇集和资源的优化，成为学校联系政府和企业的重要纽带，又由此获得政策支持和项目资源。

（2）通过学校下属单位温州知识产权服务园、温州风投研究院，打造科研信息情报平台，为团队科研人员提供最新的技术、产品、项目和企业需求情报，使团队更好地凝练研究方向，形成知识产权，转化研究成果。

（3）与企业合作共建企业研究院和产学研平台，学校与企业共建 4 个博士创新站，通过建设开放共享的实验室，为企业技术攻关、技术推广、学生实践实习和教师科研创新提供良好的环境。

三、成果成效

（一）依托项目为载体，科研创新能力逐步提高

自创新团队启动以来，面向省市发展战略需求，争取科研项目 230 多项，科研经费到账 230 万元，其中省级项目4项、市厅级项目 65 项；发表科研论文 177 篇，其中国家核心刊物 3 篇，SCI 收录 7 篇，已授权国家发明专利 58 项。这些科研项目和争取的经费，有力

地支撑了团队的科技创新。先进材料研发团队以重大科技攻关项目为基础的"超特高压低耗耐候铝合金电力金具的关键技术研究及应用"技术获 2022 年浙江省科技进步三等奖。乡村振兴与农文旅融合科研团队承担政府 122 万元委托项目，成为学校社科类首个百万元级横向项目，如图 4 所示。

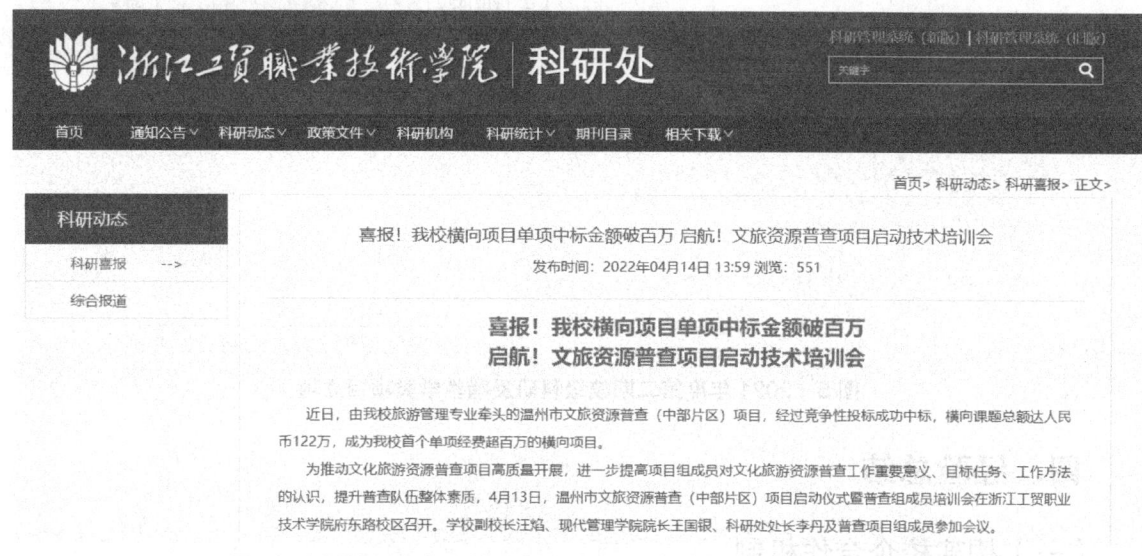

图 4　乡村振兴与农文旅融合科研团队中标政府 122 万元委托项目

（二）教学科研相辅相成，科研反哺教学成效显著

教师在授课的过程中积极地把教学与科研有机地结合起来，通过多样化的授课方式（如案例分析、穿插图表、亲身示范、角色互换）等，将科研成果生动地展示给学生，使学生更好地理解科研成果的内涵，解决了学生所学知识与科研成果脱节的问题。现代物流与供应链研究科研团队、乡村振兴与农文旅融合团队把企事业单位委托开展的横向项目研究成果融入专业教学中，深受校内外教师与学生的好评。师生合作调研项目受温州市委、市政府主要领导批示采纳。

教学与科研相结合，一方面使学生了解科研团队的最新成果，开阔视野，培养出创新意识；另一方面，通过以老带新、教学研讨等方式，提升了青年教师的教学及科研水平，为学院培养了一大批教学骨干，教学科研团队建设取得明显成效。学校现拥有国家级教学团队 1 个、市级科研创新团队 1 个。科研团队青年教师申报立项课题 15 项，晋升专业技术职务 4 人。2021 年度第二期校级科研反哺教学类项目立项如图 5 所示。

（三）整合优质科研资源，人才培养彰显优势

学校挑选学习优秀、愿致力于科研的同学进入科研团队锻炼。在专业教师指导下，学生配合教师的教学工作，可以自拟课题，或加入教师的科研项目。在此基础上，学校支持和组织学生申报"大学生创新创业项目"和国家级、省级"挑战杯"项目。在团队教师的精心指导下，自 2019 年以来，学生获批校内科研创新项目 62 项，在"挑战杯"竞赛、"互联网+"创新创业大赛等各类竞赛中获奖 30 项。

浙江工贸职业技术学院文件

浙工贸院〔2021〕103号

浙江工贸职业技术学院关于公布2021年度第二期校级教师科研项目立项名单的通知

各二级学院、职能部门：

根据学校科研管理相关文件精神，学校组织开展了2021年度第二期校级教师科研项目立项评审工作，经科研处资格初审、专家评审、校长办公会审定等程序，确定《中高职"双师"标准衔接研究》等18个项目予以立项。现将名单予以公布。

附件：2021年度第二期校级教师科研项目立项名单

浙江工贸职业技术学院
2021年12月11日

三、科研反哺教学类

序号	项目编号	项目名称	负责人	部门	经费（元）
1	FB210201	知识图谱在指导学生毕业设计中的应用研究	潘益婷	人工智能学院	3000
2	FB210202	智能网联汽车背景下科教融合的课程建设与探索	倪雪	光电制造学院	3000
3	FB210203	基于科研反哺教学导向下创业型人才培养模式优化研究——以达岸咖啡厅为例	黄岳薇	现代管理学院	3000

浙江工贸职业技术学院党院办　　2021年12月11日印发

图5　2021年度第二期校级科研反哺教学类项目立项

四、经验总结

（一）构建校企合作机制

（1）学校设立若干协同创新中心，把寻求企业合作工作纳入重点工作范畴，推动企业参与科研创新团队建设。

（2）校内科研创新团队吸纳企业专家和一线科研人员加入，参与科研创新活动。

（3）学校鼓励科研创新团队深入企业寻求科研项目，解决企业生产的实际问题，开展技术服务或联合攻关。

（4）学校高度重视横向课题，重视教师的科研获得感。

（5）学校注重校企人才相互交流，鼓励教师通过访工项目，深入企业一线参加生产实践活动，同时积极欢迎企业人员到学校开展科研和教学活动。

（6）学校建立校企资源共享制度，鼓励企业将实验室建设在学校，充分利用学校和企业的优势资源。

（7）学校鼓励科研团队开展以市场为导向的科研创新活动。

（二）提供精细化科研管理服务

科研处作为学校科研管理部门，为科研创新团队的建设提供优质的服务。

（1）科学制定并实施科研创新团队相关的政策和措施，明确团队建设的目标定位和实施步骤。

（2）日常强化与上级部门沟通，积极拓宽科研项目申报和科研成果评奖渠道，宣传科研创新活动工作流程，做好科研项目申报指导和管理工作。

（3）认真督查学校科研创新团队建设进度，指导团队开展科研创新活动，全力配合科研创新团队做好研究成果转化和研究成果推广工作。

（4）定期邀请权威专家开展科研创新能力提升讲座，就科研项目申报技巧、科学研究方法等内容进行交流。

图 6 为项目申报指导交流现场。

图 6　项目申报指导交流现场

五、推广应用

学校立足专业特色，建设科研团队。对教师个人而言，从单打独斗到抱团取暖，有效地实现了优势互补，也为新教师的成长提供了一定的捷径；对学校而言，有利于打造专业性攻坚团队，使科研成果产出、开展校企合作、提供社会服务等方面的能力更上一层楼。学校自启动科研团队培养计划以来，教师科研团队意识明显加强，对科研质量的追求显著提高，后续将继续加强科研团队建设和管理，以更优的科研成绩助推学校"双高"建设。

图 7 为学校科研处处长李丹在省职教科研管理业务培训会上交流科研管理经验。

图 7　学校科研处处长李丹在省职教科研管理业务培训会上交流科研管理经验

（执笔人：李丹）

校企双元，三能融合，打造电子商务职业教育国家级教师教学创新团队

摘　要：教师教学团队是以提高教师教学水平、提高教学质量为目标而组成的一种创新型的教学基本组织形式。当前高职教育正在不断发展与完善中，教师教学创新团队建设有助于示范引领、建优扶强、协同创新、促进改革。学校电子商务教学创新团队建设立足专业群资源，强化结构化特征，贯彻协作化理念，全面提升了团队教师的能力。

关键词：教师教学创新团队、结构化、协作教学、教学创新

一、实施背景

电子商务专业教学团队自 2006 年组建以来，持续积累与打磨，成为紧密服务电商产业发展的高水平、服务型特色团队。教师教学团队一直秉承"协同并进、无私奉献"的团队文化，深研教学、持续创新，先后取得了一系列高级别教改成果。

二、主要做法

（一）推进专业交融，充分发挥专业集群优势

依托中央财政支持建设专业、省级特色专业（电子商务），加强数字商贸专业群建设，推进电子商务、跨境电商、市场营销、物流管理、商务数据分析与应用五个专业的融会贯通，实现师资共享、课程共建、标准共研、基地共用，以高水平专业群建设支持教学团队建设，叠加高级别课程团队、教材开发团队、实践教学基地建设团队、教改项目团队、科研团队等，形成"融合态"的团队内涵。

（二）落实立德树人，提高团队思政育人水平

以"四有标准"引领，系统实施师德培育工程，引导教师牢固树立立德树人理念。全体教师共同肩负"三全育人"、立德树人的课程思政使命。组织教师参加课程思政教育与思政理论研修，打造课程思政名师，采取"家国历史感悟+科学思维启发+专业伦理渗透"的三维度课程思政建设模式，积极申报课程思政示范课。

（三）强化专兼结合，打造结构化高水平团队

采取"校企双元、三能融合"的教学团队建设模式，将个人成长与团队发展相结合，形

成合力，以教科研项目和教改平台为支撑，积极建设名师工作室、技能大师工作室、博士创新工作站，促成教研、科研、技改等成果融合互哺。

图1为团队负责人召开会议细化团队建设任务。

图 1　团队负责人召开会议细化团队建设任务

教学创新团队建设模式如图2所示。

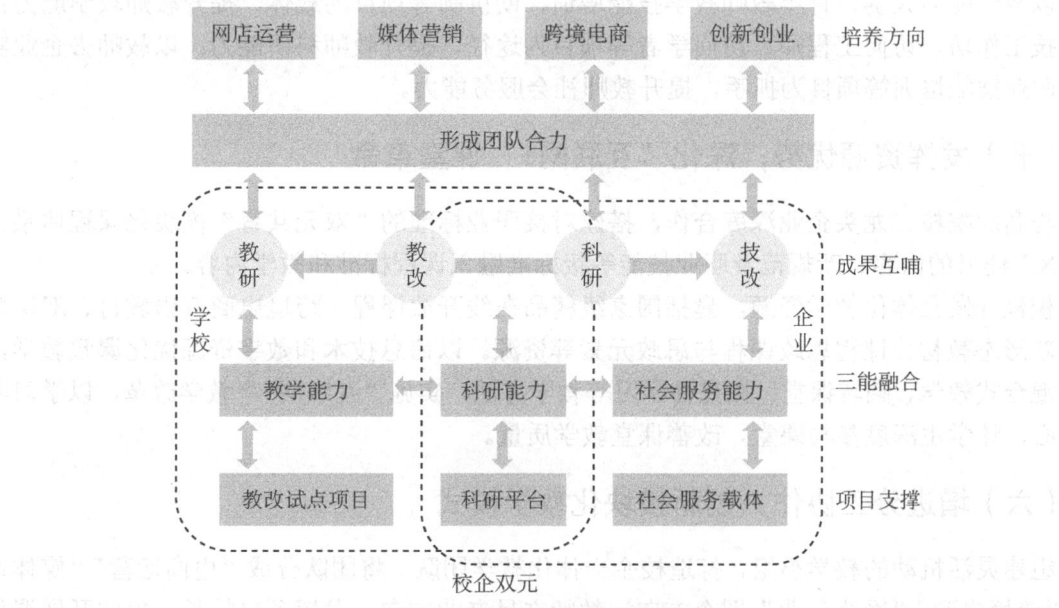

图 2　教学创新团队建设模式

支持跨专业融合、专兼结合、新老融合，持续优化团队师资的能力结构、学缘结构、年龄结构等。按照团队教师的能力水平，将团队分成领军人物、专业方向带头人（技能大师）、骨干教师（工程师）、"双师型"青年教师四个层次，实施进阶式培养，确保团队教师职责明确、新老协同、持续提升。积极培育教学名师与专业带头人，聘请实战型人才担任产业导师（企业带头人），着力引进一批电商企业店长、运营主管、平台操盘手等，提升专职与兼职教师之间的合作深度。

（四）聚焦"三师"素质，全面提高教师综合能力

实施教师、电子商务师、培训师"三师"培养工程，从专业理论、专业实践、职业教育理论和职业教育实践四个维度落实培养项目，对接产业发展前沿和职教发展高度，使教师胜任专业建设、课程开发、科学研究、社会服务等多方面的工作，实现"三能"融合。

教师进阶式培养模式如图3所示。

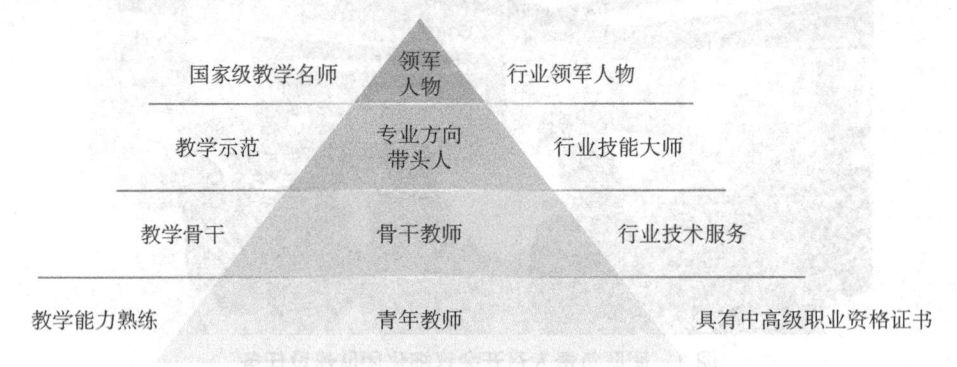

国家级教学名师	领军人物	行业领军人物
教学示范	专业方向带头人	行业技能大师
教学骨干	骨干教师	行业技术服务
教学能力熟练	青年教师	具有中高级职业资格证书

图3 教师进阶式培养模式

以教学能力大赛、青年教师教学技能培训、助讲制等项目为载体，提升教师教学能力；以科技工作坊、访问工程师、访问学者等项目为途径，提升教师科研能力；以教师去企业实践、职业技能培训等项目为抓手，提升教师社会服务能力。

（五）发挥资源优势，深化"互联网+"课堂革命

与高职院校、龙头企业深度合作，搭建对接职业标准的"双元共育"模块化课程体系，将"X"证书的内容、新规范及职业技能等级标准融入课程标准和教学内容。

积极开发立体化教学资源，囊括国家级精品在线开放课程、跨境电商双语教材、双语微课、新形态教材、课程思政课程与思政元素等资源。以信息技术和数字资源优化课堂教学，推进混合式教学、翻转课堂、探究性学习等教学方法，实施"互联网+"教学改革，以学习者为中心，让学生深度参与课堂，改善课堂教学质量。

（六）增进分工协作，创新模块化教学模式

组建灵活机动的教学小组，打造校企一体化教学团队。将团队分成"电商运营""媒体运营""跨境电商""网络创业"四个方向。教师立足专业方向，发挥各自特长，集体开展课程开发，强化教学研讨，共建教学资源，协作建设精品在线开放课程与教材。积极组建新老结合、学缘结构互补的团队参加教学技能大赛，以竞赛为抓手，推进现代信息技术与电商职业教育的融合创新。

建立多元化的教学协作机制，灵活搭建课程教学团队、教学单元小团队、课程思政团队、翻转课堂教学团队等。针对特定的课堂教学项目，团队成员集体备课，共同承担课堂教学任务，齐心解决课堂教学中的难题，通过教研教学活动，开展教学复盘、分析、总结，从而优化教学设计、改进教学方法，努力打造电商领域的金课。

（七）推进课证融通，开展"1+X"证书试点创新

推进"1+X"证书试点，成立专业领域职业教育培训考核办公室，推进职业技能等级证书培训考核等方面的协同创新。依托专业群已经申报的网店运营推广、电子商务数据分析、呼叫中心客户服务与管理、数字化营销、跨境电商 B2B 数据运营、物流管理六个"1+X"证书试点，推荐适合跨专业的"1+X"证书考试，支持专业群内不同专业、不同培养方向的学生跨专业报考，并优化课程内容，组织统一培训。增加"1+X"课程选修专业的范围，大力开展"课证融通"，优化课程设置和教学内容，实现"X"证书内容的融入，以及"1和X"互融互通、有机结合，实现跨专业协作共赢。

图 4 为《农产品电商》课堂教学改革示例。

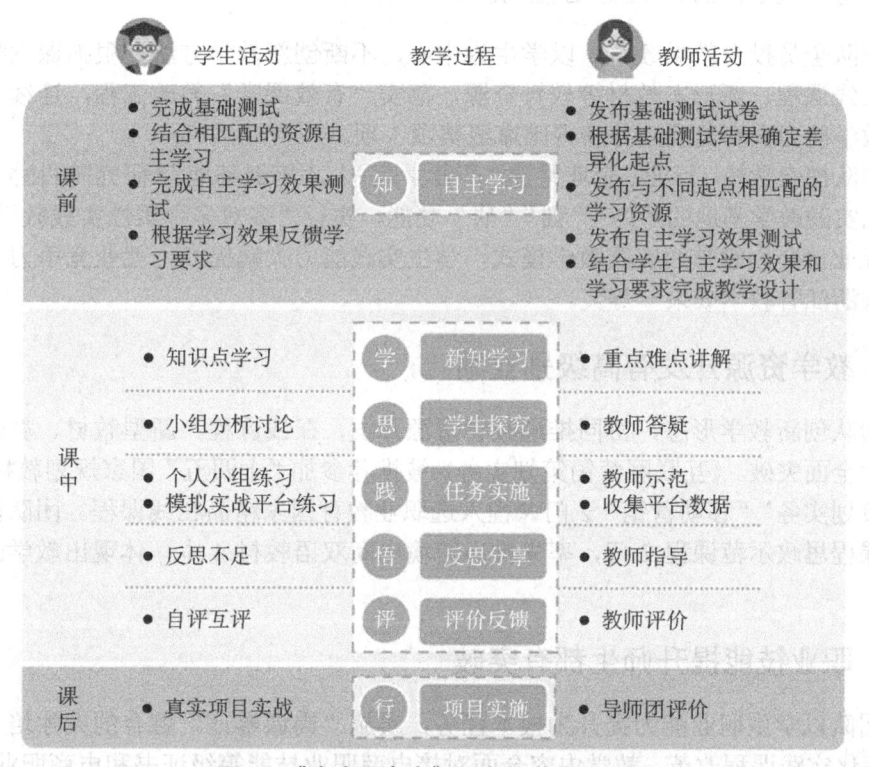

图 4 《农产品电商》课堂教学改革示例

（八）发挥金课引领作用，探索课程思政示范教学

发挥高级别在线课程的引领示范作用，引导课程团队教师深挖行业特色与地方特色的思政元素，深化"教师、课程、课堂"三位一体课程思政教育体系，以高级别课程思政示范项目申报为抓手，打造经典课程创新思政方法的范例，树立不同课程类型和不同思政元素融合的典型实践案例，推动立体化的专业群课程思政建设。将专业团队课程思政建设转化为可视化成果，培育一批优秀的课程思政理论研究成果和典型实践案例。

（九）立足产业需求，提升团队区域经济服务水平

加强学校、政府、行业、企业合作，积极承担政府电子商务产业规划与政策起草、决策

咨询、技术服务、人才培训等项目，牵头重大攻关项目。支持企业数字化变革，提供网店运营、新媒体营销、新零售等六大领域的培训服务，针对退伍军人、新农民等八大人群开展项目制培训、职业技能证书培训，广泛服务社会与产业。

三、成果成效

学校电子商务专业教学团队在教学成果奖培育、教学资源开发、教师能力建设、学生职业技能提升等方面取得较多进展，充分体现出学校、行业、企业协同育人，团队协作教学的效果。

（一）教学改革创新有标志性成果

教学团队全员投身教学改革，以学生为中心，不断创新教学方法，狠抓课堂教学质量，充分利用在线课程、新形态教材等教育资源，落实"有效课堂"教改工程，连续三年荣获浙江省教师教学能力大赛奖项，并获得国家级奖项1项。

教学团队探索学校、行业、企业共建"产业学院+人才培训基地""研究院+协同创新中心"模式，强化实践教学基地的"产""训""研"功能，实行"多对多"柔性实践教学组织形式，创立了以行业协会为纽带的实践教学模式，学生实践能力大幅提高，就业竞争力显著增强，该成果荣获浙江省教学成果一等奖。

（二）教学资源开发有高级别业绩

教学团队创新教学形态，协同推进教学资源开发，在线课程、新型教材、教改案例、课程思政资源全面突破。《互联网营销策划实务》被推荐参加"十四五"国家规划教材评选，"互联网营销策划实务""移动营销"2门课程入选职业教育国家精品在线课程。团队教师主持浙江省高校课程思政示范课程2门，率先推出跨境电商双语教材4本，体现出教学改革的扎实功底。

（三）职业技能提升师生都有突破

教学团队以学生职业能力提升为根本任务，实施"岗课赛证"融合的人才培养模式，立足岗位，深化实践课程改革，教学内容全面对接电商职业技能等级证书和电商职业技能大赛。2019—2022年学生实践能力得到全面锤炼，在职业技能竞赛、"挑战杯"等赛事中获全国一等奖、二等奖5项及省一等奖15项。教师职业技能也得到全面提升，2022年团队教师荣获浙江省技术能手、杭州钢铁集团"青年岗位能手"、温州工匠等4项荣誉。

（四）以科技服务打造多元化平台

教学团队立足产业需求，持续提升区域服务能力，积极承担电商产业发展规划、决策咨询项目、企业委托项目，开展技术服务和社会培训，先后打造了温州直播电商协同创新中心、关蕾博士企业工作站等区域科研创新平台，完成政府委托项目14项，开展企业技术支持30多次，完成培训人数1.2万人。

教学团队建设阶段性成果如表1所示。

表 1　教学团队建设阶段性成果

序号	成果类别	成果名称	成果级别	完成时间
1	教学成果奖	面向中小微企业，依托行业协会的高职实践教学改革与创新	浙江省一等奖	2022年1月
2	教学能力大赛	速卖通优化与推广	浙江省一等奖	2021年8月
3	教学资源建设	互联网营销策划实务	推荐"十四五"国家规划教材	2021年12月
4	教学资源建设	互联网营销策划实务、移动营销 2 门	推荐职业教育"十四五"国家精品在线课程	2022年9月
5	课程思政教育	移动营销	浙江省高校首批课程思政示范课程	2021年7月
6	教学资源建设	跨境电商双语教材 4 本	—	2021年7月
7	学生技能大赛	浙江省高职职业技能大赛电商、物流赛项	浙江省一等奖	2021年5月
8	学生技能大赛	全国职业技能大赛物流管理赛项	全国二等奖	2021年5月
9	教师能力建设	浙江省技术能手、杭州钢铁集团"青年岗位能手"、温州工匠	省级、市级荣誉	2021年10月
10	产业服务能力	温州直播电商协同创新中心、关蕾博士企业工作站	市级平台	2021年10月

四、经验总结

教师教学团队建设的一切成绩来自六个坚持：坚持不忘团队建设初心，塑造师德师风典范；坚持立德树人理念，提高课程思政育人水平；坚持专兼结合，铸就结构化高水平团队；坚持开展教学分工协作，落实模块化教学模式；坚持推进"三师"素质，提升教师综合能力；坚持搭建多元实践平台，提升教师社会服务能力。

五、推广应用

团队承担政府决策咨询项目 50 多项，18 项成果获政府直接采纳，助力温州市获批国家电子商务示范城市、全国绿色货运配送示范城市、国家信息消费示范城市。

团队负责人汪焰教授多次受邀在全国职业院校校长会议，以及江苏、广东、湖北、新疆等地高职院校开展培训授课、经验分享活动。团队成员积极借助同行会议和在线分享等形式，广泛宣传团队成果。

其中"行业协会+"实践教学模式创新、国家级精品在线课程建设经验、有效课堂教改经验等被国内 40 多所高职院校借鉴采纳，实现成果的广泛推广应用，也提升了团队在同行中的影响力。

（执笔人：魏振锋）

立德树人，教研相长，打造智能光电制造技术职业教育省级教师教学创新团队

摘　要：学校智能光电制造技术教师教学创新团队是首批浙江省职业教育教师教学创新团队，通过提升思政育人水平、搭建产学研创立体化平台、内培外引、"双师"培养工程等举措，在思政、科研、教学能力、专业技能、服务意识等方面都取得了一定成效，推动了专业快速发展。

关键词：教师教学创新团队；智能光电；措施；成效

一、实施背景

为贯彻落实中共中央办公厅、国务院办公厅印发的《关于推动现代职业教育高质量发展的意见》《国家职业教育改革实施方案》和全国职业教育大会精神，以及省相关文件要求，结合本专业发展实际，开展了智能光电制造技术专业浙江省职业教育教师教学创新团队建设工作。

智能光电制造技术专业教学创新团队于 2022 年获得首批浙江省职业教育教师教学创新团队称号，团队建设紧密围绕服务中国（温州）激光与光电产业集群，以习近平新时代中国特色社会主义思想为指导，全面贯彻党的教育方针，落实立德树人根本任务，服务职业教育高质量发展，开展教学科学研究，努力打造高水平"双师型"教师教学创新团队。

二、主要做法

（一）立德树人，提升思政育人水平

制订政治理论素养提升方案，以"线上+线下+实地"动态结合方式，落实团队学习强国积分制，开展教师政治思想教育（如参观龙湾廉政警示基地），打造全国党建工作样板支部，在全国职教光电技术专业联盟活动中分享样板支部建设经验。构建思政技术融合创新模式，通过挖掘专业课程特色思政元素，将思政课堂搬进实训场地，打造特色技能专业课程，培育孵化校级课程思政团队。

（二）依托优质资源，搭建产学研创立体化平台

联合奔腾激光有限公司，共建教师实践流动站、高技能人才公共实训基地、产教融合示范基地等，为团队成员了解产业发展、提升专业技能提供了很好的平台。发挥国家"双高"专业群核心专业优势，利用先进的实训仪器设备和光机电应用技术教学资源库，建设线上、线下相结合的教学资源。通过团队牵头成立的全国职业教育光电技术专业联盟，加强对外交

流与合作，共同开展教学、科学研究，如共同开展教材开发、教学标准制订等。利用获批的教育部协同创新中心开展科研项目，不断提升团队创新意识。

图 1 为教学创新团队实施思政课堂进实训基地。

图 1　教学创新团队实施思政课堂进实训基地

教学创新团队打造产学研创立体化平台如图 2 所示。

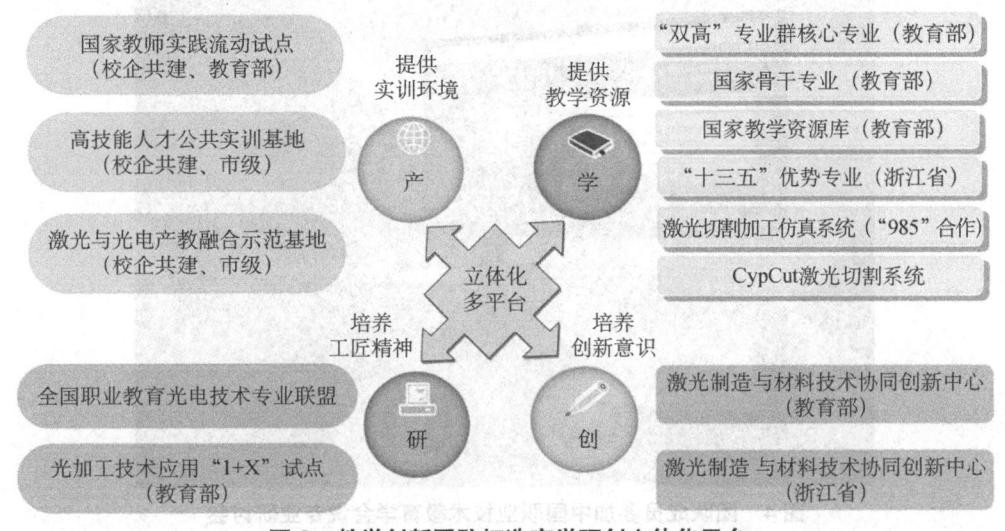

图 2　教学创新团队打造产学研创立体化平台

（三）内培外引，优化团队结构

通过安排青年教师参加国家级培训、省级培训、专业培训交流等方式，加强团队成员对外交流，提升专业影响力和团队成员视野；通过引进博士、浙江工匠、企业名匠等方式，构建由青年骨干教师、专业带头人、教学名师、企业名匠等各层次人才组成的结构化专业师资团队。

（四）实施"双师"培养工程，提升团队实力

通过说专业、说课程、教学能力大赛等不断提升团队教学能力；通过去企业实践、开展

项目研发、参加专业技能大赛等提升专业技能。与其他高职院校、企业深度合作,共建国家光机电应用技术教学资源库,共编专业教材,共同制订国家专业教学标准。

图 3 为智能光电制造技术职业教育省级教师教学创新团队。图 4 为团队成员参加中国职业技术教育学会说专业研讨会。

图 3 智能光电制造技术职业教育省级教师教学创新团队

图 4 团队成员参加中国职业技术教育学会说专业研讨会

三、成果成效

本团队于 2019 开始组建,经过几年建设,已形成师德师风高尚、结构科学合理、负责人能力突出、教学改革基础良好、专业特色优势明显、保障措施完善健全等特点。团队在教学成果奖培育、教学资源开发、服务本地产业等方面取得了一定成效。

(一)师德师风高尚

团队入选"全国党建工作样板支部"培育建设单位,也是第一批省级课程思政示范基层教学组织，获得第一批省级课程思政教学研究项目，多名成员获得省级"三育人"岗位建功先进个人、市级优秀教师、市级优秀党员等称号。团队师德师风建设成果如图5所示。

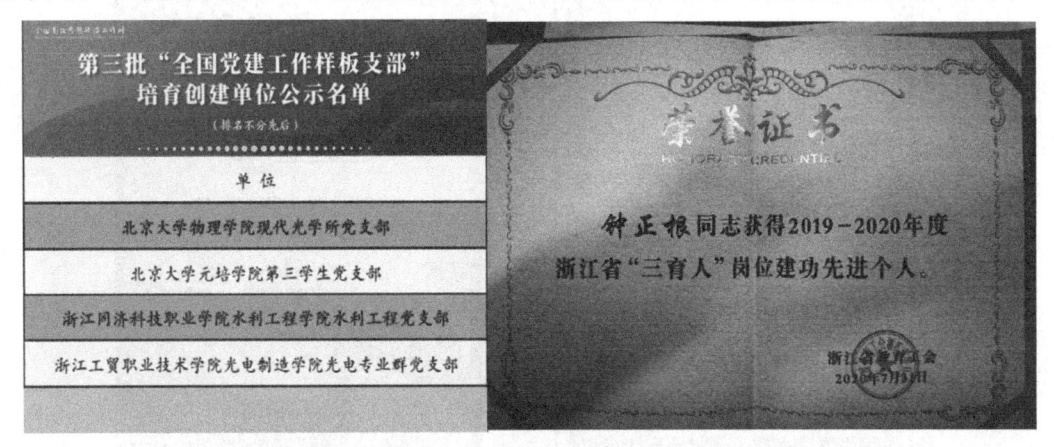

第一批省级课程思政示范基层教学组织立项名单（高职）

序号	学校名称	基层教学组织名称	负责人	其他主要成员
1	金华职业技术学院	护理专业课程思政基层教学组织	胡爱招	潘惠英、黄利全、李春燕、周宏
2	浙江金融职业学院	国际经济与贸易专业教学团队	章安平	刘一展、华红娟、范越龙、牟群月
3	浙江交通职业技术学院	道路与桥梁工程技术专业教学团队	杨仲元	吴颖峰、汪建强、陈凯、钱树波
4	杭州职业技术学院	绿色化工课程思政教学工作坊	童国通	何艺、干雅平、吴健、支明玉
5	浙江建设职业技术学院	"红鲁班"课程思政工作室	曹仪民	俞慧刚、刘超、沙玲、夏玲涛
6	浙江工贸职业技术学院	智能光电双高专业群教学团队	华学兵	郑道友、钟正根、李勇、黄知洋

图5 团队师德师风建设成果

（二）结构科学合理

团队现有成员27人，具有正高级职称6人、副高级职称14人、中级职称7人；所有成员都具有硕士及以上学历，其中具有博士学位7人；省级技能大师1名、省级专业带头人4名、校级带头人8名、浙江工匠2名（如图6所示）、浙江青年工匠4名、校级教学名师2名，构建了科学合理的教学团队。

（三）负责人能力突出

团队负责人郑道友为高级技师，担任光电制造学院院长，是浙江省高校（学科）专业带头人、温州市"551"人才、温州市技能大师、温州市优秀教师；主持省级在线开放课程1项，出版教材12本，主持国家资源库课程1门，主持省级项目5项、市级项目5项；发表论文10余篇，其中核心期刊3篇；获得发明专利1项、实用新型专利16项；担任全国职业院校技能大赛裁判员、仲裁员，金砖国家技能发展与技术创新大赛命题专家及裁判员，温州市中等职业学校竞赛命题专家和裁判员等。

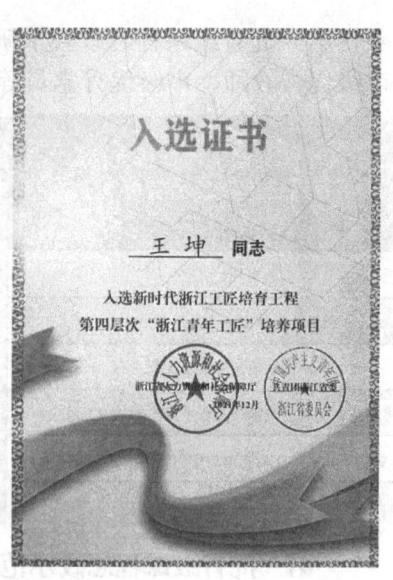

图6 团队成员入选"浙江工匠"

（四）教学改革基础良好

团队紧密对接国家产业集群激光装备与制造产业链，主持完成国家光机电应用技术教学资源库、牵头制订"智能光电制造技术"等3项国家专业教学标准，《基础共享 核心分类 能力递进：光电专业多元学制人才培养的探索与实践》获浙江省教学成果二等奖，完成省级教改项目2项；建成省级精品在线开放课程4门、市级精品在线开放课程1门。主编出版"十二五"国家规划教材《电气控制与PLC》。获得全国教学能力大赛二等奖1项、三等奖1项，省级教学能力大赛二等奖3项、三等奖5项。团队教学改革成果如图7所示。

图7 团队教学改革成果

（五）专业建设特色优势明显

2019年，以本专业为核心专业的智能光电制造技术专业群入选中国特色高水平高职学校和专业建设计划；建有国家光机电应用技术教学资源库；设有教育部激光制造与材料应用技术协同创新中心；是国家骨干专业、浙江省"十三五"优势专业、四年制高职本科试点专业、"1+X"激光加工技术应用试点；建有市级产教融合示范基地、高技能人才公共实训基地、首批教师实践流动站；牵头成立全国职业教育光电技术专业联盟等。团队专业建设成效如图8所示。

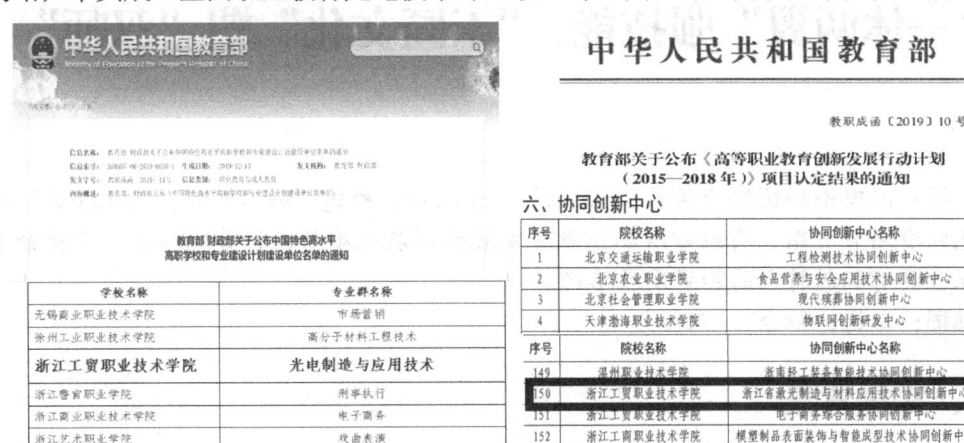

图8 团队专业建设成效

（六）科研服务强

团队成员获得教育部科技发展中心项目2项、浙江省自然科学基金项目2项、温州市重大科技创新攻关项目8项、浙江省公益基础研究计划项目1项、浙江省尖兵领雁计划项目2项、中国博士后基金项目1项，与大自然钢业集团有限公司、标克激光智能装备有限公司、浙江珏芯微电子有限公司等签订横向项目23项，共计370多万元，发表论文50多篇，授权发明专利30多项，为企业培训3000多人次。团队科研服务成效如图9所示。

图9 团队科研服务成效

（执笔人：钟正根）

"一体两翼"强技能,"工匠文化"塑"双师"

摘 要:以理论和技能为两翼,"五化"融合联动,构建"一体两翼,五化融合"的工匠之师特色师资培育之路,有效破解职业教育发展的深层次难题,将普职融合、产教融合做深做新,探索具有职教特色的师资发展路径。

关键词:工匠;融合;"双师"

一、实施背景

教育是国之大计、党之大计;教师是立教之本、兴教之源。进入新时代,赋能中国制造高质量发展需要,职业院校必须强化对高素质技术技能人才的培养,以新发展理念引领"双师型"工匠之师队伍建设,培养更多工匠型人才,以此支撑制造业高质量发展,筑牢教育强国建设的根基。

近年来,学校坚持"上得了课堂,下得了工厂"的理念,既注重专业课教师的教科研理论能力提升,又强化专业课教师的新工匠水平能力提高;以理论和技能为两翼,"五化"融合联动,构建了"一体两翼,五化融合"的"浙工贸模式",锻造新时代"双师型""工匠之师",有效破解职业教育发展的深层次难题。

二、主要做法

(一)加强人才组织领导,分类强化"技能提级"

学校党委高度重视人才工作,成立以党委书记为组长的人才工作领导小组,人才办公室设在组织部,以干部待遇对待高层次人才;明确职业院校姓"职业"的特点,大力加强高技能人才引进力度,出台《高层次高技能人才引进与管理办法》,将获得国家、省市高技能人才称号和竞赛荣誉的人才列入高层次人才引进目录,对获得国家技术能手、浙江省技术能手、浙江工匠等以上荣誉的技能型人才,按照博士待遇引进,加入师资建设队伍。将打造多层次工匠型教师的发展作为学校师资队伍建设的重点工作。

(二)厘清人才分类培育,制度固化"技能提档"

学校研制出台《高层次高技能人才引进与管理办法》《教师下企业实践管理办法》《"双师型"教师认定办法(试行)》《专业技术职务聘任办法》《教学名师遴选管理办法》《教师教学创新团队建设与管理办法》《产业教授聘任和管理办法》等系列制度举措,正在研制《学校工匠型教师队伍培养工程实施办法》,为"双师型"工匠之师的培训选拔奠定制度基础;开辟技能型、工匠型"双师"培养之路，形成"五子登科"新模式，根据教师职业生涯发展不同特点，鼓励有技能优势的教师积极考取初级工、中级工、高级工、技师、高级技师、特级技师、首席技师等职业资格证书，逐渐探索"职业资格证书与专业技术职务的 H 型互通渠道"；积极参加各类技能型人才项目申报，涌现出一批工匠型"双师"人才，如浙江工匠、省属国有企业技能大师、浙江青年工匠、温州工匠、温州市技能型人才领军人才等，获得工匠类称号的"双师型"人才达到 20 多人，有力地支撑了技能型人才的培养。

（三）深化人才价值引领，文化融化"技能提品"

在师资队伍建设中，学校建立"技能立国，工匠报国"的成长文化，打破走"职称评审"的唯一道路，建立职业资格和专业职称并驾齐驱的"双车道"晋升之路。多年来，学校成功打造传统技能人才培育的技能文化品牌，以传承传统区域文化为己任，将瓯文化技能人才培养作为学校特色技能人才的重点培训项目，建立了瓯塑研究院、瓯塑工作室、瓯塑大师工作室、瓯绣工作室、瓯窑工作室，涌现出浙江工匠、温州市人大代表、温州市劳动模范郑央凡老师，瓯塑工作室被授予浙江省郑央凡高技能人才创新工作室、浙江省市民终身学习基地、浙江省非遗传承教学基地、浙江省优秀品牌项目等称号。瓯绣工作室负责人余琼入选浙江省新峰人才培养项目，入选温州市传承技艺青年传承人。瓯窑教师吴少珺、黄照是温州瓯窑技艺传承的中坚力量，黄照入选"浙江青年工匠"，获得温州 E 类人才、温州市青年岗位能手、温州市技术能手等称号。学校瓯文化作品入选温州市城市礼品序列，作为送给外宾的礼物，飞身海外，传播中华文化，提升学校文化软实力。

学校立足温州传统产业，锻造产业技能人才。鞋服产业、眼镜产业是温州传统支柱产业，学校鞋类设计专业是国家精品专业、眼视光是浙江省重点专业，高技能的师资队伍是支撑专业持续发展的核心动力。以步月宾为代表的工匠型师资队伍，既是企业的技术顾问，又是学校的工匠型教师，2020 年入选温州市传统技艺领军人才。鞋类和眼视光专业教师都具有高级技师职业资格证书，黄小洁入选"浙江青年工匠"。眼视光专业与温州市眼镜行业协会合作成立的"眼镜产业学院"成为校企合作、产教融合、服务社会的共赢平台。

师资队伍建设中的"工匠型"成长文化有力提升了教师在企业中的实力，获得良好口碑，教师不再是"画匠的妈，会说不会画"了。

（四）选树人才项目榜样，团队优化"技能提优"

学校出台学校教师教学创新团队、学校竞赛管理等政策，建设校级、市级、省级等大师工作室、巾帼文明岗等技能传承创新平台，带队伍，育弟子，让工匠之师更多更好地发挥作用。鞋类设计步月宾固特异个性化定制工作室培养的学生张笑笑获得全国技术能手称号，瓯塑大师工作室培养的杨忠敏获得温州新锐创业新人等荣誉。瓯瓷工艺美术教师吴少珺发挥传帮带作用，将瓯窑技艺传承给学生黄照，黄照获得温州市技术能手、"浙江青年工匠"称号。形色各异的大师工作室、各具特色的技能传承平台、优势互补的专业技能团队，成为学校师资队伍中别样的风采。

（五）完善人才评价体系，绩效助化"技能提升"

学校完善师资队伍人才评价体系，表彰各类技能人才和工匠人才，对技能突出的工匠型教师，出台竞赛奖励办法，花大价钱奖励技能指导教师，涌现出金慧峰、赵静静、张敏、步月宾、鹿雷、郑道友、张海琼、魏振锋等成绩突出的技能型竞赛导师队伍。

学校完善技能与绩效配套机制，对获得技能型职业资格证书的教师给予培训经费报销、职称评审倾斜等优待；探索建立绩效津贴与职业资格证书配套机制，通过绩效真正建立起职业院校工匠型教师的成长之路。

三、成果成效

（一）技能政策显优势，工匠师资多涌现

目前学校获批建设1个国家级、1个省级、5个市级、7个校级教学创新团队，建成1个国家级"双师"培养基地、1个省级技能大师（劳模）工作室，依托工匠、技能型名师培育形成8个市级"技能大师工作室"和1个"劳模工作室"；建成5个"双师型"教师企业培训基地，引培"浙工匠型"3人、浙江省技术能手2人、"浙江青年工匠"7人、杭钢工匠1人，温州工匠2人、温州市技术能手4人，引进行业、企业兼职教师476人。331名教师被认定为"双师型"专业课教师，"双师型"教师占比87.57%；涌现出全国优秀教师1名、黄炎培职业教育杰出教师1名。

（二）技能竞赛成果丰，服务社会技能优

学校借助工匠型教师，致力于打造"技术技能人才培养高地"，依托"现代学徒制""互联网+教育""1+X证书制度"，以及教学能力大赛、职业技能大赛等竞赛项目，有效转化"双师型工匠之师"建设效能，持续推进人才培养模式创新，"三教"改革成果突出。2019—2021年，师生参与各级各类技能竞赛和创新创业类比赛，累计获奖456项，其中国家级56项、行业级189项、省级111项。毕业生就业率连续15年保持在98%以上，学校在全国鞋类设计、眼视光领域，在全省工业机器人、电子商务领域，在全市机械、汽摩配等领域为区域经济社会发展培养高素质技术技能人才的"不可替代性"初步显现。与此同时，"双师型工匠之师"建设助推学校在服务区域经济社会发展上走在前列。学校依托"知识产权服务园国家级双师型师资培养基地""教育部数字经济培训基地""继续教育学院技能鉴定中心"等载体服务社会16个职业、20个工种的职业技能培训与等级认定（鉴定）资质，广泛开展社会培训工作，努力把技能转化为服务产能，为加快区域共同富裕提供有力支撑。

四、经验总结

（一）思想解放是前提

在新修订的《中华人民共和国职业教育法》及党的二十大精神中关于职业教育的论述中，不断强调普职融合、产教融合、科教融合，融合是核心，要融合就要有破有立，边破边立。我们要牢牢树立职业院校师资队伍的特色排序是技能第一、教学第二、科研第三、社会服务第四的理念，将工匠之师的培养放在与职称同等重要的地位，不拘一格地开辟工匠之师的成长之路，奠定职业教育不同于普通教育鲜明的师资特色。

（二）机制创新是重点

学校建立工匠之师的遴选机制、评价机制、培育机制、引进机制和绩效匹配机制，探索建设学校层面的"工匠技能鉴定委员会"，负责工匠之师的各项制度的出台和落实，探索建立职业资格晋升道路和专业技术职务晋升道路并驾齐驱的互转机制，真正实现普教融合的党的二十大指导思想。

（三）特色突出是关键

学校在师资队伍建设中，始终将高技能、工匠型师资的引进、培育作为自己的特色，在全省率先出台高技能人才引进的安家费补贴制度，积极大力推荐教师参评各类工匠技能型人才项目，建立错位竞争、别具特色的师资发展道路。

五、推广应用

学校研制出版《教师专业发展标准》，为全国职业教育贡献浙工贸的教师职业和专业发展经验；在浙江省内率先出台《产业教授遴选与管理办法》，将企业高层次、高技能人才引进校园，探索校企合作、产教融合向更高、更深的层次进展；建设完善工匠型教师发展新机制，逐渐探索职业资格发展晋升与专业技术职务晋升双向晋升的"双车道"新机制，为职业教育师资发展总结经验，推广应用成果。

（执笔人：任志杰）

实施"五子"工程，开启"双师"凯旋门

摘 要：技能人才，特别是高技能人才，是高等职业技术学院教师队伍中的优秀代表，是"双师型"人才队伍的重要组成部分，是支撑高水平高职院校建设的重要力量。多年来，学校通过摸底子、开路子、搭台子、秀才子、育弟子，探索出了一条高技能人才"登科"之路。

关键词：高技能人才；五子；双师型；师资队伍

一、实施背景

习近平总书记强调，要高度重视技能人才工作，培养更多高技能人才和大国工匠，为全面建设社会主义现代化国家提供有力人才保障。学校深入学习贯彻习近平总书记的指示精神，认真贯彻落实党中央、国务院决策部署，以实施职业技能提升行动，全面推进技能型"双师"队伍的人才培养、使用、评价、激励工作，技能人才队伍总量不断扩大，素质稳步提升，活力充分释放。作为国家"双高计划"高职院校，学校始终牢记立德树人教育初心，将独具职业教育特色的高技能人才和技能大师培育作为学校人才工作的重要内容，通过摸底子、开路子、搭台子、秀才子、育弟子，探索出了一条高技能人才"登科"之路。

二、主要做法

（一）摸底子，选育技能种子重点培养

办学之初，学校就将传承非遗文化和地方优秀文化作为使命之一，以瓯塑、瓯绣为核心，外延到瓯窑、木活字印刷及瓯文化研究，培养传统技艺人才，选育出以郑央凡、孟永胜为代表的瓯塑人才，以邹绳珠、余琼为代表的瓯绣人才，以吴少珺、黄照为代表的瓯窑人才，以王春红为代表的木活字印刷人才，以步月宾为代表的制鞋技能人才，以易际磐、张敏、黄小洁为代表的眼镜技能人才等，汽车维修、3D打印、电工电子、数控加工等技能人才竞相绽放，层出不穷。通过多年培育，郑央凡成长为瓯塑领域的杰出代表，荣获温州劳模、温州首席技师、温州市名师名家、温州市技术能手、浙江省"百千万"高技能领军人才、新时代浙江工匠等荣誉称号。青年教师余琼入选浙江省"新峰计划"，成为年纪最小的省级技能人才培养新秀。步月宾、邹绳珠入选教育部产业导师资源库；邹绳珠入选浙江省工艺美术大师，为行业发展出谋划策。王坤、黄小洁、王孝尚、翁景坚、关雷、黄照、卢斌7位教师入选2021年浙江"青年工匠"，成为学校高技能人才的新兴代表。2022年，焦合金入选杭钢工匠，陈再波入选浙江技术能手，翁景坚、方浩2人入选浙江工匠。学校推荐具备申报"浙江青年工匠"的6人积极组织申报，推荐4人积极申报瓯越工匠。学校目前拥有高级工以上的人才

共计 151 人，个个都是种子，人人都是选手，孕育着更多技能人才。

图 1 为获得浙江工匠、浙江青年工匠、温州工匠称号的教师。

图 1　获得浙江工匠、浙江青年工匠、温州工匠称号的教师

（二）开路子，激励技能人才茁壮成长

按照省市人才改革的新思路、新理念，学校高度重视高技能人才的引进与培养，加强制度建设，完善体制机制，出台了《关于进一步加强高层次高技能人才引进与培养办法》，新修订了《专业技术职务评聘办法》等制度，突破性地将技能大师、高技能人才在引培方面与专业类高层次人才相对应，并将高技能人才所获得的职业技能等级作为定岗定级、职称晋升、评先评优的重要依据，突出体现技能水平在职业院校人才评价中的重要性，为技能人才登科晋级铺平道路。根据学校"双师"培训相关要求，青年教职工进校以后，依托浙江工贸技师学院等平台，参加各级各类高级工、技师、高级技师的培训和考级，提升自身技能水平。学校给予青年教师考取高级工和技师职业资格一定的培训奖励。这些"路子"为高技能型人才的培育蓄满了水，拓宽了路，学校技能型"双师"占比达到 87.15%。

（三）搭台子，创新技能人才成长空间

百工居肆，以成其事。好的环境、先进的设备、精干的团队，是技能人才成长的基础条件。学校高度重视人才成长平台搭建，创建了"三园区"（浙江创意园、温州知识产权服务园、国家广告产业园）、"三基地"（国家级高技能人才培训基地、国家中小微企业知识产权培训基地和省级特色工业设计示范基地），并在园区和基地建设了各类技能大师工作室、技能工作坊，如温州瓯塑研究所、瓯绣工作室、瓯窑工作室、工业设计易的工作室、左岸工作坊、电子工坊等。学校依托骨干优势专业，建设各类大师工作室，如郑道友、姚锡钦、余威敏、步月宾等 11 个市级大师工作室。学校继续深化校企合作、产教融合，与高新企业建立"双师型"教

师培养基地 5 个，与行业龙头企业建立博士企业工作站 4 个。学校积极承办各类职业技能大赛，2021 年承办高职计算机职业技能大赛，2022 年筹备承办全国工业机器人职业技能大赛。2021 年，学校获评温州市大师工作室 1 个、首席技师 3 人、温州工匠 2 人，高技能人才培育成效位居温州市高校之首。

学校出台有利于技能型人才成长的制度文件如图 2 所示。

四个文件：

《专业技术职务评聘办法》
为适应学校"双高"建设和高质量发展，经过10个月的走访、调研、讨论、修改，《浙江工贸职业技术学院专业技术职务评聘办法》经过党委审定，教代会通过，于2021年顺利开始实施。

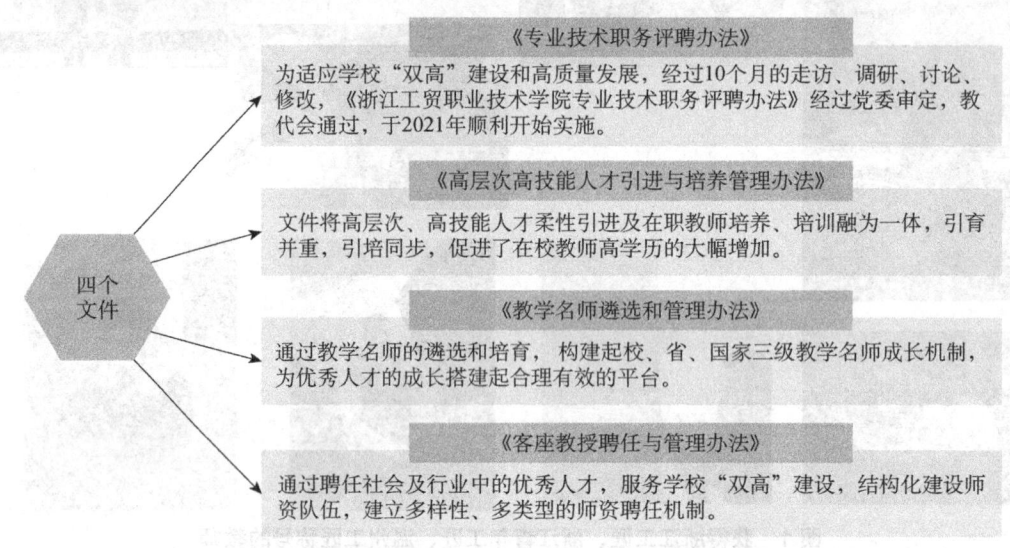

《高层次高技能人才引进与培养管理办法》
文件将高层次、高技能人才柔性引进及在职教师培养、培训融为一体，引育并重，引培同步，促进了在校教师高学历的大幅增加。

《教学名师遴选和管理办法》
通过教学名师的遴选和培育，构建起校、省、国家三级教学名师成长机制，为优秀人才的成长搭建起合理有效的平台。

《客座教授聘任与管理办法》
通过聘任社会及行业中的优秀人才，服务学校"双高"建设，结构化建设师资队伍，建立多样性、多类型的师资聘任机制。

图 2　学校出台有利于技能型人才成长的制度文件

（四）秀才子，展现技能人才精湛技艺

学校每年开展各类技能竞赛、技艺展示、作品比赛活动，推荐优秀作品参加省市各级作品大赛，为技能人才展才艺、秀才气。每年劳动节期间是学校技艺技能竞赛月，学校开展全方位、大规模、分专业的各类技艺技能大比武，师生共同参与，技艺精彩展示，技能亮点纷呈。经过多年积累，优秀成果走出校门，享誉全国。学校木活字技艺在中央电视台一套《我有传家宝》节目展演，师生大型瓯塑作品《雁荡秋色》悬挂于北京人民大会堂浙江厅，瓯绣、瓯窑作品还被作为城市礼物馈赠海外贵宾，通过作品交流文化、传递自信。在2021 年教学能力大赛中，学校获得国家二等奖 1 项、浙江省一等奖 3 项、浙江省二等奖 3 项；在全国工业设计大赛中获得国赛二等奖 1 项，师生获得全国各类职业技能大赛一等奖 4 项。2021 年，学校组织师生参加省内外各类技能大赛，获得省级以上各类奖项 113 项；在各级各类平台上，技能人才成绩显著。

（五）育弟子，技能传承新人队伍壮大

技能人才、工匠精神贵在传承。随着省市级各类工匠等技能人才逐渐成熟，技能人才不仅有了具象的模范代表，而且有了可学可敬的典范。为了让"点"连成"线"，变成"面"，学校鼓励名师带高徒，以现代学徒制和传帮带方式，培育人才，壮大人才队伍。例如，魏振锋技能大师工作室培养青年教师 3 人，每年带领 20 余名学生学习技术技能，获得国家级奖项 4 项、省级一等奖 11 项。郑央凡大师工作室培育弟子 30 多名，弟子杨忠敏创办瓯塑艺术有限公司并被评为浙江十大新锐人物。步月宾大师工作室创新性地研制固特异方式制鞋工艺，研

制舒适保健型老年鞋，每年培育 10 余名弟子，从其工作室毕业的学生获评"全国技术能手"称号。通过各类高技能型教师的重点培养培育，学校每年传带"弟子"600 余人。

图 3 为郑央凡、步月宾、余琼技能型教师育弟子，传承技艺。

图 3 郑央凡、步月宾、余琼技能型教师育弟子，传承技艺

三、经验总结

"薄技在身，胜握千金"是自强不息的体现，更是中华文化对技能型人才的肯定。在民族复兴的道路上，高技能人才是实现制造强国的核心力量。不拘一格，创新机制，为高技能人才成长铺平道路，让"匠心筑梦，技能报国"成为人人共识，让他们成为"高收入、受尊重"的群体也是文化自信、国家强盛的重要体现。

四、推广应用

（一）开辟特色高技能人才引进通道

学校立足职业院校特色，致力于培养大国工匠，多途径引育工匠之师，在人才公开招聘中设置专门通道，引进高技能人才。2022 年，学校共计安排 4 个高层次招聘计划，截至 2022 年 9 月，共计引进全国技术能手 1 名、浙江工匠 2 名、省级技术能手 1 人，有力地补充了学校高技能人才的数量和质量。学校在 2023 年的招聘计划中安排 5 个省级以上高技能人才引进指标，进一步壮大高技能人才师资队伍。

（二）搭建高技能人才团队建设

学校以市级、省级、国家级高技能人才为牵头人，构建高技能人才竞赛团队，致力于让学生掌握先进技能，以师傅带徒弟的形式，参加省级、国家级各类竞赛。2022 年，在工匠型师资队伍的带领下，学校参赛队伍共计获得各类职业竞赛奖项百余项。

（三）继续探索完善"工匠型"教师发展机制

根据上级文件精神，学校在岗聘晋级、职称评审中将高层次工匠型师资与传统专业技术职务相融通，如浙江工匠等同于讲师九级、浙江杰出工匠等同于副高七级、浙江大工匠相当于正高四级、逐渐形成浙工贸H型人才成长道路。

（执笔人：任志杰）

六、提升校企合作水平

六、鑞化對合金水平

面向中小微企业，依托行业协会的高职实践教学改革与创新

摘　要：浙江作为民营经济发祥地，中小微企业占比超 99%。由于自身规模条件限制，以及与职业院校之间的利益诉求差异，中小微企业参与职业教育的能力与动力不足。以增强适应性为宗旨，充分发挥行业协会在中小微企业中的强大引导力和协调力，构建以行业协会为纽带的产教融合协同育人新模式，从根本上破解浙江、福建等民营经济大省及各中小城市的职业院校人才培养缺乏区域大型企业支持的难题，实现校、行、企三方互利共赢。

关键词：中小微企业；行业协会+；民营经济；产教融合

一、实施背景

（一）增强适应性是现代职业教育高质量发展的关键

增强适应性是新时代党和人民对职业教育发展的重要期望，不仅能够提升技术技能人才培养质量，还能够促进产业升级转型，实现更加充分的高质量就业，扩大中等收入群体，促进共同富裕。浙江作为民营经济发祥地，中小微企业占比超 99%。如何精准契合民营经济和中小微企业特征，促进职业教育链与中小微企业人才需求链、技术创新链有机衔接，是地方性高职院校发展面临的重要课题。

（二）职业院校与中小微企业合作存在不少难点、痛点

一方面，高职院校往往更加青睐与大型企业开展校企合作，以充分彰显学校实力，提升影响力与协同育人水平。另一方面，中小微企业岗位数量少、业务变化快、发展不稳定，且作为市场经济的主体，精力和资源主要集中投入生产经营活动，追求短平快的投资回报，参与职业教育的动力与能力均显不足。

（三）行业协会在产教融合中呈现重要桥梁纽带作用

行业协会作为一种非营利性民间组织，在政府与企业之间发挥着重要的桥梁纽带作用。浙江（温州）作为全国行业协会商会改革前沿阵地，行业协会在中小微企业中影响力巨大，搭建以行业协会为纽带的产教融合平台，能够集聚更多企业的力量，表达企业诉求，规范企业行为，调和校企矛盾，同时激发职业学校办学活力，增进资源共享，提升人才培养质量。

二、主要做法

深化产教融合，促进教育链、人才链与产业链、创新链有机衔接，对新时代我国经济社会高质量发展具有重要意义。由于自身规模条件限制，以及与职业院校之间利益诉求的显著差异，中小微企业参与职业教育人才培养的能力与动力不足。浙江工贸职业技术学院（简称"浙工贸"）充分发挥行业协会在中小微企业中的强大引导力和协调力，构建了"行业协会+产教融合"协同育人新模式，从根本上破解了地处浙江、福建等民营经济大省及各中小城市的职业院校实践教学缺乏区域大型企业支持的难题，有效实现了校、行、企（学校、行业协会、企业）三方共赢。"行业协会+产教融合"协同育人新模式如图1所示。

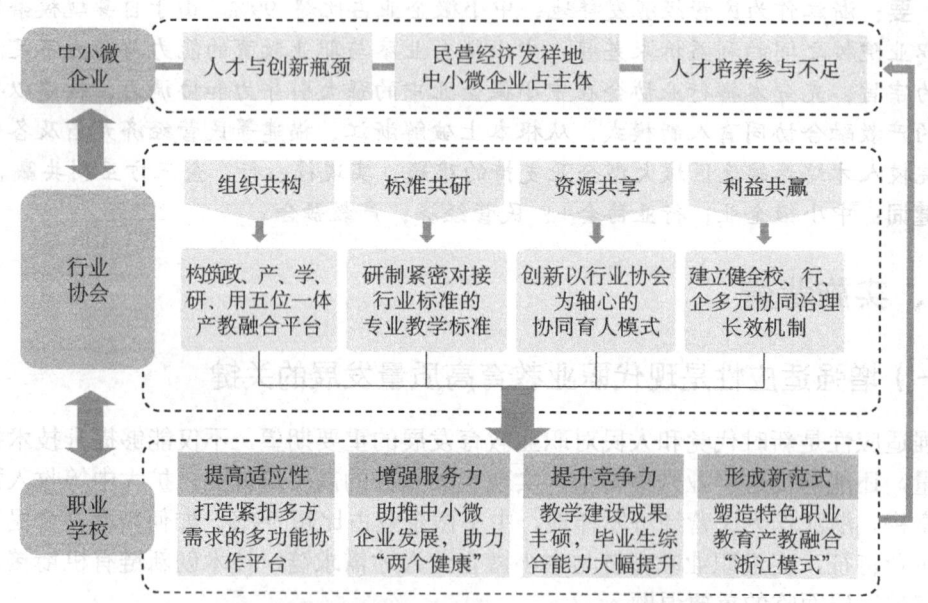

图1 "行业协会+产教融合"协同育人新模式

（一）组织共构，构筑政产学研用五位一体产教融合平台

学校与温州市总商会开展战略合作，共同牵头发起成立温州市网络经济促进会、温州市物流商会等6个行业协会，并通过兼任副会长、选派教师担任副秘书长等形式参与协会实际运作。通过行业协会遴选优质会员企业，共建产业学院、研究院等集技术服务、人才对接、实习实训、技能培训等功能于一体的产教融合平台。

（二）标准共研，研制紧密对接行业标准的专业教学标准

学校联合行业协会，遴选企业专家组建专业（群）教学指导委员会，共同参与教学标准研制。学校与行业协会共同制订"企业导师遴选标准"，选拔德技双馨的行业、企业专家担任实习导师；联合行业协会通过汇聚、甄选、萃取、加工等系统方法，将企业新规范、新技术、新工艺等转化为教学资源，校企双元开发工作手册式教材、专业教学资源库和精品在线开放课程。

（三）资源共享，创新以行业协会为轴心的协同育人模式

学校联合行业协会，共同制订学徒制人才培养方案、实习实训实施方案。学校针对单一中小微企业规模小，条件有限，岗位及导师资源不足等现状，柔性实行"多对多"网状实习组织形式；建立数字化平台，统筹安排和精准匹配专业各阶段实习任务及各中小微企业岗位、项目、师资等资源，组建多方向混编式学徒班，以轮企、轮岗联动方式实施模块化协作式教学。在满足企业"一职多岗"和"分布式"用人需求的同时，学校大大提升了实习的任务适配度、情境契合度和岗位对口率。

（四）利益共赢，建立健全校、行、企多元协同治理长效机制

学校建立多维联动、互利共赢的校、行、企协同育人长效机制，实行理事会管理制度，明确各方权责，共同参与治理。经政府授权、学校支持，行业协会拥有对于企业参与人才培养绩效的考核职能，采取正负面清单和积分制，考核结果与政府对企业的各类评优、评先及财政补助政策挂钩。校、行、企联合成立党支部，承担学生校外实习期间的党建和思政育人工作。专业教师与企业导师"双岗、双薪、双师"制度和"教学与生产联动"的个人考核体系，激励专业教师投入生产工作，激励企业员工投入育人工作，形成长效机制。

三、成果成效

（一）学生就业竞争力显著增强

校、行、企共建产教融合平台，为人才培养创设真实的产业环境，注入丰富中小微企业资源，人才培养质量大幅提高。2019—2021年，学生在职业技能竞赛、"挑战杯"等赛事中获全国一等奖、二等奖72项。学校毕业生人才培养质量跟踪调查结果连续7年位列浙江省高职学校前两位，其中起薪水平、满意度等质量指标不同程度高出浙江省平均值13~20个百分点。

图2为学生获全国大学生电子设计竞赛一等奖与全国验光与配镜大赛一等奖。

图2 学生获全国大学生电子设计竞赛一等奖与全国验光与配镜大赛一等奖

（二）服务产业能力大幅提升

受益的专业（群）毕业生90%服务于中小微民营企业。2018—2022年，学校共为企业输

出 15000 余名人才，这些人才大多数担任技术、管理骨干，成为支撑中小微企业转型发展的中坚力量。学校师生团队承接区域产业发展规划编制、中小微企业放管服改革及纾困政策文件起草等课题 63 项；校企合作应用技术研发，获发明专利授权 854 项，为中小微企业解决技术难题 907 项；2019—2021 年，开展技术技能培训 57000 余人次，有力助推民营经济健康发展。

（三）专业（群）建设成果丰硕

产业学院（研究院）建设能级不断提升，相继建成国家级高技能人才培训基地、国家级协同创新中心等"国字号"品牌；建成国家级、省级"双高"专业群各 1 个，浙江省产教融合示范基地 1 个；主持专业（群）教学国家标准研制 8 项；入选国家级课程 5 门、省级 20 门，国家级教学创新团队 1 个，"十三五"国家规划教材 4 种；荣获浙江省教学成果一等奖 3 项。

图 3 为激光制造国家级协同创新中心数字孪生仿真系统。图 4 为国家级高技能人才培训基地（数字经济）。

图 3 激光制造国家级协同创新中心数字孪生仿真系统

四、经验总结

（一）充分发挥行业协会的纽带作用

学校立足浙江以中小微企业为经济主体的典型地缘特征，充分发挥行业协会在协同育人中的"连接器""调度台""聚宝盆""导向牌""润滑剂"作用，创新以行业协会为纽带的产教融合模式，从根源上破解了浙江、福建、广东等民营经济发达省份高职院校校企合作缺乏区域大型企业支持的难题。

（二）建立产教紧密衔接的工作机制

学校通过行业协会，将专业（群）建在产业链上，将教学环节设立在企业生产一线，实现教学全过程的六个"有",即企业需求调研有绿色通道、教学标准研制有行业依据、项目案例资源有丰富来源、兼职师资队伍建设有可靠政策、学生实践锻炼有厚实载体、教学考核评价有客观依据,塑造了教学全过程与生产全流程无缝衔接的崭新形态。

图4 国家级高技能人才培训基地(数字经济)

(三)打造紧扣多方需求的多功能协作平台

学校基于校、行、企各方需求,协同打造产教融合平台。在行业协会组织协调下,平台运行管理分工明确,校企各得所需,从而使平台成为学生实训"自留地"、教师创新"试验田"、师生创业"孵化器"、企业技术"蓄水池"、教学资源"加工厂"。

五、推广应用

(一)理论成果有高度

学校总结经验做法,形成产教融合"浙江模式",出版学术专著2部,发表核心期刊论文12篇。该模式得到浙江省委常委刘小涛、中国工程院副院长钟志华等领导和专家的高度认可,被 China Daily、中央电视台等媒体专题报道,引起积极的社会反响。

(二)实践应用有价值

"浙江模式"是产教融合理论结合浙江实践的突破创新,具有重要的推广价值,在国家教育行政学院、各类全国职教会议上等场合共交流56次。该模式在浙江、福建、广东等民营经济发展地区被广泛借鉴应用,影响深远。

(执笔人:施星君、魏振锋)

以电为基，以光为盟，打造全国职业教育光电技术专业联盟

摘　要：为响应党的十九大"完善职业教育和培训体系，深化产教融合、校企合作"的教育指导方针，根据《国务院关于大力发展职业教育的决定》《国务院办公厅关于深化产教融合的若干意见》《职业学校校企合作促进办法》等文件精神，依托国家职业教育光机电应用技术专业教学资源库的持续建设，由院校、协会和企业三方共同成立了全国职业教育光电技术专业联盟，联盟遵循"以联盟为平台，以行业为依托，以市场为导向，以项目为纽带，加快人才培养，服务社会经济发展"的理念，满足企业对职业教育人才的需求，为全国光电行业和社会发展服务。

关键词：资源库；光电行业；专业联盟

一、实施背景

学校联合 9 所高职院校、16 家行业企业申报并立项国家职业教育光机电应用技术专业教学资源库（简称"光机电应用技术教学资源库"）。资源库建设以资源建设为基础，针对专业教学、产业发展和用户的个性化需求构建资源库逻辑体系。主要建设内容分为核心课程资源子库、企业培训资源子库、在线实训资源子库、实景超市资源子库、在线测试资源子库、行业信息资源子库、职业培训资源子库、中高职一体资源子库八大子库。根据服务对象的不同，资源库分别搭建面向学生、教师、企业人员、社会人员四类服务对象的用户界面。

经过共建光机电应用技术教学资源库，校校、校企之间建立了一定合作基础。随着激光与光电技术的快速发展，光电产业和光电专业都在快速壮大，产教融合、校企合作的意愿更加强烈。2020 年，为搭建更好的交流平台，由学校牵头，联合全国其他院校、企业、行业 100 多家单位共同成立全国职业教育光电技术专业联盟（简称"光电联盟"），并举行了隆重的成立仪式。光电联盟采用理事长、副理事长、理事、成员的组织架构，企业成员占到了一半以上。该联盟的成立为深化产教融合、校企合作提供了更广阔的平台。

图 1 为全国职业教育光电技术专业联盟成立大会合影留念。

二、主要做法

（一）共建、共享、共赢，建立校校合作、校企产教融合共同体

光电专业相对于机械类、电子类专业来说，是小众专业，全国开设光电类专业的职业院校仅 70 所左右，有些专业设置在机械大类，有些专业设置在机电大类，存在专业未形成统一

标准、无专业类技能大赛、各院校之间缺乏沟通交流与合作、专业教材缺乏、产教融合不够深入、人才质量参差不齐等问题。

图 1　全国职业教育光电技术专业联盟成立大会合影留念

针对此情况，学校与光电联盟的多家学校合作，完成高等职业学校"光电制造与应用技术"专业教学标准修（制）订，开展跨校选课、学分互换、教材编写等方面的校际合作。

同时，以服务产业升级为主线，以促进学生成长成才为宗旨，学校与光电联盟的奔腾激光有限公司、嘉泰激光有限公司等激光龙头企业共建高水平产教融合研发基地、特色产业学院和企业工作室，打造示范性职教集团，推进双主体育人，多措并举，积极构建共建、共享、共赢的产教融合共同体，切实提升校企合作水平，服务国家战略发展需求和区域企业发展需要。共建、共享、共赢产教融合共同体如图 2 所示。

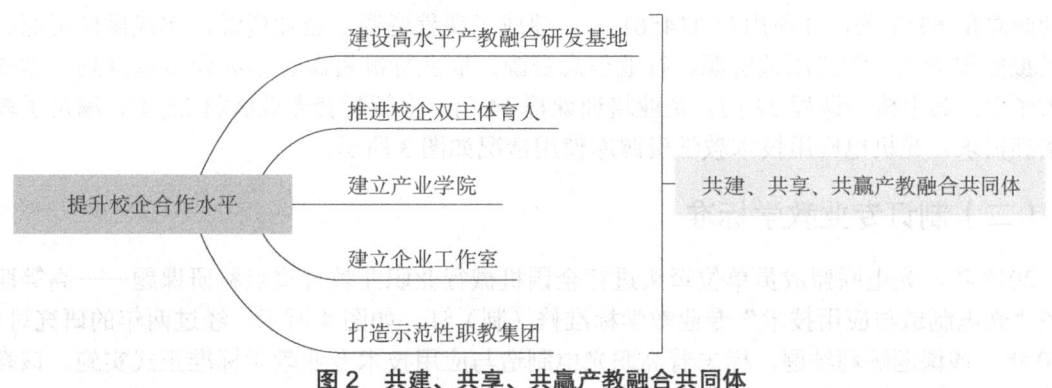

图 2　共建、共享、共赢产教融合共同体

（二）搭建合作平台，校企共建"一核二体三平台"人才培养体系

依托光电联盟，联合中国光学学会激光加工专委会、奔腾激光有限公司等行业企业，校企共建"一核二体三平台"人才培养体系。

"一核"是以培养服务区域产业链发展的复合型技术技能人才为核心，同时紧密对接产业链技术研发和产品升级需求，以"一核"为重心，与其他中职学校、本科院校、行业和企业等协同培养学生的技术技能，拓宽其就业渠道，增强其就业能力。

"二体"是以学校和企业两个育人主体，依照多样化人才培养的全生命周期，由校企共同研究制订培养方案、课程体系，共同对学生实施教学、实习指导，实现校企资源共享、人才共育。

"三平台"是以学校和企业为主体共同搭建的通用平台、基础平台、方向平台三个育人平台。依托专业技能平台和岗位能力平台构建基于工作过程的模块化课程，以多样化的模块化课程组合来满足学生的个性化和复合型培养需求，形成校企协同的能力递进式理论与实践教学体系。

（三）发挥各自优势，分解各项任务，持续建设高质量教学资源

在光机电应用技术教学资源库后续建设的过程中，各合作单位根据自身积累的建设经验及资源，对建设内容持续进行迭代更新。资源库的建设，打破传统的地域分割，一站式满足学习者的专业学习和企业实践体验，成为"产学"融合的资源汇聚地和体验基地；通过资源库的"名家讲坛"板块，对学习者的"研创"能力与思考进行启发，使资源库成为高职院校的"产学研创"生态构建及教学实践的一个关键要素。

光机电应用技术教学资源库的持续建设为新型冠状病毒感染疫情时期的教学提供了最好的线上资源。在学生居家上课期间，学校利用资源库，积极响应教育部"停课不停学"的方针，开展线上教学，为疫情防控期间的正常教学提供了有力保障。

三、成果成效

（一）建成教学资源

光电联盟成员共同努力，共建光机电应用技术教学资源库颗粒化资源 47752 条，其中视频动画总量 6513 条，注册用户 114561 人；建成了课程资源、企业资源、实践操作资源、在线模拟操作资源、在线测试资源、行业信息资源、职业标准资源、中高职专业规划一体资源八大子库。其中核心课程 22 门，企业培训课程 14 门，出版配套专业教材 25 本，满足了教学及培训需求。光机电应用技术教学资源库使用情况如图 3 所示。

（二）制订专业教学标准

2018 年，光电联盟成员单位牵头进行全国机械行业职业教育重点科研课题——高等职业学校"光电制造与应用技术"专业教学标准修（制）订，如图 4 所示。经过两年的研究讨论，2020 年，该课题顺利结题，标志着高职光电制造与应用技术专业教学标准正式实施。该教学标准的实施，为专业建设起到了指导作用。

（三）开展"1+X"证书试点

光电联盟成员单位武汉天之逸科技有限公司为"1+X"激光加工技术应用职业技能等级证书组织单位，如图 5 所示。该证书为教育部大力推广的证书，光电联盟积极组织相关院校参与试点，共同探讨。现有联盟成员 64 所院校开展证书试点工作，通过"1+X"证书，实施课证融通。

图3 光机电应用技术教学资源库使用情况

图4 "光电制造与应用技术"专业教学标准

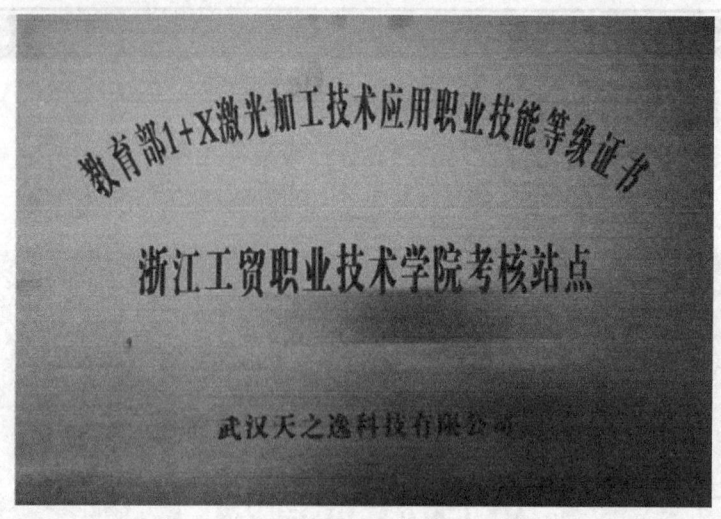

图5 "1+X"职业技能等级证书试点

（四）启动专业大赛

专业大赛是进行专业比拼的竞技场，光电专业一直缺乏专业大赛，学生所学的技术技能没有展示舞台。经过多年努力，光电联盟在2021年启动了一带一路暨金砖国家技能发展与技术创新大赛第一届"激光设备装调与加工技术"赛项，如图6所示。

图6 光电联盟启动一带一路暨金砖国家技能发展与技术创新大赛第一届"激光设备装调与加工技术"赛项

（五）搭建校企沟通桥梁

光电联盟作为实体组织单位，每年都会组织年会、专题研讨等活动，各成员单位一起探讨、交流校企合作、校校合作；联盟网站，即光电技术专业联盟信息平台，方便进行多方交流。光电联盟通过将线上与线下相结合，方便、快捷、准确、有效地实现目标。

四、经验总结

（一）专业引领获认同

光电联盟能够成立并获得各个院校和企业的响应，主要在于学校光电专业在全国同类院校中处于引领地位，专业建设成绩获得相关院校肯定，人才培养质量获得行业、企业认可。

（二）校企合作要共赢

光电联盟本着"加快人才培养，服务社会经济发展"的理念，集中各方优势，共建优质资源，服务产教人才培养。企业有学校需要的新技术、新工艺、新设备，学校有企业需要的高技术技能人才。

（三）产教融合达共识

光电技术领域一年一个变化，如激光设备的核心部件光纤激光器，其功率几乎每年都在倍增，性价比高，使激光技术在工业领域获得快速应用，企业人才缺口大，招工难、留工难、用工荒等问题凸显。校企合作共建现代学徒班、人员互聘、师资共享，教师参与企业研发，企业人员参与教学，各方对产教融合达成共识。

（四）不足与举措

光电联盟成员存在弱势群体，如一些中职院校和小企业，本身资源有限，联盟活动参与度不高，缺乏积极性。联盟在后续组织活动过程中，将重视弱势群体，以强辅弱，帮助中职院校进行专业建设；对于小企业，主要利用院校资源进行技术支持，实现联盟成员协同发展。

（执笔人：钟正根）

以混合所有制为导向，打造眼镜产业学院的探索与实践

摘 要：学校通过校企共建眼镜产业学院，以混合所有制产教融合模式为导向，进行制度建设、人才培养、师资队伍建设、实践基地建设、创新创业平台等改革实践，满足中小企业大量社会劳动力需要加强技能培训的市场需求，取得各级荣誉，得到政府、社会、行业、企业的认可。

关键词：混合所有制；眼镜产业学院；专业群；产业链

一、实施背景

职业院校混合所有制产业学院是近年来在职业教育办学实践过程中出现的新事物，国务院于2014年6月印发《国务院关于加快发展现代职业教育的决定》，首次将经济学领域的混合所有制概念运用到职业教育领域，提出鼓励社会资本参与职业教育办学。2017年12月，国务院办公厅印发《国务院办公厅关于深化产教融合的若干意见》，明确提出鼓励企业与职业院校合作举办产业学院。2021年，教育部部长陈宝生说："增强职业教育适应性支撑在产业。"产教融合是职业教育的本质特征，也是基本路径。只有基于产业链来谋划发展职业教育，才能让职业教育内生于经济社会，形成教育链、人才链与产业链、创新链共生共荣的生态系统。国务院印发《国家职业教育改革实施方案》，就是为了通过政府放开职业教育主办权，达成社会多元办学的格局。综上所述，社会需求具有混合所有制特征的眼镜产业学院，这也是国家顺应经济社会发展、提升人力资源质量的产物。根据国家卫健委在2021年公布的数据，2020年我国儿童青少年总体近视患病率达到52.7%，高中生群体近视患病率达到80.5%。培养视觉健康防护人员对儿童青少年近视防护工作非常必要，而目前全国只有近80所高职院校培养相关专业人员，南少北多，资源不均，培养质量有所区别。

二、主要做法

（一）构建"双元六共"混合所有制产教融合模式

职业院校混合所有制产业学院运行和发展的核心是深化产教融合共同育人。学校联合浙江大光明眼镜有限公司等与眼镜产业相关的10家龙头企业，共建眼镜产业学院。眼镜产业学院由眼视光技术等4个专业组成的专业群，针对眼镜视光产业链，结合关键岗位群各自需求，精准定位岗位职能，利用校企各自优势资源，进行联合人才培养。学院通过广泛调研与论证，

使产业链与专业群无缝对接，创新性地提出"双元六共"混合所有制产教融合模式（如图1所示），充分发挥学院人才、技术等强项和企业设备、资金等优势，定向培养行业新型紧缺人才，开展行业前沿技术研究。

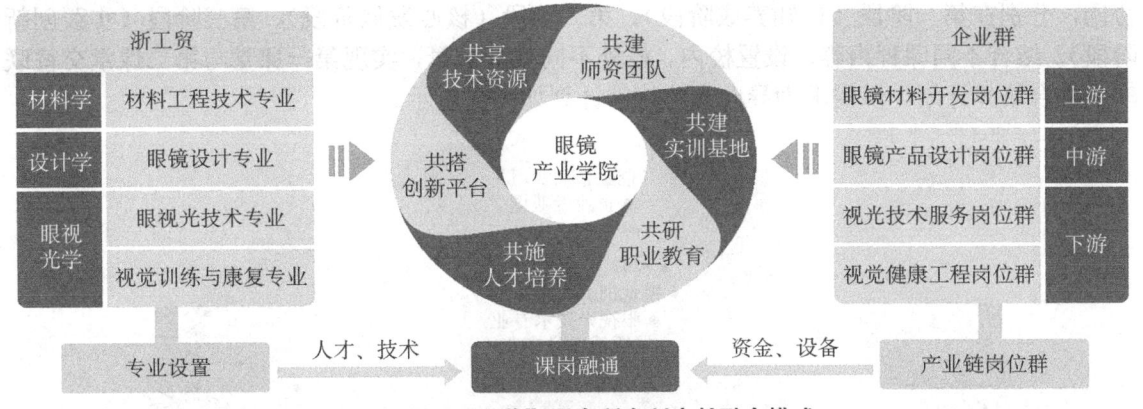

图1 "双元六共"混合所有制产教融合模式

（二）推进"双元六共"混合所有制具体内容

1. 建成理事会领导下的运行管理制度

结合学院发展状况和国务院在2019年印发的《国家职业教育改革实施方案》，眼镜产业学院创新性地构建产业学院运行模式。为保证人才培养顺利完成，实现内部跨界跨类融合、各方优势互补，达到校企共享模式，在以眼镜产业学院理事会为主体单位领导下，眼镜产业学院形成工作标准、组织运行、研究完成、质量评价四个内容的闭环运行机制，建立"课程共构、师资共用、基地共建、资源共创、成果共享"的校企内部协同发展机制，推出评价人才适应社会需求能力、动态调整能力、服务贡献能力三种能力的机制。眼镜产业学院理事会定期召开会议，主要商讨人才培养标准、经费使用、年度计划等事宜。眼镜产业学院理事会运行机制如图2所示。

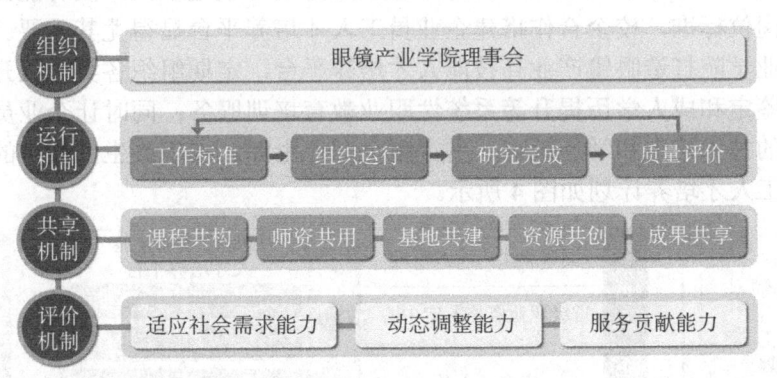

图2 眼镜产业学院理事会运行机制

2. 共建多模式，校企"双主体"育人

（1）以需求为导向进行在校生培养。

依托"基地+学院+联盟"的立体化产教融合平台，以创新型、复合型人才需求为导向，

眼镜产业学院开展全链条、宽领域、多形式的现代学徒制人才培养。校企共建依视路特色班、AOJO 设计工作坊、浙江天明创业班、大光明智慧班等不同就业去向特色班，在保证正常人才培养方案执行的情况下，提前加入企业职业生涯规划课程，满足各类人才培养需求。校企协同，分别在第一阶段（认知养成阶段）、第二阶段（核心发展阶段）、第三阶段（实践创新阶段），结合不同课程内容，设置校内、校外不同教育场景，实现第一课堂与第二课堂交替联动的混合培养计划。以需求为导向人才培养计划如图 3 所示。

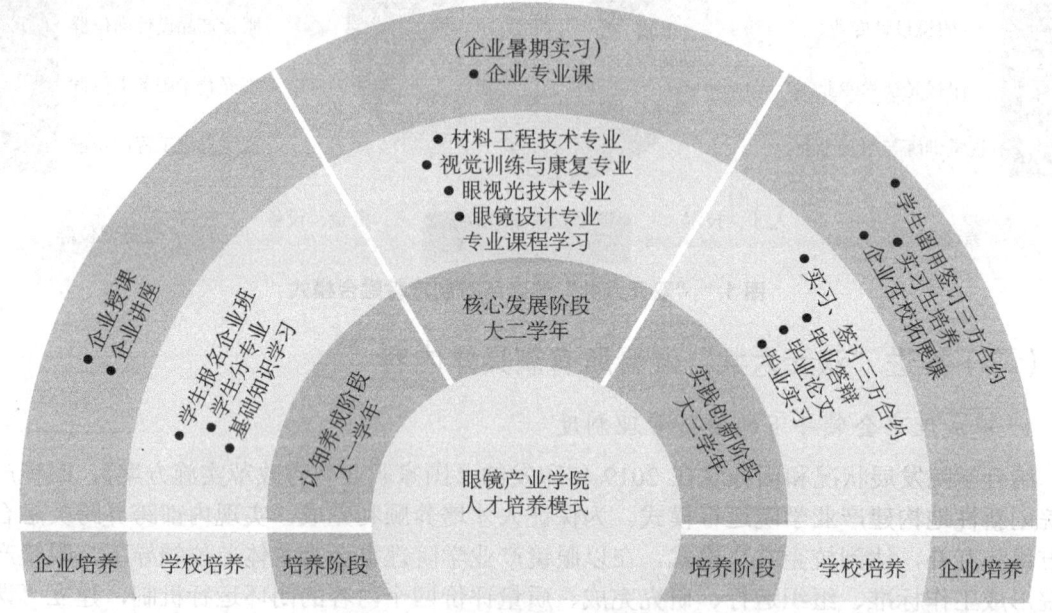

图 3 以需求为导向人才培养计划

（2）以平台为依托建立企业员工培养计划。

目前，高等院校人才培养规格与眼镜产业链上相关企业需求岗位能力要求存在错位，而眼镜行业企业基本上是中小型企业，大部分企业是劳动密集型企业，没有能力建立完善的人才培养制度和岗位标准，校企合作搭建企业员工人才培养平台显得尤其重要。依托学校现有资源，眼镜产业学院打造眼镜产业高技能人才培养平台，定期组织各类班级开展职业技能培训、职业资格鉴定和成人学历提升等系统性职业教育培训服务；同时让企业员工也能享受到正规高等院校的技术培训和学历教育，贯穿整个职业生涯，实现终生受教育的目标。以平台为依托企业员工人才培养计划如图 4 所示。

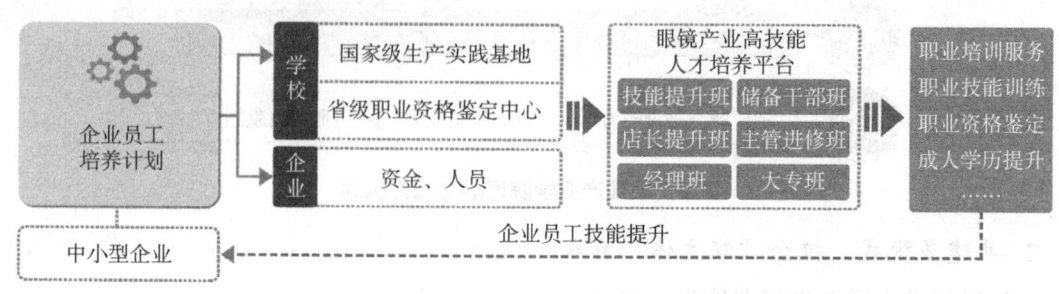

图 4 以平台为依托企业员工人才培养计划

3. 建立双流向机制，共搭"三师三能"高水平师资团队

推进高职院校混合所有制办学的关键是促进师资双向流动。眼镜产业学院实施教师、工程师、培训师计划，打造具有教学能力、学习能力、研究能力的"三师三能"工程。学校通过青年教师访工、骨干教师访学、名师建平台等方式，企业通过技术人员进校学习、技术骨干进课堂讲课、企业领导与名师共建平台等方式，进行师资队伍培养；制订"校企立交桥"方案，实施"教师入企、技术人员进课堂"实践项目，优化校企人才双向流动机制。"三师三能"教师团队培养模式如图5所示。

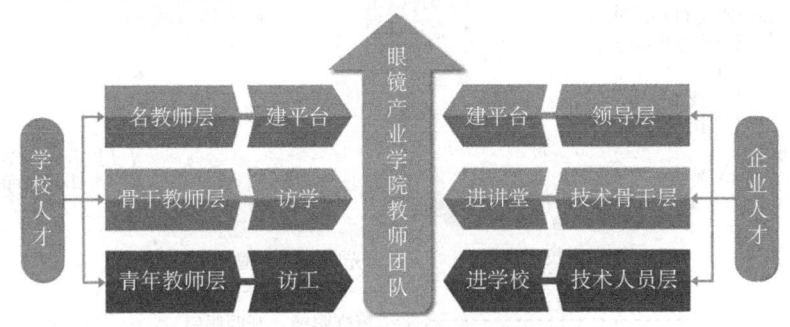

图5 "三师三能"教师团队培养模式

4. 依托区域优质资源，共建"1+X"高水平实训基地群

眼镜产业学院以市场需求人才规格为导向，建成以学校为核心、企业群参与的校企共享"1+X"高水平实训基地群。高水平实训基地群是由学校拥有的从市级到国家级的实训基地、浙工贸-中国眼谷产教融合示范基地和企业拥有的省市级大师工作室等组成，建成"育人标准统一、人才标准统一、场地标准统一、设备标准统一"的人才培养核心标准，并具有"校中厂""厂中校"等特点。人才培养标准如图6所示。

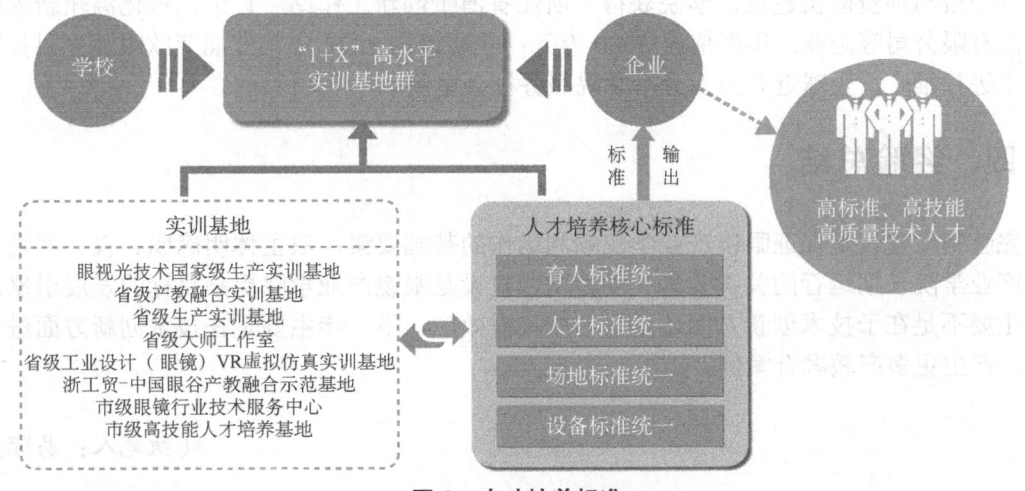

图6 人才培养标准

5. 共搭双创平台，提升技术服务能力

眼镜产业学院通过搭建双创平台，拓宽就业渠道，提高人才就业质量，如图7所示。根据眼镜产业发展趋势，学院进行不同层次的平台共建：打造全国首个眼镜视光综合服务云平

台（"云镜"技术服务中心），助力眼镜零售企业智能化转型和竞争力提升；成立浙江儿童眼镜创新服务中心，加速推进新技术在儿童眼镜制造与验光配镜领域的应用，提升学生在眼镜产品开发领域的竞争力；成立温台眼镜材料检测与应用服务中心，提供镜片、镜架成分分析等材料检测服务，填补人才培养空白。

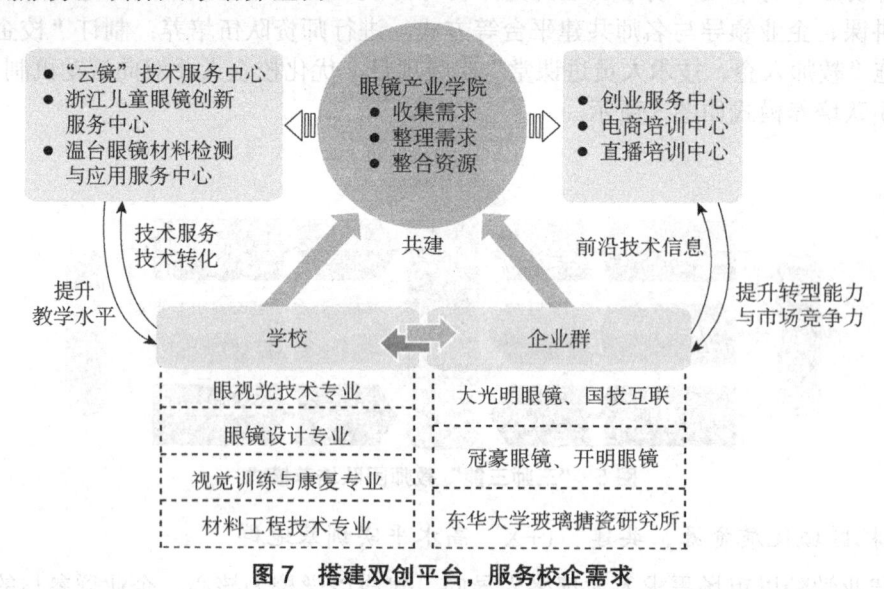

图 7 搭建双创平台，服务校企需求

三、成果成效

眼镜产业学院相关经验案例参加市省教育部门评审，分别获得一等奖、二等奖。通过产教融合平台与师资队伍建设，学院获得"浙江省博士创新工作站"1 个；孵化温州新森维竹木制品有限公司等企业，年产值近 3000 万元；获邀请在 2022 年第三届亚欧眼视光科技国际会议上进行推广，全球近 6 万人分享学院服务社会案例。

四、经验总结

完善制度建设是保证眼镜产业学院顺利运作的基础要素；双主体明确职、权、利是保证眼镜产业学院长期运行的关键要素；创新平台建设是眼镜产业学院更高目标的发展引擎。本案例主要不足在于技术创新方面还没有形成集群效应，下一步主要是在技术创新方面进一步深化，产生更多产教融合案例。

（执笔人：易际磐）

基于"工匠工坊"的软件技术专业现代学徒制实践探索

摘　要：当前职业教育普遍存在人才培养与软件产业人才需求脱节的问题，社会产业升级迭代，软件人才需求缺口巨大。人工智能分院与中软国际等行业龙头企业共建软件工匠工坊，以工坊为载体，推进现代学徒制试点，联合探索"岗位分流、精准育人"软件人才培养的新机制、新模式、新路径，培育符合时代需求、具有现代工匠精神和职业综合能力强的软件技术人才，成效显著。

关键词：产教融合；软件技术；工匠工坊

一、实施背景

当前职业教育普遍存在人才培养与软件产业需求、课程内容与职业标准、教学过程与生产过程相对脱节，以及重理论、轻实践的问题。人工智能等新一代信息技术是国务院确定的战略性新兴产业，是《浙江省培育发展战略性新兴产业行动计划（2017—2020年）》中规定的重点发展产业。据国内权威数据统计，未来数年，我国IT相关从业人员总需求量高达近2000万人，其中"软件开发""大数据""UI设计"等人才缺口最为突出。

浙江工贸职业技术学院软件技术专业依托本专业浙江省"十三五"优势建设项目和教育部第二批现代学徒制试点项目，与合作企业共同对软件产业岗位群进行深入剖析，对接软件行业岗位群，以岗位基础相通、技术领域相近、职业岗位相关原则，结合学情大数据分析，遴选岗位群，以岗位群建设专业并动态调整；对接岗位群，构建以"厚基础、侧岗位、重实践"为特色的"平台+岗位+实战"的模块化岗位课程体系。校企共建产教融合平台，共同制订人才培养方案，依据人才培养的长板理论，以学生为中心，实施扬长教育，挖掘学生的最大潜能。学校探索以产教融合为基础的"岗位分流、精准育人"的软件技术人才培养路径。

二、主要做法

（一）岗位分流、精准育人，创新软件人才培养新模式

针对普通高中、"三校"生等不同类型生源，软件技术专业以国家专业教学大纲为指导，对接产业发展前沿和中软国际等头部企业的岗位标准，与合作企业共同制订软件技术人才培养方案；依据软件技术人才培养规律，以学生为中心，以长板理论为理念，实施扬长教育。学生在第一学期完成专业平台课程之后，依据自身的能力与兴趣在目标岗位群内自主选择一

个岗位成才路线，重组岗位班级，并以岗位班为载体，以岗位分类培养，并辅以现代学徒制、传统教学等育人模式，因材施教，精准育人，创新软件技术专业人才培养模式。软件技术专业现代学徒制"岗位分流、精准育人"的人才培养模式如图 1 所示。

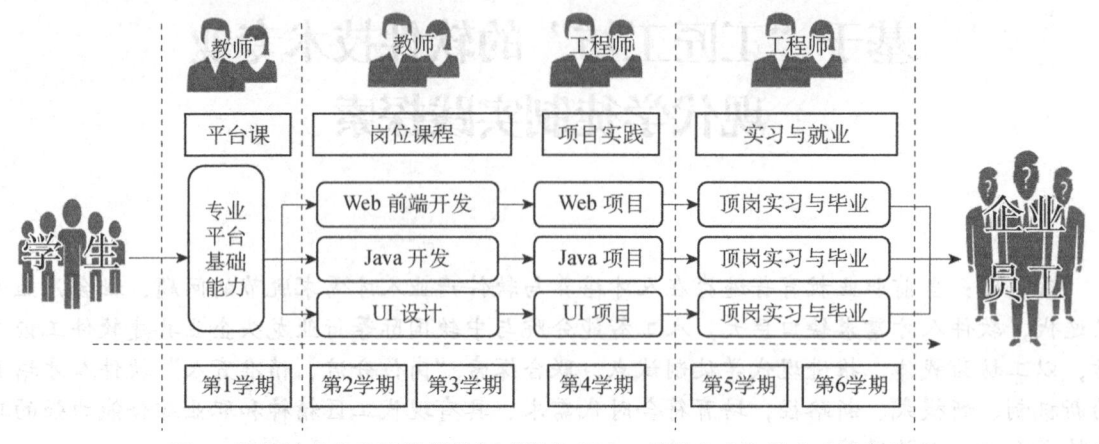

图 1 软件技术专业现代学徒制"岗位分流、精准育人"的人才培养模式

自 2015 年起，软件技术专业与温州电子研究院等合作企业，根据软件技术人才成才特点，以软件工匠工坊为载体，以先招生后招工的方式，开展现代学徒制人才培养试点，2017 年立项为教育部第二批现代学徒制试点项目，现有在校软件学徒达 150 人。

（二）共建软件工匠工坊，创新协同育人机制

学校与中软国际科技有限公司等合作企业共建软件工匠工坊等产教融合平台（如图 2 所示），校企联合出台《浙江工贸职业技术学院产教融合与校企合作管理促进办法》《浙江工贸职业技术学院现代学徒制管理制度》等政策，全面推进校企共建教学团队、共建课程体系、共同实施项目化教学、共同制定成果导向教学多元评价体系、共同制订人才培养方案的校企协同育人机制，如图 3 所示。以现代学徒制班级和岗位班级为载体，校企双元育人的参与学生规模达到 1000 余人，参与率为 100%；常驻校工程师有 5 人，企业工程师承担教学工作量 1500 课时/年以上。校企共同制订 2017 级、2018 级、2019 级、2020 级、2021 级和 2022 级软件技术专业人才培养方案。

图 2 软件技术专业工匠工坊场景

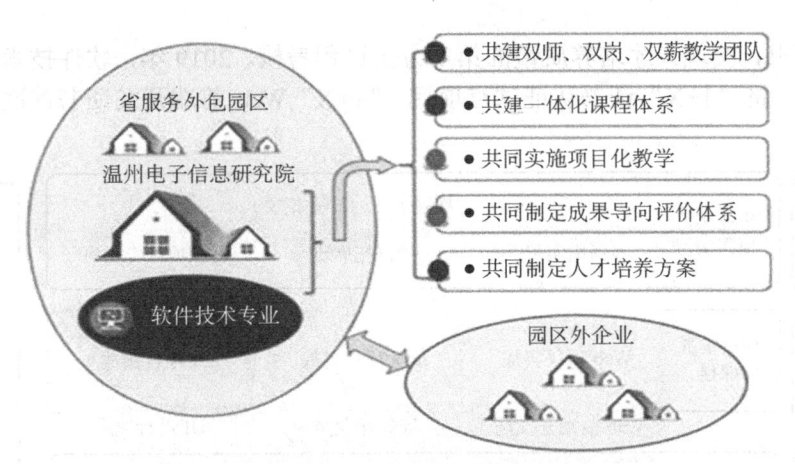

图3 软件技术专业产教融合协同育人机制

（三）以岗位人才需求为导向，重构软件专业培养目标、建立动态调整机制

为解决软件专业人才培养与产业脱节等问题，软件技术专业依托浙江省优势专业等建设项目，与中软国际等合作企业建立以岗位人才需求为导向的专业建设理念，以岗位基础相通、技术领域相近、职业岗位相关为原则，结合学情大数据分析，对接软件产业岗位群，遴选出Java开发岗、Web前端开发岗和UI设计岗三个岗位，并将其作为软件技术专业人才培养岗位目标。

软件技术专业跟随产业升级和技术发展趋势，发挥教育对产业转型升级的支撑引领作用，建立了动态调整机制。经由校企专家组成的专业指导委员会建议，软件技术专业在2017年新增Web前端开发岗，裁撤移动应用开发岗，形成以Java开发岗与Web前端开发岗为核心，以UI设计岗为支撑，具有人才培养岗位集群优势的软件技术专业。

（四）精准对接岗位群，重构专业岗位模块化课程体系

软件技术专业对接岗位群，重构课程体系，构建以"厚基础、侧岗位、重实践"为特色的"平台+岗位+实战"的模块化"课岗赛"融合岗位课程体系，如图4所示。其中平台课程重点培养学生的专业通用基础能力，岗位课程着重培养对应岗位的核心岗位技能，项目实战课程着重培养学生的项目实战能力，使学生积累项目开发经验，根据岗位实际过程将行业前沿技术融入教学内容，实现以岗位能力为核心的三级递进；将岗位用人标准与职业技能竞赛标准融入专业群的岗位课程标准，建成"课岗结合、课赛融合"的岗位核心课程群，持续融入IT前沿技术，更新课程教学内容，为实现IT专业群精准育人提供保障。

软件技术专业与合作企业共同建设"Java程序设计基础""Java Web应用开发"等12门核心岗位课程标准，共同开发基于工作过程和岗位要求的"MySQL数据库应用技术"等6门课程教学资源。

（五）对接"1+X"认证制度，建立多元化的成果导向质量考核评价体系

根据培养目标和毕业要求，校企共同建立多元成果导向的考核评价体系，如图5所示。校企共同组建质量监督与评估小组，考核评价内容包括课程项目化考核、企业评价和教育部

"1+X"技能证书，实现人才培养质量的第三方全过程考核。2019年，软件技术专业立项教育部第一批、第二批"1+X"证书认证试点项目，"1+X"Web前端开发证书首次通过率居全省第一位。

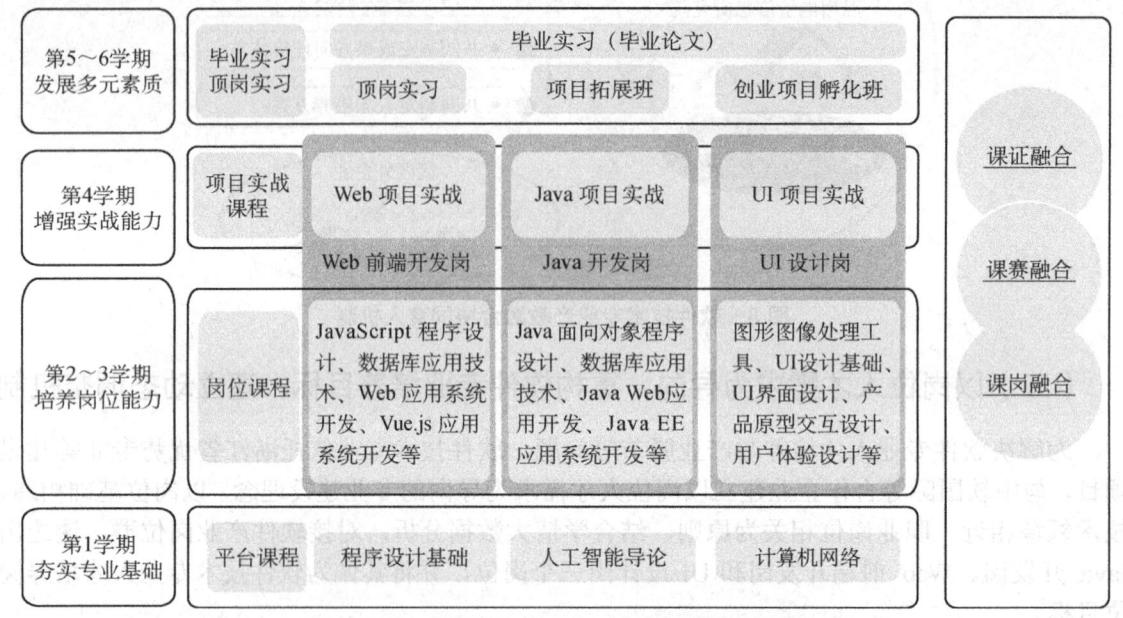

图4 "平台+岗位+实战"的模块化"课岗赛"融合岗位课程体系

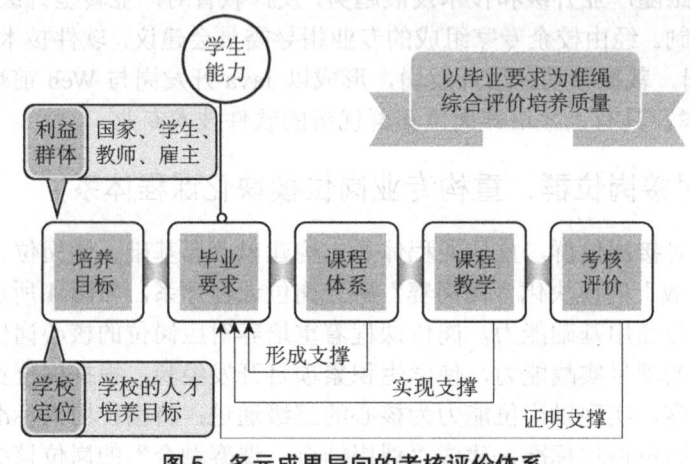

图5 多元成果导向的考核评价体系

三、成果成效

（一）人才培养质量显著提高

软件技术专业累计向社会输出毕业生3000余人。浙江省教育评估院报告显示，软件技术专业毕业生2019—2021年创业率在8%以上，专业对口率在60%以上，就业率在98%以上，毕业后三年薪资水平位居全省前列；250余人次学生在以全国职业院校技能大赛为代表的各类技能竞赛中获得15个国家级奖项与60余个省级奖项。在"1+X"证书认证考试中，软件技术专业学生通过率位居全国前列。

（二）专业建设成果丰硕，影响广泛

软件技术专业建成国家级骨干专业 1 个、国家级现代学徒制试点项目 1 个、国家级高技能人才培训基地 1 个、教育部"1+X"证书认证试点证书 2 个，以及以软件技术专业为龙头的省级"双高"专业群 1 个、省级优势专业 1 个、省级现代学徒制试点项目 1 个（已验收）；获得浙江省师德先进个人称号 1 人、浙江省专业带头人称号 4 人，3 人入选全国职业院校技能大赛赛项专家组；建立省级实训基地 1 个；建成 2 门省级在线精品开放课程，出版《数据库应用技术》等教材 7 本，在《中国职业教育技术》等期刊发表论文 18 篇；拥有省级教改项目 10 余项、省部级科研项目 20 余项；社会技术服务到款 400 余万元/年。案例"软件技术专业产教融合人才培养模式探索与实践"入选全国软件行业优秀案例。

四、经验总结

（一）创新性地提出精准育人新模式

依据人才培养的长板理论、扬长教育理念，软件技术专业创新性地提出软件技术专业岗位分流、精准育人模式。针对多样化的生源，以学生为中心，辅以现代学徒制、传统教学等育人模式，岗位分流，精准育人，解决了单一人才培养模式无法适应多样化生源培养的问题，满足了学生个性化成才的需求。

（二）以岗位人才需求为导向，推进专业建设

软件技术专业对接岗位群，构建以厚基础、侧岗位、重实践为特色的"专业基础（平台）+岗位核心能力（岗位）+项目实战能力（实战）"的"课岗赛"岗位模块化课程体系；搭建产教融合平台，创新校企协同育人机制，组建校企双元协同模块化教学团队；以学生为中心，岗位分类培养，因材施教，精准育人。校企共建产教融合平台，实现资源共建共享。软件技术专业人才培养质量显著提升，探索出了一条培养具有现代工匠精神和职业综合能力的软件技术人才的培养路径。

五、推广应用

软件技术专业现代学徒制从 2015 年开始试点，2019 年通过教育部现代学徒制试点验收。借鉴现代学徒制经验，2020 年，软件技术专业和浙江索思科技共建索思工匠坊，深化产教融合，进一步完善了校企合作育人机制。"岗位分流、精准育人"的人才培养模式已在人工智能专业群内其他专业进行推广。"基于产教融合的岗位分流、精准育人"人才培养模式入选软件行业产教融合案例库，被台州职业技术学院、厦门软件职业技术学院、福建船政交通职业学院等多所省内外院校借鉴，并获得同行高度认可。

（执笔人：金慧峰）

基于产业学院的物流管理专业现代学徒制育人实践与探索

摘　要：学校物流管理专业聚焦人才培养质量提升和区域产业发展，创新物流管理专业现代学徒制人才培养模式，设计以岗位能力培养为重点的渐进式现代学徒制教学组织形式，优化学生职业素养的培养路径，并提出基于产业学院的物流管理专业现代学徒制育人实践的推广。

关键词：现代学徒制育人；校企合作；物流管理专业；产业学院

一、实施背景

2015年8月，教育部选定第一批现代学徒制试点单位，确定"校企合作、联合培养"的现代学徒制人才培养模式，现代学徒制成为新时代职业教育普遍关注的领域。物流管理专业作为教育部第二批现代学徒制试点专业，联合浙江人本物流服务有限公司开展现代学徒制试点，在合作过程中存在培养目标与规格不高、现代学徒制校企组合有效配对难、学生职业发展空间窄、合作企业接纳学徒容量小、职业资格标准不统一等问题，亟须通过创新现代学徒制试点模式，提高人才培养质量和试点成效。

（一）培养目标与规格不高

校企合作"一头冷、一头热"，企业参与人才培养不够积极，学校单方面制订人才培养方案，难以准确及时体现企业对学生专业知识、技术技能、职业素养等的要求，导致人才培养目标与规格定位不高。

（二）现代学徒制校企组合有效配对难

在现代学徒制合作过程中，校企双方的利益诉求存在差异，存在企业方参与动力不足、校企组合有效配对难、合作关系不稳定等问题。

（三）学生职业发展空间窄

就单个现代学徒制合作企业而言，聘请业务能力强、教学水平高的管理骨干为企业导师，通过传帮带的方式带教学徒，加快了学生的职业成长，因为合作企业固定，所以存在学生职业发展岗位和空间受限的问题。

（四）合作企业接纳学徒容量小

现代学徒制"招生即招工"的人才培养理念，使合作企业前期的人力、物力、财力投入较大，预期付出的综合成本较高，在落实合作单位上存在困难。受规模所限，企业招纳学徒学生的数量往往不多。

（五）职业资格标准不统一

在物流管理专业人才培养过程中，由于企业和学校本身遵循的职业资格标准不统一，而且企业参与育人的深度不够，很难达成统一的职业资格标准，从而影响学徒培养的质量。

二、主要做法

（一）聚焦人才培养和产业共性需求，共建产业学院

浙江工贸职业技术学院与温州市道路运输管理局（温州市公路与运输管理中心）、浙江大学管理学院、温州市物流商会等合作，共建产业学院（温州现代物流学院）。温州现代物流学院将政府的政策优势、学院的育人优势、浙大的科研优势、商会的企业资源优势进行了有机的整合，为物流管理专业人才培养、科学研究与社会服务等功能的发挥创造了有利条件。物流管理专业依托温州现代物流学院平台，围绕区域物流产业发展，聚焦人才培养和产业共性需求，将平台汇聚的政府、重点大学、协会、企业等资源融入现代学徒制人才培养全过程，如图1所示。

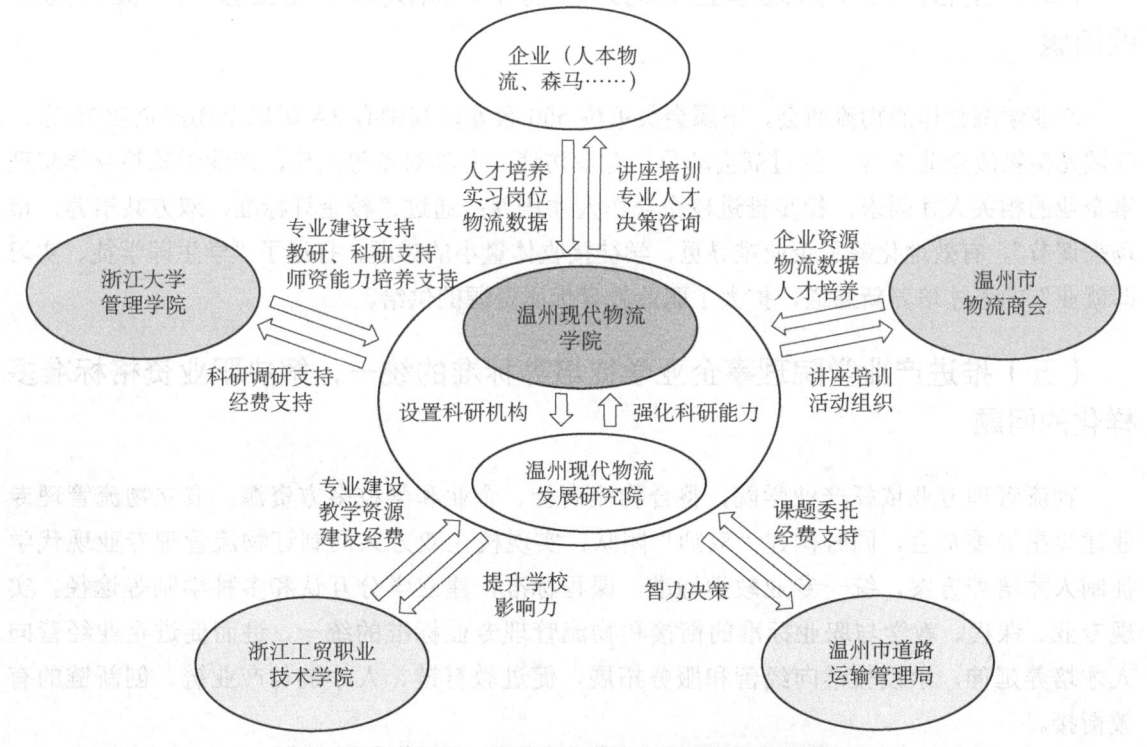

图1 政产学研用，共建产业学院（温州现代物流学院）

（二）开辟产业学院的全通道式有机协作路径，解决现代学徒制校企组合有效配对难的问题

物流管理专业紧紧依托产业学院优势，充分发挥产业学院的平台作用，推动校企之间全通道式有机协作。物流管理专业认真遴选一批既具有雄厚经济实力，又具有区域乃至全国影响力，更有浓厚教育情结的产业学院理事企业，作为合作伙伴，开展现代学徒制试点。合作双方培养的既是学院的"学生"，又是企业的"员工"。因此，合作企业自觉自愿地倾力投入技术精英、骨干管理人员、设备和资金等大量资源，实现校企共享资源、协同育人的目标。同时，企业全方位参与人才培养全过程，确保人才培养供给侧和企业需求侧在结构、质量、水平上的高度匹配，从根本上解决了校企合作过程中企业方参与动力不足、合作关系不稳定等问题，显著提升了校企合作质量。

（三）明确学生的职业发展方向，解决学生职业发展空间窄的问题

产业学院和现代学徒制的有效衔接，助推学生成长路径实现"就业面向横向协同，职业发展纵向贯通"。就产业学院而言，经过学院理事企业培养的学生，既可在本企业就业，也可到学院其他理事企业相同或相近的岗位就业。这不仅拓展了学生就业的行业领域和职业空间，也为产业学院合作企业人才培养的交流和共享提供了良好的条件。

（四）整合产业学院理事企业的人才需求，解决单一企业接纳学徒容量小的问题

产业学院合作的物流商会，下属会员单位500余家，其中有3A级以上物流企业70家、区域龙头物流企业8家。经过商会动员、专业访谈、专项对接等工作，产业学院整合学院理事企业的相关人才需求，稳步推进校企合作人才培养；通过"校企订标准，双方共培养，市场来调节"，有效地化解了企业难寻觅、学徒接收体量小的难题，打通了"学生即学徒、实习即就业"的人才培养新通道，扩大了职业教育优质资源的供给。

（五）推进产业学院理事企业学徒培养标准的统一，解决职业资格标准多样化的问题

物流管理专业依托产业学院，整合物流商会、企业和学校多方资源，成立物流管理专业建设指导委员会，同时构建"双师"团队，实现校企双方共同制订物流管理专业现代学徒制人才培养方案，统一专业教学标准、课程标准，建立学分互认和多种学制等途径，实现专业、课程、教学与职业标准的衔接和物流管理专业标准的统一，进而促进企业经营向人才培养延伸，学校教学向经营和服务拓展，促进教育链、人才链与产业链、创新链的有效衔接。

三、成果成效

（一）理论实践成果丰硕，起到积极的示范作用

物流管理专业聚焦人才培养质量提升和区域产业发展，创新现代学徒制人才培养模式，设计了以岗位能力培养为重点的渐进式现代学徒制教学组织形式，优化了学生职业素养的培养路径，项目理论研究和实践探索成果丰硕。在实践方面，物流管理专业成功通过教育部第二批现代学徒制试点专业的验收，开发了现代学徒制人才培养方案、核心课程标准和运行管理机制各 1 套，联合产业学院理事单位浙江人本物流等合作企业成立学徒班，目前有 260 余名学徒在企业就业，并担任中层及以上管理岗位，现代学徒制的研究成果同时在顺丰物流、森马物流等其他理事企业推广应用。案例成果在理论和实践层面都取得了较好成效，起到了积极的示范作用，形成了较大影响力，如图 2 所示。

（二）专业建设显著增强，人才培养质量显著提升

通过基于产业学院的现代学徒制人才培养的成功实践，物流管理专业建设显著增强，连续五年在全校专业评估中处于前五名。现代学徒制培养的学生动手能力强，职业素养高，融入企业早，综合优势明显，深受合作企业的欢迎和关注。物流管理专业学生在全国高职"挑战杯"、浙江省现代物流作业方案设计与实施竞赛等各类创新创业、职业技能竞赛中屡获佳绩，其中获全国特等奖 1 项、省级一等奖以上奖项共计 12 项。

（三）专业服务产业能力增强，专业影响力持续扩大

通过基于产业学院的现代学徒制人才培养试点，物流管理专业教师技术技能积累更为深厚。2018—2022 年，物流管理专业教师团队共承接政府和企业委托横向课题 40 余项，包括政策起草、产业规划编制、对策调研等横向项目，协助温州市申报并成功入选国家城乡高效配送试点城市、浙江省城市共同配送试点城市；每年联合温州市人力资源和社会保障局、公路与运输管理中心（市道路运输管理局）举办物流高级研修班、物流企业负责人赴浙江大学高级培训班、物流基层培训班等各类培训活动。物流管理专业累计开展物流培训 12000 多人次，人民网、《温州日报》、《温州新闻联播》、《温州都市报》等媒体进行了专题报道。

四、经验总结

（一）打造"政产学研用"的高职现代学徒制育人平台

为更好地实现资源优化配置和效益的最大化，物流管理专业通过整合政府、重点大学、协会、企业等各方的力量和优势，形成"政产学研用"的高职现代学徒制育人平台建设新理念。

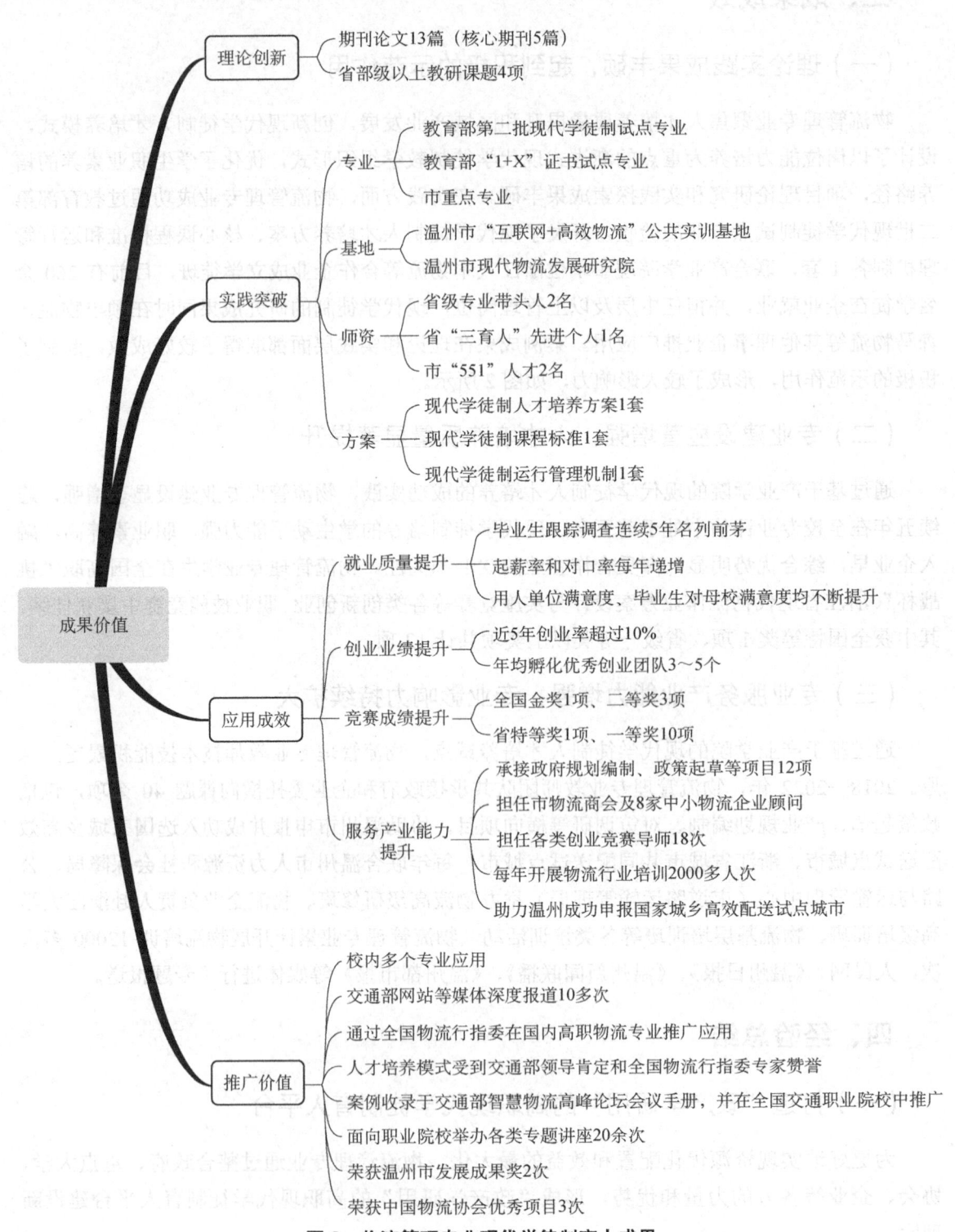

```
                                      ┌── 期刊论文13篇（核心期刊5篇）
                       ┌── 理论创新 ──┤
                       │              └── 省部级以上教研课题4项
                       │
                       │              ┌──────── 教育部第二批现代学徒制试点专业
                       │         ┌─专业┼──────── 教育部"1+X"证书试点专业
                       │         │    └──────── 市重点专业
                       │         │
                       │         │    ┌──────── 温州市"互联网+高效物流"公共实训基地
                       │         ├─基地┤
                       │         │    └──────── 温州市现代物流发展研究院
                       ├── 实践突破 ──┤
                       │         │    ┌──────── 省级专业带头人2名
                       │         ├─师资┼──────── 省"三育人"先进个人1名
                       │         │    └──────── 市"551"人才2名
                       │         │
                       │         │    ┌──────── 现代学徒制人才培养方案1套
                       │         └─方案┼──────── 现代学徒制课程标准1套
                       │              └──────── 现代学徒制运行管理机制1套
                       │
                       │              ┌──────── 毕业生跟踪调查连续5年名列前茅
                       │         ┌就业质量提升┼── 起薪率和对口率每年递增
                       │         │    └──────── 用人单位满意度、毕业生对母校满意度均不断提升
                       │         │
                       │         │    ┌──────── 近5年创业率超过10%
                       │         ├创业业绩提升┤
                       │         │    └──────── 年均孵化优秀创业团队3~5个
                       │         │
成果价值 ──┼── 应用成效 ──┤    ┌──────── 全国金奖1项、二等奖3项
                       │         ├竞赛成绩提升┤
                       │         │    └──────── 省特等奖1项、一等奖10项
                       │         │
                       │         │              ┌── 承接政府规划编制、政策起草等项目12项
                       │         │              ├── 担任市物流商会及8家中小物流企业顾问
                       │         └服务产业能力  ┤
                       │           提升         ├── 担任各类创业竞赛导师18次
                       │                        ├── 每年开展物流行业培训2000多人次
                       │                        └── 助力温州成功申报国家城乡高效配送试点城市
                       │
                       │              ┌──────── 校内多个专业应用
                       │              ├──────── 交通部网站等媒体深度报道10多次
                       │              ├──────── 通过全国物流行指委在国内高职物流专业推广应用
                       └── 推广价值 ──┼──────── 人才培养模式受到交通部领导肯定和全国物流行指委专家赞誉
                                      ├──────── 案例收录于交通部智慧物流高峰论坛会议手册，并在全国交通职业院校中推广
                                      ├──────── 面向职业院校举办各类专题讲座20余次
                                      ├──────── 荣获温州市发展成果奖2次
                                      └──────── 荣获中国物流协会优秀项目3次
```

图2 物流管理专业现代学徒制育人成果

（二）创新物流管理专业现代学徒制"二四四"人才培养模式

物流管理专业依托产业学院平台，在理事企业中遴选出优质企业，达成现代学徒制人才培养合作意向，在实践中逐渐形成物流管理专业现代学徒制"二四四"人才培养模式，如图3所示。

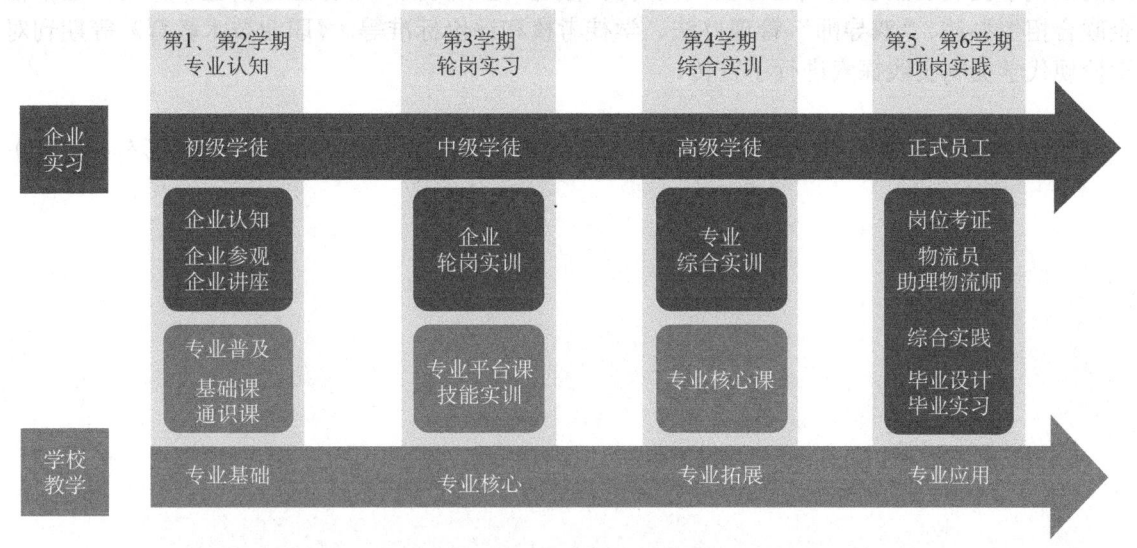

图3　物流管理专业现代学徒制"二四四"人才培养模式

（三）设计现代学徒制"渐进式"教学组织形式

自开展现代学徒制人才培养实践以来，基于物流人才培养规律和合作企业生产经营特点，物流管理专业和企业共同设计了现代学徒制"渐进式"教学组织模式，如图4所示。

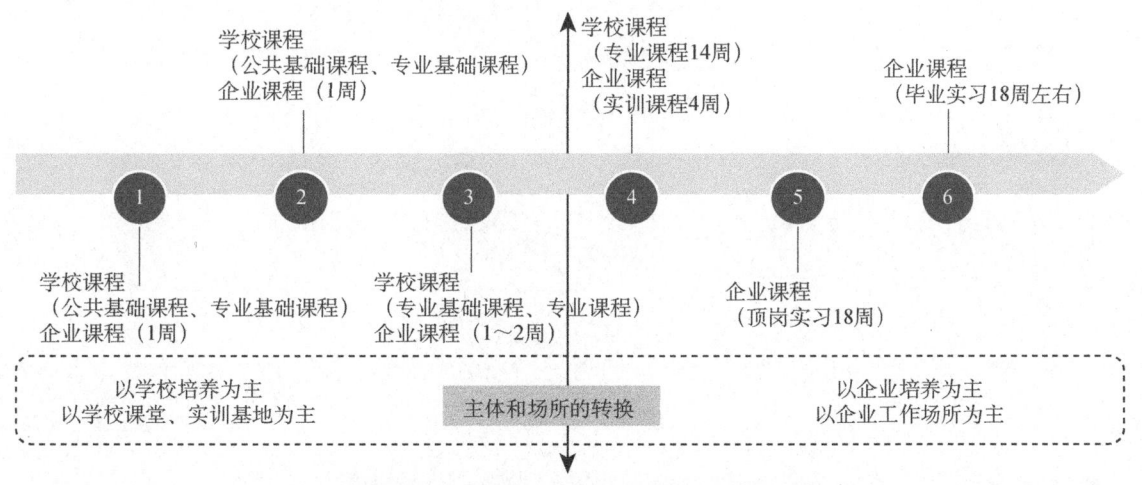

图4　物流管理专业现代学徒制"渐进式"教学组织模式

五、推广应用

物流管理专业在现代学徒培养经验积累的基础上，把产业学院办学与实施现代学徒制育人有机结合,全面进行现代学徒制育人实践与探索,突破了现代学徒制实施的诸多困境。该项目显著提高了产教融合、校企合作质量,以及高素质人才培养数量,形成可借鉴、可复制、可推广的需求导向型人才培养模式,成为深化产教融合、校企合作的成功案例。基于产业学院的现代学徒制的整套相关运行模式被省内外众多兄弟院校、合作企业借鉴和应用,包括校企联合招生办法、"双导师"管理办法、学徒考核和评价标准等。《职业技术教育》等期刊对学校现代学徒制实践探索进行了宣传。

(执笔人:何丹)

政企学研深融合，创新文创学院发展新模式

摘　要：温州文化创意学院自2014年成立以来，实行理事会领导下的院长负责制，是为温州文化创意产业发展提供人才与智力支撑的产业学院。学院本着"合作、融入、共赢"的原则，通过汇聚各方力量，加快温州市文化创意人才培养体系建设，为温州市文化创意产业发展提供人才保证和智力支持，真正形成了政企学研多方联盟协同创新的现代职业教育模式。

关键词：文创学院；政企学研；多元资源服务平台；文化创意园

一、实施背景

近年来，温州市文化产业发展取得了明显成效，产业总量和规模不断扩大，新兴文化创意产业快速发展。根据《中共温州市委温州市人民政府关于进一步加快实体经济发展的意见》等文件精神，温州市委、市政府提出实施"五一〇产业培育提升工程"，把文化创意产业列为今后大力培育和发展的十大战略性新兴产业之一，这为文化产业转型升级、赶超发展创造了历史性机遇。但是，温州市文化创意设计、文化产业经营管理、非物质文化遗产传承和时尚休闲等方面的人才数量和结构远不能满足文化产业发展的需要，技能应用型、跨学科融合型和文化创新型人才培养相对滞后，人才供求矛盾日益突出。文化产业人才匮乏问题成为制约温州文化产业向支柱性时尚创意产业目标发展的主要瓶颈。

温州文化创意学院由温州市委宣传部、温州市文广新局和浙江工贸职业技术学院三方共建而成，实行理事会领导下的院长负责制，目标是建成为一所具有温州地方特色的产业学院，同时引进中国传媒大学为合作方，由其提供教学、科研和学科支持。

温州文化创意学院主要工作目标是进行专业人才培养、对从业人员进行培训、针对温州实际和国内外文化创意产业发展实际进行理论研究及发展规划制定、进行国内外文化交流等。本着"资源整合、开放互动、服务提升"的原则，温州文化创意学院开展了一系列的教学改革与实践，探索出了一条"开放+整合、服务+提升、个性+德行"的人才培养模式，取得了一定的成绩，并且具有一定的特色。

二、主要做法

（一）搭建政企学研多元资源服务平台

温州文化创意学院是由温州市委宣传部、温州市文广新局与浙江工贸职业技术学院联合共建的，并且邀请中国传媒大学加盟，提供教学、科研、师资等资源。同时，学院实行理事会领导下的院长负责制，理事会由政府、浙江工贸职业技术学院、中国传媒大学文化发展研

究院、社会学者、文化类企业、行业协会等组成。学院每年至少召开一次理事大会，向理事汇报工作，理事会同时对下一年的工作计划进行审议。温州文化创意学院平台本身就是各种优质教育资源整合的平台。

学院每学期召开一次由理事会成员、特邀行业企业代表、师生代表组成的专业建设指导委员会，对人才培养方案、人才定位、课程设置、教学改革等进行研究和探讨，形成统一意见，成为下一步工作方向和整改措施。学院还聘请企业的能工巧匠来学院做兼职教师。到目前为止，学院共计聘请30多位社会兼职教师，他们把企业的先进经验和体验带给学生，使学生不断提高生产技能和劳动职业情感。学院每学期都确立一个互动主题，到目前为止聘任了大约20多位创业导师、人生规划导师，邀请这些企业家、艺术家导师每周走进课堂，进行"一周一个导师一个主题"的讲座与互动活动。通过这些机制，学院确保了资源的整合互动，确保各种资源人才培养服务功能的发挥。

图1为温州文化创意学院专题讲座。

图1　温州文化创意学院专题讲座

（二）构建文化创意服务全网络

温州文化创意学院是温州市委、市政府支助的文化扶持项目，学院本着"服务、提升、有为、有位"的原则开展了一系列富有成效的工作实践。

1. 参与温州大型文创活动

截至2021年，温州文化创意学院参加了温州各类文创活动几十余次，其中包括文博会、创博会、亚洲青年（温州）微电影节等大型活动，全员全力参加文创活动的组织、宣传、志愿者活动等，得到组委会及温州市委、市政府相关部门的表彰和肯定。

图2为文创专业学生参与温州文博会相关活动。

2. 举办从业人员培训

温州文化创意学院不仅要办好高职教育，培养出优秀的专业性人才，而且还要对温州文化创意类企业的员工加强培训。学院先后举办了多次培训活动,其中大型活动有温州市"时尚之都"文化创意产业人才研修班(如图3所示)、文化创意师暨文化经纪人培训班等,总计培训超 2000 人次。学院面向全国聘请行业知名专家学者来给学员讲课,经过专业化培训,学员的从业技能与素质得到明显提高。

图 2 文创专业学生参与温州文博会相关活动

图 3 温州市"时尚之都"文化创意产业人才研修班

3. 举办"文创空间——学术沙龙"

温州文化创意学院与政府合作，多次举办文创空间学术沙龙，由不同的企业承办，以实际问题为切入点，以解决问题为目的，如"互联网+文化与金融""文创园发展现状与趋势""温州非遗产业路径在何方？"等学术沙龙活动。学院切实为参加企业解决了思想、学术等问题，提供了意见和建议，也进一步增添了温州文化创意产业学术交流氛围。

4. 创刊《温州文创》

温州文化创意学院与政府部门合作创建《温州文创》内部专业期刊，是温州第一本文化创意产业专业杂志，如图4所示。为了做好本项工作，学院特意联系《温州日报》记者参与杂志编辑出版等工作，同时组建师生编辑团队。杂志主要宣传党和国家及地方的文化创意产业发展政策，展示温州文化创意产业发展成就，成为洞察温州文化创意产业发展的重要手段和平台。

图4 《温州文创》杂志

5. 建立"温州城市礼品文化创意研发中心"服务平台

城市礼品作为地方文化软实力的代表，是城市社会文化经济发展的重要体现，也是地方传统文化传播的重要手段。由政府指导，温州文化创意学院作为主要承办负责单位，与兄弟单位温州区域文化研究中心及温州四目联合文化传播有限公司、温州优趣动漫科技有限公司等作为首期联合发起人，共建"温州城市礼品文化创意研发中心"服务平台。平台本着"致力于温州城市礼品文化创意研发，促进文化创意产业发展，打造文化强市"的建设宗旨，以"合作、服务、创新，出精品、出佳品、出名品"为原则，开展卓有成效的创新、研发、商务等系列工作。

（三）加强校企合作

校企合作是高职教育人才培养的基本模式，学校加强与企业的合作是提升高职教育的重要途径。温州文化创意学院自成立以来，本着"合作、共享、服务、发展"的原则，加强与企业乃至社区的合作。

1. 与文创园合作

温州文化创意学院先后与浙江创意园、东瓯智库、智慧谷、南塘街、米房、红莲创意园等文创园合作，建立校企合作关系，园区成为学生的社会实践基地，学院为企业园区提供力所能及的服务。学院还与浙江创意园的七号音乐书吧、杨府山C区创意园、浙江禾昊文化产业投资管理有限公司等全方位合作，这些企业的项目全部由学院的学生参与或者承担，学生既是实习生，又是经营管理者。

2. 与社区合作

温州文化创意学院还与温州多个街道合作开展新青年下乡活动，取得了良好的成绩，增强了学生的社会责任心和情感。例如，学院与蒲鞋市街道合作，共同打造文创第一街，为文创第一街建设提供基础性调研资料，以及发展规划意见与建议等。

图5为学生参加社会实践活动。

图5　学生参加社会实践活动

三、成果成效

（一）通过科研课题加强对政府的服务力度

温州文化创意学院通过为政府提供科研服务、提供政策咨询与建议等多个途径服务政府。

温州文化创意学院自成立以来，积极主动为政府服务，主动承担相关课题的研究，先后承担了温州市政府多个重点课题，为政府制定相关文化创意产业政策提供第一手材料和建议。

（二）人才培养质量提升

温州文化创意学院下设文化市场经营管理专业，专业学生在各大赛事中屡获佳绩，包括浙江省大学生职业生涯规划大赛一等奖、浙江省大学生中华经典诵读竞赛二等奖、浙江省"挑战杯"创新创业竞赛二等奖等奖项。

（三）园区影响力持续扩大

温州文化创意学院作为温州市鹿城区文化产业促进会副理事单位，与浙江创意园等文创园区深度合作。园区成为学生的课程实训及社会实践基地，园区及园区文化创意企业逐渐发展壮大，影响力提高。合作园区之一的浙江创意园现已被评为国家级广告产业园区、浙江省省级直播电商基地、浙江省重点文化产业园。

四、经验总结

温州文化创意学院是由政府和学校联合创建的，学院在理事会领导下，通过组建高校行业专家和地方企业专家讲师团队，深入文化创意企业一线调研，积极参与政府政策规划制定，指导文化创意产业发展，建立文化创意人才培训基地，科学引领文化创意理论研究，创新了政企学研一体协同创新模式，深化了产教融合，形成了政企学研深度融合的长效合作机制。

同时，学院为提升温州文化创意产业内涵、促进温州地方经济发展做出了积极的贡献。多方协同创新，文创专业学生将理论知识与行业实践有机结合，学院和企业实现优势互补、资源共享，在谋求自身发展的同时，与市场接轨，切实提高了育人的针对性和实效性，有效提升了人才培养质量。

五、推广应用

温州文化创意学院政企学研深度融合、协同创新培育人才的做法，得到温州市委及教育部门、专家同行的认可。通过汇聚各方力量，加快温州市文化创意人才培养体系建设，为温州市文化创意产业发展提供人才保证和智力支持。学院领导多次在各类研讨会、两岸文化创意产业对接座谈会中做典型发言，分享经验。

（执笔人：瞿小丹）

政校行企共建，探索产业学院多元建设模式

摘　要：产业学院建设是产教融合、校企合作的具体形式。基于学校多年来建设产业学院的经验，归纳总结产业学院建设的类型，分析产业学院的特性。高职院校建立产业学院可以推动产业转型升级，与职业教育融合发展，同时满足培养高素质、高技能人才的内在需求。结合高职院校产业学院的建设实践经验，总结建设产业学院的步骤——提出需求、资源匹配、建立管理体制、建立运行机制，主要内容为共建技术协同创新平台、共建"双导师"制、共建适应产业发展的专业、共育高素质、高技能人才。

关键词：产业学院；产教融合；协同育人；多种模式

一、实施背景

2020年，《浙江省深化产教融合推进职业教育高质量发展实施方案》（浙政发〔2020〕27号）指出，深化主体多元的办学体制改革，鼓励支持行业、企业和其他社会力量参与职业教育办学。

浙江温州作为民营经济发祥地之一，中小微企业占比超99%。由于自身规模条件限制及与职业院校之间的利益诉求差异，中小微企业参与职业教育的能力与动力不足。学院以增强适应性为宗旨，充分整合政校行企（政府、学校、行业、企业）产业发展生态链，构建了以行业协会为纽带的产教融合协同育人新模式。

学校立足园区化办学的"三园区、三基地"，即浙江创意园、温州知识产权服务园、国家广告产业园和省级特色工业设计示范基地、国家中小微企业知识产权培训基地、数字经济国家级高技能人才培训基地，采取"产权+市场契约"方式，政校行企共建"园区化"产教实践综合体。学校与60家园区企业签订校企战略合作协议或达成合作意向，开展现代学徒制工学交替人才培养，探索实施"引企入校"的人才培养新模式。学校推行企业导师和学校导师"双导师"制，让企业深度参与人才培养，运用弹性学制和灵活多元教学模式，引入以实践技能和操作技能测试为主、校企共同参与的评价方式，实现学校、企业、园区三方共赢。

由以上产业学院建设的政策环境与措施可见，深化产教融合，推动高校探索和建设产业学院，依托产业学院推动产教融合，创新产教协同育人机制，成为当前浙江省职业教育改革发展的方向和重点。

二、主要做法

学校立足温州区域经济社会发展，率先构建政校行企多元主体参与，多种模式类型共同发展的产业学院建设路径。政校行企共建现代物流学院、眼镜产业学院、温州知识产权学院

等一批特色产教融合平台,形成基于区域产业集群的现代产业学院建设模式(如图1所示),归纳为以下三种类型。

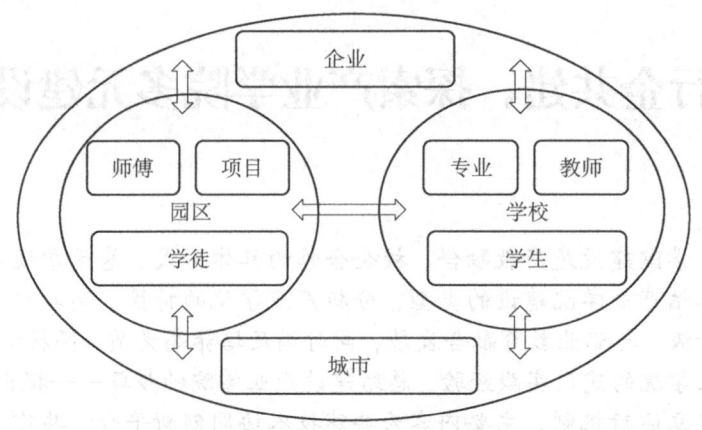

图1 政校行企共建园区化学徒制教学模式

(一)学校牵头,联合政府、行业参与共建的模式

学校依托学校重点专业群,紧密对接学校所在区域的产业集群,打造政校行企多元主体联动的产业学院办学模式,为产业集群中的众多中小企业服务。2013年,学校牵头采取理事会的模式,成立由温州市科技局、温州高新区、温州知识产权协会等政府机构、行业协会参与共建的温州知识产权学院(如图2所示),共育知识产权高素质技术技能人才,有效提升温州企业的知识产权保护水平;承担社会培训超过1.6万人次,社会服务精准,赢得广泛赞誉。

图2 温州知识产权学院

（二）政府主导，以行业协会为纽带，多家高校与企业参与的模式

学校为育人的核心主体，行业协会为桥梁纽带，两者合力促进众多企业深度参与人才培养。学校牵头采取理事会的模式，成立由温州市运管局、温州市物流商会等政府机构、行业协会参与共建的温州现代物流学院。温州现代物流学院成立至今，总共输出 1020 名以上的物流专业人才，为行业企业培训 15000 名以上的物流技术技能人才；同时积极为政府部门、行业企业提供决策咨询和技术服务，其中省部级课题 5 项、市厅级课题 25 项、企业横向课题 18 项。

图 3 为温州物流学院 2020 年举办温州市创建全国城市绿色货运配送示范城市实施方案研讨会。

图 3　温州物流学院 2020 年举办温州市创建全国城市绿色货运配送示范城市实施方案研讨会

（三）学校牵头，一家或多家企业参与共建的模式

学校与区域内的多家企业联合共建产业学院，整合资源，共同构建产业学院联盟，培养全产业链需要的人才。2021 年，学校眼视光技术专业群联合浙江大光明眼镜有限公司等与眼镜产业相关的 9 家龙头企业，探索建立"混合共建、委托共管、发展共赢"的在理事会领导下的眼镜产业学院。专业群总结出一套适合混合所有制眼镜产业学院运行的机制，发挥眼镜产业学院最大的作用，培养高标准人才，为企业培养高技术人才每年近 5000 名；学院学生参加竞赛，获得人力资源和社会保障部眼镜验光员、定配工四个全国一等奖，在毕业生中目前已经培养出 1 位省级大师、3 位省级青年工匠。

图 4 为眼镜产业学院成立仪式。

三、成果成效

在产业学院的建设过程中，在对企业合作方的选择上，学校一般选择区域特色经济产业，

以国有大型企业、中型民营企业为主。围绕"服务中小微企业价值链",产业学院运行资金主要来源于学校自筹,政府以奖代补,企业投入主要集中在设备、奖学金、科研项目、人员劳务费等。以数字商贸专业群为例,学校与温州市道路运输管理局、浙江大学管理学院、温州市物流商会开展战略合作,通过参与协会实际运作,整合优质企业,共建产业学院——集技术服务、人才对接、实习实训、技能培训等功能于一体的产教融合平台,有效提升了人才培养的企业适配度,为区域产业集群提质扩量、转型发展提供了人才、智力和技术支撑。学校特色产业学院如表 1 所示。

图 4 眼镜产业学院成立仪式

表 1 学校特色产业学院

名称	参与共建单位
温州文化创意学院	温州市委宣传部、温州市文广新局、中国传媒大学、温州市文化产业协会
温州知识产权学院	温州市科技局、上海大学、温州市高新区、温州市知识产权协会
温州现代物流学院	温州市道路运输管理局、浙江大学、温州市物流商会
温州网球学院	温州市体育局、浙江省网球协会
眼镜产业学院	眼镜行业协会、各大眼镜产业相关企业
环保学院	浙江省环保集团有限公司

四、经验总结

(一)构建校企产业共同体

学校产业学院的组织构架主要实施理事会下的院长负责制管理制度,成立由二级学院、企业双方或企业、行业、政府等多方代表共同组成的产业学院理事会。每年定期召开理事会（董事会）会议，研究表决合作过程中的重大事项和问题。学校相关二级学院委派产业院长，负责协调政府、行业、企业之间的关系，负责产业学院产教融合工作总体目标及建设任务制定，并向理事会开展月报制度和重大事项审批制度等工作的落实。实证分析显示，为了优化校内治理体系，进一步激发办学活力，在政校行企或者校企联合的混合所有制下，以二级学院为单位组建的产业学院更能够充分发挥效能。

（二）实行"双导师"制度

产业学院在实践教学和日常管理中，实行"双导师"制度，校企导师联合授课、联合指导，为产业学院学生的课程思政和技术技能教育提供了有力的保障；同时加强"双导师"人才培训，对企业员工进行培训，在基地内建立教师企业实践流动站，为学校导师提供去企业锻炼的岗位，提升其技术技能水平。

（执笔人：张其亮）

共建共享共认，校企合作打造数字孪生智能制造产教融合基地

摘 要：校内实习、实训基地建设是高职院校培养高端技能型人才不可缺少的任务之一。学校与浙江亚龙智能装备集团和奔腾激光（温州）有限公司合作共建智能制造实习、实训基地和智能制造虚仿实训中心，实现了高职院校与企业和社会的互动交流，有助于提高大学生的专业实践能力，提升高职院校的社会服务水平。

关键词：校企合作；光电智造；实习实训；虚拟仿真；"1+X"

一、实施背景

智能制造是中国制造强国战略的核心工程，伴随工业 4.0 时代的到来，新一轮工业革命与制造业加速融合，正在引发影响深远的产业变革。浙江省大力推进"腾笼换鸟、凤凰涅槃"攻坚战，推动制造业向智能制造高质量发展。面临新一轮技术革命，温州紧抓机遇，推进智能化改造和智能技术发展，聚焦传统产业转型升级。智能制造驱动温州制造业"机器换人""大规模定制"，促使自动化、数字化、智能化发展成为主流。

在此背景下，依托激光装备与制造产业链，学校联合浙江亚龙智能装备集团和奔腾激光（温州）有限公司等产业龙头企业，围绕光电制造行业的核心需求，以复合型技术技能人才培养为根本任务，以市级产教融合示范基地为基础，校企共建集专业群人才培养、职业技能鉴定、再就业培训、社会服务、实践生产、技术开发于一体，设备齐全、教法先进、管理一流、功能完备的长三角区域虚实结合的光电智造产教融合实习、实训基地。浙江亚龙智能装备集团负责光电智造产教融合平台设计、开发、调试、培训，虚拟仿真实训、"1+X"考核点建设，奔腾激光（温州）有限公司负责激光智能加工、"1+X"考核点建设。学校和企业从理实一体、虚实结合、全生命周期和智能制造等多个方面进行合作研究，积极推动教师角色的转变和教育理念、教学观念、教学内容、教学方法及教学评价等方面的改革，积极承担企业社会各类技能培训和技术研发，实现校企合作共赢。

二、主要做法

（一）共建光电智造产教融合平台

学校负责提供人才培训所需的教学条件、科研平台、校内实训设备、校内实训场地，亚龙智能装备集团和奔腾激光（温州）有限公司利用其产业优势和技术团队为学院提供校外实

训设备、场地和技术人员支持。校企共同建设一个以电为基础、激光设备串联、技术先进、布局合理、功能完善的实习、实训基地，以智能制造技术为主线，兼顾电子、机械基础技术，以及工业机器人、自动化等技术专业人才培养需要，同时承接与虚拟现实应用开发、工业机器人等相关的"1+X"师资培训与考前辅导、新职业人才职业技能等级认证培训等相关业务，力争建设成温州市内乃至浙江省内首个智能制造特色示范性实习、实训基地。

光电智造生产线（如图 1 所示）主要包含仓储系统、车削加工单元、三轴加工单元、五轴加工单元、AGV 小车、数字化软件等先进设备和技术，可适应多种零件的生产，具有较高的柔性。同时，生产线设计与实际生产相符合且便于教学，在实际教学中既可进行整线实训，也可进行单个单元的实训。实训基地涉及部件加工、激光切割、折弯、焊接，必须具备连线作业的能力。未来生产线可配置检测中心，进行自动化测量和人工测量的实操教学培训。

学生可在该系统上实际动手操作学习工业机器人智能化生产制造系统的全部流程，如机器人编程、示教、维护，数控机床调整、机械维修，以及实际切削、编程、电气维修、机床检验等。学生通过对该系统的学习，可得到机器人智能化生产制造的全部知识，以适应现代化智能制造业对职业机器人操作从业人员的技能要求，拥有直接进入社会谋职发展的强大资本。

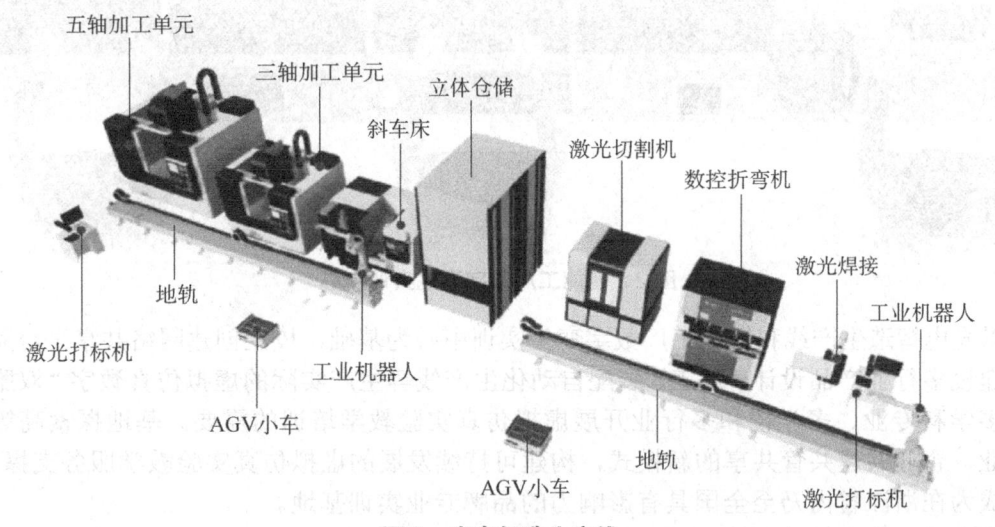

图 1 光电智造生产线

（二）共建智能工厂数字孪生实训中心

学校和亚龙智能装备集团合作，引进 5G 技术、多人协同实训技术、图形图像处理技术等前沿技术及最新的虚拟现实硬件设施，聚焦电工电子技术、电气控制技术、机械制造技术、机器人及智能工厂等核心技术，打造智能制造基础培训中心、工业机器人技术培训中心、智能工厂数字孪生实训中心，在此基础上从智能制造技术介绍、智能化工厂智能化设备安装与维修综合培训等角度形成培训体系。

智能工厂数字孪生实训中心（如图 2 所示）在光电智造生产线自动化和信息化基础上对光电智造生产线的生产过程建立映射关系，通过数字化模型实现与生产线实物 1∶1 的几何形状和性能表现，通过数字化方式创建物理实体的虚拟实体，借助历史数据、实时数据及算法模型等，模拟、验证、预测、控制物理实体全生命周期过程，演绎数字化孪生理念。

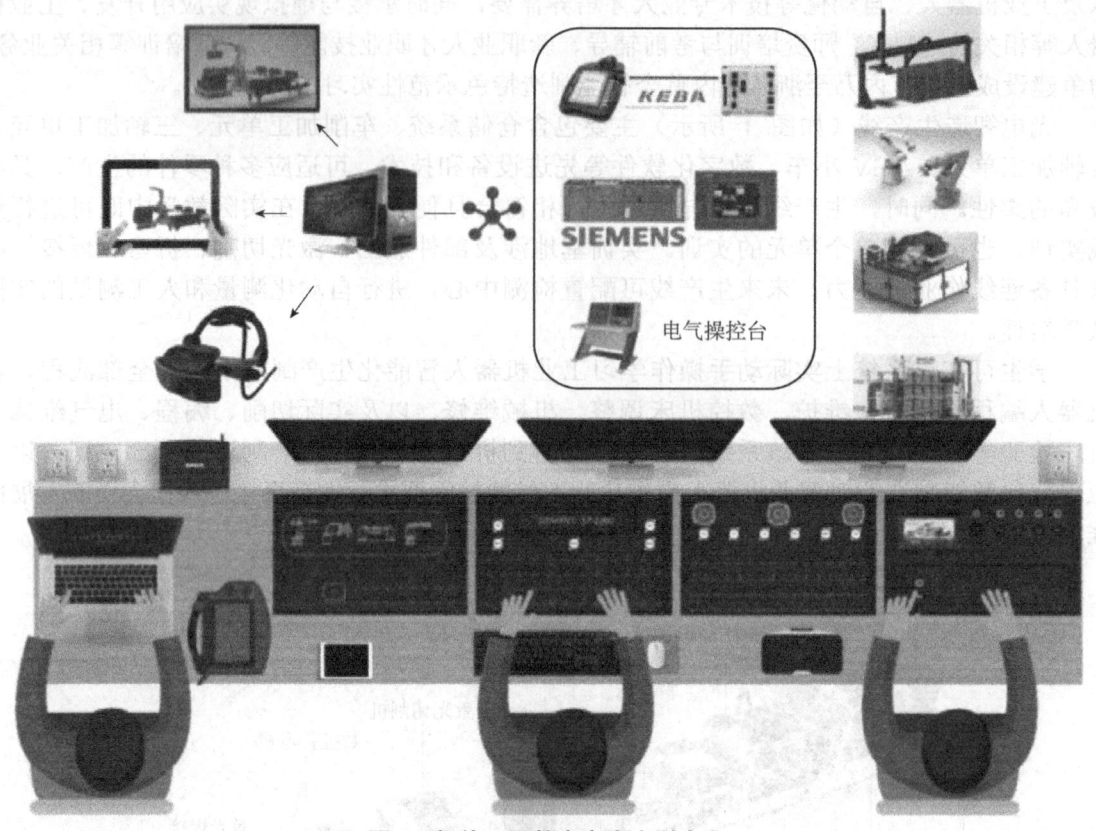

图 2 智能工厂数字孪生实训中心

以光电智造生产线和智能工厂数字孪生实训中心为基础，校企创建网络共享平台系统，开发建设多行业产品设计、加工、装配自动化生产线等生产实际的虚拟仿真数字"双胞胎"，满足多学科专业、多学校和多行业开展虚拟仿真实验教学培训的需要。基地探索高等学校和行业、企业共建共管共享的新模式，构建可持续发展的虚拟仿真实验教学服务支撑体系，努力成为在浙江省内乃至全国具有影响力的品牌专业实训基地。

网络共享平台系统框架如图 3 所示。

基于光电智造产教融合平台及智能工厂数字孪生实训中心，基地已经开设"数控加工""工业机器人""PLC 控制""激光加工""自动生产线系统集成设计"等多门教学课程，以及"机电一体化数字双胞胎虚拟调试技术""NX MCD 生产线集成及应用技术"等多门培训课程，2019—2021 年培养、培训学生及社会人员共 11283 人。

（三）共建"1+X"证书培训考核基地

学校与浙江亚龙智能装备集团、奔腾激光（温州）有限公司及武汉天之逸科技有限公司合作，共同进行"1+X"职业技能等级证书考核站点建设（如图 4 所示），目前已经在工业机器人专业和智能光电制造技术专业建设两个"1+X"证书培训考核基地（如图 5 所示），实施课证融通。

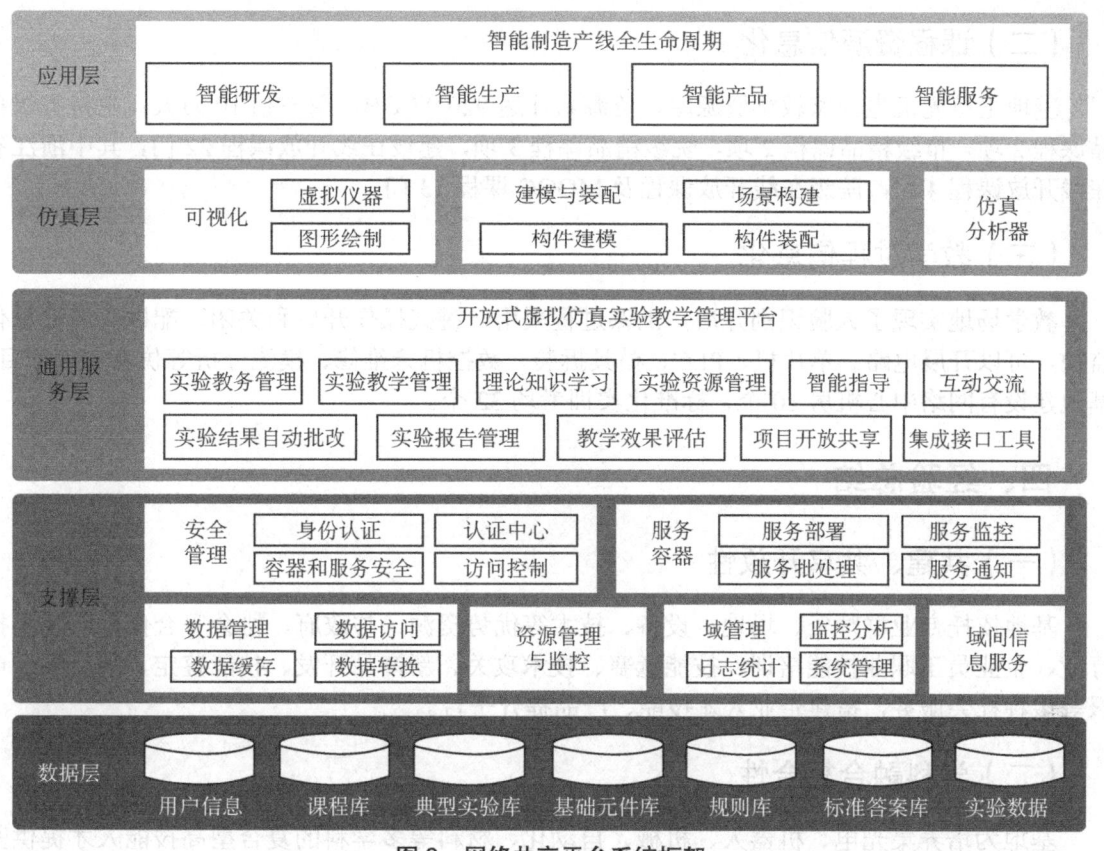

图3 网络共享平台系统框架

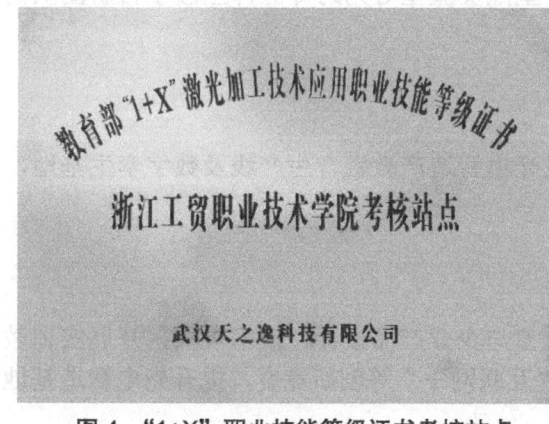

图4 "1+X"职业技能等级证书考核站点

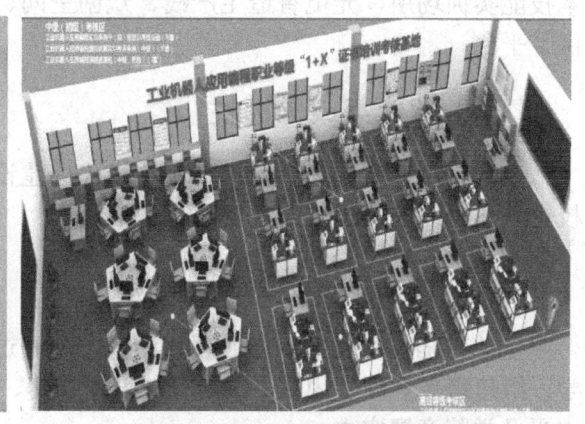

图5 "1+X"证书培训考核基地

三、成果成效

（一）基地管理信息化

以数字化校园建设为契机，基地实现5G网络全覆盖，场地申请、物资采购、资产管理、日常办事、教学管理、科研等信息全部实现数字化；采用数字化信息管理系统，实现各类耗材、工、量具等的出库、入库、设备管理、维护，考场监控；等等。

（二）课程资源信息化

基地主持光机电国家教学资源库，资源累计达 920.97 GB，用户超 10 万人；主持省级精品课程 2 项，市级精品课程 2 项，院级精品课程 3 项，建设在线开放课程 22 门，其中浙江省在线开放课程 4 门，院级在线开放课程及 MOOC 课程 13 门。

（三）教学过程信息化

教学场地实现了人脸识别开启，上课过程采用一键式操作开启和关闭，配以高清信息化监控，可以开展电路、单片机、PLC、模具拆装、数控机床维修、模流分析等仿真实训项目。基地建设有网络中心机房 10 个、标准化实训考场 32 个。

四、经验总结

（一）共建、共享开放性

基地依托专业群师资、场地、设备、技术等优势资源，与政府、协会等合作，广泛承担行业、企业员工职业技能培训、技能竞赛、技术攻关、新产品开发、技能鉴定、项目联合申报等多种社会服务，搭建企业人才技能、产品提升平台。

（二）学科融合复合性

基地为培养集光电、机器人、机械、自动化、材料等多学科的复合型高技能人才提供基本技能实训场所，光电智造生产线、众创空间、重点实验室等为跨专业师生教学科研团队提供了平台。

（三）智能集成先进性

基地采用以实带虚、以虚助实的模式，建设光电智造产教融合生产线及数字孪生基地，校企共建一流的高技能人才资源共享平台。

（四）创新创业的需要

基地鼓励师生以创新创业项目为载体，通过参与企业产品设计、技术攻关，开展实训教学，组建跨专业师生团队，参与机械设计竞赛、"互联网＋"等创新竞赛，提升光电智造基地水平及学院竞赛实力。

五、推广应用

高水平产教融合基地得到众多高校、企业及媒体的广泛赞誉。

（一）对校内及兄弟院校开放，提升师生技能操作水平

2019—2021 年，基地承担中职、高职兄弟院校师生各类技能培训 378 次，累计培训人数 6200 余人次，是温州地区唯一承担浙江省高校招生职业技能机械类考试的考点，主要负责车

工、钳工、数车、数铣 4 个工种，累计 4059 人次参加了技能考试。

（二）对企业员工开放，提升企业员工技能等级

基地与温州市总工会、温州市人力资源和社会保障局、浙江省泵阀协会、浙江省电气协会、温州市机械工程学会、温州市模具协会、温州市机电工程协会等合作，广泛开展各种技师自主评定培训班和温州市企业机械工程师职称人员继续教育培训班，培训人数达 3581 人。

（三）对社会服务开放，提升师生员工技能水平

基地与温州市人力资源和社会保障局、亚龙智能装备集团等广泛开展合作，累计承办温州市数控、电子、中美青年创客等技能相关比赛 78 次，参赛人数达 9745 人。

（四）对科学研究开放，提升企业产品质量

基地依托专业群优势师资资源，参与企业智能化改造、发明专利产业化、技术改进、技术攻关、省级新产品研发和联合申报课题 248 项，服务于区域光电智造产业链。

（执笔人：华学兵）

七、提升服务发展水平

七、通九現各安頂水平

打造世界知识产权组织技术与创新支持中心，服务温州城市创新发展

摘　要：学校通过打造全球化的知识产权公共服务信息平台，成功纳入全球"技术与创新支持中心"网络，打造和完善温州知识产权信息公共服务体系，为"双高"建设任务中的社会化服务、园区化教育育人夯实了基础，为服务温州区域经济创新发展提供了强有力的平台，社会效益明显，为全力助推教育教学改革、培养高素质技术技能人才提供了系统全面的环境和资源保障。

关键词：知识产权；专利导航；产业联盟；技术创新；社会服务

一、实施背景

技术与创新支持中心（TISC）是世界知识产权组织发展议程框架下的合作项目，旨在帮助发展中国家的知识产权和创新用户提升技术信息检索能力，更快地掌握行业动态和新技术信息。技术与创新支持中心作为知识产权信息公共服务体系的重要组成部分，是知识产权信息公共服务体系的骨干力量。世界知识产权组织（WIPO）与国家知识产权局分批次在华建设100家左右技术与创新支持中心机构，形成覆盖全国、分布合理的技术与创新支持中心网络。

学校与温州市科技局（知识产权局）合作共建温州市知识产权服务园，该园于 2009 年 12 月开园。2018 年，在政府机构改革后，园区业务归温州市市场监督管理局（知识产权局）指导。园区建筑面积达 5000 平方米，目前入驻各类服务机构 30 多家，涵盖专利、商标、版权等知识产权主要类型，集中介、信息、运营、投融资、人才培养、维权援助、仲裁、纠纷调解等服务于一体，设有六大服务，即知识产权代理服务、知识产权信息服务、质押融资服务、维权援助服务、展示交易服务及人才培育服务，全面赋能温州民营经济创新发展。园区集聚了全国唯一的国家级服装鞋类知识产权快速保护中心、全省首个国家级知识产权维权援助中心、国家中小微企业知识产权培训（温州）基地和中国（温州）知识产权仲裁调解能力建设机构四张"国字号"金名片。在维权方面，园区设立温州市第三方知识产权纠纷调解平台，年均受理量 600 多件，年均和解金额在 1000 万元以上，被浙江省高级人民法院确定为知识产权司法保护重点联系服务单位。园区还设有众多公益机构和平台，如温州市知识产权协会、温州市知识产权纠纷人民调解委员会和温州市知识产权仲裁院等。园区作为知识产权服务业集聚的发展平台，是全国地市级首个知识产权"一站式"综合服务园区，历经十多年建设，已成为浙南、闽北、赣东区域规模最大、服务品类最全的知识产权服务集聚中心。

2020 年 8 月，学校知识产权服务园获批筹建技术与创新支持中心，2021 年 11 月正式授牌成为第四批技术与创新支持中心正式承办机构，如图 1 所示。学校在此期间投入技术与创

新支持中心专用场地 150 平方米、经费 50 余万元，进行场地改造，配置专门设施并完成硬件设计装修，如图 2、图 3、图 4 所示。技术与创新支持中心设置知识产权创新信息服务、国际知识产权维权援助、专利导航与预警服务、专利转移转化服务、产业知识产权联盟服务五大功能模块，依据"边建设边发挥作用"的思路，一边高质量建设，一边深化服务。

图 1　国家知识产权局技术与创新支持中心授牌仪式

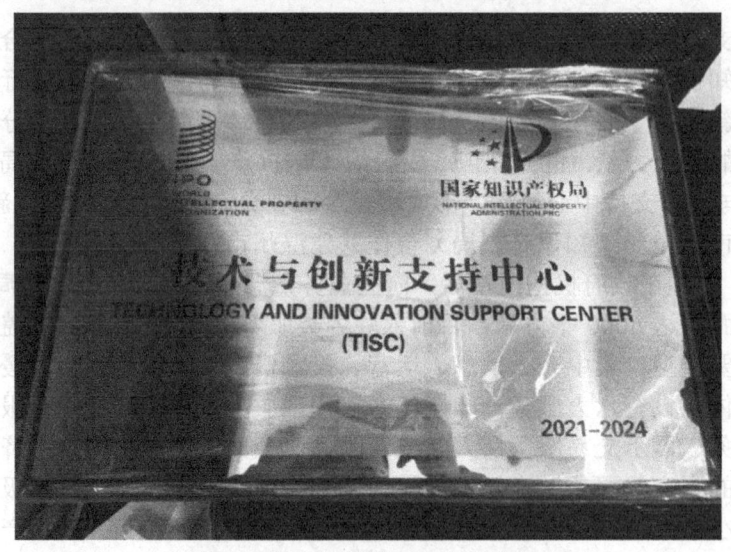

图 2　技术与创新支持中心牌匾

二、主要做法

（一）做好顶层设计，夯实知识产权信息服务软硬件基础

技术与创新支持中心专用核心服务场地达 500 平方米，按照功能可划分为以下 6 个区域。
（1）服务窗口，提供专利、商标、版权申请、注册一站式服务，用户可自主进行检索。
（2）温州知识产权直播间，是开展线上知识产权培训专用场地。

图 3　世界知识产权组织技术与创新支持中心

图 4　TISC 对外服务接待大厅

（3）知识产权创新信息服务中心，提供专利信息、非专利科技文献检索服务和咨询。
（4）专利导航及预警中心，开展专利导航、分析、预警，建立重点产业专利数据库。
（5）知识产权纠纷调解室。
（6）专利转移转化平台。

（二）设计服务层次，加强知识产权信息服务能力

（1）提供知识产权信息基础服务。技术与创新支持中心采取培训、讲座、媒体等多种形式，向创新用户提供所属行业创新信息，宣传普及专利信息基础知识，帮助用户及时掌握行业动态和新技术信息。

（2）开展知识产权信息高级服务，提供高级分析服务，开展高级或进阶培训。

（3）拓展增值服务，建立特色资源数据库，服务创新主体快速获取知识产权信息。

（三）专利导航预警，助力产业转型升级

为了充分发挥资源和品牌优势，技术与创新支持中心针对区域主导产业和战略性新兴产业开展专利导航、专利预警分析等专项课题；通过专利导航项目，为产业发展、企业创新，以及政府部门决策提供依据，科学规划产业发展。

（四）产学研结合，推进产业知识产权联盟建设

技术与创新支持中心积极参与温州 12 家产业知识产权联盟的建设，为深化联盟建设内涵，设立联盟联络处，建立联盟微信交流群，进一步促进联盟专利池的建设，通过联盟服务平台助力产业创新发展和转型升级。技术与创新支持中心积极参与联盟的建设，以联盟为抓手，服务更多的创新主体。

三、成果成效

（一）知识产权信息服务量大面广

技术与创新支持中心为中小企业提供基础检索服务 650 余次，提供专利信息 12000 余条，开展公益培训 26 次，公益培训累计达到 3800 人次；为 800 多家中小企业提供高级分析服务 10 次，出具分析报告 10 份，开展高级或进阶培训 8 次，高级或进阶培训累计达到 1500 人次；建立特色资源数据库 9 个，在新型冠状病毒感染疫情期间积极推广国家知识产权局相关疫情专利数据库，疫情专利数据库累计访问量达到 3500 人次；为中小企业开通知识产权质押融资快速通道服务，助力全市质押融资金额突破 100 亿元。

（二）开展专利导航等软课题研究成果突出

技术与创新支持中心完成《温州眼视光医疗器械专利导航分析报告》，检索分析全球眼视光医疗器械专利 100617 项，并给出产业发展路径规划政策建言；结合温州实体经济转型升级需求，开展"区块链在实体经济领域应用的专利预警分析"研究，推进浙江省区块链专利技术预警分析。技术与创新支持中心配合政府部门开展发明专利产业化项目，审核 300 多件发明专利的法律状态，并出具评议结论；对申报人才项目的 500 多人开展知识产权分析评议；对瓯海区申报眼镜行业的快速维权中心予以技术支持；对瑞立汽车零部件有限公司 50 件发明专利提供快速审查指导，对浙江力邦合信智能制动系统股份有限公司提供专利稳定性检索 5 项，对浙江苍南仪表集团股份有限公司提供专利性检索 3 项。技术与创新支持中心开展"温州专利侵权纠纷行政裁决调研"，调研报告获 2020 年温州市优秀调研成果奖三等奖；开展"温州知识产权保护全链条集成改革调研"，以数字化改革为引领，完成"温州知识产权智慧大脑"方案设计；承担 2021 年浙江省软科学研究计划重点项目"科技型中小企业知识产权证券化路径研究——以温州为例"的研究。

图 5 为技术与创新支持中心出版的资料。

图 5 技术与创新支持中心出版的资料

（三）培育 3 家省级产业知识产权联盟

2020—2021 年，技术与创新支持中心先后培育浙江低压智能电气产业知识产权联盟、温州泵阀产业知识产权联盟，浙江教育装备产业知识产权联盟成功获得省级备案。知识产权产业联盟的建设，强化了产学研联系的纽带，为"双高"建设产学研合作、园区化教育提供了广阔的天地。

四、经验总结

（一）找准定位，发挥技术与创新支持中心资源优势

技术与创新支持中心建设定位包含两方面：一方面，面向中小微企业提供知识产权信息服务；另一方面，充分发挥自身在科研、教学中的积极作用，引导广大师生善用中心资源，开展科研和创新工作。

（二）挖掘潜力，助力科研成果转化

技术与创新支持中心设立的高校专利转化服务功能，可以帮助科研成果精准转化：一方面，通过挖掘高校的"沉睡"专利，获取大量闲置的专利信息；另一方面，充分发挥自身对接企业的优势，获取企业技术需求信息，从而解决信息不对称的问题，帮助高校精准实现成果转化。

（三）宣传培训，提高技术与创新支持中心利用效率

通过国家化网络，技术与创新支持中心积极参与世界知识产权组织的全球技术与创新支持中心论坛活动，扩大高校科研人员的视野，了解技术转移模式，为高水平的科研活动提供全球化平台。

五、推广应用

学校通过打造世界知识产权组织技术与创新支持中心,提升获取专利信息的能力和水平,有助于提高科研水平,也有助于创新主体获取前沿的专利信息和服务,受到政府部门的重视,有力地扩大了社会服务影响力。

(执笔人:任为民)

发挥视光专业优势，服务全民视觉健康

摘　要：眼视光技术专业培养具有屈光检查、诊断与处理能力的新时代职业技能人才，为新时代中国特色社会主义社会人民健康生活服务。外界信息有80%必须通过眼睛被人接收，眼睛健康对人来说非常重要；但是，根据报道，目前在全人类生命周期中眼睛都会出现问题；建成一支服务全民视觉健康的队伍是很有必要的。眼视光技术专业充分发挥专业优势，组建师生视觉健康服务队，服务全民视觉健康。

关键词：视光专业；视力普查；视觉健康

一、实施背景

2018年，习近平总书记强调，全社会都要行动起来，共同呵护好孩子的眼睛，让他们拥有一个光明的未来。《"健康中国2030"规划纲要》提出，健康是促进人的全面发展的必然要求，是经济社会发展的基础条件。实现国民健康长寿，是国家富强、民族振兴的重要标志，也是全国各族人民的共同愿望。随着近用工具的增多，视觉健康状况令人担忧。数据显示，在我国，每年有接近4亿的患者饱受各类眼科疾病的困扰，其中约有盲人670万人，每年新增盲人数量高达45万人。此外，我国眼底疾病患者总数已超过1000万人，每年新增眼底疾病患者超过300万人。近年来，眼视光技术专业群党支部利用专业优势，动员群内党员教师、普通教师与学生积极开展社会服务活动，取得一定的效果和影响。

二、主要做法

（一）深入贫困山区，送视觉健康公益活动

以"关爱视觉健康公益活动"为载体，联合温州眼镜商会和眼镜企业，眼视光技术专业师生视觉健康服务队连续5年进入文成山区。针对山区交通不便、视觉健康服务缺少的现状，服务队举行视觉健康防护知识宣讲、青少年近视防控咨询、老年人眼部检查，以及近视镜、老花镜的验配等系列活动。2017年10月17日，设计与数字艺术学院党支部与温州眼镜商会党支部联合多家眼镜企业深入文成中学，开展贫困学生爱心结对助学活动，22名学生共收到来自11家眼镜企业累计44000元的捐款。在活动期间，设计与数字艺术学院党支部还参加了由温州市总商会联合党委、温州市人民教育基金会、文成县工商联、文成县教育局、百丈漈镇政府、文成县慈善总会举办的"善商大爱·践行文成公益活动"。在活动中，眼镜行业企业总共捐献老花镜500副、儿童眼镜100副。2018年10月22日，浙江工贸职业技术学院联合

温州市眼镜商会党支部等单位承办 "关爱视觉健康——2018 文成桂山乡免费验光配镜慈善活动"与"2018 关爱青少年，文成中学结对助学"助学金发放活动，共为桂山乡 300 名左右的老人和桂山乡小学近百名小学生提供了验光配镜服务。2019 年 10 月 17 日，浙江工贸职业技术学院眼视光技术专业联合温州市眼镜商会等单位开展"2019 文成公益系列活动"。在文成县玉壶镇中心小学，服务队为学校三年级、四年级大约 60 位近视学生开展眼健康科普讲座，并进行免费视力检测和验光配镜，为学生的视力健康和清晰视界贡献一份绵薄之力。在文成县玉壶镇龙背村举行的"2019 关爱老人，保护眼健康"公益活动中，服务队免费为老人验光并赠送合适度数的老花镜，原定 300 副老花镜被一抢而空，临时调出事先预备的 100 副老花镜，将 400 副老花镜全部赠送给龙背村的老人。该活动受到玉壶镇党委和龙背村委会工作人员的欢迎，现场老人均希望多多组织此类公益活动。该活动受到市教育部门表扬，图 1 为服务队关爱眼健康公益活动荣获的证书。

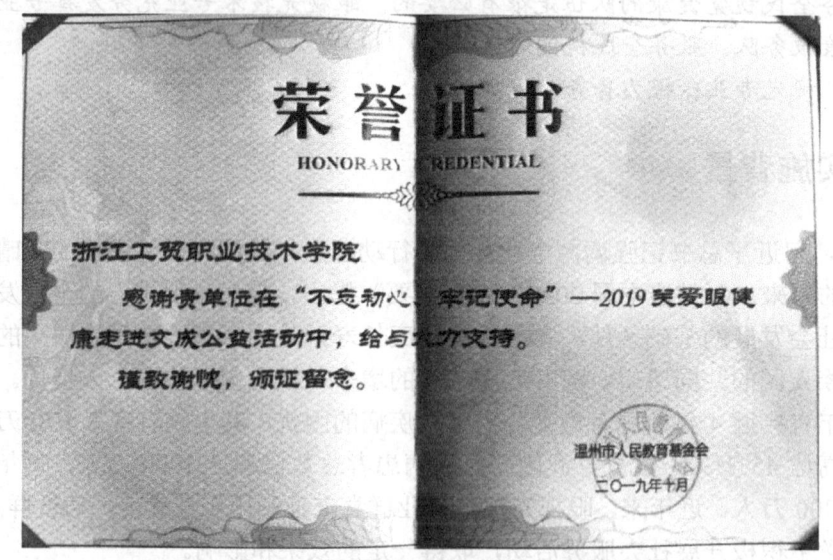

图 1　服务队关爱眼健康公益活动荣获的证书

（二）走进中小学，守护学生清晰视界

国家高度重视学生视力普查和近视综合防控工作，建立中小学生视力定期筛查制度，开展视力不良检查。作为联盟的成员，专业师生视觉健康服务队积极参与中小学学生的视力普查工作中，开展视力检测、青少年儿童视力健康电子档案立档和近视防控专题讲座等系列活动。从 2018 年开始，服务队连续 5 年参与温州市"明眸皓齿"工程，共进入约 80 所学校，检查学生人数接近 10 万人次，如图 2 所示。服务队发现低年级学生的近视率约 30%，高年级的达 40%，基本每班存在一两个高度近视患者，还有部分学生存在近视但未配镜的情况。通过此次实践活动，服务队发现小学的近视率较高，提醒学校和社会重视对近视的预防及控制。小学生高度近视容易发展成为重度近视，将来出现视网膜脱落等眼底并发症的概率很高。学生近视但未配镜的情况表明家长和学生对近视不重视。对于此种情况，服务队进行宣讲教育，提醒家长及时关注孩子的视力情况，孩子视力异常的需要家长带孩子去正规的眼视光机构验配合适的眼镜。

图 2　学生参加中小学视力普查

（三）走进社区，关爱老人视觉健康

随着年龄的增加和身体感觉器官的衰老，眼科疾病成为老人的高发病。为了提高社区老人爱眼护眼的意识，服务队定期走进社区，举行"关爱老人眼健康"服务活动，开展老人视力普查、眼健康咨询服务，免费验配老花镜。每逢 6 月 6 日爱眼日前后，专业教师带领志愿者进入社区为老人进行眼健康检查，赠送老花镜，提供眼健康咨询服务。2016 年 6 月 5 日，眼视光技术专业 3 位教师带领眼视光技术专业 30 位学生走进红景天老人公寓，开展"六六爱眼日"健康关爱活动，为 120 位老人进行眼部健康检查，提供白内障、泪道堵塞、老花眼等眼病的裂隙灯检查和疾病咨询，为老人解答眼睛视物模糊和眼部不适等问题的疑问，如图 3 所示。师生为老人进行老花眼度数检测，并赠送度数合适的老花眼镜 100 副，为老人提高视力，解决近距离用眼需求。

图 3　师生在红景天老人公寓开展"六六爱眼日"健康关爱活动

2018 年 12 月 9 日，眼视光服务队来到黄龙小区（如图 4 所示），宣传爱眼护眼科普知识，发放关于爱眼护眼知识和图片的宣传资料，搭建服务台，为行人进行眼镜清洗、眼镜调校和近视防控知识宣传、血压测量等服务，共服务 300 位老人，送出 260 副老花镜。

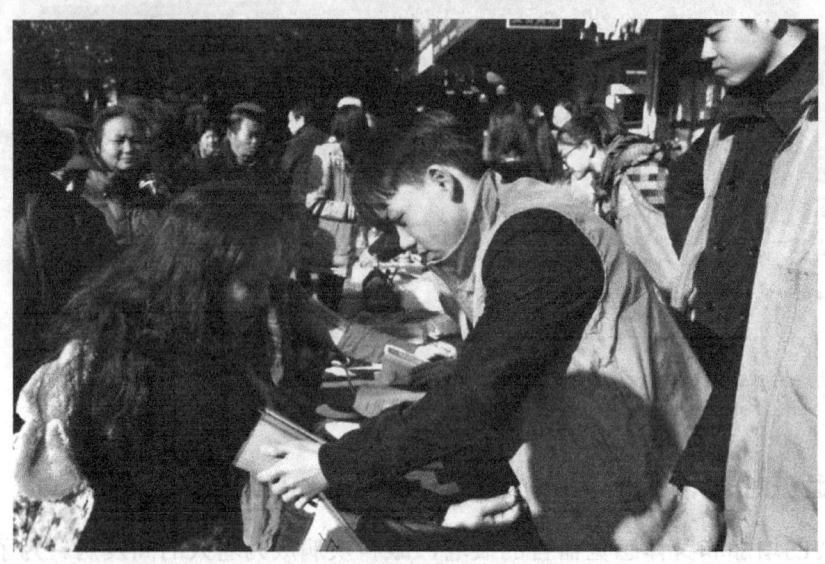

图 4　服务队来到黄龙小区

2019 年 10 月 13 日，眼视光师生党员利用周末休息时间走进双屿街道营楼桥敬老院开展"不忘初心，牢记使命"主题教育志愿者服务活动，如图 5 所示。他们带着专业的检查设备，在营楼桥敬老院开展"我为老人视力添健康"志愿者服务活动。为民服务意识提高了党员为民服务的自觉性和主动性，推动主题教育不断往深里走、往心里走、往实里走。

图 5　师生党员走进双屿街道

2021 年 5 月 21 日，设计与数字艺术学院党总支组织全体党员走进温州市鹿城区蒲鞋市街道芳园社区，开展爱眼、护眼视光检查活动，如图 6 所示。志愿者带着专业的检查设备在社区为老人提供服务，以实际行动践行初心和使命，同时向大家宣传爱眼、护眼小常识，引导老人正确用眼。在检查的过程中，志愿者发现很多老人有白内障，便耐心向他们解说病情并劝导他们去正规医院就诊。对于困难党员，志愿者为他们定配老花镜，使他们感受到了实实在在的党的温暖和关怀。志愿者共服务了 120 位老人，赠送 100 副老花镜。

图 6　党员志愿者走进芳园社区

三、工作成效

眼视光技术专业师生视觉健康服务队积极投入儿童青少年近视综合防控工作，连续 4 年参加温州市"明眸皓齿"工程，共参加 32 所学校学生视力筛查，完成人数近 4 万人；走进山区，为近 2000 名学生验光配镜，提供视觉健康咨询服务，为 800 位老人进行眼部检查和老花镜验配工作。

四、经验总结

眼视光技术专业配合国家视力防控战略行动，向师生和社会民众宣传儿童青少年视力防控的重要性，使学生明白毕业之后要承担的社会责任；在培养人才过程中，注重全面培养，特别是在社会责任方面。由于工作时间等原因，视觉健康服务队没有形成固定的服务时间和常规化的安排，这是目前工作中的不足。下一步，眼视光技术专业将与学校、社区等直接对接，安排好时间，让更多的师生加入这个活动。

（执笔人：易际磐）

建设社区教育课程,助力社区银龄跨越"数字鸿沟"

摘 要:针对老年人智能手机功能使用有限,无法享受移动支付、打车、购物等便利,且容易网络受骗等现状,关爱、支持老年人,为老年人再就业创造条件是构建美好生活、实现共同富裕的一个重要的组成部分。教学团队通过"双向"推进,将系统功能培训、分期循序渐进培训、急需常用随机培训三种培训方式结合,采用"云+社区"的线上、线下一体化培训模式,动态化更新资源,精准对接需求,推动了社区老年人服务,助力社区银龄跨越"数字鸿沟"。

关键词:智能手机;老年人;培训;社区

一、实施背景

(一)全民终身学习需求

随着经济社会不断发展,全民终身学习已成为推动社会和谐发展、建设学习型城市的一项重要内容。习近平总书记指出,要努力发展全民教育、终身教育,建设学习型社会。当前,温州市处于推进共同富裕和高质量发展的关键时期,需要以提升市民素质为支撑,通过构建终身教育体系,来满足社会成员多群体、多层次、多样化的学习需求。2021年,温州市教育局印发《温州市老年人智能技术日常应用普及行动工作方案》,提出进一步帮助老年人融入智慧社会,享受智慧生活。

(二)老年教育发展的需求

根据2020年第七次全国人口普查数据,温州市60岁及以上人口为1579709人,占16.50%,与2010年相比,60岁及以上人口的比重增加5.45个百分点。2017年1月,国务院印发《国家人口发展规划(2016—2030年)》,其中提到,2030年全国60岁以上老年人占比将达到25%左右。因此,关爱、支持老年人发挥作用,为老年人再就业创造条件是构建美好生活、实现共同富裕的一个重要的组成部分。

随着数字时代的到来,基于智能手机的移动生活方式使人们的生活更加方便快捷,从生活到学习、从娱乐到创业,智能手机已然成为老年人社交消遣的重要工具。然而,根据第46次《中国互联网络发展状况统计报告》,我国60岁及以上人口占比为18.1%,对应的60岁及以上网民占比只有10.3%,并且在智能手机的运用方面只限于社交聊天、看资讯等基本功能,智能手机使用需求矛盾突出。

出示"防疫码",支付"二维码",看病"预约码",快递"取件码",越来越多的码出现在生活里,高科技让人们的生活更加便捷、高效。老年人本该享受数字时代的红利,但这些码成了老年人面前一条跨不过去的"数字鸿沟",并妨碍他们正常生活、娱乐、出行。

学校主持的"银龄微课堂"作为教育部职业教育与成人教育司社区教育"能者为师"实践创新首批启动项目,推动社区服务,助力社区银龄跨越"数字鸿沟"。教学团队通过用指尖触摸屏幕,帮助老年人熟练掌握智能手机使用,让其与年轻人共享现代社会信息化成果,带领社会走进智能化时代,促进学习型社区的建设。

二、主要做法

教学团队充分利用在电子商务方面的专业优势,形成科学合理的社会服务方式,帮助老年人与时俱进、共同享受丰富多彩的数字时代,同时不断提升师生社会服务实效,助力"夕阳红"。为了顺利实施"银龄微课堂"项目,教学团队通过创新构建"一芯、二维双向、四化"项目培训体系,层层推进项目实施。

(一)以"一芯"为核心目标

围绕"相伴老人心,掌握智能芯,助力银龄融入智慧生活"这一核心目标,帮助老年人与时俱进,共同享受丰富多彩的数字时代。

(二)"二维双向"推进银龄教育

依托当地老年大学和社区党群服务中心,学校与老年大学、社区在横向上联动,市—区(县)—社区(乡镇)在纵向上联动。"高校党员教师服务团+社区社工+高校学生志愿者"为主服务模式,学校提供服务团队,社区负责组织老年人群体。"系统功能培训、分期循序渐进培训、急需常用随机培训"三种培训方式结合,满足不同年龄、兴趣、学历群体个性化的需求。

图1为老年大学系统培训。图2为社区分期培训。

图1 老年大学系统培训　　图2 社区分期培训

(三)以"四化"引领项目

1. 一体化培训模式提升教育效果

采用"云+社区"的线上、线下一体化培训模式,针对个别老年人行动不便、在课堂上掌握知识不到位等情况，建立并运营抖音账号，常态化更新线上培训课程。同时，与社区网格员建立紧密联系，借助各类节假日送教下社区、送教进户，实现培训全覆盖。

图3为送教下社区活动。

图3 送教下社区活动

2. 模块化开发资源，满足使用需求

根据"生活、娱乐、再就业"的需求，开发突出生活中的"衣食住行"App运用、"广场舞、瑜伽、K歌"等运动娱乐智能手机应用、"头条""抖音"等自媒体运营、"淘宝""拼多多"等购物平台再就业等模块化课程体系，精准对接老年人的使用需求，从而完善社区终身学习体系。模块化课程体系如图4所示。

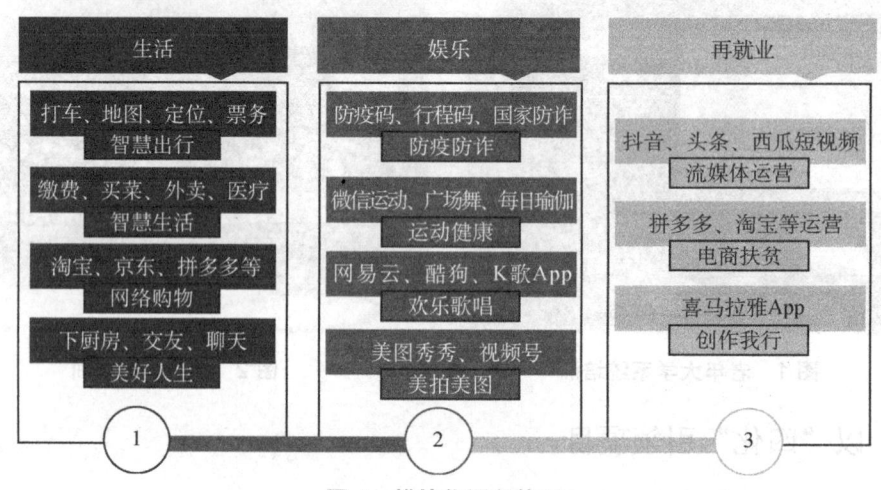

图4 模块化课程体系

3. 动态化更新资源，精准对接需求

秉着"实用为主，够用为度"的原则，开发课程资源，课程融入智能化社会可能碰到的高频事项和突出问题。针对智慧时代知识快速迭代的特点，动态实时更新资源（例如，在新型冠状病毒感染疫情防控期间推出"防疫码""行程码"查询等学习资源）；两年内更新微课54个、动画21个。

图 5 为部分课程资源截图。

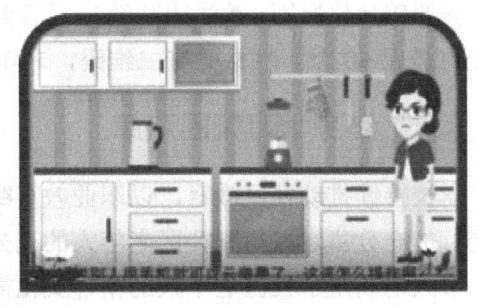

图 5　部分课程资源截图

4. 个性化精准辅导

充分发挥学生志愿者的优势，在课堂中以一对一、一对二、一对四等方式心贴心、手把手进行指导，如图 6 所示。

图 6　个性化精准辅导

三、成果成效

（一）形成品牌，影响广泛

自 2015 年实施以来，"银龄微课堂"志愿活动形成了自己的品牌。教学团队将理论学习、服务社区有机融合，通过与老年活动中心、瓯江红等社区搭建实践平台，拓宽社会服务，扩大社区服务受益面。活动深入 54 个社区，近万名老年人受益，社会影响大，被《中国教育报》、《浙江教育报》、"学习强国"等权威媒体报道。根据《关于开展社区教育"能者为师"特色课程推介共享行动的通知》（教职成司函〔2021〕43 号）的要求，学校的"银龄微课堂"被确定为首批启动的社区教育"能者为师"实践创新项目。

（二）银龄受益智慧生活

随着项目的深度展开，银龄老年人享受数字经济红利，除了利用智能手机解决生活、娱乐等方面的问题，还利用智能手机平台再就业，提升社会成就感。

（三）课程资源丰富翔实

按照碎片化原则，教学团队编写了活页式教材 1 本；其内容适合老年人需求，图文并茂，并配有微课 50 个。教材配有二维码，老年人用手机扫描就可以掌握相关操作步骤。

（四）终身学习氛围浓厚

学校持续推动社区教育，以职业教育赋能社区教育，实现"幸福温州"的做法，得到专家同行的充分肯定，得到社区老年人的充分赞誉。手机课堂为老年人学习使用手机搭建了平台，极大地满足了社区老年人的精神文化需求。项目精准服务社区老年人的文化建设，助力社区学习型文化的建设。

通过志愿活动，志愿者在实践中认识社会，感悟生活，同时提升了责任担当意识，磨砺了意志，修炼了品行，反哺了专业知识。志愿者周瑶君在校期间参加了 50 场志愿活动，服务时长 200 多个小时，她立志将社会服务作为自己的终身追求，继续攻读社工专业研究生，影响带动更多的新时代青年不断提升奉献社会的能力。

四、经验总结

教学团队针对学员学历层次的不同，发展更多有耐心的志愿者，创建更人性化的教学方式；针对学员接受程度的不同，开发更具有趣味性的教学资源，创建灵活的教学组织形式；针对网络环境的复杂性，在传授技能的同时普及网络防诈骗知识，在授课过程中加强与老年人的情感交流，消除其在精神上的孤独感和空虚感。

五、推广应用

"银龄微课堂"是学校与社区合作建立的服务项目，学校提供教学团队，社区负责组织银龄群体，这一合作平台的搭建是"课堂"展开和进一步发展的基础，在应用推广中尚有部分难点问题出现。

（一）年龄代沟对教师教学组织提出了挑战

以中青年教师和学生组成的志愿服务团队与银龄群体之间存在代沟，导致讲解与接受之间存在脱节现象。教师如何精准把握银龄群体的普遍接受能力，以更好地掌控课堂节奏，提升教学效果，需要进行深入研究。

（二）教学团队的良性延续需要更有效的机制

1. 主讲教师接续困难

由于工作调动等原因，主讲教师经常更换，而组建具有较高授课水平且有耐心、爱心的教师团队，以保障在教师更换的情况下教学效果不出现太大的波动，具有一定的难度。

2. 学生志愿者队伍，良性接续困难

学生的学制有限，在学生志愿者队伍的新老更替中，不断地选拔优秀的新队员，以持续为银龄群体提供良好的服务，存在一定的难度。

（执笔人：朱杨琼）

发挥国家级体育俱乐部功能，打造全民健身"桥头堡"

摘　要：学校于 2002 年注册成立温州冶金青少年体育俱乐部，经过长期实践探索，俱乐部不断强化城镇社区 15 分钟健身圈理念，充分发挥地方区域与学校体育运营及管理专业优势，打造全民健身桥头堡，获得"国家示范性青少年体育俱乐部"等称号。如何融合高校体育设施、体育师资等资源，为全民健身需求提供帮助，解决社会体育资源相对不足的问题，学校体育公共服务在全国高职院校中具有示范引领作用。

关键词：体育俱乐部；全民健身；桥头堡；公共服务

一、实施背景

建设体育强国，回应新时代呼唤。自党的十八大以来，以习近平同志为核心的党中央高度重视体育工作，将全民健身上升为国家战略。2019 年 9 月，国务院办公厅印发《体育强国建设纲要》。2022 年 10 月，党的二十大明确提出，广泛开展全民健身活动，加强青少年体育工作，加快建设体育强国。国家建设体育强国，呼吁学校体育绽放更多的专业色彩，为全民健身做出贡献。

浙江工贸职业技术学院（简称"浙工贸"）是温州唯一一所地处市中心的高校，学校于 2002 年注册成立温州冶金青少年体育俱乐部（以下简称"俱乐部"），经过长期实践探索，俱乐部不断强化城镇社区 15 分钟健身圈理念，充分发挥地方区域与学校体育运营及管理专业优势，打造全民健身桥头堡，获得"国家示范性青少年体育俱乐部"等称号。俱乐部周边有社区、医院、中小学、幼儿园等，如图 1 所示。温州网球学院是学校的二级学院，该学院体育运营与管理专业连续 6 年报到率与就业率达到 100%。俱乐部为学校下属产业部门，充分发挥地域和专业优势，其体育社会服务工作受到国家体育总局和地方人民政府的高度认可。

图 1　俱乐部周边区域分布图

二、主要做法

俱乐部共享学校体育设施、体育师资、学生资源、群众需求和区域优势，"五方合力"快速发展。自"双高"建设以来，俱乐部积极响应国家战略，尤其重视服务社会与服务学校双向而行。俱乐部主要做法可以概括为"三结合"模式。

（一）俱乐部与专业（群）相结合，助力学生人才培养

旅游与休闲专业群涵盖体育运营与管理、旅游管理、酒店管理与数字化运营三个专业。俱乐部与该专业群开展工学结合、顶岗实习等校企合作，通过提供就业创业岗位、发放企业奖学金、参与人才培养方案修订、组织学生运动等级考证、融入专业实践和理论教学等教学环节来促进旅游与休闲专业群建设。体育运营与管理专业与俱乐部更是深度融合，同步实现了"岗课赛证"的订单式人才培养。

（二）俱乐部与体育名师相结合，助力学校"双师型"队伍建设

俱乐部现拥有专兼职教师42人，其中世界冠军2人，共获得14个世界冠军，副高级职称以上教师4名、国际级裁判1名、国家级裁判4名、国家级教练7名、国家健将级运动员2名。俱乐部拥有篮球、羽毛球、排球、足球、跆拳道、地掷球、瑜伽、操舞等名师名家团队，师资力量雄厚。校内体育专业教师加入俱乐部的体育技能培训中，增强了教师去企业实践锻炼的专业体验。通过接受市场考验，在俱乐部兼职的专业教师对于提高校内教学水平起到了更好的带动作用，为学校"双师型"教师队伍的培养添加了助力剂。

（三）俱乐部与体育联盟相结合，助力区域体育文化

温州市为全国社会力量办体育试点城市，"体育让生活更美好"是温州的城市名片。俱乐部牵头成立"温州美好生活体育联盟"（如图2所示），开展体育公益事业、承办各种赛事、购买政府服务、体育产品创意等，俱乐部文化引领区域体育文化向前发展。

图2 俱乐部牵头成立温州市体育联盟

三、成果成效

（一）集聚高技能服务平台

在区域和专业优势凸显的情况下，俱乐部的社会服务工作推动国家、省、市级体育平台集聚学校，如体育行业国家职业资格培训基地、全国青少年俱乐部试点改革单位、国家地掷球（温州）训练基地、浙江省非奥运项目训练基地等。

（二）铸就有影响力的体育品牌

俱乐部通过社会服务工作铸就了一批有影响力的体育品牌，如国家示范性青少年体育俱乐部、全国群众体育先进单位、全国高等职业院校体育工作"一校一品"示范基地、温州市爱国主义教育基地等。

（三）打造高素质的师生团队

俱乐部与学校体育工作双向而行，打造了高素质的师生团队。仅地掷球一个项目，师生团队就获得 14 项世界冠军、4 项世界亚军、3 项亚洲冠军、159 项全国冠军，羽毛球、网球等其他项目也成绩斐然，在当地具有很大的影响力和辐射力。2021 年 10 月，学校体育教师王美、郭晓敏等在第十四届全国运动会上取得地掷球项目 1 块金牌、1 块银牌、1 块铜牌，受到浙江省人民政府通报表彰（如图 3 所示）。

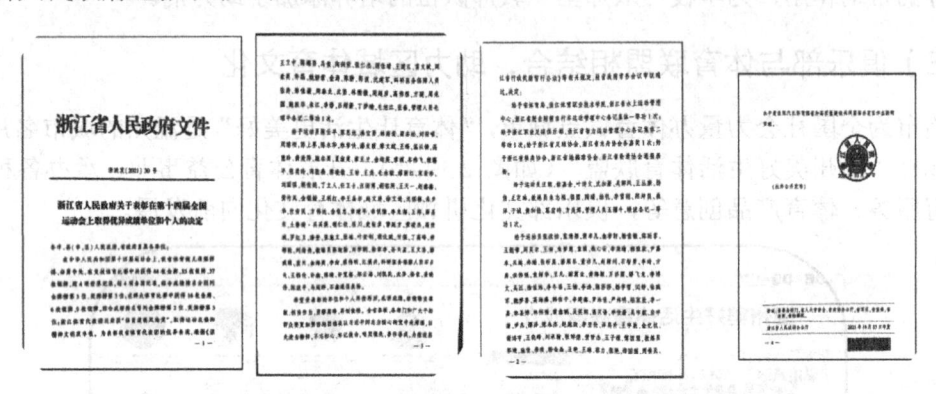

图 3 教师王美、郭晓敏受到浙江省人民政府通报表彰

（四）得到社会的高度肯定

据统计，俱乐部每年开展体育技能指导 60000 多人次，并向浙江省队、温州市队及温州各大名校输送了一批优秀的体育竞技人才和特长生。每年开放学校体育运动场馆 50 万人次以上，在推动温州市群众体育快速发展的同时，也将体育精神由校内传递到校外。众多省市领导莅临学校并高度赞誉学校体育的社会服务模式。新华社、《中国教育报》等新闻媒体报道学校体育新闻 400 多篇。

同时，俱乐部还积极主动开展各类公益活动，先后参与、组织全国及省市、企事业单位各类体育比赛活动 100 多场。例如，俱乐部在 2006 年承办世界地掷球锦标赛，开国内高校承办国际级体育赛事之先河；在 2014 年暑期承办"温州市万名中小学生免费体育技能培训"活动，共承接篮球、羽毛球等九大项目共2200多名学生的免费培训工作，被温州市体育总会评为"优秀培训单位"；在2021年11月承办2021年浙江省第十二届大学生网球锦标赛。

图4为新华社报道：一所普通高职学校的体育逆袭——社会力量办体育的"温州样本"之四。

图4 新华社报道：一所普通高职学校的体育逆袭——社会力量办体育的"温州样本"之四

图5为2021年浙江省第十二届大学生网球锦标赛开幕式。

图5 2021年浙江省第十二届大学生网球锦标赛开幕式

四、经验总结

作为全国群众体育先进单位、国家示范性体育俱乐部，温州冶金青少年体育俱乐部积极响应国家全民健身战略，在服务理念、服务模式、制度建设等方面积累了宝贵经验。

（一）党建引领是前提

近20年来，俱乐部坚持党建引领，在意识形态领域未出现突出问题，未发生影响安全稳定的重大事件；员工未出现违法违纪、违反中央八项规定精神，以及师德师风等方面的问题。加强党的建设是俱乐部社会服务工作顺利开展的前提。

（二）制度完善是保障

俱乐部重视制度建设，学校中层干部担任董事长和总经理，在人员配置、财务制度、考核制度、监督评价等方面都行之有效，在服务社会、服务学校师生、服务学校教学和人才培养等方面全盘兼顾，统筹谋划，这是俱乐部长期运营的根本保障。

（三）公益奉献是根本

俱乐部属于民办非企业组织类型，是从事非营利性社会服务的社会组织。俱乐部以服务国家战略为根本导向，以服务"双高校"建设和区域发展为根本出发点，参与和组织公益体育活动100多场，承办"温州市万名中小学生免费体育技能培训"活动，被温州市体育总会评为优秀培训单位。

（四）创树品牌是抓手

"创新服务、创优品牌、创树形象"是俱乐部实践探索的初心和坚守的目标。现在，"冶金体育"社会服务范围广，体育技能精湛，运动成绩优异，示范引领性强，俨然已成为地方体育品牌，是学校体育社会服务的"重要窗口"，也是温州社会力量办体育的"金名片"。俱乐部在创建浙江体育"共富"的道路上发挥着高校独特的作用。

五、推广应用

俱乐部的"三结合"社会服务模式得到许多同行的认可，有武汉职业技术学院、福建船政职业技术学院、浙江金华职业技术学院等30多所同类院校来学校学习交流。2019年7月，俱乐部总经理朱秀清多次到全国高职院校体育部（室）主任培训大会上做经验介绍和交流发言，如图6所示。

图6　2019年7月，俱乐部总经理朱秀清在全国高职体育部（室）主任培训大会上做经验介绍和交流发言

（执笔人：朱秀清）

普查盘活文旅资源，赋能共同富裕温州样板打造

摘　要：按照省市文旅部门的统一部署，在温州市文旅资源普查（中部片区）项目启动后，在学校领导的大力支持下，学校以旅游管理专业团队为核心，跨院系组建了由近三十位校内外文旅专家组成的普查队伍，从为摸清家底描绘底图、为转化利用提供方向、为高质量发展积蓄能量三个方面对温州市所属瓯海、龙湾、瑞安等五个区（县）进行了拉网式旅游资源普查，并依托普查成果综合施策，全要素构建多元赋能体系，助力文旅产业高质量发展，赋能浙江"两个先行"奋斗目标。

关键词：文旅资源普查；文旅产业；共同富裕；旅游管理专业

一、实施背景

共同富裕的本质是人民群众物质生活和精神生活共同富裕，文化和旅游兼具精神和物质属性，是促进经济发展、提高社会就业、推动城乡发展的重要引擎，同时也是满足人们日益增长的物质文化需求、提升国民幸福感的重要力量。浙江工贸职业技术学院以承担温州市文旅资源普查项目（中部片区）为契机，在学校领导的大力支持下，以旅游管理专业团队为核心，动员全校之力，跨院系组建了由近三十位校内外文旅专家组成的普查队伍，从为摸清家底描绘底图、为转化利用提供方向、为高质量发展积蓄能量三个方面对温州市所属瓯海、龙湾、瑞安等五个区（县）进行了拉网式旅游资源普查，并依托普查成果综合施策，全要素构建多元赋能体系，助力文旅产业高质量发展，赋能浙江"两个先行"奋斗目标。

二、主要做法

（一）未查先知促进度

普查组高度重视预目录填报工作，在前期收集地方志、地名志、乡土教材、谱牒文书、现有文化和旅游资源普查相关成果、文化基因解码成果等各类资料的基础上，认真摸排、细致梳理，完成了对中部片区五个区（县）2300多个旅游资源预目录的填写工作。

（二）普调结合促成效

外业调查组采取外业调查团队与乡镇文旅专干、村组干部、"土专家"搭班的形式，按照"行业+专业+配合"的方式，组成五个普查工作小组，确保每个普查小组至少有一名"土专家"、一名基层干部跟随指导，确保外业调查的专业性与覆盖性的结合。他们深入各个景点走访调研，运用GPS定位、无人机航拍、测量参数、现场拍摄图片与视频影像资料等方式，

真正做到最大限度地发现新的资源点、优质资源点及具备开发利用价值的点,力保做到应查尽查。

图 1 为温州市文旅资源普查(中部片区)项目启动暨技术培训会。图 2 为文旅普查团队在瓯海区泽雅镇进行外业调查。

图 1　温州市文旅资源普查(中部片区)项目启动暨技术培训会

图 2　文旅普查团队在瓯海区泽雅镇进行外业调查

(三)科学评价促开发

文旅普查团队成立了由本地文旅、历史人文、建筑环保等方面专家组成的专家委员会,对文旅资源单体和资源富集体进行科学评价,并通过对文旅资源普查数据的科学分析、信息共享与成果推广,提出文旅资源保护、利用和监管政策与对策建议,为促进文旅深度融合和高质量发展提供资源支撑、政策依据和应用模式。

图3为文旅普查团队会同专家委员会对文旅资源进行科学评价。

图3 文旅普查团队会同专家委员会对文旅资源进行科学评价

（四）宣讲培训促成长

文旅普查团队以区（县）为单位开展文旅资源普查技术培训，采用理论授课与现场教学相结合的方式，向基层文旅工作者详细解读文旅普查有关文件，同时结合地方实际讲授普查内容、普查方法、资源采取要点等，使广大基层文旅工作者能够深刻领会文化和旅游资源普查工作的重要意义、目标任务和工作方法。

图4为文旅普查团队在江心屿进行文旅资源普查技术规范现场培训。

图4 文旅普查团队在江心屿进行文旅资源普查技术规范现场培训

（五）普查成果促提升

文旅普查团队利用普查成果促进地方文化和经济水平提升。一是凝练文化内涵，打造农产品牌。依托普查成果及学校电商、设计、物流等专业的人才优势，把丰富的山区文化资源内涵融入特色文旅产品中，营造出当地农产品的差异性和独特性，提升农产品溢价能力。二是依托文旅资源特色，提供精准服务。依托普查成果，梳理各区县文旅资源特色，提供涵盖乡村景区规划、民宿运营、菜品研发、标准化建设、智慧景区建设、非遗文创设计、文旅 IP 打造等的文旅资源开发精准服务。三是推进教师下乡，开展教育助农实践。为各区县举办旅游就业技能培训班，提升旅游服务品质，举办文旅运营人才专题培训班和乡村带头人培训班，推出个性化、特色化课程包；帮助指导运营旅游乡村、民宿（村）的运营和管理；协助打造地方文化标识，推进文化基因解码工程，开展"非遗文化进校园""乡村文化艺人进课堂""乡土文化进课本"活动等，共创共富文化。

（六）普查经验促教改

文旅普查团队利用普查经验促进学校教学改革。一是创新毕业设计指导方法。毕业设计对于学生基础知识的运用、综合能力的培养及终身学习能力、研究能力的提高有着极其重要的作用。旅游管理教研室将普查成果与学生毕业设计相结合，通过带领学生全程参与、指导学生创新普查成果应用场景、引导学生发现新资源等手段，对毕业生创新意识、创新能力及掌握新知识的能力进行更深层次的培养。二是创新移动课堂教学模式。精心挑选在普查中发现的优良资源单体，开展生动的现场教学，并运用丰富的文旅资源，充分发挥移动课堂在专业学习中的积极作用。三是提升学生技能竞赛水平。依托丰富的普查成果，将优良资源单体作为技能提升的绝佳练习样本，最终形成学生技能竞赛素材库和选题库。

图 5 为文旅普查团队工作成果示例。

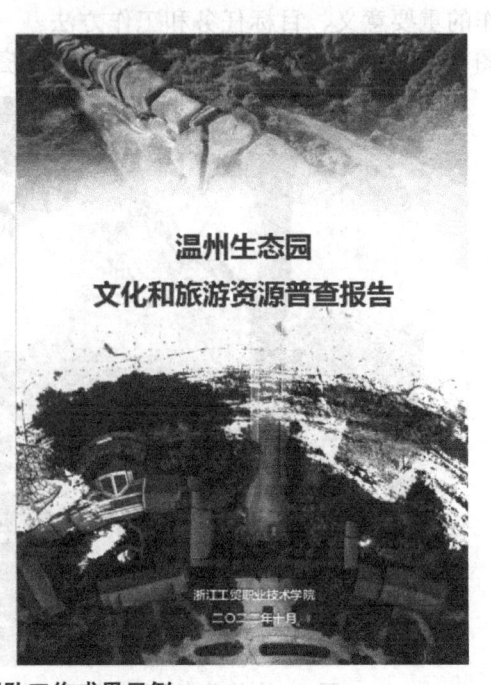

图 5　文旅普查团队工作成果示例

三、成果成效

（一）文本成果维度

文旅普查团队完成《温州市山区五县文化和旅游资源普查报告》《温州市山区五县文化和旅游资源图集》《温州市山区五县文化和旅游资源单体名录表》等 11 项文本成果。

（二）成果应用维度

文旅普查团队依托资源普查成果，完成《温州市山区五县历史文化名人资源专项研究报告》《温州市山区五县红色文化旅游资源开发与利用专项研究报告》《温州市山区五县文旅 IP 打造专项研究报告》等 17 项创新性应用成果。

（三）成果转化维度

依托普查成果，学校先后培训文化和旅游相关从业人员不少于 9000 人次，主要面向景区村镇建设、乡村餐饮、智慧景区、乡村风貌、新媒体与直播带货、品牌创建、服务礼仪与技能提升等，把旅游资源优势转变成旅游经济优势；先后为中部片区五区县的 76 个村庄指导旅游发展，推动落地文旅项目近百项，直接带动新型职业农民就业千余人，推动"旅游美"迈向"共富美"。

图 6 为"活化文旅资源，赋能乡村振兴"社会实践队。

图 6　"活化文旅资源，赋能乡村振兴"社会实践队

四、经验总结

（一）站得高

站在浙江省作为先行省、"重要窗口"的高度去认识文旅普查工作，文旅普查既是文化和旅游部与浙江省文化和旅游厅的重点工作，又是体现高校的"学术性"、考验团队领悟力和执行力的极好机会，文旅普查团队将力争全面摸清家底、力争成果成为全国样板、力争实现重

大成果转化三大工作目标贯穿文旅普查全过程。

（二）立得起

文旅普查团队把握"发展""吸引力""利用"三个关键词，明确什么是文化和旅游资源这一关键问题。坚持高质量、高标准，从"查什么、怎么查、怎么用"的角度，从新概念、新成果、新科技、新标准等方面着手，做出高质量、高标准的普查成果范本，为高质量旅游产品体系的打造提供更加精准的支撑。

（三）叫得应

文旅普查团队发扬踏实的工作作风，"招之则来，来之能战，战之能胜"，以强有力的组织纪律全力以赴完成普查工作。

（四）沉得下

文旅普查团队脚踏实地，不厌其烦，正确处理好"普查与抽查、清查与普查、点源与面源、同类与同标、质量与速度"五种关系，以结果为导向进行普查、核查工作，确保工作质量。

图7为文旅普查团队教师在对旅游资源的细节进行考察。

图7 文旅普查团队教师在对旅游资源的细节进行考察

（五）行得稳

行稳方能致远，节点就是考点。文旅普查团队按照总体安排，重点做好各项工作任务。以时间倒排文旅普查工作时间节点，确保普查工作方案细致周全、经费使用安全规范、各个环节衔接有序。

五、推广应用

文旅普查团队的工作经验、模式和成果创新性强，承接的温州市文旅资源普查（中部片区）项目，得到了地方政府和兄弟院校的一致肯定，团队应邀多次到兄弟院校传授经验。基于前期工作的优异表现，文旅普查团队将进一步承担温州市级文旅资源总报告的编制工作。

（执笔人：何伟）

释放办学牵引力，助力山海协作

摘　要：学校帮扶文成县职业高级中学、平阳县第二职业学校旅游服务与管理专业建设，经过一年半时间，在专业人才培养、教师教学能力提升、教学团队建设、教师科研课题申报等方面取得一定成效，为缩短教育贫富差距、为衔接中高职一体化、为促进社会经济共同富裕，起到了积极作用。

关键词：山海协作；人才培养；教师教学能力

一、实施背景

自 2020 年以来，为贯彻落实《国家职业教育改革实施方案》和浙江省委、省政府关于推进新一轮山海协作的工作要求，围绕浙江省职业教育高质量发展目标，落实"建立完善双高校对口帮扶机制"任务，学校旅游管理专业对接文成县职业高级中学、平阳县第二职业学校旅游服务与管理专业。帮扶工作始终坚持"帮扶所需、协作共赢"的理念，指导结对中职学校根据区域产业结构和支柱产业发展需求加强专业设置规划，提升教师队伍能力素质，提升实训基地建设，促进教科研水平提升，辐射带动两所院校的整体职业教育办学水平。

二、主要做法

（一）党建引领，校校联建，启动强劲的"红色引擎"

2021 年 3 月 17 日，学校旅游酒店党支部与平阳县第二职业学校第一支部、文成县职业高级中学党支部在学校府东路校区行政楼 1 号会议室签署山海协作项目党建联建工作方案。

1. **基层组织共建**

在基层组织共建方面，旅游管理专业充分发挥人才、资源和经验优势，协助解决被帮扶专业党组织建设中存在的问题。在党员队伍共管方面，结合结对帮扶共建党组织的实际情况，共同制订党员教育培训互助计划，协助发展一批年轻教师党员和后备力量。

2. **组织活动共办**

在组织活动共办方面，建立结对帮扶共建党组织联席会议制度，研究解决共建工作在实施中遇到的困难问题；结对帮扶共建的党组织互相督促，认真落实三会一课、组织生活会、主题党日等制度，推广党员示范岗、党员责任区等做法，开展党员结对认亲和"一帮一"活动。

3. 优势资源共享

在优势资源共享方面，结对帮扶单位党组织为被帮扶专业党组织引项目、育人才、教技术，在建设教学场地、添置教材设备、配置授课教师等方面提供帮助。

图1为两所学校教师参加学校举办的山海协作研讨会。

图1　两所学校教师参加学校举办的山海协作研讨会

（二）融合创新，切实提升帮扶学校专业建设"硬实力"

学校旅游管理专业系温州市特色优势专业群龙头专业、温州市教学创新团队，专业文旅科研特色鲜明，服务产业能力强，人才培养质量优，教学育人成果多，在本地乃至浙江省内旅游教育领域形成牵引力和示范引领作用。旅游管理专业发挥人才培养、团队建设、教学创新、产教融合、项目谋划等优势，进一步指导两所学校优化人才培养方案，创新专业建设，提升教师教学能力。2020年12月14日，由学校主办的山海协作论坛——"专业建设与地方旅游经济"研讨会在平阳举行，如图2所示。学校与平阳县第二职业学校、文成县职业高级中学举行结对仪式，深化帮扶工作。

图2　山海协作论坛——"专业建设与地方旅游经济"研讨会

2021年12月，旅游管理专业邀请华侨中学烹饪专业、高星级饭店经营管理专业主任分享中职"双高"专业建设成果和经验，指导两所中职学校"双高"专业建设。邱旭光教授做"双高"背景下职业教育科研的指导工作，提升教师科研与课题申报能力。旅游管理专业指导两所学校进行中高职一体化人才培养方案衔接，打通中职与高职课程、能力、素养培养链，为高质量人才培养服务。

图3为中高职一体化人才培养方案指导会。

图3 中高职一体化人才培养方案指导会

（三）经验交流，提升帮扶学校教师教学"软实力"

教师教学能力提升是学校深化教学内涵建设的一项重要工程。2021年"技能大赛研讨与经验交流"主题研讨会在学校府东路校区举办，平阳县第二职业学校旅游管理专业教师、文成县职业高级中学旅游管理专业全体教师参与研讨。在会议上，旅游管理专业对近年来教师教学能力大赛和学生技能大赛成果进行汇报和经验分享，双方教师就旅游专业人员选拔、日常培训等教学细节展开研讨。另外，针对"岗课赛证"融通，旅游管理专业传授经验，促进教师教学组织、教学评价、教学能力获得提升。

图4为指导教师教学能力大赛。

图4 指导教师教学能力大赛

（四）示范带动，助力帮扶学校取得"标志成果"

学校作为"双高校"，做好示范，在"双高校"建设上积极谋划自身标志性成果的同时，帮扶两所学校进行"三教"改革，打通中高职一体化人才培养渠道。2021年，学校指导平阳县第二职业中学申报茶艺师劳动职业鉴定资质；2022年完成导游证配套教材《导游词创作》的出版。在"导游业务""旅游政策法规""导游基础知识"等精品课程建设应用与推广方面，学校将导游证题库知识产权免费转让，提升帮扶院校学生导游证考证通过率。

（五）集智聚力，服务地方文旅产业项目，促进"共发展"

旅游管理专业高质量服务"共同富裕温州样板"建设和"东亚文化之都建设"战略。2020—2022年，教师文旅智库完成政府项目近20项，累计经费超过400万元。2022年，旅游管理专业邀请两所学校教师共同参与温州市文旅资源普查项目，为后期地方文旅资源利用、精准施策做好根本性工作。旅游管理专业发挥服务政府、服务社会、服务产业的能力，集智聚力，带动两所学校教师参与学校横向课题研究，切实提升教师的科研能力和社会服务能力。

（六）集思广益，策划乡村振兴"金点子"

文成县、平阳县地处温州南部，旅游资源丰富，农村经济欠发达。旅游管理专业组织旅游专家赴文成县、平阳县调研旅游景区发展、旅游人才培训、侨家乐民宿建设、品质旅行社星级评定指导等，做好智囊团促旅游发展"金点子"等工作，助力乡村振兴，促进共同富裕。2020—2021年，旅游专家团队为平阳县多家旅行社、民宿建设等提供技术服务与咨询，为平阳县组织导游技能大赛，为景区讲解员开展技能培训。

三、成果成效

（一）校校共建，构建中高职教育"一体"连接

旅游管理专业发挥温州、台州职教高地和"双高校"的优势，实施山海协作、旅游扶贫，指导两所中职学校在设置专业培养方案、优化课程体系、建设精品资源在线课程等，帮助两所学校完成重点校建设，推进与高职院校"3+2"联合办学进程；指导帮助两地学校进行校内、校外实训基地建设，提高实训基地建设的制度和实际效果；协助筹建以"茶文化"为主题的两校实训基地；为做好乡村旅游产业升级，培养、储备人才，为乡村振兴、共同富裕服务。

（二）师资提升，打造教学能力"共进"模式

优良的师资队伍是建设优质职业院校的关键。因此，对口帮扶应把对师资队伍的帮扶、打造专业软实力作为工作中心，通过各种形式的继续教育、师资培训，构建"以本校教师为主体、以浙工贸教师为后援、以企业行业技师为补充"的"双师"素质三元结构。一方面，两校互派教师以短期进修、专业挂职等方式进行学习。另一方面，定期向两校短期派驻专业带头人、教学领军人才和定期开办讲座，以"老带新、结对子"的形式对专业中青年教师进行一对一培养，加速培养旅游管理专业带头人和青年骨干教师，有效提高专业师资水平，增强教学团队的教学与科研能力。

（三）实训室建设，创新教学资源"共享"方式

旅游管理专业近十年来在教学资源与课程建设、教学改革、实践教学场所建设、校企合作等方面积累了大量成功的范式、经验，能够为对口帮扶学校提供高效的现实支持。旅游管理专业将已有的优质教学资源（如旅游产品设计、茶道美学等）通过开放网络学习平台的方式，实施对帮扶学校的支持。在课程建设中，两校合作开展教学改革实践项目，双方教学团队在课程、教材、项目等方面深度合作。在实验室建设方面，立足文成县、平阳县实际情况，结合行业、企业需求，利用学校"文旅融合体"的服务辐射作用，并通过网络实现文旅大数据实训室、VR教学设备远程操作使用，帮助对口帮扶学校完善设计教学实践环节。

（四）项目驱动，开启专业发展"共富"密码

旅游管理是一个实践性较强的专业，帮扶学校专业优势互补，开展项目合作，建立学术研究和专业建设的长期合作机制。从调研和实践成果来看，双方共同参与申报项目，并在各个级别教学改革与实践项目、各类横向课题项目、校企合作设计实践项目等方面开展合作研究，在一定程度上提高了两校的科研项目层次，在成果质量与数量实现双丰收的同时推动了师资教学水平和设计实践水平的提升，扩大了两校教师的合作交流范围和深度，有效促进了专业建设和对口支援工作的开展，形成在项目驱动下专业合作共赢的可持续发展态势。

四、经验总结

党建引领，党员先行。以红色党建引领，三校以支部联建方式，将专业建设嵌入党建工作之中，促进专业—教学—课堂改革；充分发挥党员的先进性，使身为专业领军教师、骨干教师的党员自觉成为改革的先锋、服务的模范，提升教学能力、科研能力和服务能力；精准把脉，系统规划，进行根源分析，精准施策。

（执笔人：张海琼）

推进育训结合，打造社会服务培训工贸品牌

摘　要：学校作为国家"双高计划"建设单位，严格贯彻落实培训工作，通过构建一体化培训体系，推进育训结合，打造工贸培训品牌，为全力助推非学历教育教学、培养高素质技术技能人才提供系统全面的环境和资源保障。

关键词：培训体系；分类实施；模式多元

一、实施背景

高职扩招是党中央、国务院确定的重要决策，是落实《国家职业教育改革实施方案》的重要举措，也是职业教育改革发展的重大机遇，对实现教育强国、人才强国、制造强国、质量强国具有重要意义。浙江工贸职业技术学院按照党中央、国务院对高职院校扩招的决策部署，响应 2019 年《政府工作报告》提出的高职院校大规模扩招 100 万人的号召，落实教育部、浙江省教育厅的统一部署，开展高职院校扩招相关工作；严格落实教育部《关于做好扩招后高职教育教学管理工作的指导意见》要求，以学情分析为前提，以人才培养方案为纽带，以教学组织为重点，以模式创新为发展，确保立足产业升级和经济结构调整对技术技能人才的需求，缓解当前就业压力，解决高技能人才短缺难题，为社会人员提供多样化成长、成才路径。学校深入学习贯彻习近平新时代中国特色社会主义思想，始终将扩招后教育教学管理作为学校"一把手"工程，统筹协调扩招后的人才培养工作，将提高人才培养质量、规范化管理作为核心工作内容，确保教学管理各项工作有序、高效推进，走出一条特色建设路径，为高职院校扩招贡献"浙工贸经验"。

二、主要做法

（一）校企共建，分类编制特色人才培养方案

扩招的学生整体文化基础薄弱、年龄偏大且绝大多数为企业人员，在课程设置、教学内容安排、教学模式等方面均需制订打破传统模式的培养方案。通过对扩招学生进行学情分析，充分了解扩招学生的教育基础、技能等级、年龄结构、发展愿望等方面的需求，通过对浙江、河南等省近 20 家眼镜企业、浙江公元集团等高技能人才需求企业开展调研，将立德树人根本任务、培养高素质技术技能人才要求落实到培养方案中，按照"标准不降、模式多元""精准施策、分类实施"的原则，学校多次召开人才培养方案论证会，会同教务、专业、行业、企业等共同研究人才培养方案，校企共同制订充分体现学校特色、扩招学生实际情况、企业生产人才需求的特色人才培养方案。

（二）工学结合，教学模式多元化

在教学组织实施方面，学校与企业紧密合作，依据企业生产、学生工作、学生生活实际情况，在学校和企业间有组织地完成教学任务。学校按照工学交替、旺工淡学进行错峰教学，将集中教学与分散教学相结合，将线上教学与线下教学相结合，将学校教师与企业教师相结合，送教师到企业、送教师到岗位，灵活教学，确保教学计划的顺利实施。

学校多措并举，深化教学模式改革，实施"互联网+"教学，以"教学"为中心，以混合式教学、分层教学、移动学习等教学组织形式对扩招学生广泛开展教学活动。教师利用MOOC、在线课、微课、学校专业教学资源库、在线精品课程等数字化教学资源，借助信息化技术，不断深化教学模式改革。在开展线下集中授课及线上教学、辅导、作业批阅、课程考核等多种教学方式之外，机电一体化、眼视光技术专业还送教师到企业、送教师到岗位，进行岗位现场授课，提高学生技术技能水平，促进企业生产效率提高，实现人才培养目标，如图1所示。

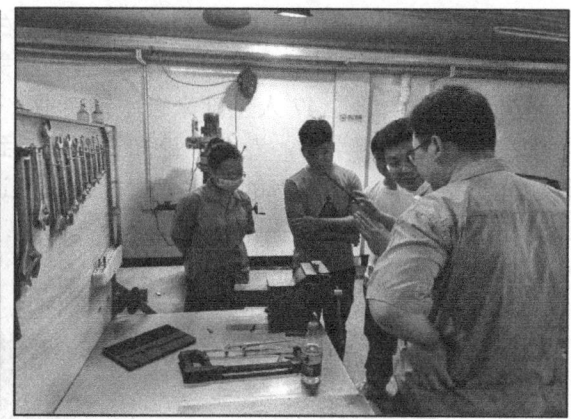

图1 送教师到企业、送教师到岗位

（三）多管齐下，确保课堂教学高质量

学校严格按照教育部"标准不降，模式多元"的主导思想，制订人才培养方案，学生总体学时均在2500学时以上。学校将教学实施纳入内部质量监管体系，在常规教学过程中，强化督导考核机制，以督导听课、学生评教师、同行评价等方式进行考评，将考评结果与教师教学效果评估结合起来，促进教师教学质量提高。

学校配备有经验的辅导员、班主任，负责学生思想政治教育、日常管理等工作，由其提醒、督促学生按时学习，确保思想政治教育工作与学业指导工作有效推进。学校充分考虑学生工学困难，利用周末、晚上、假期开展教学活动，确保学生按时听课、参与教学活动，确保打卡签到、学习时长与出勤率真实有效，促进学生高质量参与教学。

（四）坚持标准，考核模式多元化

在学业考核、成绩评定方面，学校坚持标准不降，创新考核模式。考核主要通过线下考试、线上考试、大作业、提交作品等多种形式进行。学校严格执行各项考试规定，增设《线上考试管理办法》，对线上考试过程进行监控。学校鼓励和引导学生积极参与教学活动，取得相应成绩。学校将学习打卡签到、学习时长、作业提交、教学互动等多种学习方式过程性考核计入学生的平时分。学校加强对学生学习成果、技术技能考核的认定、积累和转换工作，积极引导学生参与"1+X"证书、职业资格证书、职业技能等级证书考核，参与各项比赛，进行学习成果转换。

三、成果成效

（一）分类教育，保障教学质量

学校根据前期调研情况，创新人才培养模式。校企共建、分类编制人才培养方案，采取工学交替、旺工淡学模式，分类编班，使专业理论教学与生产实践教学同步进行，理论与技能相互补充，扩招的学生理论知识更扎实，专业技能、职业能力更强，从而保障教学质量提高。

（二）因材施教，提高职业竞争力

学校在制订分类培养方案时，充分考虑学生的技能等级、社会需求、个体发展意愿，设置了技能考核相关课程，适当加大技能考核相关课程的比重，确保学生通过技能等级考核。眼视光技术专业学生47人全部来自眼镜企业，平时的学习、实践都结合自己的工作、生产实际情况，通过扩招学习，专业理论知识水平得到提高，操作技能得到锻炼。85.95%的学生取得验光资格证书，56.52%的学生取得配镜资格证书。学生学历、技能双提升，有效提高了在工作中的职业竞争力。

图2为教师进行技能等级考核培训。

图2 教师进行技能等级考核培训

（三）校企共教，扩大师资资源

通过校企共教，学校教师、企业教师相互取长补短，共同成长。学校和企业教师共同研讨制订人才培养方案。学校教师在上课前向企业教师学习生产流程、生产工艺、操作技能，企业教师向学校教师深入学习专业理论知识，双方都得到提升，从根本上缩小了学校与企业间的差异，扩大了师资队伍，为后续发展储备师资。

（四）精准服务，扩大社会影响力

学校发挥专业优势，在扩招学生的教学、管理、培训、就业方面的做法及取得的阶段成果受到政府、社会、企业的充分肯定，社会影响力越来越大。学校获批"温州市校地合作退役军人就业创业孵化基地"（如图3所示）、"2020年度温州市职业技能教育培训协会优秀会员单位"。

附件：

温州市校地合作退役军人就业创业孵化基地名单（排名不分先后）

序号	单位	基地专业	培训内容	联系人	联系电话
1	温州医科大学继续教育学院	心理咨询调适	开展针对性、定制化的心理健康和生活适应性培训服务，开展"心"培训，提升"心"能量，调适"心"历程，普及心理健康知识，引导养成健康的生活方式，尽快融入社会。	王世萍	13506519316
2	温州大学继续教育学院	农村就业创业	开展退役军人农业创业、乡村振兴、农村电商、农产品网络营销、农民就业技能、村级服务站提升等培训。	陈坤觉	13858822588
3	温州理工学院继续教育学院	新能源汽修	运用大数据、车联网、区块链、人工智能、云计算等信息技术，开展新能源汽车的使用、维修、故障诊断、整车检测、车辆鉴定、评估、理赔、事故查勘、经营管理等方面培训和创业孵化。	陈富贵	13968365550
4	温州商学院继续教育学院	温商素养提升	通过引进优秀退役军人"现身说法"、成功"老班长"分享人生经验等方式，引导退役军人树立正确的创业观。开展退役军人温州创业精神、领导艺术、创新精神等方面培训。	王成思	13858707092
5	温州职业技术学院继续教育学院	智能制造与数字化	开展大数据技术在智能制造中的应用、网店运营、新媒体营销、短视频与直播应用、互联网时代影像表达、网络安全意识培养、数字素养普及提升、人工智能普及教育等。	罗小阳	13780199069
6	浙江工贸职业技术学院继续教育学院	现代服务业技能提升	通过"眼睛"培训，关注"眼睛"健康，提升"视觉"质量；运用人工智能、互联网+、云计算等数字技术，开展智慧物流、城市配送、供应链管理等培训；加强投资者保护、投资者教育、人力资源管理、旅游管理、体育运营与管理、设计手绘等培训，提升学员综合能力。	黄晓医	13587686970

- 3 -

图3 温州市校地合作退役军人就业创业孵化基地获批文件（表格截图）

四、经验总结

作为浙江省首批高职扩招院校，学校在高职扩招中积累了宝贵的经验。

（一）学情分析是前提

高职扩招学生来源多样，从事行业不一，上班时间不一，教学管理难度大。学校从教育背景、技能等级、年龄结构、发展愿景等多方面进行学情分析，掌握学生的特点，为分类人才培养做好调查研究工作。

（二）人才培养方案是纽带

在制订人才培养方案时，学校充分考虑学情分析的调查研究结果，同时考虑企业对高素质技能人才的要求，以协同教育、现代教育技术等理论为指导，充分把握科学性、实用性、前瞻性和可扩展性，制订人才培养方案，将其作为人才培养的纽带。

（三）教学组织是重点

学校根据人才培养方案，根据实际情况采取工学交替、旺工淡学模式组织教学，灵活实施教学活动，既保证教学计划的顺利实施，又保证教学质量；通过教学组织，反哺学校服务能力，提升教育水平。

（四）模式创新是发展

扩招学生教学、考核模式多元化。教学采用集中教学与分散教学相结合、线上教学与线下教学相结合、学校教师与企业教师相结合、送教师到企业、送教师到岗位等模式。考核采用线下考试、线上考试、大作业、提交作品等多种形式，同时采取学习打卡签到、学习时长、作业提交、教学互动等多种学习过程性考核。

五、推广应用

学校高职扩招的工作做法，得到浙江省、温州市与杭钢集团领导的充分肯定，以及专家同行的充分赞誉，形成可复制、可迁移的应用模式，与其他高职院校多次进行经验交流分享。

（执笔人：黄路瓯）

开展职业技术等级认定评价，助力工匠培养

摘　要：自国家职业资格制度建立以来，职业资格评价是技能人员水平评价的主要形式。学校在2021年3月正式成为省级首批职业技能等级认定试点工作评估合格单位。通过完善组织结构、创新考核方式与压实主体责任，学校成功推进了技能人才队伍的建设，完善了技能人才分类评价的方式，提升了学校的服务发展能力，为进一步畅通技能人才职业发展通道，服务国家战略和地方经济社会发展打下了坚实的基础。

关键词：职业技能等级认定；规范考核；创新品牌

一、实施背景

自1994年国家职业资格制度建立以来，职业资格评价是技能人员水平评价的主要形式。2018年，中共中央办公厅、国务院办公厅印发《关于分类推进人才评价机制改革的指导意见》，提出了分类推进人才评价的实施举措。2019年，国务院常务会议决定分步取消水平评价类技能人员职业资格，实行职业技能等级制度，推行社会化职业技能等级认定。

2021年3月17日，浙江省人力资源和社会保障厅公布《浙江省人力资源和社会保障厅办公室关于公布全省首批职业技能等级认定试点评估合格技工院校名单的通知》（浙人社办发〔2021〕6号），学校正式成为省级首批职业技能等级认定试点工作评估合格单位。2021年6月24日，学校收到浙江省技能人才评价管理服务中心《关于同意浙江工贸技师学院新增职业技能等级认定职业的函》（浙技评函〔2021〕8号）文件，由此可以开展以下工种的职业技能等级认定：电工、眼镜验光员、眼镜定配工、企业人力资源管理师、劳动关系协调员、茶艺师、电子商务师、营销员等21个职业（工种）。

二、主要做法

（一）加强推进职业技能等级认定组织结构标准化，合力攻坚克难

学校建立健全以职业技能等级认定为主要内容的技能人才评价制度，完善宏观管理、标准构建、组织实施、质量监督和服务保障等工作体系，形成有利于技能人才培养的制度环境，促进优秀技能人才脱颖而出。为确保职业技能等级认定工作的顺利开展和推进，学校第一时间成立职业技能等级认定中心，设置了评价管理领导小组，分管领导任组长，书记、院长任副组长，各部门负责人任组员，还设考务组、财务组、档案组、后勤保障组、考评组、内部质量监督组等，各岗位职责明确且有相应的管理制度。

（二）积极创新职业技能等级认定考核工作方式，聚集发展动能

为了创新职业技能等级认定考核工作方式，学校前期积极与技术服务公司沟通，多次对机房环境进行测试，制订了详细的考核方案，确保考核顺利进行，在 2021 年 9 月 26 日正式开启全面无纸化考核模式，如图 1 所示。学校后期优化标准题库，夯实技能认定工作的基础。按照行业产业发展和技术变革需求，学校动态构建科学合理、符合生产实际、适应行业发展需要的职业（岗位）认定评价标准体系；加强标准题库的维护更新，提升题库建设的时效性、准确性和质量标准；加快推动成熟的行业、企业评价规范上升成为国家职业技能标准的步伐。

图 1　开启全面无纸化考核模式

（三）规范实施职业技能等级认定考核相关工作，压实主体责任

1. 规范操作一体化平台

学校按规范步骤全面执行一体化平台上的申报、报名、公示、编排考场、考试等环节的操作，规范编制、执行等级认定计划，报名条件完全执行国家级标准，对考生报名条件严格审核把关。

2. 严格考试试卷管理

在领取试卷环节，两位教师共同领取试卷，并签字确认，互相监督，实现试卷内容的严格保密。此外，专人阅卷，专人计分，两者分离，充分保证考试的公正性和严明性。

3. 精心布局考评环节

学校认定考评过程严格按照高标准、高要求，明确各项纪律，加强考场督察，加强考场监控；执行技能评价过程有视频监控，全流程可追溯；严格落实考生手机和其他资料设备的集中管理，明确考场制度和考试纪律；细化考务工作人员、监考工作人员和考评工作人员的工作职责；对照考生信息，严密审核考生各项证件。

4. 公平公正阅卷、评分流程

学校规范各个考务环节，理论试卷由专人评卷，专人统计分数，专人复核分数；实操考试，制订量化的评分标准，严格按照标准评判，考生一人一份评分表，现场评分均由考生签

字确认，所有成绩均由鉴定工作负责人复核后录入平台，所有成绩手写稿均留档保存。

5. 严谨规范财务和档案管理

技能等级认定的财务工作被纳入学校财务处统一管理，建立专账。学校严格参照省市文件精神制订收费标准，安排专人负责技能等级认定工作的档案管理。

三、成果成效

（一）推进技能人才队伍建设

职业技能等级认定制度有利于激发市场主体用人活力，为企业职工发展提供更多的成长平台和机会，激活职工爱岗敬业精神，对市场主体留住人才、稳定岗位有重要的作用。截至2022年9月底，学校已开展11个工种技能人才评价106批次，认定及培训7906人次。学校承办了温州市电工大赛；协办了温州市鞋类设计师、制鞋工技能大赛，鹿城区眼视光验光与定配大赛，经开区电工、数控车床、钳工大赛，龙湾区客户服务管理员大赛。下一步，学校将继续努力搭建学习技术、交流技艺的平台，激发学技术、练技能的热情，推进温州高技能人才队伍建设，为温州"十万工匠培育工程"做出贡献。

图2为经开区电工、数控车床、钳工大赛。

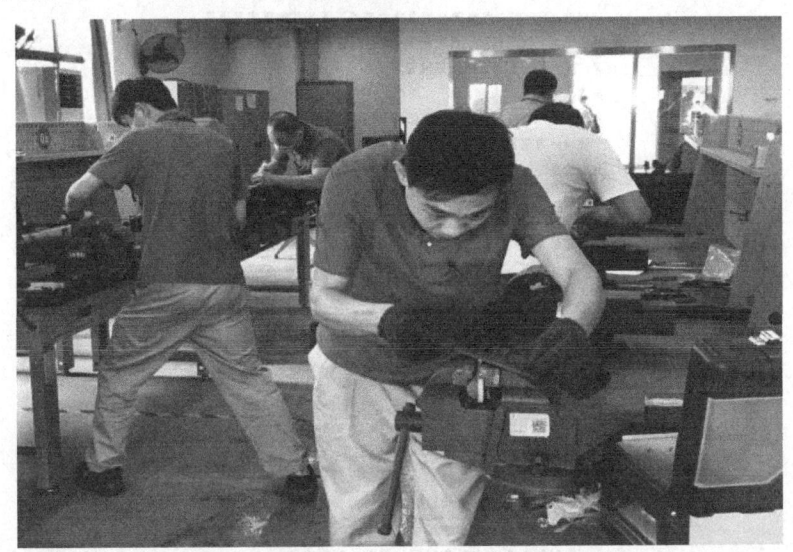

图2 经开区电工、数控车床、钳工大赛

（二）完善技能人才分类评价方式

在职业资格证书制度改革前，技能人才评价的方式主要为职业资格评价，评价标准依据相应的职业标准，评价手段主要依靠地方的题库资源，因此存在评价内容比较宽泛、技术资源相对落后、评价形式比较单一、劳动者技能水平针对性不强等问题。随着技能人才评价改革的深入，尤其职业技能等级制度的建立，学校凭借丰富的理论教学经验与充足的教学实践场地设备，充分发挥市场的主导作用，调动学校各类资源参与技能人才评价，在创新考核方式、技术资源开发等方面更加灵活多样，初步形成以职业技能等级认定为主要形式的技能人才评价体系，技能人才评价工作更加科学化、社会化、多元化。

（三）提升学校服务发展能力

学校树立服务社会的理念，按照“立足温州，辐射全省，资源共享，全省联动”的思路，做大做强职业技能培训与认定工作；以点带面，逐步建立覆盖全省的职业技能培训体系，为技能人才提供培训提升平台。2021 年，培训中心成功获批“浙江省职业技能等级认定第一批建设单位”“温州市校地合作退役军人就业创业孵化基地”，荣获 2020 年温州市培训协会优秀会员单位、温州市 2021 年度民营经济示范城市创建（民营经济高质量发展）先进集体、2021 年温州市培训协会优秀会员单位和 2021 年杭州钢铁集团有限公司巾帼标兵岗称号（如图 3 所示）。

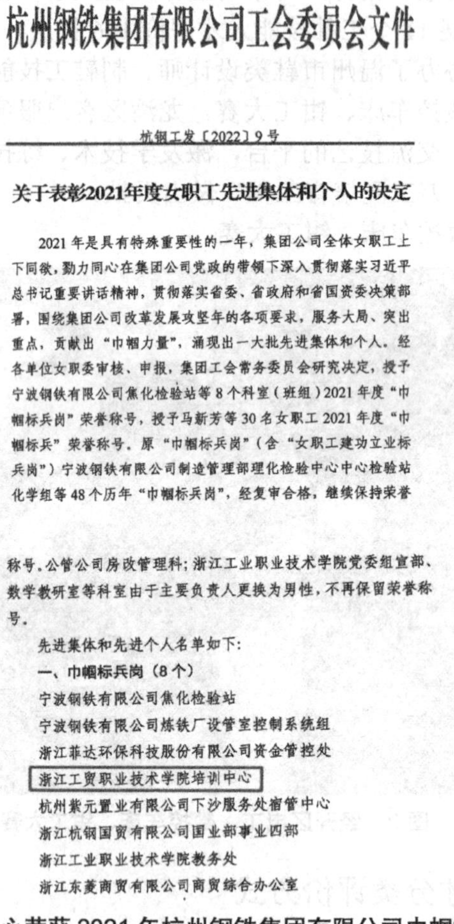

杭州钢铁集团有限公司工会委员会文件

杭钢工发〔2022〕9 号

关于表彰2021年度女职工先进集体和个人的决定

2021 年是具有特殊重要性的一年，集团公司全体女职工上下同欲，勠力同心在集团公司党政的带领下深入贯彻落实习近平总书记重要讲话精神，贯彻落实省委、省政府和省国资委决策部署，围绕集团公司改革发展攻坚年的各项要求，服务大局、突出重点，贡献出“巾帼力量”，涌现出一大批先进集体和个人。经各单位女职委审核、申报，集团工会常务委员会研究决定，授予宁波钢铁有限公司焦化检验站等 8 个科室（班组）2021 年度“巾帼标兵岗”荣誉称号，授予马新芳等 30 名女职工 2021 年度“巾帼标兵”荣誉称号。原“巾帼标兵岗”（含“女职工建功立业标兵岗”）宁波钢铁有限公司制造管理部理化检验中心中心检验站化学组等 48 个历年“巾帼标兵岗”，经复审合格，继续保持荣誉

称号。公管公司房改管理科；浙江工业职业技术学院党委组宣部、数学教研室等科室由于主要负责人更换为男性，不再保留荣誉称号。

先进集体和先进个人名单如下：

一、巾帼标兵岗（8 个）

宁波钢铁有限公司焦化检验站

宁波钢铁有限公司炼铁厂设管室控制系统组

浙江菲达环保科技股份有限公司资金管控处

浙江工贸职业技术学院培训中心

杭州紫元置业有限公司下沙服务处宿管中心

浙江杭钢国贸有限公司国业部事业四部

浙江工业职业技术学院教务处

浙江东菱商贸有限公司商贸综合办公室

图 3　培训中心荣获 2021 年杭州钢铁集团有限公司巾帼标兵岗称号

四、经验总结

（一）提高政治站位，切实增强职业技能等级认定工作使命感

学校坚持以习近平新时代中国特色社会主义思想为指导，按照国家总体部署，积极探索

开展职业技能等级认定工作，进一步丰富完善技能人才评价体系，得到社会各界的广泛赞誉和技能人才的一致好评。学校坚持以人民为中心的发展思想，回应广大人才关切和期盼，着力填补部分职业技能等级认定的"断档"或"空白"，进一步畅通技能人才职业发展通道，激发创新创业活力。

（二）坚持探索创新，着力打造职业技能等级认定工作新品牌

在全省全面开展职业技能等级认定工作的基础上，学校坚持试点先行，创新评价方式和内容，以职业技能等级认定题库建设为抓手，结合社会实际需求拓展技能等级认定前的教育培训，发挥学校多学科和专家团队的优势，积极开发各类职业技能认定试题库，以获取培训市场更大的占有率，努力打造浙江工贸职业技术学院职业技能等级认定品牌，服务国家战略和地方经济社会发展，形成专业培养优先技能型人才的氛围，扩大社会影响力。

（三）强化组织保障，纵深推进职业技能等级认定工作责任感

学校明确开展职业技能等级认定工作的操作流程和各流程节点的要求，压实责任分工，有序推进职业技能等级各项工作任务；加强事前、事中、事后监管，落实事前评估备案，事中、事后严格考核认定与内部治理监督。同时，学校设立并公布职业技能认定质量监督电话，自觉接受社会各方面的监督；加强对考评人员和质量督导人员队伍的管理和建设；建立考评人员和质量督导人员诚信档案，加强对质量督导人员的管理，把质量督导工作落到实处。

（执笔人：潘雷）

八、提升学校治理水平

传承创新,激扬新时代工贸精神,争当"重要窗口"先行者

摘 要:学校60多年的职业教育办学历程和取得的业绩,是我国职业教育发展的缩影和生动写照。从厂校联合改制、共办高等职业教育到入选国家"双高"建设单位,从没有独立办学场所到"一校两区"办学格局,60多年来,学校坚定走好"五条路",扎根温州大地,办人民满意的教育,把困难当机遇,化压力为动力,书写了职业教育大有可为的浙工贸篇章。自党的十八大以来,学校以习近平新时代中国特色社会主义思想为指导,以新时代国家和民族复兴为使命,坚持立德树人,坚持服务发展,坚持开放开门特色办学,迈入了高质量发展的快车道。学校成绩的取得归因于方向的正确和道路的坚定。

关键词:特色办学;发展历程;现代职教

一、实施背景

党历来高度重视职业教育,根据不同历史时期的任务和需要,与时俱进推动职业教育发展。习近平总书记指出,在全面建设社会主义现代化国家新征程中,职业教育前途广阔、大有可为。自办学以来,学校始终坚持"为党育人、为国育才"的目标(如图1所示),对职业教育办学规律的认识不断深化,在加快构建现代职业教育体系,培养更多高素质技术技能人才、能工巧匠、大国工匠上紧跟时代和实践步伐,与党和国家及区域经济社会发展紧密结合。

图1 学校始终坚持"为党育人、为国育才"的目标

二、主要做法与成效

（一）走出了一条厂校联合改制办学成功之路

学校的前身追溯到 1960 年创办的温州动力机厂技工学校。1978 年，乘着改革开放的春风，学校恢复办学。在一无校舍，二无师资，三无经费，四无教学资料的情况下，全体"工贸人"不观望等待，不伸手依赖，发扬温州人敢为天下先的精神，克难攻坚，自立自强，首批向全省招收了 148 名学生，为温州市乃至浙江省工业发展提供了强有力的技术人才支撑。1999 年，学校把握住"厂校联合改制，共建高职院"的机遇，与温州冶金机械厂联合改制，共建"浙江工贸职业技术学院"。厂校共建、优势互补的办学格局，既解决了国企改制解困的难题，也为学校特色办学之路注入了产教融合的基因。

图2 为 2000 年 3 月 18 日，浙江工贸职业技术学院成立大会。

图2 2000年3月18日，浙江工贸职业技术学院成立大会

（二）走出了一条德技并修匠心人才培养之路

学校以培养具有家国情怀的高素质复合型技术技能人才为使命，围绕"三个立"，落实立德树人根本任务，奋力书写职业教育"人人出彩"新篇章，如图3 所示。

1. 立德，以爱国情怀锤炼心性

思政课程和课程思政同向同行，学校推进全员育人，注重挖掘课程中的思政元素，构建了以引领—浸润—深化—拓展为抓手的课程思政育人模式，成为浙江省首批课程思政示范校。

2. 立志，以"三创"激发潜能

学校在学生创新创业意识激发、能力培养、成效落地等方面有效探索，建构"学园城融

图3 奋力书写职业教育"人人出彩"新篇章

合"平台+"研训创融通"教学模式;创立以"资源共享、平台共建、成果共用、人才共育"为准则的协同创新创业育人理念;搭建"学校+园区+城市"的"学园城"融合体双创实践教学平台;打造以研促创、以训促创、以创业实践锤炼师生创新创业实战能力的"研训创融通"教学模式,形成分层分类的专创融合教学新体系;建立"融合体服务教学绩效考核、双创教学评价、学生双创素质评价"三维立体评价体系的系统性举措。学校荣获首批全国创新创业典型经验50强高校、全国深化创新创业教育改革示范高校、国家级众创空间、首批海峡两岸青年创业基地称号,入选首批国家级创新创业教育实践基地建设单位,毕业生一年后平均自主创业率达13.09%,居全省高校第一位。

3. 立功,以实践奉献逐梦破浪

学校毕业生成为各行各业的技术中坚力量,毕业生荣获全国五一劳动奖章、全国技术能手等荣誉称号。学校弘扬志愿服务精神,在抗疫一线、青科会、文化礼堂等地都有工贸"红马甲"的身影。

(三)走出了一条园区化产教融合特色办学之路

产教融合,难在学校与行业、企业的"融",难在教学链与产业链的"合"。学校不仅带着师生"走出去",走进企业一线实习实践,而且主动将企业"引进来",基于市场契约共建园区和基地。学校自2009年开始探索园区化办学,现建有"三园区、三基地",构建了多主体联盟、开放式互动的协同育人模式,逐步形成"六六制"园区化人才培养模式。园区孵化出上市企业3家、省市"技能大师工作室"7个、省市各类人才17人。学校与地方政府、行业协会共建二级特色产业学院,是破解"融合"难题的又一举措。学校现建有温州物流学院、温州知识产权学院、温州网球学院、温州眼镜产业学院等9个特色产业学院。特色产业学院紧密对接区域经济社会发展需求,聘请企业家、能工巧匠担任教师,开展精准化的人才培养。

图 4 为 2021 年 10 月 16 日，浙江省委常委、温州市委书记刘小涛莅临学校浙江创意园调研。

图 4　2021 年 10 月 16 日，浙江省委常委、温州市委书记刘小涛莅临学校浙江创意园调研

（四）走出了一条自筹资金建设新校区之路

学校积极落实党和国家技能型社会构建的号召，大力培养高质量的技术技能人才。然而，随着学校办学规模不断扩大，原府东路校区的办学场地已不能满足学校办学规模的扩大和质量的提升，解决空间制约迫在眉睫。学校决定，自筹资金，自建团队，自我加压，建设瓯江口新校区，开启第三次创业征程。该项目在 2016 年开工建设，2020 年 9 月试运行，迎来第一批学生，12 月正式启用，如图 5 所示。2022 年，瓯江口二期工程正式动工。在新校区建设的过程中，学校成立直属党支部，党支部的战斗堡垒和党员的先锋模范作用得到了充分的发挥，全程对第三方跟踪审计监督，确保新校区建设安全。府东路校区定位为"园区化人才培养集聚地"，瓯江口校区定位为"产教融合示范基地"，至此，"一校两区"办学的格局构建，学校从"滨江时代"跨入"滨海时代"。

（五）走出了一条治理体系和治理能力现代化提升之路

学校要实现高质量发展，必须以科学、现代的治理体系作为支撑。学校以党建引领学校治理体系现代化，坚持善治、自治、共治；实行党委领导下的校长负责制，增强校党委政治领导力，引导师生坚决做到"两个维护"。学校基于服务产业集群发展和重构专业体系的需要，按照面向未来、资源集约共享、特色鲜明的原则，"以群建院"重组二级院系资源，将 12 个二级院系优化调整为 7 个二级学院，建设 8 个专业群。2020 年 12 月 4 日，学校牵头成立全国职业教育光电技术专业联盟（如图 6 所示），政府、学校、行业、企业四方联动，凝聚治理合力，实现共建、共治、共享，彰显职业教育类型特色。学校积极推进数字化改革，加大对信息化基础设施投入，建成覆盖全面、安全稳定、绿色高效的"数字校园信息化生态体系",荣获浙江省智慧教育示范校称号。

图5 2020年12月,瓯江口校区正式启用

图6 2020年12月4日,学校牵头成立全国职业教育光电技术专业联盟

三、经验总结

(一)只有讲政治才能强发展

必须加强党对学校工作的全面领导,党的领导是教育的"根"和"魂",是确保教育沿着

正确方向前进的灯塔。这些年,学校充分发挥党委把方向、管大局、做决策、抓班子、带队伍、保落实的作用,全面贯彻党的教育方针,确保社会主义办学方向。学校不断加强党的建设,忠实践行"为党育人、为国育才"的教育初心,凝聚起高质量发展的磅礴力量,肩负起建设"重要窗口"的使命和担当。

(二)只有服务大局才能融入全局

近年来,学校党委坚持紧密对接服务国家、浙江省和温州市,以及杭钢集团的重大战略布局,把学校发展放到全省"两个先行"建设中谋划推进,打造了"园区化产教融合""创新创业教育""两岸青年交流"等具有浙工贸特质的示范样板,提升了学校的贡献度和影响力,推动学校发展与经济社会发展战略大局同向聚合、同频共振。

(三)只有以人为本才能万众一心

办人民满意的教育,既是党中央的要求,也是人民群众的期盼。我们坚持以人为本,有效回应群众的职业教育需求,紧紧团结和依靠广大教师,把促进师生发展作为各项工作的出发点和落脚点,尊重和保护师生员工的首创精神,健全完善各级各类人员成长成才机制,搭建干事创业平台,有效激发各方面的创新、创造活力,确保学校政通人和、持续稳定、永续发展。

(四)只有善抓机遇才能持续发展

学校主动应对意识形态领域的冲击、新型冠状病毒感染疫情防控等风险挑战,化挑战为机遇,变压力为动力,抢抓"两个先行"、职业教育"大有可为"、国家"双高"建设、职业教育本科建设的战略机遇期,加强顶层设计和工作谋划,坚持改革闯关、开放探路、创新赋能,争取了一批高能级平台落地和财政金融政策的支持,顺势抢占发展先机,推动学校高质量发展驶入快车道。

中国式现代化建设的航船已经开启,学校必将以习近平新时代中国特色社会主义思想为指导,深入贯彻落实党的二十大精神,克难攻坚,踔厉奋发,在中华民族伟大复兴的新征程中奋力书写科教兴国的崭新篇章。

(执笔人:杨晓珍)

以群建院，提升二级管理效能与水平

摘　要：二级院系重构是我国现代高职院校建设发展的必由之路，更是高质量完成"双高"建设任务的关键。以群建院是二级院系重构的典型模式，是适应新时代高等职业教育高质量发展需要和"双高"建设战略任务的重要手段。以群建院必须坚持开放性与复杂性、职业性与学科性、层次性与效能性、适切性与均衡性的两两逻辑统一。其基本路径是以群建院、重组资源、多平台协同，以及完善治理机制。

关键词：以群建院；二级管理；效能

一、实施背景

（一）产业集群化呼唤专业组群发展

当前我国经济处于平稳较快发展和深度结构性调整阶段，"互联网+"等战略为我国产业升级带来强大的科技新动能，涌现出许多新产业、新技术、新模式。"双高计划"明确提出"发挥专业群的集聚效应和服务功能，实现人才培养供给侧和产业需求侧结构要素全方位融合"。因此，为适应区域产业集群化演进态势，支撑"服务产业高端和高端产业"，高职院校不仅要根据产业发展变化来设置和调整专业群，还要依据产业集群化演进逻辑来设置二级院系，对专业群建设进行科学组织和管理，以"集团军作战"的方式高质量服务区域产业集群需要和职业岗位群需求。学校地处浙江温州，服务数字经济浙江"一号工程"、温州"5+5"产业体系是学校以群建院的重要价值诉求。

（二）专业协同要求治理模式相匹配

高水平专业群建设是"双高"建设任务的关键。为集中优势力量建好重点专业群，同时更大程度地促使专业群内课程共构、师资共建、资源共用、信息共享，实现各专业的聚合力与办学成效最大化，必须从根本上打破专业群内各专业之间的行政壁垒，消除在不同院系之间反复沟通、协调、审批等行政成本和潜在机会成本。二级院系是专业群发展的重要组织保障，高水平专业群建设是二级院系重构的原生动力，是组织战略目标升级的必经之路。必须通过改革基层教学组织，全面打散重构二级院系，基于知识积累规律和技术技能成长规律对高职课程、师资、实训、科研等资源进行合理配置，塑造具有调和、互动、柔性、稳健等特征的专业治理体系和良好的专业群建设生态。

（三）高职治理现代化进程中二级院系是突破

高职教育是一个复杂系统，涉及学生、教师、行政人员、学校、企业、行业组织、政府、校友、捐赠者等多方利益相关者。随着办学规模扩大、产教融合深入，高职院校组织日益庞大、功能日益复杂，各参与主体利益交织，各组织机构权责交错。只有切实推进高职院校治理体系和治理能力现代化，避免陷入"教师失德、学术失范、权力失控、运作失常、管控失效、利益失衡"的困境，才能为高水平院校和高水平专业群建设营造积极健康的组织生态，构筑坚不可摧的制度保障墙。二级院系作为高职院校基层组织，承担教学、科研、党建、思政、校企合作、社会服务、文化传承、国际合作与交流等多重职能，二级院系重构是提升学校治理水平关键突破口和有效抓手。从学校层面进行二级院系重构的顶层设计，可以使各组成机构规模控制更为合理、资源配置更为高效、权责分配更为清晰、议事规则更为明确、决策机制更加成熟、基层工作更具活力、组织效能显著提升、重点战略高效推进，最终提升学校办学特色及成效。

二、主要做法

（一）探索多种组群逻辑，按照专业群规划重构二级院系

学校依据"专业大类相近，专业基础相通、技术领域相近、职业岗位相关、教学资源共享"的基本原则系统规划组建专业群；坚持市场导向、产业引领、开放多元的建设思路，倡导立足专业建设发展实际，不拘一格采用"依链建群""应岗建群""以核建群"等多种组群逻辑，从而充分发挥产业集群的引导力、职业岗位群的协同力，以及优势核心专业的辐射带动作用。学校出台《专业群建设管理指导意见》，从顶层设计层面明确了专业群组建、发展、预警、调整和退出的标准、规范和流程，对全校37个专业进行整合重构，形成八大专业群；重点打造光电制造世界一流专业群、人工智能国内一流专业群，以及眼视光技术、创意设计、电子商务、工商管理、跨境贸易、旅游与休闲6个浙江省内一流专业群。学校做好专业结构优化调整和专业群自我有机更新，同时做好对专业集结后边缘专业的处理工作。在此基础上，采用"以群建院"的方式，将专业群调整归属到相应二级学院，以专业群作为人才培养和资源配置的基层组织，将原先13个院系重新组合形成7个二级学院。

学校八大专业群布局如表1所示。

表1 学校八大专业群布局

序号	专业群名称	级别	核心专业	协同专业
1	光电制造与应用技术专业群	国家级高水平	光电制造与应用	工业机器人
				模具设计与制造
				机电一体化
2	人工智能专业群	省级高水平	软件技术	计算机应用技术
				人工智能技术服务
				电子信息工程技术
3	眼视光技术专业群	市级特色优势	眼视光技术	工业设计
				材料工程技术（眼镜材料方向）
4	电子商务专业群	市级特色优势	电子商务	物流管理
				市场营销
				商务数据分析与应用

续表

序号	专业群名称	级别	核心专业	协同专业
5	旅游与休闲专业群	市级特色优势	旅游管理	酒店管理
				体育运营与管理
6	创意设计专业群	校级特色优势	鞋类设计与工艺	动漫制作技术
				广告设计与制作
				艺术设计
7	跨境贸易专业群	校级特色优势	国际经济与贸易	商务英语
				应用法语
8	工商管理专业群	校级特色优势	知识产权管理	会计
				金融管理
				人力资源管理
				体育运营与管理

（二）优化院系资源配置，营造良性文化氛围

学校重组二级院系资源，教师、学生、产学研平台根据专业（教研室）归属调配到新组建的二级院系。适度控制院系规模，结合管理宽度和管理层次相均衡的原则调节专业群归属后的二级院系结构和规模，避免一些综合性高职院校中财经商贸、装备制造等专业大类对应的二级院系规模一家独大的现象，以利于院系两级的资源配置效率和组织管理效能优化。依据二级院系专业结构、学生规模、教师数量、产学研平台、发展定位等要素重新核定院系党政领导班子及普通行政人员岗位，科学配置场地、经费、设备等显性资源。其中部分产业资源、课程资源、实训资源、科研资源、培训资源等涉及跨专业群和交叉学科的资源，按照"专业隶属度优先、契合专业群定位、扶优扶强、兼顾均衡、立足禀赋、打造特色"的原则优化配置。

（三）完善二级院系职能，强化多能平台协同

学校完善二级院系职能，明确其作为高职院校教学、科研、社会服务、文化传承、国际交流等复合型职能的承载主体。进一步下放二级院系办学自主权，完善多主体协同办学机制，鼓励和支持二级院系会同政府部门、行业协会、龙头企业共建特色产业学院、混合所有制学院、协同创新中心（研究院）、技术技能培训基地等产学研平台。构建以院系、政府、企业、行业、学生等多主体为横向维度，以教学、科研、社会服务等为纵向维度，以各功能平台运作为结构单元的网络治理、合作治理矩阵，打造一院多平台平行运作且交互协同的自洽运作模型。充分发挥这些平台基地的优势，进一步厚植优势，聚力特色，培育品牌，把二级院系打造成为特定行业企业的高素质技术技能人才培养高地、技术技能积累创新服务平台和区域社会服务中心。

（四）明确院系两级分工，健全治理体制机制

学校深化二级管理改革，不断完善"二级学院党政联席会议制度""二级学院考核管理办法""二级学院经费划拨与管理办法"等制度体系，采用目标导向机制，提升二级学院办学效

益。学校逐步从过程管理过渡到目标管理，履行服务、指导、协调、保障、监督等职能，从而推进治理重心不断向二级学院下沉，充分激发基层办学活力。同时，加强顶层设计、长远谋划，立足学校总体规划和对应区域产业集群发展规划，科学编制二级学院及专业群可持续发展规划，立足"双高"建设目标，对标国内外一流专业群，培育办学特色，打响专业品牌，扩大区域影响力，打造适应和支撑高水平专业群建设发展的高水平二级院系。

三、成果成效

（一）优化以群建院集成能效

学校紧密对接区域产业布局，坚定不移走内涵式发展道路。基于专业群组建的二级学院，集成原有专业积累沉淀的特色产业学院、协同创新中心（研究院）、培训基地等资源，充分发挥平台基地优势，不断推进高素质技术技能人才培养高地、技术技能积累创新服务平台和区域社会服务中心建设。

（二）助推教学能力迭代升级

学校获批国家级教师教学创新团队1支、教育部课程思政示范项目2项、省级课程思政示范课程5门，成功入选浙江省课程思政示范校。学校教师在浙江省教师教学能力大赛中获一等奖3项。职教本科、师资队伍建设相关主题课题2项入选教育部职业教育改革创新课题。学校在科技创新和社会服务方面也取得历史性突破成果。

（三）服务人才培养稳居前列

学校各专业群人才培养成效显著，教学业绩考核连续六年稳居全省高职院校A类方阵，自2014年以来，毕业生跟踪调查5次位列全省高职院校第一名、3次位列全省第二名。

四、经验总结

（一）职业性与学科性相统一

以大学科群为分类依据组建二级学院的模式难以体现和适应高职院校，需要设计一套独立且成熟的组织理论体系，以能力本位替代普通高校的知识本位，以专业群替代学科群来设计组织架构。在二级院系设置时，职业性特征的体现就是要充分发挥二级院系在整合多方社会力量，打造与区域产业发展相适应的高水专业群，培养行业、企业所需的高素质技术技能人才方面的主体作用和主观能动性。

（二）层次性与效能性相统一

高职院系只有实施院系（部）二级管理，厘清各层次的功能，明确各层次的职责，才能实施科学有效的管理。一要充分发展管理效益，将管理对象中的各要素功能统一起来，提升管理效能；二要适应互联网时代的社会资源分配规律和信息传播共享机制，推进组织架构适度扁平化；三要通过优化目标导向机制、下放权力和强化监管来降低管理重心，缩短管理跨度，释放基层活力，提升管理效能。

（三）适切性与均衡性相统一

精准把握适切性和均衡性原则对二级院系重构后的组织效能产生重要影响。既要通过团队有机整合和人员有序流动来形成鲶鱼效应，激发组织活力，又要深入洞悉组织组成个体的人格特性与价值倾向，建立有效沟通的文化岛屿，把握好新组织中决策博弈的纳什均衡点，塑造分工与协作共存、竞争与合作并进、激励与约束兼容的良性组织生态。

五、推广应用

在教育部职业教育与成人教育司主办的 2021 年第四期、第五期职业院校校长治理能力提升专题研讨班上，学校校长余闯应邀向来自全国高等职业院校的 200 多名书记、校长做主题授课，系统分析高职高水平专业群建设，介绍学校在专业群人才培养、"三教"改革、产教融合、国际合作与交流等重点模块的探索实践，以及形成的典型经验与模式，引发热烈交流讨论。

（执笔人：施星君）

打造"智慧工贸",赋能学校治理现代化

摘　要:数字化是支撑高校治理体系和治理能力现代化的重要举措,是提升管理效能、管理服务水平的重要手段。学校探索形成"数字化+校务服务"的理念,以"最多跑一次"改革为抓手,以"数据中心"为基础,以服务师生为导向,切实提高办事服务效率、提升整体治理水平,使学校治理主体向多元化发展,推动学校治理能力的现代化。

关键词:数字化;"最多跑一次";治理现代化

一、实施背景

《国务院关于印发国家教育事业发展"十三五"规划的通知》提出要加快推进教育治理现代化,并明确指出要推动各级教育行政部门和学校开展深度数据挖掘和分析,以互联网、大数据等新兴信息技术为抓手,提升教育治理水平。

学校通过现代化手段,从"管理"到"治理",从"人治"到"法治",从"传统治理"到"现代治理",积极探索提升治理能力现代化的路径。

二、主要做法及成效

（一）以"最多跑一次"改革为抓手,规范业务标准,提高行政效能,提升现代治理能力

学校根据《智慧校园总体框架》（GB/T 36342—2018）设计搭建系统框架（如图 1 所示）,建设了网上办事大厅（如图 2 所示）。

该平台实现学校现有人事、资产、教务、科研、OA 协同办公系统等校内十余个业务系统"一站式"联动,集中提供包括课表、薪酬、校历、个人资产、科研成果等信息服务,真正让师生体验"一站式"服务,满足师生的办事需求。平台上线 140 余项线上办事服务,提供线上电子签章及线下免费自助打印服务,基本实现所有的事项师生"最多跑一次",近 80% 的事项师生"一次也不用跑"。平台实施"一站导引",将相关职能部门的办事事项分门别类设定相应的办事模块,师生可以登录平台了解办事事项、办事流程、事项进度、咨询电话等信息,根据导引流程快速办理相关事项。

1. 优化再造业务流程,变革学校办事服务模式,让体验好起来

（1）事项梳理。在网上办事大厅建设前,首先开展"三张清单"梳理工作,摸清全校审批、办事、服务的"家底",共梳理审批清单 107 项、服务清单 263 项、职责清单 535 项,

并进行整理汇总，如表 1、表 2 所示。

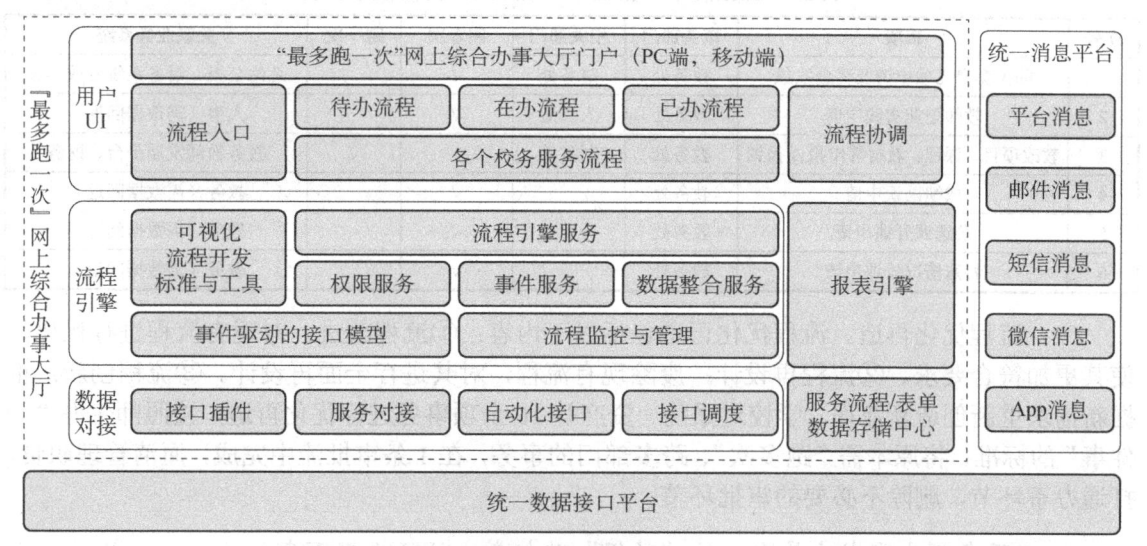

图 1　系统框架

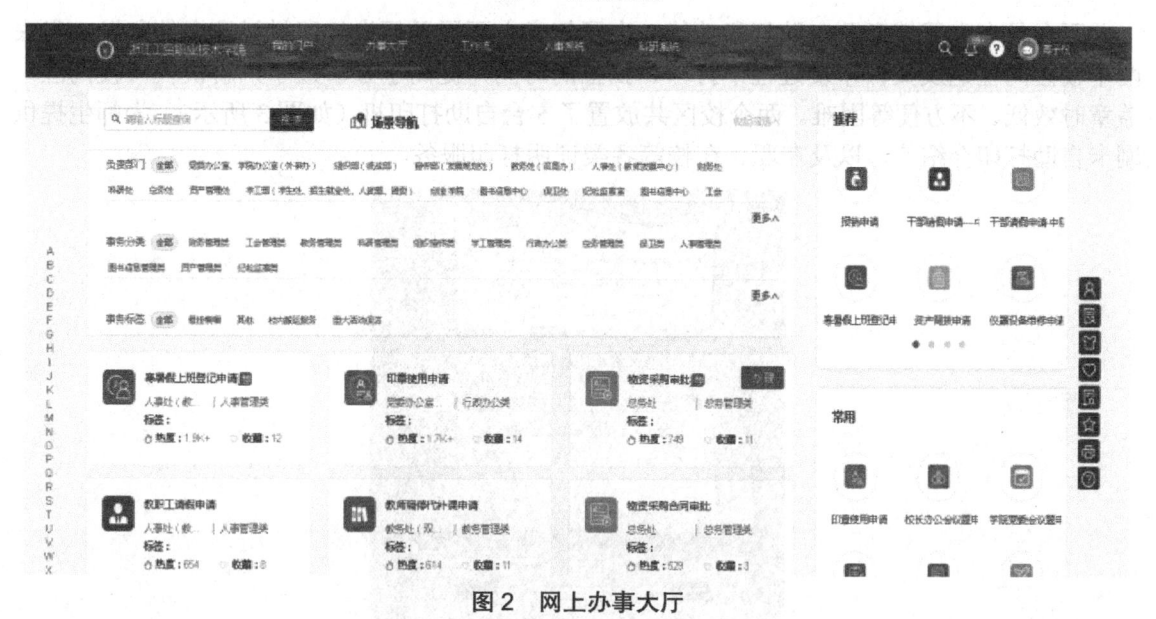

图 2　网上办事大厅

表 1　"三张清单"梳理——学生入口流程服务事项

序号	事项	牵头部门	相关部门	跑零次	跑一次	关联业务系统
1	学生转学、转专业申请	教务处		√		教务（需数据回返）
2	课程重修申请	教务处		√		教务（需数据回返）
3	课程免听申请	教务处		√		教务（需数据回返）
4	课程免修申请	教务处		√		教务（需数据回返）
5	慢考申请	教务处		√		教务（需数据回返）
6	等级考试报名及缴费	教务处	财务处		√	教务（需数据回返）、财务

表2 "三张清单"梳理——教师入口流程服务事项

序号	事项	牵头部门	相关部门	跑零次	跑一次	关联业务系统
1	师生竞赛立项申请及奖金发放	教务处	财务处	√		总站公报、财务系统发放奖金
2	教师企业实践申请	教务处	人事处	√		人事（需数据回返）
3	教改项目、课程、教材等申报及报销	教务处	财务处		√	教务教师发展平台、财务
4	成绩勘误申请	教务处		√		教务（需数据回返）
5	公选课开课申请	教务处		√		教务（需数据回返）
6	特殊情况排课申请	教务处		√		教务（需数据回返）

（2）流程优化再造。流程优化再造包括以下内容：①流程改进：对现有流程进行优化，使其更加符合要求。②流程再设计：废除现有流程，对其进行全面再设计。③流程创新：根据新需求重新创造新流程。学校对采购、资产等10余项事务进行优化再造，按照师生办"一件事"的标准，将原本需"跑多次"、跨多部门的事务，在1条审批流中完成，厘清管理职责，打通办事环节，删除不必要的审批环节。

2. 以服务师生需求为导向，让"数据"跑起来，让师生轻下来

平台具有电子签章及自助打印功能。电子签章主要用于师生打印材料及文件印发，省去两个校区间往返及文件印发过程中打印、扫描的时间，提高了办事效率，解决"一校两区"盖章时效低、不方便等困难。两个校区共放置了5台自助打印机（如图3所示），为师生提供刷卡自助打印介绍信，以及在职、在校等各类证明打印服务。

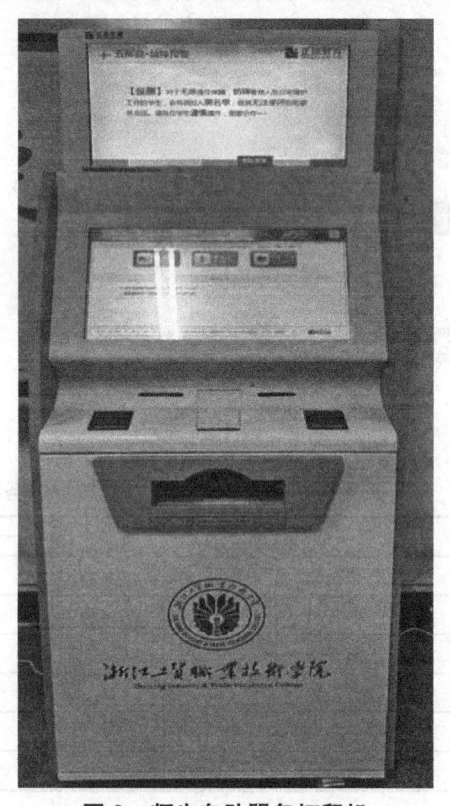

图3 师生自助服务打印机

（二）以"数据中心"为基础，实现业务数据交互共享，提升现代治理能力

统一身份认证平台和统一数据交换平台集成了学校现有的人事、资产、教务、科研、OA 协同办公系统等十余个业务系统，实现各业务数据开放共享。

1. 业务系统与数据交换平台数据共享

各业务系统与学校数据交换平台对接，数据交换平台实现各业务系统的数据集成，实现数据的读取与回写。例如，教务系统的学籍异动、科研系统的项目管理、人事系统的信息更新等。

2. 各应用系统的现有业务流程对接

网上办事大厅平台提供统一服务发起入口，并提供统一的服务申请页面，待服务申请数据提交后，在办事大厅实现"申请—办理—审批—归档"一站式办结，完成各业务系统间的数据交互。例如，网上办事大厅与资产系统的资产调拨对接、OA 协同办公系统与档案系统的文件归档对接、档案系统与网上办事大厅的档案借阅对接等。

一方面，业务数据交互共享解决了"信息孤岛"问题，打破部门之间的数据壁垒。另一方面，开展大数据分析，充分挖掘数据的价值，通过教务、学生管理流程搭建学生行为分析模型，通过科研、人事审批流程搭建教师发展综合模型。另外，深入推进"一张表"工程，实现教师线上考核、职称评审、课题申报、费用审批及报销，以及学生课表查询、成绩评定、生活服务等一站式服务。

三、经验总结

（一）以数字化改革为契机，实现数据的标准化、统一化

学校强调数据的"公共品"属性，革除部门数据独占私享的陈旧观念；高质量、高效能建设统一的数据交换平台、数据共享平台、数据利用平台，真正实现数据代人跑，让数字赋能，让智慧校园真正"智慧"起来。

（二）内部治理从"整体智治、综合应用、集成机制"入手

学校全面建设服务、管理、决策、监督、协同等各方面融合发展的治理模式，对业务事项形成权责明确、简约高效的事中、事后监管体系，对党委"重大事项"，做到任务清单明确，指标、政策、批示、执行、督办与问题反馈、评价等环节紧密关联；建立健全任务清单动态管理、协同执行、闭环管理、数据资源开发利用等工作机制，保障重大事项全面落实，有序运行。

（三）提高信息公开在学校治理中的重要性

学校强化信息动态发布，加强信息公开平台建设，促进信息公开化和智能化水平的提升。提升系统性和机制化水平，加强过程督查，落实"学校-二级学院（部门）"二级信息动态更新发布和监督机制，推动问题动态更新、问题整改结果及时发布，促进学校各职能更好发挥。

（执笔人：蒋子仪）

"五个一流、四链贯穿",构建人才培养质量保障体系

摘　要:学校始终坚持以习近平新时代中国特色社会主义思想为指导,牢固树立"三全"质量观,以问题为导向,以标准为统领,以内控为基石,以诊断改进为动力,围绕立德树人根本任务,不断完善内部质量保证体系建设,着力塑造"全面推行诊断改进、全员参与质量建设、全程关注质量水平"的学校质量文化。瞄准"五个一流"(学校、专业群、课程、师资、学生),通过"四链"(目标链、标准链、实施链、评价链)全方位贯穿,构建完善"五个一流、四链贯穿"的内部质量保证体系。

关键词:五个一流;四链贯穿;人才培养;质量保障

一、实施背景

为激发质量改进与提升的内生动力,学校以"需求导向、自我保证,多元诊断、重在改进"为工作方针,以诊断与改进为手段,基于人才培养状态数据,搭建信息化诊断改进平台,在学校、专业、课程、教师、学生不同层面建立起完整且相对独立的自我质量保证机制,形成全要素网络化的内部质量保证体系。学校瞄准"五个一流",通过四链全方位贯穿,构建完善了"五个一流、四链贯穿"的内部质量保证体系,如图1所示。

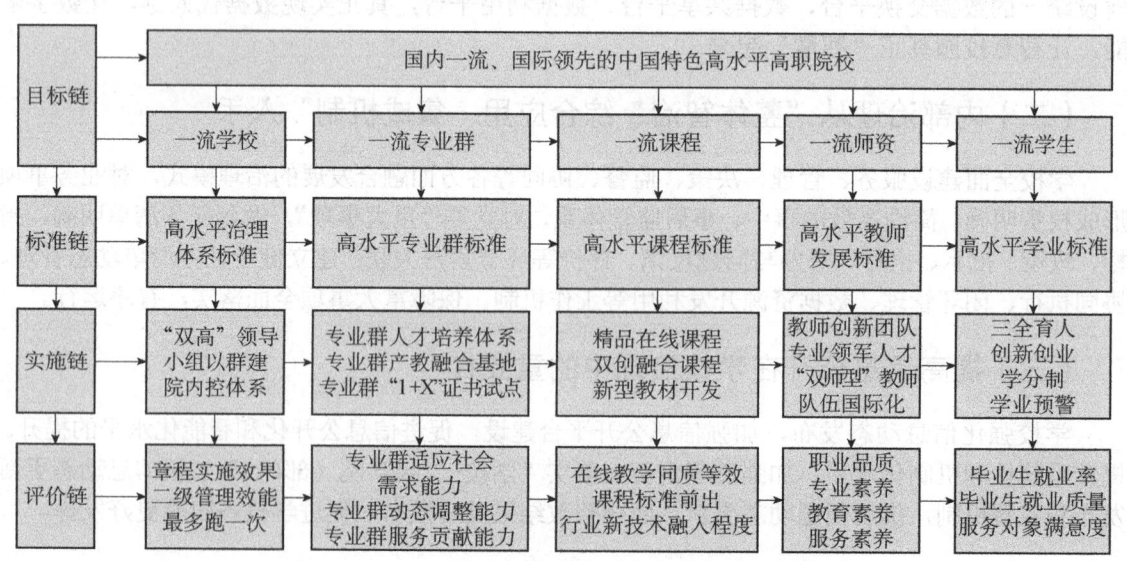

图1　"五个一流、四链贯穿"的内部质量保障体系

二、主要做法

（一）建设一流学校，推进内部治理体系现代化

1. 构建治理体系标准，实现可量、可测

学校全面修订"双高计划"建设任务书和方案，围绕"一加强""五打造""五提升"11项学校重点任务及光电制造与应用技术高水平专业群9项重点任务，立足学校、专业、课程、教师和学生5个层面质量主体，按照"标准引领、质量至上、绩效导向"原则，将任务安排和绩效设定相结合，细化280个分年度建设任务，确定306个项目支出绩效数量目标和质量指标；同时，细化、量化岗位标准，理顺业务流程，明确质量控制点，夯实诊断改进基础，制订教学、学生、人事等分层分类的管理标准及手册61个。

2. 优化治理结构，提升内部治理能力

学校坚决落实党委领导下的校长负责制，成立以党委书记和校长为双组长的"双高计划"建设工作领导小组，统一领导、部署"双高"建设工作，设立"双高办"，确保"双高"建设任务落地；建立一套完善的内部控制制度体系，制定"内部控制评价与监督暂行办法"，优化内部控制的环境，制定合理的绩效考核制度，实现管理制度化、制度流程化、流程岗位化，做到分事行权、分岗设权、分级授权，规范及强化单位内部控制流程。

3. 创新考核评价机制，积聚诊断改进内生动力

学校按照"SMART"原则，将岗位职责标准化、具体化，制定全员岗位职责、任职条件、工作要求等。学校将"双高计划"建设任务层层分解，将责任落实到部门、二级学院、专业群和教职工，将目标任务的完成情况作为诊断性考核的依据，制定"部门、二级学院业绩考核办法""教师教学工作业绩考核办法"等5项制度，全面激发各级干部、行政后勤人员和专任教师的自我质量保证意识。学校以"最多跑一次"改革为突破口，全面梳理小微权力清单275项，打通"责任闭环"，建立网上办事大厅，256项事项实现"一站式"网上办理。

（二）建设一流专业群，引领学校高质量发展

1. 研制高水平专业群标准，为诊断与改进提供指南

学校按照"专业大类相近，专业基础相通、技术领域相近、职业岗位相关、教学资源共享"等原则，对全校37个专业进行整合，重构形成8个专业群。将不同专业群定位为高职教育世界一流、国内一流、省内一流三个目标层次，重点打造光电制造世界一流专业群，人工智能、时尚设计、数字商贸、工商管理4个国内一流专业群，以及跨境贸易、汽车技术、健康休闲3个浙江省内一流专业群。

2. 对接岗位集群需求，完善人才培养体系

学校依托自建的浙江创意园、温州知识产权服务园、国家广告产业试点园"三园区"，打造高水平产教融合基地；围绕先进制造业、战略性新兴产业等技术技能人才需求，全面探索"1+X"证书制度试点，将新技术、新工艺、新规范等产业先进元素和"1+X"证书标准纳入

专业群，依据高水平专业群标准分类制订专业群人才培养方案；建立专业群通识课、平台课、拓展课及师资、资源共享共用的课程体系，构建具有中国特色、国际影响的高素质技术技能人才培养模式，如图2所示。

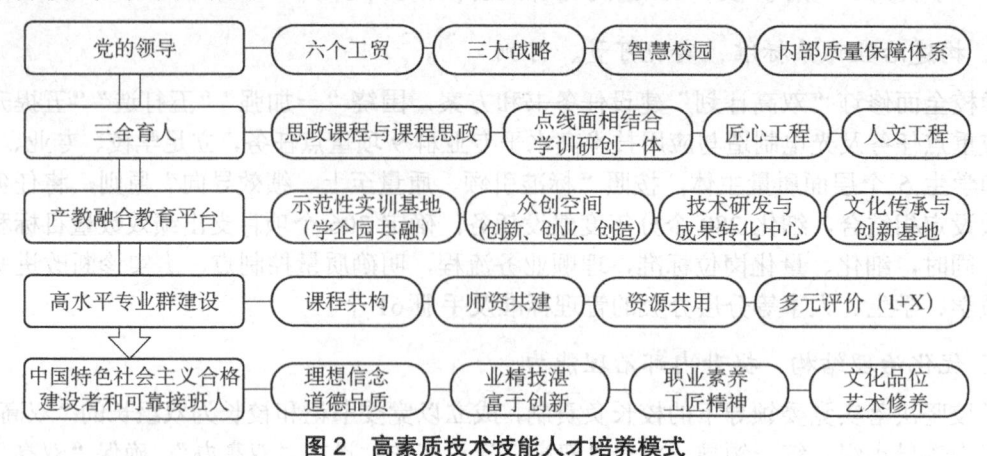

图2 高素质技术技能人才培养模式

3. 健全专业群"三大能力"考核机制，打造高水平专业群

专业群评价考核重点突出专业群的适应社会需求能力、动态调整能力、服务贡献能力。适应社会需求能力主要考核专业群的专业定位和服务面向，人才培养与区域经济产业链需求的衔接密切程度；动态调整能力主要考核专业群通过大数据分析，不断调整专业群结构，实现合理专业群布局；服务贡献能力主要考核专业群向社会提供技术服务和满足政府购买服务的情况。根据专业群教学标准，学校实施一年一次专业群教学自我诊断改进，依托教学信息大数据平台，实施专业群人才培养方案的运行与诊断改进。

（三）建设一流课程，深化"互联网+"教学改革

1. 融入"三新"，开发专业群课程标准

学校严格依据高水平专业群人才培养标准和方案，充分分析人才培养方案和人才培养规格，对人才专业核心能力进行定位，整合归纳各级各类课程内容，贴合学生专业发展趋势和社会发展方向，根据行业、企业的发展和实际工作岗位的要求，不断优化教学内容，将行业最新的技术技能标准、新工艺、新规范转化为专业群课程标准。近年来，学校共研制了318门专业群课程标准，包括通识课程、专业群平台课、专业核心课、专创融合课、专业群拓展课等。

2. 强化课程实施环节质量控制，全力打造高效课堂

学校完善课程教学实施规范、在线课程建设规范、教材选用制度等涉及课程开发、建设、实施全流程的制度体系，高质量推进课程开发建设，规范化推进课程实施。以国家级光机电应用技术专业、创新创业教育专业教学资源库建设为引领，学校采取多方联动、分层级的建课模式，稳步推进在线课程建设；基于云计算、大数据、物联网、虚拟技术、人工智能等新兴技术，积极推进混合式、启发式、互动式、翻转式、分层教学等智慧课堂教学模式。

（四）打造一流师资，保障学校高速发展

1. 开发师资标准，打造高水平"双师"队伍

学校以"四有好老师"标准为统领，以激发教师自我质量保证意识为抓手，全力打造一支高素质、专业化、结构化的创新型教师队伍。学校不断完善教师专业发展体系、"双师型"教师评价考核体系，以及教学监督与保障体系，突出一流师资标准的开发，研制了"'双师型'教师认定标准""高层次技能型人才认定标准""新时代高职教师专业能力发展标准"。标准坚持以教师终身发展为根本，以教师能力发展为主线，以促进教师岗位成长为目标，充分激发教师的内生动力，引导教师团队高质量建设，以及教师个体可持续全面发展。

2. 构建"四维"教师评价体系，促进教师自我提升发展

学校构建以师德为灵魂，包括职业品质、专业素养、教育素养、服务素养四个维度的师资评价体系，提升教师专业发展能力。在"四维"教师评价体系基础上，学校深化教师职称评审制度、岗位聘任制度、教职工年度考核办法、科研管理与奖励办法等制度改革，充分激发教师内生发展动力；健全师德师风检测预警机制、教学诊断改进机制和教师发展能力自我诊断与改进机制，促进教师自我提升发展。

（五）培养一流学生，促进学生全面发展

1. 制订学生学业标准，提升学生发展能力

学校始终担负起培养社会主义合格建设者和可靠接班人的使命，以培养区域经济社会发展所需的复合型高素质技术技能人才为目标，重点围绕服务先进制造业、战略性新兴产业等技术技能人才紧缺领域，坚持德技并修，突出劳动教育，在综合考虑学生的理想信念、思想道德、职业素养、学业水平、职业发展、吃苦耐劳精神、身心健康等因素的基础上，锚定未来职业要求和学生个体可持续发展需求，科学制订学生学业标准，促进学生全面、健康、个性化发展。

2. 精准实施学业预警与帮扶，激发学生内在发展动力

学校强化学业预警与帮扶，实行"全程学籍检测、适时温馨提醒和阶段性学籍预警"相结合的学业管理，引导学生自我进步；实施双导师制，安排校内教师和企业导师对学生学习进行全面帮扶、指导；建立三年贯通的学生职业成长服务体系，以产业发展变化为引导，以企业能手、优秀校友和学生创业典型为楷模，激发学生求学成才的内在动力；构建"互联网+就业"模式，以信息化的就业流程管理体系、专业化的职业发展教育体系和精准化的就业指导服务体系，拓展多元化就业渠道。

三、成果成效

2020年6月，浙江省教育厅公布全省高职高专院校教学工作及业绩考核结果，学校位居A类方阵。这是自2014年以来，学校连续第6年稳居全省高职高专院校A类方阵，也是学校积极开展教学诊断与改进工作，不断健全内部质量保证体系所取得成效的直接体现。学校现为中国特色高水平高职学校和专业建设计划建设单位；获批教育部高等学校创业教育指导委

员会副主任单位、国家级高技能人才培训基地、教育部现代学徒制试点单位、教育部首批"1+X"证书试点、教育部创新发展行动计划认定 9 项;主持光机电应用技术专业、创新创业教育 2 个国家级职业教育专业教学资源库;获批教育部"1+X"证书试点 31 个;荣获全国高职高专"创新创业典型经验高校 50 强""国际影响力 50 强""育人成效 50 强""服务贡献 50 强"等称号。2014—2021 年,在浙江省教育厅组织的毕业生职业发展与人才培养质量跟踪调查中,学校 5 次名列浙江省高职高专院校第一名,3 次名列第二名,专业课程课堂教学效果、实践教学效果、教学水平、就业求职服务均达到 94 分以上。

四、推广应用

学校历来高度重视教学诊断与改进制度建设工作,牢固树立三全质量观。"瞄准'五个一流',实施'四链贯穿',建设高水平高职院校"案例成功入选全国职业院校教学工作诊断与改进制度建设优秀案例,学校代表多次在全国各级高职建设大会上做典型发言,影响广泛。

(执笔人:贾永枢、施星君)

九、提升信息化水平

八、煤炭代息計代基本水平

以点驱动，聚点成线，以线带面
——"区域和学校整体推进智慧教育综合试点"建设

摘　要：试点项目在两年内综合运用人工智能、大数据等新技术，构建智慧统一身份认证、学校大数据平台、智慧图书馆系统，以图书馆大数据应用为图书馆建设提供强有力的数据支撑，并以此为驱动点，完成人事大数据、科研大数据等其它智慧大数据系统，即"以点驱动，聚点成线，以线带面"来推动学校教育大数据建设，最终实现推动整体智慧校园建设新模式。

关键词：智慧校园；大数据；新模式

一、实施背景

学校信息化建设基础好，拥有完善的数字化软件、硬件支撑平台，信息化教学成果多。学校主持光机电技术、创新创业 2 项国家级教学资源库，参与 3 项国家资源库子项目建设，在全省处于领先位置。2015 年 12 月，学校通过"浙江省数字校园示范学校"（第一批）验收。2019 年，浙江省开展"区域和学校整体推进智慧教育综合试点"申报，学校积极申报并申报成功。"区域和学校整体推进智慧教育综合试点"建设正是在这种背景下，经历了 2 年的建设，在 2021 年 11 月通过验收。

二、主要做法

2019 年，学校被评为"区域和学校整体推进智慧教育综合试点"单位，学校网络安全和信息化建设领导小组进行统筹领导，明确分工和协作，经全员共同努力，如期完成建设任务并通过试点验收。

（一）完善信息化建设机制

学校制订（修订）一批学校信息化建设、网络安全文件制度及信息化建设规划、方案，并通过信息化、流程化系统贯彻实施，信息化建设管理机制逐步完善。表 1 为智慧教育综合试点期间机制建设一览表。

表 1　智慧教育综合试点期间机制建设一览表

政策措施	时间
发布《浙江工贸职业技术学院校园网络与信息安全突发事件应急预案》	2019 年 7 月
成立浙江工贸职业技术学院网络安全和信息化建设领导小组	2019 年 7 月

续表

政策措施	时间
《浙江工贸职业技术学院信息化项目建设与管理办法》	2020年1月
发布《国家"双高"建设信息化水平提升五年方案》	2020年5月
成立数字化转型工作办公室	2020年6月
成立数字化改革工作领导小组	2021年4月
发布《数字化改革方案》	2021年9月
制定首席信息执行官制度	2021年10月
成立教育信息化专家委员会	2021年12月

这一系列规章制度文件和规划方案的出台，说明学校重视信息化建设规范化、标准化并形成了工作机制；同时说明学校的信息化建设已经走出了初期的盲目建设误区，已经逐步进入制度化、内涵化建设阶段，是学校信息化建设水平提升的标志，更是学校信息化建设支撑教育教学的具体体现，即由信息化服务教学逐步升级为信息化驱动教学过程。

（二）建成"智慧统一身份认证平台"

学校基于人脸识别技术、二维码技术，将原有的统一身份认证平台认证因子升级为"脸、码、卡、密"融通的"智慧统一身份认证平台"，即"脸、码、卡、密"认证相融互通；建立了灵活的集中和分级授权机制，既可针对应用、微服务、门户、App等实行集中授权，又可针对数据入口与数据内容独立授权；制定一套完整的身份定义和身份标准体系，包括身份认证管理制度、流程和身份状态，保证身份类型、身份信息全生命周期状态管理。"智慧统一身份认证平台"已经成为全校信息化应用的基础平台，和学校融合门户、数据中心一起发挥着重要的身份认证作用。

（三）搭建学校大数据平台

在平台建设方面，学校已经完成了一体化、智能化教育大数据平台，包含数据交换平台、数据治理平台、大数据分析平台三个模块。在应用建设方面，学校已经完成学校的数据标准制订，并对学校主要业务数据（教务数据、一卡通数据、图书系统数据）开展数据梳理，建立高质量的数据管理体系和统一的基础数据库，将数据交换平台和各信息系统（含原有业务系统）有机结合，实现数据提取、转换、发送、校验、审核等功能，同时支持数据同步、历史数据迁移等功能。大数据展示应用也不断推陈出新，采用帆软商业智能系统，可实现数据中心各类数据综合展示应用。

目前，大数据平台已经完成与智慧源统一身份平台、校融合门户、OA系统、网上办事大厅、教务系统、学工系统、科研系统、人事系统、一卡通系统、图书馆管理系统等主要业务系统的接入，以及共计70个资源表的数据互通共享。目前，学校大数据平台每天交换数据92.6万次，轮询1.36亿次，实现图书馆、人事、科研大数据展示应用。大数据平台实现学校主要业务数据采集、治理、交换共享、展示及初步分析，在服务智慧校园、辅助校园智治方面发挥着重要作用。

图1为图书馆大数据可视化。图2为大数据平台截图。

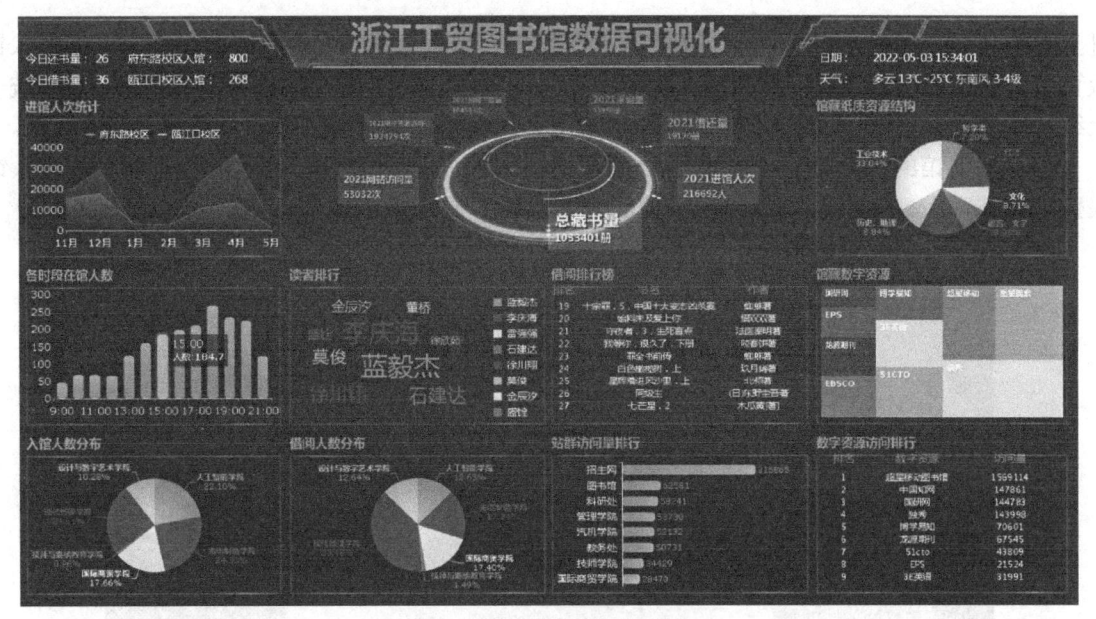

图 1 图书馆大数据可视化

图 2 大数据平台截图

（四）系统建设智慧图书馆

智慧图书馆项目建设内容包括馆内自动化设备、智慧图书馆资源管理和图书馆新生入馆教育。目前，图书馆拥有带人脸认证道闸 14 个、自助借还设备 4 台、大小各类触摸屏 14 个、自助查询机 8 台，馆内自动化设备完善。智慧图书资源管理系统于 2020 年 12 月上线，构建了涵盖各类馆藏数据、运行数据的中央知识库，实现从试用、采购、安装使用到管理，再到维护评估的全生命周期的电子资源管理；另外，具有强大的数据分析功能，实现对图书馆业务数据、资源数据、用户行为数据整体采集，从借书还书数据、图书入馆情况、图书馆藏情况、经费情况、读者行为等角度分析图书馆整体运行情况，能对读者的平台使用情况、学科使用情况、研究方向情况等进行分类统计，通过统计数据提供更有针对性的服务。2021 年 9

月上线的"基于增强现实及游戏引擎的图书馆新生入馆教育系统"更为耀眼。图书馆新生入馆教育系统以游戏引擎为基础框架,在框架中注入图书馆三维建模、图书馆公共知识。该系统一上线就立刻受到2021级新生的热烈欢迎,在图书馆宣传、读者服务方面具有非常好的效果。

智慧图书馆的系统构建,犹如给学校图书馆锦上添花,学生入馆率明显提升,每日入馆人数已经破千人。图书馆已经成为学校名副其实的"网红打卡地"。

图3为图书馆光影阅读机。

图3 图书馆光影阅读机

三、成果成效

学校"以点驱动,聚点成线,以线带面"的智慧校园建设新模式初步形成。学校智慧教育综合试点项目进展顺利,在智慧图书馆、智慧校园、教育大数据、人工智能应用方面具有特色;学校大数据平台已经完成,并取得了一定的成果。从智慧图书馆切入的图书馆大数据驱动点已经形成;图书馆、学校科研、学校人事大数据分析已经构成教育大数据"线";通过"点"外延到"线",再扩大到学校层面整体智慧教育建设,"以点驱动,聚点成线,以线带面"的智慧校园建设新模式初步形成,达到"浙江省区域和学校整体推进智慧教育综合试点"的要求。

四、经验总结

(一)加强顶层设计,注重统筹规划

学校信息化建设注重顶层设计和统筹规划,多方位、多角度将数字化改革、智慧校园建设评价指标体系、信息化建设规划,以及学校"双高"建设等全部纳入统筹规划,展开建设工作。

（二）功能设计以服务师生为中心

信息化建设以服务师生为中心，按照"万物互联、数据为核、融入教学、智慧可叠"的思路，以建设覆盖全面、安全稳定、绿色高效，全面融合并服务师生教学、科研、生活的"智慧校园信息化生态体系"为最终目标。

（三）注重信息化机制建设

信息化机制是信息建设持续的基础保障，在信息化建设过程中，学校突出机制建设，已经陆续出台多项管理制度、工作流程，完善信息化组织体系。

五、推广应用

学校"以点驱动，聚点成线，以线带面"的智慧校园建设模式，在温州市高校、各图书馆乃至浙江省形成了一定的影响力，特别是在智慧图书馆、智慧校园建设、教育大数据等专题建设方面独具特色，引来许多同行进行交流与观摩。2019年9月，学校举办以"科技助力高校信息化转型升级"为主题的智慧校园建设研讨沙龙，温州8所高校信息化建设专家汇聚一堂，共同商讨高校智慧校园建设解决方案。学校大数据平台的建成，引来兄弟高校考察。2019年10月和2020年9月，温州肯恩大学信息中心主任和宁波职业技术学校信息中心主任先后带队来学校调研大数据平台建设工作，针对当前大数据中心建设的需求、方向进行了深入的技术交流。2021年9月，浙江机电技师学校副校长带队来学校考察、学习智慧校园建设及"一脸通"综合应用，同时就职业院校智慧校园建设、数字化改革等内容进行了深入的讨论。

图4为浙江机电技师学校考察人员来学校交流。

图4 浙江机电技师学校考察人员来学校交流

学校智慧图书馆建设项目也受到温州图书馆界的关注。早在 2018 年 11 月，学校与温州市图书馆学会主办"智慧图书馆建设与实践研讨会"，来自温州各高校图书馆、温州市图书馆、温州市少儿图书馆、温州各区县图书馆的馆长及业务骨干等 40 余人参加了本次会议。会议促进温州地区图书馆服务创新和转型，对现代化智慧图书馆建设具有指导意义。

图 5 为温州医科大学图书馆人员来学校交流。

图 5　温州医科大学图书馆人员来学校交流

（执笔人：罗坚、潘银芳）

打造数改应用场景,提升学校信息化水平
——智慧校园"一脸通"综合应用

摘 要:"一脸通"综合应用是按照"1+5+N"数字化改革框架,在"智慧身份统一认证平台"基础上建成的多部门、跨业务的多跨协同综合应用。系统应用人脸识别技术、二维码技术,实现"脸、码、卡、密"融通,统一校内师生账号,统一多部门应用管理,统一数据应用管理。在各场景采集的数据聚合到学校大数据中心,供各功能系统应用,构建动态大数据驾驶舱应用,为学校有关决策提供数据支撑,实现数据应用价值。

关键词:智慧校园;一脸通;多跨协同;数据价值

一、实施背景

作为"浙江省数字校园示范学校"(第一批)、"浙江省区域和学校整体推进智慧教育综合试点学校",学校认真贯彻落实浙江省数字化改革精神,全面推进教育领域数字化改革,进行全方位系统性重塑,高水平推进教育治理现代化,为"双高"建设及"一校两区"办学新模式构建赋能助力。

随着学校规模扩大,学校全日制在校生达到15000余人,各类人员频繁出入校门,不法人员进入宿舍偷盗、推销、诈骗时有发生。宿舍管理难度大,急需一套快捷甄别身份、统计分析学生归寝归校情况的应用系统,为精确开展学生工作提供数据基础。在新型冠状病毒感染疫情期间,学校保卫部门要快速、合法对通行人员查验身份、查验健康码、测量体温,审核正常访校人员,对各类人员进出信息进行记录。另外,会议室、学生宿舍、学校图书馆等重要场所也需要快速查验人员身份,并对进出人员信息记录统计。在一校两区办学格局下,两个校区教学、行政管理工作对学校统一智能管理教职工考勤打卡也提出需求。

学校建设一体化、智能化公共教育数据平台,所有人员身份只有实现"脸、码、卡、密"融通身份认证及自主维护,才能实现"一脸通"在全校各个场景的综合应用。密码统一、在新型冠状病毒感染疫情期间对校门出入人员快速甄别、会议场所无人管理、两校区智慧考勤、学生宿舍晚归人员管理等都是急需解决的问题,学校需要一套便捷、统一、智慧、安全的身份认证及综合场景应用解决方案。"智慧身份统一认证平台"与"一脸通"综合应用正是在此背景下应运而生的。

二、主要做法

"一脸通"综合应用建设按照数字化改革V字模型展开,首先目标定位,其次依次按任务

拆解、场景分析、数据需求分析展开，最后综合集成。建设过程突出业务多跨协同、数据共享、流程再造和制度重塑。

（一）优化目标定位

随着学校办学规模不断扩大，人员管理和信息化建设的矛盾日益凸显。一方面，在校师生人数不断增加、人员构成越来越复杂和多样化，校园人员管理难度增加；另一方面，学校各类业务系统账号分散管理，一人对应多个账号，管理难度大。因此，学校需要运用信息技术将人员身份管理和业务系统账号管理融合起来，将校内需要身份识别的各类场景功能和数据融合起来，实现校内多部门协同共治、数据共享，提升校内师生的便捷体验和学校的整体治理水平。"一脸通"综合应用目标定位后，其整体设计架构如图1所示。

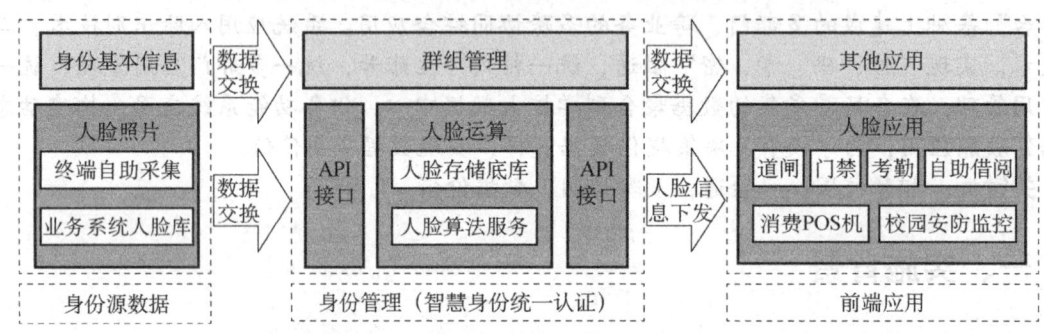

图1 "一脸通"综合应用整体设计架构

（二）加强任务拆解、场景分析

学校梳理各场景业务需求，拆解任务，分解功能，按照功能与部门职能对应关系确立任务主体责任部门。"一脸通"综合应用可拆解出"智慧身份统一认证、校门出入管理、宿舍出入管理、考勤管理、会议预约管理、图书馆出入管理、刷脸消费、学生动态大数据驾驶舱八项具体任务。学校严格划分部门主体责任，保卫处、学生处、教务处、人事处、党院办、总务处、图书信息中心七部门协同推进业务。

表1为"一脸通"任务拆解一览表。

表1 "一脸通"任务拆解一览表

任务	应用场景	责任部门	功能
智慧身份统一认证	学校综合信息服务平台	图书信息中心	"脸、码、卡、密"融合认证
校门出入管理	校门	保卫处、防控办	身份快速验证 测温 健康码验码 日志留存 晚归校统计
宿舍出入管理	宿舍	学生处	身份快速验证 日志留存 晚归寝统计
考勤管理	校门+考勤点	人事处	两校区统一考勤
会议预约管理	会议室	党院办	会议预约 身份快速验证
图书馆出入管理	图书馆	图书信息中心	身份快速验证 入馆精确统计

续表

任务	应用场景	责任部门	功能
刷脸消费	食堂	总务处	身份快速验证 消费统计
学生动态大数据驾驶舱	LED 大屏	图书信息中心	数据可视化 数据分析、挖掘

（三）数据需求分析

数据需求分析是系统建设的关键。学校重点抓住教师和学生两大主要数据，以教务系统和人事系统为主要数据源系统，通过学校大数据平台，实现人员数据共享，同时解决了困扰很久的学校组织结构数据同步问题，最后将照片信息与人员信息绑定，建成"智慧身份统一认证平台"。

"一脸通"综合应用100多台人脸认证设备，每日产生海量业务数据。学校仔细分析各场景功能关系，厘清数据流向，为数据聚合、治理后为各业务系统二次开发、各类大数据分析应用提供强有力的数据支撑。"一脸通"数据流向分析如图2所示。

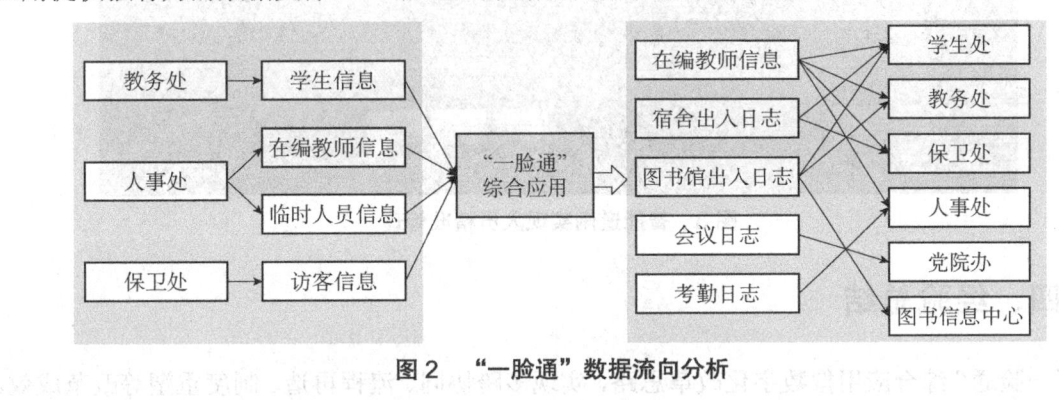

图2 "一脸通"数据流向分析

（四）完善综合集成

"一脸通"综合应用以学校综合信息服务平台（PC 端、移动端）为入口，按照分级管理模式，对各个职能部门授权多层级管理。各职能部门可以在此基础上进一步开发各种微应用和服务。"一脸通"综合应用各场景业务数据完成聚合、治理，构建"一脸通"主题数据集，实现数字统一管理，供各业务系统二次开发、各类大数据分析应用，体现了数据的价值。

三、成果成效

（一）以"人脸识别"为核心应用的校园综合应用集合

"一脸通"综合应用采用人脸识别技术、二维码技术，打破固有系统独立设计思维，以"脸、码、卡、密"融通身份认证为核心，注重数据流向与聚合，统一规划设计，逐步打造出以"人脸识别"为核心应用的校园综合应用集合——"一脸通"综合应用，将原有的校园"一卡通"升级到校园"一脸通"，具有关键场所出入人员精准管理、会议场所预约及限入管理、智慧考勤管理、刷脸消费管理等功能。

（二）极大地提升部门效能

聚合应用数据，可以实现数据应用价值，最终实现统一校内师生账号、统一多部门应用管理、统一数据应用管理，极大地方便师生，提升部门效能，体现了数据的价值。

图3为智能道闸实现人员精准管理。

图3 智能道闸实现人员精准管理

四、经验总结

"一脸通"综合应用按数字化改革思路，实现多跨协同、流程再造、制度重塑等改革成效，促进了校园公共服务和面向师生服务的智能化转型，有力地提升了学校治理能力和智力水平。

（一）开启跨部门协同信息化建设新路

"一脸通"综合应用创新了信息化项目建设协同机制，针对专门场景或事项组建跨部门联合工作小组，建立协同工作机制，通过项目建设将多跨协同机制常态化。在建设、运营维护、应用推广活动中，各部门紧密配合，既有分工又有协作，边界清晰，职责分明。

（二）开启数据共建、共享、共用新模式

"智慧身份统一认证平台"将教学、学工、人事管理系统师生人员数据打通，解决了单点登录和统一身份认证问题，实现数据共享。"一脸通"综合应用各场景业务信息经数据中心聚合、治理，形成"一脸通"主题数据集，可供相关部门进行二次开发，同时可以构建学生动态大数据驾驶舱，进行数据挖掘，为学校有关决策提供数据支撑，实现数据共建、共用。

（三）开启学校大规模应用大数据新案例

"一脸通"综合应用运行至今，每日流水数据近60000条，累计产生流水数据1000多万

条。随着后期建设及应用推广，数据量还将不断增加，由此开发校内各种大数据应用，可以真正体现大数据的价值。

图 4 为学校召开以"一脸通"为典型案例的数字化改革培训会。

图 4　学校召开以"一脸通"为典型案例的数字化改革培训会

五、推广应用

"一脸通"应用构建的统一身份认证应用，兼容多种硬件终端设备，实现数据共享、共通。各二级学院和职能部门主动对接信息中心，进一步拓展应用场景。学校主要会议室、实训室、档案室陆续接入"一脸通"平台。在新型冠状病毒感染疫情期间，疫情防控系统不断深化拓展应用范围，基于统一身份认证和人脸识别平台，将核酸实时检测统计、每日健康打卡等服务师生的应用上线，进一步提高了学校的信息化治理水平。

（执笔人：罗坚、潘银芳）

打造数字工贸，畅游智慧教学
——以数字化赋能温台职教新高地建设

摘　要：作为国家"双高计划"建设单位、浙江省首批数字校园示范建设校、浙江省区域和学校整体推进智慧教育综合试点单位，学校通过高规格打造数字化校园、高水平推进数字化治理、高质量实施数字化教学，为提升教育管理服务与决策水平提供全面客观的数据依据，为实现学校治理体系和治理能力现代化提供强有力的平台和技术支撑，为全力助推教育教学改革、培养高素质技术技能人才提供适宜的环境和资源保障。

关键词：数字工贸；数字赋能；教育信息化；温台职教新高地

一、实施背景

教育信息化是教育现代化的重要标志，是构建现代国民教育体系和形成学习型社会的内在要求。党的十九大报告开启了加快教育现代化、建设教育强国的新征程。2018 年，教育部发布《教育信息化 2.0 行动计划》，提出构建网络化、数字化、智能化、个性化、终身化的教育体系。2020 年，浙江省委十四届八次全体会议明确指出要以数字化改革撬动各领域、各方面的改革。2021 年 1 月，《教育部　浙江省人民政府关于推进职业教育与民营经济融合发展助力"活力温台"建设的意见》发布；3 月，浙江省教育厅印发《浙江省教育领域数字化改革工作方案》。

为此，学校深入推进数字化建设改革，进一步提升办学水平和治理能力，完善"一校两区"办学模式，提高人才培养质量，为学校各项事业发展提供了强有力的数字平台和数据支撑。学校始终坚守立德树人使命，建强建优"校园大脑"运营指挥中心，不断深化数字化教学改革和学校数字化治理，为温台职教新高地建设贡献浙工贸力量，为高职院校数字化转型贡献浙工贸经验。

二、主要做法

（一）统筹谋划，高起点构建数字校园生态体系

学校坚持以数字化改革推进整体智治，以"一试点、两张网、三中心、六平台"建设为抓手，建成覆盖全面、安全稳定、绿色高效、全面融合并服务于教学、科研、生活的符合"数字浙江"发展需求的，具有鲜明浙工贸特色的"数字化校园生态体系"。一是建强学校通信网和物联网，增加无线 AP 设备，移动 5G 信号覆盖全校，构建无缝覆盖全校的高速有线、无线和移动通信网络。二是建优云计算中心、大数据中心和教学资源中心，打造基于物联网、大

数据的师生行为分析系统，为全校师生提供高质量数字化服务。三是建好智慧校园支撑平台、云 SaaS 服务平台、开放在线学习平台、综合业务办理平台、网络安全管控平台、教学大数据分析应用平台，提升数字化设备和资源在实际教学与管理中的应用和服务水平。

（二）多级联动，高标准建设在线教学平台资源

学校统筹学校资源体系建设布局，立足学校办学特色和专业群建设优势，重点打造光机电应用技术教学资源库、创新创业教育教学资源库两大国家级职业教育教学资源库。学校采取多方联动、分级分类的建课模式，打造以专业核心能力培育为核心的四大在线课程群和通识教育课程群；在智慧职教、中国 MOOC、超星学习通、浙江省在线课程联盟等平台高标准建设在线课程。

图 1 为光机电应用技术教学资源库使用情况。图 2 为创新创业教育教学资源库使用情况。

图 1 光机电应用技术教学资源库使用情况

图 2 创新创业教育教学资源库使用情况

（三）丰富功能，高规格打造智慧教学支撑环境

学校紧紧把握智慧教学需求，构建功能齐全的智慧教学支撑体系；在硬件方面投入近千

万元,打造科技化、智能化的新型智慧教室11间;在软件支撑方面,组建教学信息化管理服务团队,为教学资源与应用、线上教学改革提供精细化服务;完善信息化教学改革激励机制,通过教改专项支持,将教改及其成效纳入评优评先、专业技术职务评聘等方式,调动广大教师的积极性。此外,学校陆续健全"在线资源建设与经费使用管理办法""综合实践环节网络化管理办法""在线学习学分积累与转换制度"等制度体系,为数字化教学改革保驾护航。

图3为数字化教室。图4为"互联网+"智能阶梯教室。

图3 数字化教室

图4 "互联网+"智能阶梯教室

(四)多管齐下,高质量推进课堂教学改革创新

学校制订"互联网+"教学改革行动计划与实施方案;实施"互联网+"教学设计、"互联网+教学"创新示范课、"互联网+"教学评价创新、数字融合新形态教材开发等专项工程;鼓励教师重构教学过程,运用专业教学资源库、精品在线课程、SPOC在线课程等资源,开展混合式、翻转式、情景式课堂教学改革;创新基于大数据系统的形成性教学评价反馈机制,不断深化"互联网+"课堂革命;应用VR、AR、MR等技术打造专业实践教学虚拟仿真平台,开发特色实践教学项目,突破教学重难点;打造实践教学综合管理信息服务平台,改革优化实践教学组织管理模式,提升实训、实习设备资源利用率。

图5为运用虚拟仿真平台突破教学重难点。

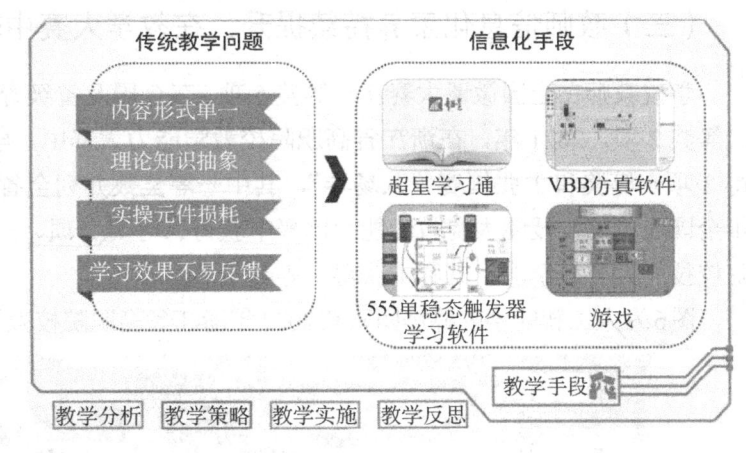

图 5　运用虚拟仿真平台突破教学重难点

（五）多措并举，高效能提升教师智慧教学能力

学校完善教师智慧教学能力提升培训体系，定期组织各类培训、校内分享、专题学习等活动。每季度由教务处主办、各二级学院承办主题教学论坛，提升教师数字化教学水平。学校组织多类型线上、线下公开课教学观摩活动，为全校教师提供一个交流经验和展示教学成果的平台；组织专家为教师开展有效课堂专项认证，提升教师数字化资源和技术在课堂教学中的实际应用能力。在新型冠状病毒感染疫情期间，学校每月组织一期"云论坛"，二级学院每周组织一次线上教学沙龙，营造了良好的氛围。学校系统组织教师参加校、省、国家级教师教学能力大赛，以赛促教，高效提升教师数字化教学能力。

三、成果成效

（一）数字化教学改革深入，助推课堂革命

学校教师数字化教学改革不断深化，每年立项省级及以上教育信息化研究项目多项，在中文核心期刊发表教研论文 10 余篇；9 门课程入选浙江省"互联网+"教学优秀案例，其中特等奖 2 门、一等奖 2 门。"八个有"线上教学组织实施案例入选中国高职高专教育网[①]优秀"网上金课"教学案例、全国二十个"高等职业教育改革发展优秀成果案例"。

（二）在线资源建设成果丰硕，辐射力位居前列

学校建成国家级专业教学资源库 2 个、国家精品在线开放课程 4 门、省级在线课程 24 门，基本形成了校、省、国家三级在线课程梯队体系，课程总访问量超 1 亿人次。接近改为超 1 亿人次，建设水平位居全国高职院校前列。学校建成一批数字化融合的新形态教材，其中包括省级新形态教材 14 本，4 本教材入选国家"十三五"规划教材。

---

① 现名"现代高等职业技术教育网"。

（三）教师信息化素养持续提升，在教学大赛中斩获佳绩

学校教师在全国微课大赛获一等奖 5 项，获全国及省级青年教师教学大赛一等奖各 1 项、二等奖 2 项。2021 年，在浙江省高职院校教学能力大赛中，学校 7 支参赛队伍全部获奖，取得 3 项一等奖和 1 张国赛"入场券"，其中一等奖数并列全省高职院校第 4 名。学校在 2021 年全国职业院校技能大赛教学能力比赛中获得二等奖 2 项、三等奖 1 项，在 2022 年全国职业院校技能大赛教学能力比赛中获得一等奖 1 项。

图 6 为人工智能学院林烨团队获 2022 年浙江省高职院校教学能力大赛特等奖、国赛一等奖。

图 6　人工智能学院林烨团队获 2022 年浙江省高职院校教学能力大赛特等奖、国赛一等奖

（四）重构教与学形态，助力人才培养质量提升

学生是数字化资源建设与教学改革的最大受益者，在知识、技能、素养等方面提升显著。2014—2019 年，在浙江省教育评估院组织的毕业生职业发展与人才培养质量跟踪调查中，学校 4 次名列浙江省高职高专院校第 1 名，3 次名列第 2 名。其中毕业生对教师满意度、实训环境满意度等连续 6 年居全省前列。

（五）数字化改革形成品牌，影响力持续扩大

学校以数字化赋能温台职教新高地建设的做法得到主管单位杭州钢铁集团有限公司的充分肯定，被杭州钢铁集团有限公司以第 23 期专报信息方式报送时任浙江省委书记袁家军，得到浙江省教育厅的充分认可，入选 2021 年浙江省职业教育大会数字化改革典型案例。"优质资源服务教学改革，机制创新促进成效提升"等三个信息化管理案例连续 3 年在高职高专校长联席会上展出。

图 7 为杭州钢铁集团有限公司第 23 期专报信息。

杭州钢铁集团有限公司

专报信息

第23期

2021年5月12日　　签发人：张利明

打造数字工贸　畅游智慧教学
杭钢集团以数字化赋能温台职教新高地建设

今年是我省数字化改革元年。杭钢集团深入贯彻落实省委省政府数字化改革决策部署，坚持以数字化改革为牵引，着力推进数字产业化、产业数字化、治理数字化“三位一体”建设，以数字杭钢统筹产业发展。同时，以加快教育现代化为契机，坚持高起点、高标准、高规格、高质量、高效能，推动下属浙江工贸职业技术学院（以下简称“浙工贸”）数字化改革先行，努力实现数字技术与教育教学管理广泛深度融合，赋能浙工贸打造温台职教新高地，成为全国高职教学改革典型、职教数字化标杆院校。

统筹谋划，高起点构建数字校园生态体系。作为全国“双高计划”建设单位、浙江省高职高水平学校，突出“三个建”，着

– 1 –

多措并举，高效能提升教师智慧教学能力。完善教师智慧教学能力提升培训体系，定期组织各类培训、校内分享、专题学习以及多类型线上线下公开课教学观摩等活动。通过“云论坛”、“云沙龙”、“云公开课”等方式，积极组织教师参加省级教师能力大赛，全面提升教师数字化教育能力。组织专家为教师开展有效课堂专项认证，系统组织教师参加各级教师教学能力大赛，以赛促教，以赛促学，持续提升教师数字化教学能力，近年来获国赛二等奖1项、三等奖1项，省级一等奖1项、二等奖12项。

杭州钢铁集团有限公司

2021年5月12日

报送：袁家军书记，郑栅洁省长，陈金彪常务副省长，高兴夫副省长，成岳冲副省长，省教育厅。

图7　杭州钢铁集团有限公司第23期专报信息

四、经验总结

作为浙江省首批数字校园示范建设校、浙江省区域和学校整体推进智慧教育综合试点单位，学校在数字化校园建设、数字化治理推进及数字化教学改革方面积累了宝贵的经验。

（一）信息化基础设施建设是前提

信息化基础设施建设是实施数字化、智能化改革的必要前提条件，既包含硬件设施，也包含逻辑层的各类链路平台。数字化校园基础设施规划设计，要充分把握科学性、实用性、前瞻性和可扩展性，为数字化教育教学改革奠定良好的生态基础。

（二）信息化应用是重点

构建良好的云 SaaS 应用集成平台及协同开发环境，从实际业务需求出发，提供便捷灵活的业务分布式开发和纵向、横向多元集成模式，切实推动各部门、各院系之间协同自治。

（三）信息化素养是关键

推进高职院校信息化改革的关键在于师生信息化素养的提升。学校对管理干部、广大教师加强信息化理论培训，强化学生信息素养养成教育，注重师生 PKM 学习环境建构，不断提升信息化建设与改革的实际能力，同时强化信息伦理和信息道德教育，营造洁净的网络空间环境。

五、推广应用

学校持续建设"数字工贸"、以数字化赋能温台职教新高地建设的做法,得到教育部、浙江省、温州市与杭州钢铁集团有限公司领导的充分肯定,以及专家同行的充分赞誉。智慧教室等数字校园场景成为"网红打卡地",年接待参观 60 批次以上,形成可复制、可迁移的应用场景模式。学校代表多次在浙江省高校"互联网+教学"研讨会、浙江省高校 MOOC 教育创新大会等数字化改革建设大会上做典型发言和经验分享。

图 8 为学校代表在浙江省高校"互联网+教学"研讨会上做典型发言。图 9 为兄弟院校代表前来考察参观。

图 8 学校代表在浙江省高校"互联网+教学"研讨会上做典型发言

图 9 兄弟院校代表前来考察参观

(执笔人:施星君、李霞)

"三化引领"构建在线资源建设与应用体系

摘　要：学校以《教育信息化 2.0 行动计划》为指导，以"行动计划"中提出的全国实现"三全两高一大"的发展目标为背景，在"有序化、高效化、均衡化"三化引领下，定标准、建团队、组机构，建设课程资源，以"321"模式推广资源，促进资源在行业、校际、区域间全辐射。

关键词：在线资源；三化引领；建设与应用

一、实施背景

学校以《教育信息化 2.0 行动计划》为指导，以"行动计划"中提出的全国实现"三全两高一大"的发展目标为背景，以提升学生学习兴趣和教学效率为目标，在"有序化、高效化、均衡化"三化引领下，以职业教育国家教学资源库、国家精品在线课程建设项目为契机，探索在线资源建设机制、应用模式与推广路径。"三化引领"在线资源建设与应用如图1所示。

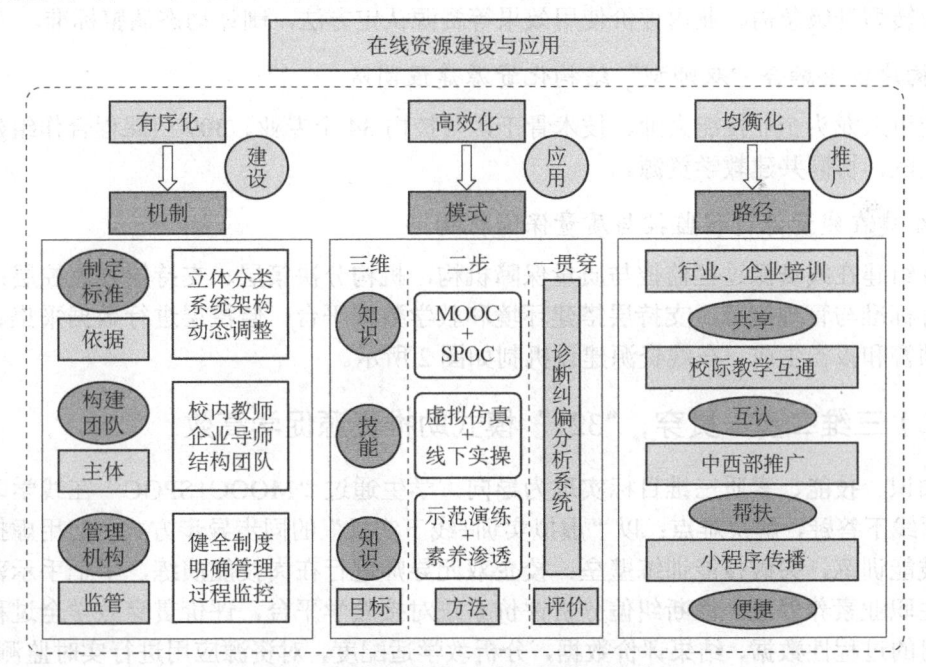

图1　"三化引领"在线资源建设与应用

（一）在线资源建设机制

学校以资源建设标准为依据，从"立体分类、系统架构、动态建设"三方面规范指导，以校企结构化团队为主体、强化过程监控,保障资源建设有序进行。

(二)在线资源应用模式

学校以三维目标实现为导向,有效利用资源;线上线下、同步异步组织教学,评价系统贯穿教学全程,收集过程与结果评价数据,形成"三维二步一贯穿"的"321"教学模式,促进学习成效提升。

(三)在线资源推广路径

学校发挥学校在各级产业联盟、教职委、职教集团中的影响力,以学分互认、资源与师资帮扶等形式扩大资源推广使用,促进和提升校际与行业内、区域间资源的均衡性,发挥资源的最大效能。

二、主要做法

(一)定标准、建团队、组机构,使资源建设从无序到有序

1. 制订立体分类、系统架构、动态调整标准

学校确立微课、动画、仿真程序、试题库等建设要求,构建立体分类标准;确定组合逻辑及结构,明确教学、实训、培训、考证、竞赛等不同资源的建设规格,形成系统架构标准;明确行业转型升级急需、业内评价使用效果等资源认定方法,制订动态调整标准。

2. 构建校企融合"双师型"结构化资源建设团队

学校引入龙头企业技能大师、技术骨干,与校内34个专业、309门课程合作组建课程资源建设团队,协同共建教学资源。

3. 组建在线资源过程监控与质量保障机构

学校组建在线资源过程监控与质量保障机构,机构分决策层、支持层和监控层:决策层制订评价标准与管理规范;支持层搭建环境和教学数据平台;监控层进行数据采集、分析、判断、预警和报告生成。在线资源建设机制如图2所示。

(二)三维二步一贯穿,"321"模式助推资源促学高效

以知识、技能、素质三维目标实现为导向,学生通过"MOOC+SPOC"在线学习理论知识,教师线下答疑,解决难点;以"虚拟实训+线下实操"的同步异步方式,运用虚拟仿真资源进行技能训练,突破技能训练壁垒;校企双元导师进行在岗技能演练,手把手示范指导,促进学生职业素养养成。诊断纠偏分析评价系统对接教学平台,评价贯穿教学全过程,汇集学生学习的过程性数据、结果评价数据,分析教学适配度,对资源应用进行实时监测与预警。

(三)行业、校际、区域间全辐射,助力资源推广应用实现均衡

一是通过资源在行业的推广,实现课程教学资源在学校与企业之间共享,提升资源效度和社会贡献度;二是资源在学校间交流传播,通过校际学分互认,实现优质课程资源惠及更

多学生的建设初衷；三是资源在不同地域辐射和应用，逐步扩大覆盖范围，消除区域经济、专业技术发展的瓶颈，实现资源均衡配置，服务欠发达地区职业教育技术技能提升；四是通过推广资源使用模式，提升教师群体信息化水平和教学能力。

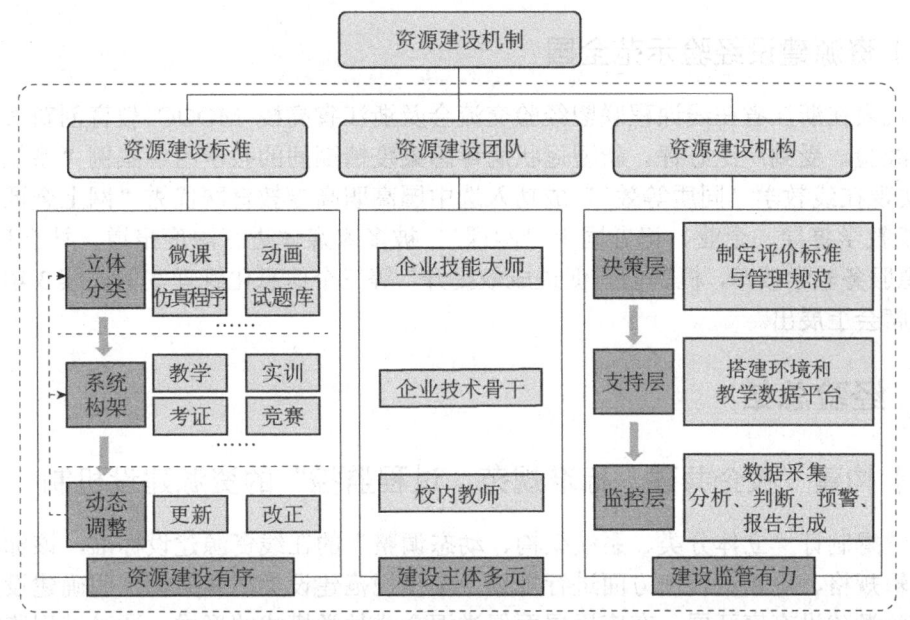

图 2 在线资源建设机制

三、成果成效

（一）技术技能人才培养质量明显提升

在优质资源使用后，学生在知识、技能、素养等方面提升显著。2014—2020 年，在浙江省教育评估院组织的毕业生职业发展与人才培养质量跟踪调查中，学校 4 次名列浙江省高职高专院校第 1 名，3 次名列第 2 名。其中毕业生对教师满意度、实训环境满意度等连续 6 年居全省前列。

（二）在线资源建设成效显著

学校资源建设成果丰硕，建成国家级教学资源库 2 个——光机电应用技术教学资源库、创新创业教育教学资源库；建成国家精品在线开放课程 3 门、国家精品资源共享课 2 门、国家精品课程 2 门；省级在线课程认定 15 门，在建 26 门，出版省级新形态教材 14 本。学校资源建设相关研究项目获厅局级立项 34 项，在国内外期刊发表论文 50 余篇。学校资源建设成果辐射 34 个专业，惠及 31 个省份，受益 72.3 万余人次。

（三）教师信息化教学能力提升突出

学校教师在全国微课大赛获一等奖 5 项，在全国及省级青年教师教学大赛获一等奖各 1 项、二等奖 2 项。学校教学团队获全国高职院校信息化教学能力大赛二等奖 1 项、三等奖 1

项。15 个教学团队在省级信息化教学能力大赛中获奖，22 个教学团队获得省级教师教学能力大赛奖项。28 位教师的信息化教学案例获奖，其中 2 门在线课教学案例获 2020 年浙江省高职院校"互联网+教学"优秀案例特等奖。

（四）资源建设经验示范全国

学校代表在浙江省在线课程联盟经验交流会及浙江省高校 MOOC 教育创新大会上分享资源建设经验，受到广泛好评。新型冠状病毒感染疫情期间的教学组织案例"系统推进'八个有'，实现在线教学'同质等效'"成功入选中国高职高专教育网优秀"网上金课"教学案例，"在线教学督导、企业、记者同上'网课'"被多家媒体进行深度报道，社会反响强烈。"优质资源服务教学改革，机制创新促进成效提升"等三个信息化管理案例连续 3 年在高职高专校长联席会上展出。

四、经验总结

（一）构建"校企共建、标准规范、过程监控"的资源建设机制

学校统筹制订"立体分类、系统架构、动态调整"的在线资源建设标准，该标准从资源布局、逻辑规格、更新迭代三方面进行规划。学校规范建设类型和架构，明确建设方向和路径，保障资源建设有序开展，在应用层面促进混合式教学模式的形成；通过过程监管，促进资源建设和改进，激发校企资源建设团队将前沿技术引入课程，不断扩大资源影响力，增强资源的及时性；为资源建设提供理论支撑、理念指导和技术支持。

（二）建设"全程跟进、数据集成、数字画像"的诊断评价系统

诊断评价系统全程跟进，收集教学数据，生成教师、学生行为画像，反馈资源运行状况、资源使用效度、学生学习效果、教学实施不足等信息；借助数据进行分析诊断，及时对学生进行预警、激励和指导，提醒学生及时改进学习方法，同时指导教师在资源完善、教学形式改进、教学手段革新及学习目标制定等方面改进和提升，以此形成资源建设与应用的闭环，使"互联网+教学"高效运行。

（三）开辟"共享、互认、帮扶、便捷"的资源推广路径

学校通过产业联盟、职教集团、行业教职委的影响力，在业内广泛共享资源，为产业人才培养贡献资源；通过模式推广、学分互认，与 43 家兄弟院校签订课程资源互通互认协议，提升优质课程资源的受益面；针对中西部欠发达地区专业资源建设缺乏或不均衡的现象，以资源帮扶的形式，服务师生和区域产业的发展。48 门在线课程通过小程序推广，使资源具有随时可用的便捷性。各种形式的推广和促进方式，提升了校际与行业内资源的均衡性，解决了资源在业内、校际、区域间发展参差不齐的问题。

（执笔人：石娜）

发挥国家级教学资源优势，深化"互联网+"教学改革

摘　要：学校发挥国家级教学资源库和精品在线开放课程的优势，打造国家、省、校三级资源体系，开发新形态教材，推进课程开放共享，创新线上、线下融合的交互式、混合式、翻转式教学模式改革，运用 VR、AR 等技术突破教学重点、难点，深化课堂革命。

关键词：教学资源库；精品在线开放课程；课堂革命

一、实施背景

学校发挥国家级教学资源库和精品在线开放课程的优势，打造国家、省、校三级资源体系，开发新形态教材，推进课程开放共享，创新线上、线下融合的交互式、混合式、翻转式教学模式改革，运用 VR、AR 等技术突破教学重点、难点，深化课堂革命。

二、主要做法

（一）推进课程开放，持续资源更新

学校推进"三教"改革，联合企业共同开发课程，依据工作流程开发工作手册式教材及数字化资源，进一步优化提升精品在线开放课程内容，持续更新课程内容及相关习题、作业、考试题库等。

（二）融合互联网思维，优化教学设计

学校做好学科知识与岗位知识的连接、线上自学目标和线下导学目标的连接、理论学习内容和实践学习内容的连接，围绕学生的线上学习体验和线下学习体验设计教学方式，构建高职特色混合式课堂，切实推进课堂革命。

（三）结合教学资源，重构教学过程

学校重视对信息技术的应用，广泛采用云课堂、仿真实训、二维码学习、课堂 VR 演示、微信互动等信息技术；立足两大国家级职业教育教学资源库，充分利用在中国大学 MOOC、浙江省高等学校在线开放课程共享平台、智慧职教、超星尔雅通识教育等平台建设的在线课程。教师在线发布任务，远程监督学生完成任务的情况，发现共性问题后开展在线直播教学，指导学生学习。教师线下教学基于线上教学学习进展和学生的共性问题展开，形成一体化授课模式，构建线上和线下交互式教学模式，完成混合式教学模式改革。

线上线下一体化组织模式如图 1 所示。图 2 为混合式教学示例——外贸函电。

图 1　线上线下一体化组织模式

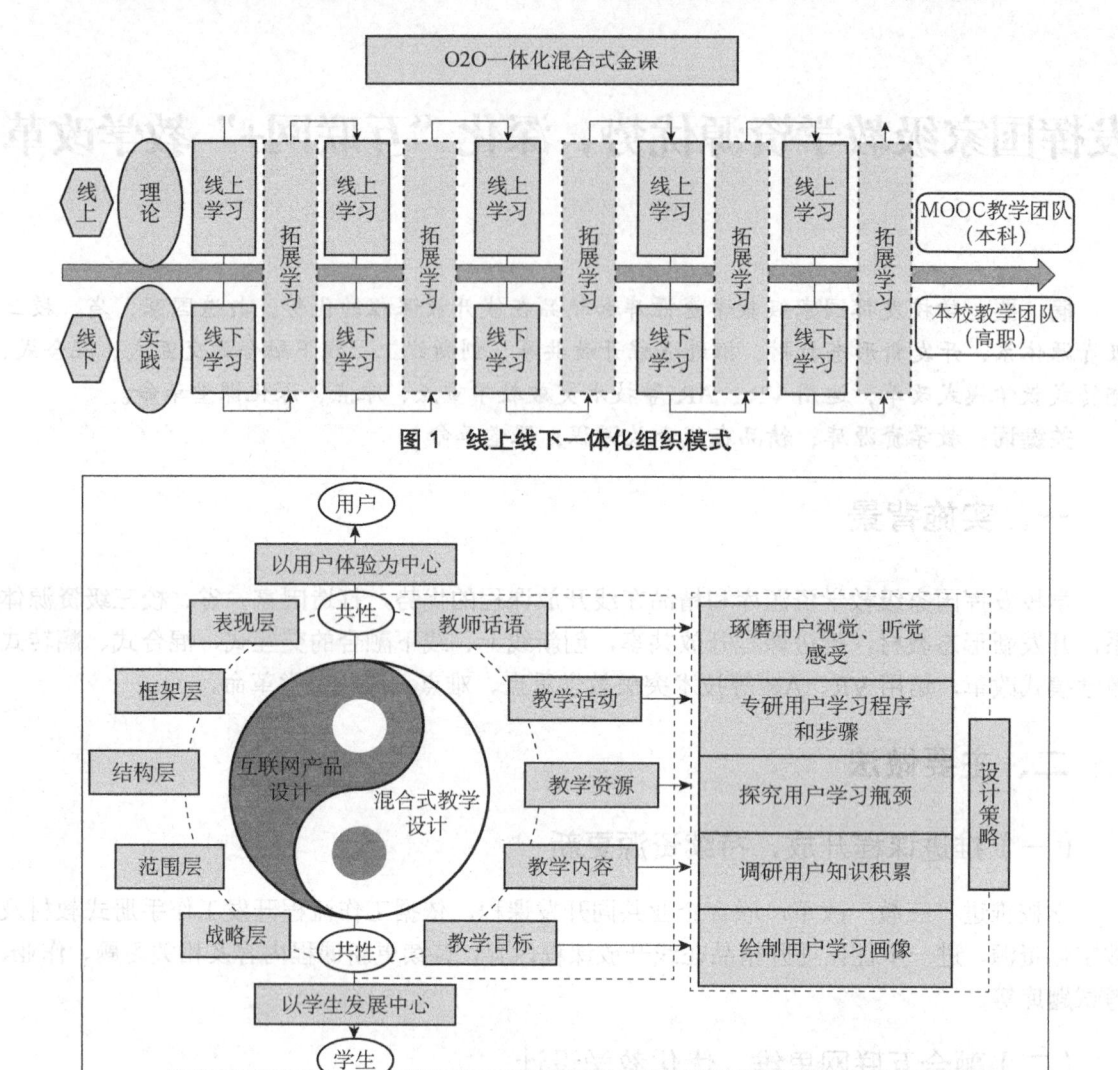

图 2　混合式教学示例——外贸函电

（四）依托在线平台，创新教学评价

学校利用教学平台记录学生学习的过程，建立多元化课程评价体系：针对不同类型的学生，设定不同的学习模式和不同的线上、线下成绩比例；针对课程内容体系，鼓励学生在课堂学习、实训练习之余，学习微课、案例和产业素材，并完成课堂自测、课外作业、网络交流及考试等环节；各项评分由教学平台直接记录或教师录入，相关的记录均有据可查，评价客观合理，从考试终结性评价转变为形成性过程评价。

三、成果成效

（一）课程更新快速，建成海量资源

学校建成国家级教学资源库 2 个、国家精品在线开放课程 3 门、省级 15 门；建成一批数字化融合教材，入选国家"十三五"规划教材 4 部，省新形态教材 14 部获得立项，立项数量居全省前列。

（二）教学平台多样，助力课堂革命

学校使用中国大学 MOOC、浙江省高等学校在线开放课程共享平台、智慧职教、超星尔雅通识教育等在线教学平台，其中超星尔雅通识教育平台资源总量为 77028 个、课程 912 门、习题 668762 道。

图 3 为超星数据中心统计数据情况。

图 3　超星数据中心统计数据情况

（三）教学模式创新，提升教学能力

学校入选浙江省"互联网+"教学优秀案例 9 项；"八个有"线上教学组织实施案例入选中国高职高专教育网优秀"网上金课"教学案例。

四、推广应用

学校主持建设的国家级职业教育创新创业教育教学资源库注册人数超 50 万人，总访问量超 1 亿次，受益院校 2246 所；国家级光机电应用技术专业教学资源库有在线课程 23 门、微课 1184 门、素材 48616 条、学员 122373 人。学校代表受邀在首届全国职业院校"三教"改革高峰论坛（线上）做专题报告。

图 4 为汪焰副校长在首届全国职业院校"三教"改革高峰论坛（线上）做专题报告。

图 4　汪焰副校长在首届全国职业院校"三教"改革高峰论坛（线上）做专题报告

（执笔人：李霞）

系统推进"八个有",实现在线教学同质等效

摘　要：在新型冠状病毒感染疫情期间,学校积极开展线上教学,共开设线上课程290门,授课教师有289名,7823名学生参加线上学习。学校通过网络课程安排有规划、线上教学设计有预案、课程思政融入有方法、平台资源丰富有选择、翻转模式探索有亮点、网络教研活动有氛围、全程质量监控有力度、平台技术服务有保障"八个有",成功实现线上教学与线下教学同质等效。

关键词：在线教学；网络平台；课程资源；教学设计

一、实施背景

"战疫"不停教,"线上"不停学。在新型冠状病毒感染疫情期间,学校积极开展线上教学,共开设线上课程290门,授课教师有289名,7823名学生参加线上学习。学校通过系统推进"八个有",成功实现线上教学与线下教学同质等效。

二、主要做法

（一）网络课程安排有规划

学校针对不同课程类型,系统谋划,分类调整教学计划。对于必修课,在学生返校前采用"互联网+"教学模式,在学生返校后采用线上、线下相结合授课的模式,并调整课程考核评价权重。为了实现线上与线下教学的有效衔接,实现教学全程顺畅、保障质量,学校所有线上课程均在开学后进行学习情况测试,并将测试成绩动态记录到学生课程学习评价中。学校通过测试了解学情,以学情为基础调整线下教学策略,确保教学不断线、质量有保障。

（二）线上教学设计有预案

针对网上教学,教师精心做好线上教学设计。在线上教学期间,针对网络高流量导致堵塞等情况,学校要求各位教师提前做好每堂课的预案,以多种方案及多维度教学设计确保教学有序开展。在线教学期间,教师在多方调研基础上根据课程性质与教学特点备选多种平台,与学生开展互动、组织学习与答疑。其中钉钉直播、QQ腾讯课堂、Zoom会议、QQ群直播等平台使用率高,师生反馈好。

（三）课程思政融入有方法

授课教师围绕"爱国与奉献""文明与卫生""生命与生态""一方有难,八方支援"等重

点主题充分挖掘中国故事、浙江故事和身边的故事，将其融入教学全过程。设计分院薛丹丹老师用 Zoom 会议软件推出线上直播课"产品设计手绘效果图疫情版"，在短短 2 周内，点击量突破 7 万次。薛丹丹将口罩与护目镜作为设计元素，结合产品设计类课程中的产品肌理与功能设计，在分析功能与外观的基础上重塑疫情期间的防疫主流产品。她将课程思政元素有机地融入课堂，在激发学生学习兴趣的基础上，让他们对学习使命、家国情怀及青年担当有了深入的理解和感悟。在疫情期间，将思政元素融入课堂如图 1 所示。

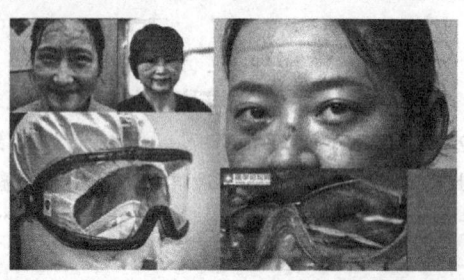

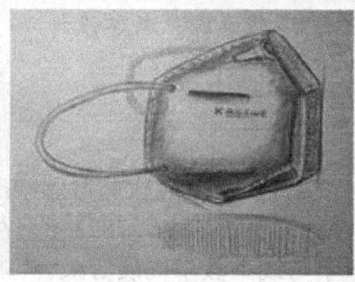

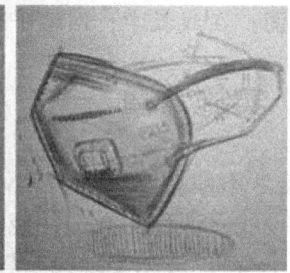

图 1　在疫情期间，将思政元素融入课堂

（四）平台资源丰富有选择

学校采取分层级的建课模式，推进线上课程建设，形成分院、学校、省、国家级的分层分类的线上课程体系。目前，学校主持国家级教学资源库项目 2 项，建有国家级在线课程、国家精品资源共享课共 3 门，以及省级在线课 15 门、校级精品在线课程 78 门、分院优质在线课程 346 门。全校 83%的课程建成"一课一空间"。优质、丰富的教学资源为线上教学奠定了坚实的基础。在在线教学期间，教师根据各自所在专业领域的特点，广泛选取校外各级、各类优质资源，组织或补充教学，其中智慧职教云平台教学课程数量占比为 33%、爱课程平台课程数量占比为 21%、超星尔雅课程数量占比为 17%、浙江省高等教育在线课程建设平台占比为 12%，其他平台占比为 17%。

（五）翻转模式探索有亮点

在在线教学期间，81%的课程采取在线 SPOC 翻转课堂模式，同步教学采取直播形式，实现对重点教学内容的讲解，通过适时插入互动环节了解学生的接受程度，通过在线答疑为学生解惑。教师用在线教学软件实现模拟场景的实践训练，配合理论教学，对学生进行技能训练。异步教学依托在线教学平台及优质教学资源，学生通过完成课前预习、作业和测试等环节完成任务。在课余拓展中，教师引入企业真实项目，有效对接课程前沿，引导学生在研究性学习的基础上进行团队合作，完成项目。同步与异步、虚拟与现实、教材与项目的有机融合，确保了线上教学与线下教学同质等效。

（六）网络教研活动有氛围

学校教学专班在主管教学校领导的主持下，每周确立主题，进行线上教学汇报与研讨活动。各分院根据各自教学特点开展线上教研活动，探讨教学模式和教学组织流程。各专业教研室每周均以钉钉会议形式召开基层教研会议，通过研讨不断提升教学效果。全校从上到下互相学习，互相促进，形成浓厚的教研氛围。在此基础上，学校遴选优秀教师，组织了 2 批次，为期 4 周，有 26 位教师参与的在线教学公开课。针对在线教学研讨中的热点议题，学校组织 2 期在线教学主题论坛，主题分别为"精准进行教学设计，有效实施在线教学""用好抗击疫情这本思政大教材"，参与教师达 350 人次。教师通过观摩交流，学习优秀教学经验，提升线上教学能力。

图 2 为在线教学主题论坛与公开课。

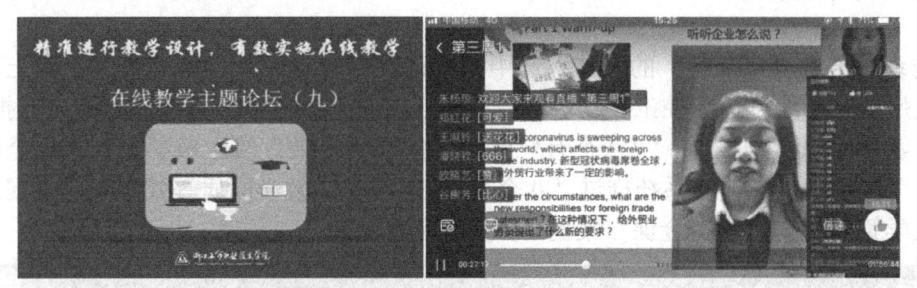

图 2　在线教学主题论坛与公开课

（七）全程质量监控有力度

学校对课程进行全面监控。专业教师团队负责网络教学的组织和实施，分院（系）负责网络教学检查和考核，督导处加强对网络课程教学的指导和督导；三级联动，通过数据报告、网络问卷、教学巡查等方式了解网络教学情况并提出改进建议，调整教学进度。

在在线教学期间，学校运用各平台提供的大数据，出台精准的教学管理措施。以超星平台为例，大数据显示出在线教学运行第一个月课程建设及资源使用、教学活动情况，如图 3 所示。

图 3　在线教学运行第一个月课程建设及资源使用、教学活动情况

（八）平台技术服务有保障

为了更好地服务教师，保障线上教学顺畅，学校成立两级技术服务团队。校级技术服务团队负责与各大平台对接：一是及时了解平台动向并提前向教师传达，指导教师合理安排组织教学；二是做好后台管理，协助教师进行教学数据发布和学业预警。分院技术服务团队负责为课程教学团队提供服务，包括服务教师课程资源建设、直播硬件设施及软件安装使用指导等。例如，在开课初期，经贸分院技术服务组协助教师进行在线教学远程遥控维护及录屏软件分享等保障工作；设计分院根据课程特点，为手绘效果图授课教师配置绘画手写笔；教务处组织沙龙活动，在线指导教师合理使用教学平台，为教师建设教学资源保驾护航。

三、成果成效

学校系统推进"八个有"的做法入选中国高职高专教育网教学管理优秀"网上金课"案例，被温州教育系统疫情防控工作动态选登；浙江省教育厅《今日择报》、《浙江日报》、中国网等多家媒体予以宣传报道。"'八个有'保障课堂同质等效"线上教学案例入选全国高职教学改革典型（全省唯一）。"系统推进'八个有'，实现在线教学同质等效"入选中国高职高专教育网教学管理优秀"网上金课"案例，如图4所示。

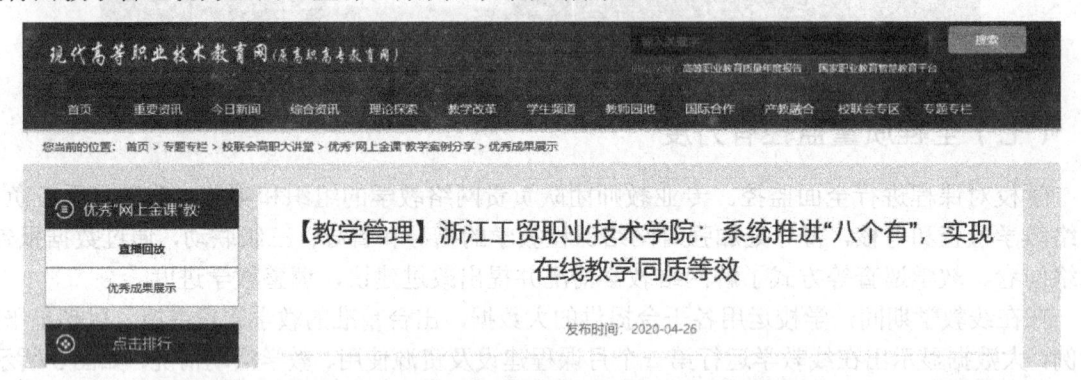

图4 "系统推进'八个有'，实现在线教学同质等效"入选中国高职高专教育网教学管理优秀"网上金课"案例

四、经验总结

学校2020年的线上教学成功经验为此后组织线上教学提供了可借鉴和推广的经验。"八个有"从教学平台、课程建设、教学组织、教学方法、教学评价和教学保障等方面进行改革创新，为今后混合式教学改革提供了路径和方法。经历这次线上教学之后，学校在教学资源建设和教学手段改革方面加大力度，力求线上教学人人出彩，让学生深切感受到线上学习效果不打折。

（执笔人：石娜）

十、深化两岸交流合作

十、深小兩岸文流合作

深化两岸交流合作,打造交流合作平台
——"海峡有渡,创意无限"两岸青年创客工作坊

摘 要:本着两岸同胞命运与共、"两岸一家亲"理念,学校以创新创意为媒介,打造创客工作坊平台,加强两岸高校青年交流沟通,助推海峡两岸设计与制造融合发展,擦亮两岸交流与合作的"金名片",以期为实现两岸青年心灵契合,实现中华民族伟大复兴的中国梦添砖加瓦。

关键词:两岸青年;两岸交流与合作;创新创业

一、实施背景

2018年2月,为深入贯彻党的十九大精神和习近平总书记关于深化两岸经济文化交流合作的重要思想,国务院台湾事务办公室、国家发展和改革委员会印发了《关于促进两岸经济文化交流合作的若干措施》,率先同台湾同胞分享大陆发展的机遇,逐步为台湾同胞在大陆学习、创业、就业、生活提供与大陆同胞同等的待遇。

浙江省委宣布八条惠台青年措施,其中第一条强调"在浙江工贸职业技术学院等5所高校建立台湾青年创业创新平台"。学校有幸成为浙江省委八条举措中第一条举措的第一落实者,深受感动,备受鼓舞。学校以高标准、严要求落实省委领导的讲话精神,用心、用力、用情打造两岸交流合作全域平台。

二、主要做法

(一)考察非遗,开传统文化了解之窗

学校组织两岸青年走入温州市非遗馆,体验温州极具特色的国家级非遗项目——瓯塑、瓯绣活动,了解温州国家非遗项目的文化内涵;组织两岸青年走入永嘉古村落,近距离了解古建筑蕴含的中国建筑之美,以及中国文化与建筑的创意结合之美。学校通过组织考察交流活动,促进两岸青年对传统文化的了解。

(二)走进企业,学中国制造成长之道

学校充分发挥鞋类设计与工艺、艺术设计、工业设计、广告设计与制作等优势特色专业的优势,组织两岸青年走访温州代表性企业,与温州企业设计师面对面交流,了解以温州制

造为窗口的中国制造。

（三）头脑风暴，创"温州时尚"传统产品

学校将两岸青年混编，组成设计创意组，开展头脑风暴型设计活动。设计组成员运用头脑风暴，进行产品设计创新活动，形成设计效果图、结构图等技术文件；进行基于 3D 打印的设计验证活动，达到对 3D 打印等设计实现设备的综合运用。通过对温州传统制造业产品的创新活动，设计组成员为产品创新提供了新的思路。

（四）设计路演，促设计产品商业孵化

学校对两岸青年创客的产品进行相应的商业策划，形成具有创新思维和创业导向的设计成果路演。依托温州知识产权服务园的服务机构，加强对设计成果的知识产权挖掘和保护，引入相关企业，对设计成果进行商业孵化，力促设计产品落地。

图 1 为第七届两岸青年创客工作的作品——1+1 宠物洗爪杯。

图 1 第七届两岸青年创客工作的作品——1+1 宠物洗爪杯

三、成果成效

（一）凝聚多方力量，增进两岸教育交流融合

项目的承办方分别是具有丰富志愿者资源、教学资源的院校，具有聚集企业需求信息资源、一线能工巧匠资源的行业协会，具有沟通资源、对台联络资源的对台交流机构，具有汇集创意资源、平台资源的创意园区机构。多方参与，资源共享，使项目的组成资源多样化，有利于项目的开展和实施。

（二）强化混合组队，增进两岸青年心灵契合

活动面向两岸在校大学生或 2019—2021 年毕业的大学生，采用网络抽签的方式，将报名者混合组队，形成由两岸不同院校、不同年级大学生组成的活动小组。两岸大学生通过活动，

互相交流，共同提升技能和思想认识。

图 2 为两岸青年创客工作坊获奖团队。

图 2 两岸青年创客工作坊获奖团队

（三）融入真实项目，增进两岸青年创新创业

学校结合温州地方特色产业，围绕温州传统文化特点组织活动；以创客设计活动为主线，与城市发展和市场紧密结合，重点突出产品的功能性、实用性、市场性、科技性、创意性。两岸青年创客的成果经企业评审，投入生产，进行市场销售。参与活动的学生可以深度了解温州文化、温州精神，近距离地接触特色产业和创新创业环境，由此吸引台湾青年来温州就业、创业。图 3 为第七届两岸青年创客工作坊成果汇报。

图 3 第七届两岸青年创客工作坊成果汇报

四、经验总结

学校依托学校台湾青年创新创业平台举办的两岸青年创客工作坊活动，成为两岸合作交

流的"金名片",在品牌建立、成果保存、作品孵化、媒体推广等方面提供了典范。

(一)建立样板品牌

学校总结提炼创客工作坊举措和成效,培育省级及以上特色案例,在全国形成品牌效应。

(二)保存活动成果集

学校整理形成包括活动风采、典型案例、成果画册、宣传视频、媒体报道等在内的成果集。

(三)孵化创客作品

学校以学校世界知识产权组织技术与创新支持中心(TISC)为依托,孵化培育两岸学生创客作品。

(四)推广媒体报道

学校力争在中央电视台、中国新闻网等主流新闻媒体、公众号上报道项目活动,提升学校的影响力。

图4为第五届两岸青年创客工作坊作品——印象温州创意茶杯垫。

图4 第五届两岸青年创客工作坊作品——印象温州创意茶杯垫

五、推广应用

自2014年以来,"海峡有渡,创意无限"两岸青年创客工作坊至今已有七届,该项目被列入国台办交流项目,同时是浙江省对台交流的重点项目。来自两岸90余所高校的700余名青年创客和导师参加了活动。该项目已成为两岸青年持续沟通的桥梁,两岸青年创客的情感交融在这里实现。中央电视台、《人民日报》、中国新闻网等新闻媒体多次报道活动盛况。

(执笔人:徐晓斌)

建设台湾青年创业创新平台，
助力浙台经济社会融合发展

摘　要：学院以习近平新时代中国特色社会主义思想为指导，全面贯彻党的二十大精神，深入贯彻落实新时代党解决台湾问题的总体方略，按照中央对台工作大政方针和省委、市委决策部署，秉持"两岸一家亲"理念，怀着深化两岸交流合作、共谋两岸同胞福祉的美好愿景，持续推进浙台经济社会融合发展，争当浙江高校对台交流主力军，持续擦亮两岸交流合作的"金名片"。

关键词：两岸青年；交流与合作；创业创新

一、实施背景

中共中央总书记习近平在庆祝中国共产党成立 100 周年大会上发表重要讲话，揭示了未来两岸关系的发展大势，为新时代对台工作指明了方向。

2020 年 10 月 13 日，在第三届海峡两岸青年发展论坛上，浙江省委书记袁家军宣布八条惠台青年措施，其中第一条为"在浙江工贸职业技术学院等 7 所高校建立台湾青年创业创新平台"。学校有幸作为惠台八条举措的第一条举措的第一落实者，深受感动、备受鼓舞，以高标准、严要求，用心、用力、用情打造两岸交流合作全域平台。

学校以习近平新时代中国特色社会主义思想为指导，贯彻落实习近平总书记"七一"讲话精神和中央对台方针政策、工作部署，紧扣两岸同胞命运与共、"两岸一家亲"理念，建强台湾青年创业创新平台，持续擦亮两岸交流与合作的"金名片"，连续举办七届"海峡有渡，创意无限"两岸青年创客工作坊品牌活动，被中央电视台、《人民日报》、中国新闻网等新闻媒体多次报道。2021 年，学校获"浙江省浙台经济社会融合发展突出贡献单位"荣誉称号。2022 年 5 月 10 日，学校被浙江省教育厅、浙江省台办授予"浙江省高校台湾青年创业创新平台"称号。学校以高标准、严要求，用心、用力、用情打造两岸交流合作全域平台。

二、主要做法

（一）强化窗口意识，增进两岸青年心灵契合

近年来，学校持续深化两岸青年交流活动，连续举办七届两岸青年创客工作坊等品牌活动，努力为台湾青年打开一扇发现温州的窗口。2019 年，学校承办第二届"海峡两岸青年发展论坛"之"创意人生"分论坛，获时任浙江省省长袁家军颁发的"组织工作贡献奖"。

（二）强化开放合作，增进两岸教育深度融合

近年来，学校积极对接两岸优质教育资源和优秀师资力量，是浙江省内首家与台湾高校合作办学的高职院校，也是浙江省内第一家成立台湾研究所的高职院校。学校现已与台湾大华科技大学、台湾中华大学、台湾中原大学分别合作 3 个合作办学项目，累计培养 400 余名学生。2012 年，学校与中华海峡两岸文化教育推广协会合作设立台湾人才工作联络站，累计引进 50 多位台湾教授、博士。其中来自台湾大华科技大学的钟振忠博士从 2012 年应聘到校工作至今，已完全融入大家庭。

（三）强化创新创业，增进台湾青年筑梦温州

2015 年，在国台办、浙江省台办的指导支持下，学校与温州市台办联合成立台湾青年创业就业服务中心，深化台湾青年有感服务，做到"用力、用心、用情"，帮助更多的台湾青年来温州寻梦、筑梦、圆梦，累计组织两岸青年参与合作交流、创业创新等活动达 1 万多人次，帮扶台湾青年创业、就业、实习超 5000 多人，引进台湾博士在温州就业近 100 名，落地台湾青年创业重点项目 50 个，培育 58 个台湾青年孵化园与实习基地，被国台办授予全国首批海峡两岸青年创业基地。

图 1 为全国首批海峡两岸青年创业基地。

图 1　全国首批海峡两岸青年创业基地

三、成果成效

学校紧紧围绕提升人才培养质量和深化社会服务，全面开展两岸合作交流。两岸青年创客工作坊品牌活动自 2014 年创办以来，至今已七届，被列入国台办交流项目、浙江省台办重点交流项目，有来自两岸 90 余所高校的 700 余名青年创客、导师参加活动。该项目已成为两岸青年持续沟通的桥梁。中央电视台和《人民日报》等新闻媒体多次报道学校两岸交流活动。学校在 2021 年荣获浙江省浙台经济社会融合发展突出贡献单位称号。

四、产生影响

学校本着"两岸一家亲"的理念,以打造两岸青年创客工作坊品牌为引领,不断擦亮两岸交流合作的"金名片",争当浙江高校对台交流的主力军,为两岸青年搭建情感交融的桥梁。

(一)做台湾青年的"合伙人"

学校持续开展两岸青年创客工作坊等品牌活动,使台湾青年更加深入了解浙江的人文历史和创新创业精神,为他们打开一扇发现浙江的窗口。

(二)做台湾青年的"带路人"

学校持续推进两岸教育人才队伍互动,充分利用两岸优质教育资源,对接互动优秀师资力量,招才引智,为两岸青年共同发展、施展才华提供了更多的机会和舞台。

(三)做台湾青年的"知心人"

学校持续推进两岸社会经济发展协同创新研究,积极举办"刘基文化"等两岸学术交流活动,主动承接省市台办的课题,助推浙台经济社会融合发展。

(执笔人:夏侯珺)

十一、提升国际化水平

十一、嵌入式圖形水平

以"校企共建海外（法语）实训基地"为抓手，打造应用法语专业国际化办学"特色"样板

摘　要：国际化是高职学校办学的重要内容，也是国家"双高"建设计划的明确要求；"一带一路"倡议推动中国企业从"走出去"向成功"走进去"转变，对高职小语种应用人才培养提出了更高的要求。学校应用法专业审时度势，大胆创新，通过校企合作共建海外（法语）实训基地，构建以学生职业发展为核心的"校内（专业学习+技能培训）+ 国外（实训+就业）"的校企一体、国内外联动的应用法语人才国际化培养新模式，奋力打造国际化办学"特色"样板。

关键词：应用法语；海外实训基地；"一带一路"；国际化

一、实施背景

随着"一带一路"倡议的深入推进，教育国际化将在服务我国走进世界舞台中央、促进人类命运共同体建设中发挥越来越重要的作用。《教育部　财政部关于实施中国特色高水平高职学校和专业建设计划的意见》（教职成〔2019〕5号）从服务中资企业"走出去"等多个方面对高水平高职学校的国际化建设提出了新要求。搭建国际化平台，推进国际化发展，深化专业国际化建设，提升服务"走出去"企业能力，打造具有世界水平的高职学校，成为我国高职教育发展的重要内容。

近年来，参与"一带一路"建设的中国企业正从"走出去"向"走进去"转变，对外语尤其小语种人才的需求在质量上也发生了变化。他们不仅要求外语人才具备良好的语言沟通能力，同时要具有专业领域的国际视野，了解目标国当地历史、文化、习俗、宗教等相关知识，熟悉其民族性及生活方式，能够妥善处理多元文化差异，推动文化相融，增进彼此信任。应用法语等小语种专业肩负着为"走出去"的企业培养满足上述要求的复合型高技能外语人才的任务，传统的人才培养模式已很难实现这一人才培养目标。办学模式的国际化转变是解决这一问题的强力抓手。

二、主要做法

（一）转变理念，拓宽专业国际化发展视野

2013年，习近平总书记提出了"共建丝绸之路经济带"和"21世纪海上丝绸之路"的重大倡议，"一带一路"倡议为中国企业"走出去"提供了更为广阔的平台。学校应用法语专

业敏锐地抓住这一千载难逢的历史机遇,及时转变传统应用外语专业的办学理念,将目光瞄准人才需求持续旺盛的海外市场,开创性地将国际工程及海外商务确定为专业特色方向,专业的国际化发展视野从国内拓展到海外,学生的实习就业也从国内延伸至海外。

(二)校企合作,培养国际工程和海外商务法语特色人才

转变观念,重在落实。从 2015 年开始,学校先后与浙江省建设投资集团股份有限公司(以下简称"浙建集团")、中国河南国际合作集团有限公司(以下简称"河南国际")等大型国企签订校企合作协议,建立海外(法语)实习就业基地,并聘请浙建集团资深法语专家屠焕林译审为法语专业特聘教授。

浙建集团与河南国际都是国际建筑领域的著名国企,连续多年双双入选美国《工程新闻记录》(ENR)杂志全球 250 家最大国际承包商名录。两者分别是浙江省和河南省建筑业走向世界参与国际建筑和贸易市场竞争的重要窗口,生产经营业务遍布全球 60 多个国家和地区,每年需要各类法语人才 400 人左右。校企共同制订人才培养方案,开设国际工程法语和海外商务法语实训课程;企业法语专家定期来学校开办讲座,对学生进行国际工程和海外商务法语实战训练,选聘优秀学生赴集团在海外的机构或项目实习就业。

图 1 为企业法语专家来学校给学生开展国际工程、海外商务法语实训。图 2 为企业法语专家定期来校与应用法语专业师生座谈交流。

图 1 企业法语专家来学校给学生开展国际工程、海外商务法语实训

(三)乘势而上,校企共建海外(法语)实训基地

2016 年,教育部高职院校外语类专业教学指导委员会(以下简称"教育部外指委")将应用法语专业海外实习就业基地立项为"高等职业教育创新发展行动计划(2015—2018)"建设项目。以此为契机,应用法语专业不断丰富校企合作内涵,促进产教深度融合。专业实训由原来的校内延伸到国外,学生在校内接受企业专家的实训后,若考核合格,可赴海外(法语)实训基地接受企业"师傅"的"师带徒"式培养,培养周期一般为 3~6 个月,期满合格

图2　企业法语专家定期来校与应用法语专业师生座谈交流

后方可上岗。在培养期内，企业还要安排当地资深员工对学生进行当地文化、习俗、宗教、法规等方面的培训，以使他们尽快融入当地社会，有效开展对外交流工作。学校指定专任教师和辅导员负责与企业对接，对海外实训或就业学生适时进行专业指导，并协助企业对他们进行管理和评价。企业向学校提供国际工程及商务方面的相关资料和案例，充实国内实训课程教学资源。应用法语专业学生在海外实训基地所从事的工作主要为当地劳工管理、办公室文员、涉外事务处理、工地现场翻译、日常翻译等。

应用法语专业学生在海外的工作情况如图3～图7所示。

图3　应用法语专业学生（左三）在河南国际几内亚铁路项目任法语翻译

图4 应用法语专业学生在河南国际几内亚铝矿项目负责处理涉外事务，此图为代表企业向当地村民捐献大米

图5 应用法语专业学生在河南国际塞内加尔公路项目部负责当地劳工管理，给工人发工资

图6 应用法语专业学生在河南国际几内亚矿业分公司任法语翻译，两位学生陪同泰利梅莱省省长到工地视察

图7　应用法语专业学生（左二）在浙建集团阿尔及利亚建筑工地现场任翻译

（四）多元探索，积极推进专业国际化模式的创新实践

随着"一带一路"建设的深入推进，"走出去"的企业在海外的业务经营和拓展对法语专业人才的要求已不再局限于提供纯粹的语言服务。在企业的海外本地化需求为应用法语专业国际化发展带来挑战的同时也提供了机遇，学校应用法语专业不断探索创新专业国际化模式，依托海外（法语）实训基地和在海外工作的毕业生资源，在企业内部开展"中文+职业技能"培训，为企业培养"懂中文有技能"的当地员工，助力"走出去"的企业在当地"走进去"；同时，积极探索与当地学校或培训机构合作开展"中文+职业技能"培训的路径与模式。

图8为应用法语专业学生在河南国际几内亚矿业公司对当地员工开展"中文+职业技能"培训。

图8　应用法语专业学生在河南国际几内亚矿业公司对当地员工开展"中文+职业技能"培训

三、成果成效

（一）专业国际化特色发展助力毕业生高质量就业

近几年来，通过校企合作共建海外（法语）实训基地，应用法语专业已累计派出近 80 名毕业生到"一带一路"沿线国家实训和就业，其中长期在国外工作至今的有近 30 人；回国后再就业的学生，凭借宝贵的国外工作经历及显著提高的法语语言技能，在国内人才市场上更受用人单位青睐，其薪资待遇通常比没有出国经验的求职者优厚。

（二）专业国际化特色发展助推专业人才培养质量显著提升

近几年来，学校应用法语专业的人才培养质量逐年上升，大学法语四级与大学英语四级考试通过率从 5 年前的 30%~40%提高到 80%左右，在全国应用法语专业中名列前茅。在浙江省教育厅每年开展的"浙江省高校毕业生职业发展状况及人才培养质量跟踪调查"中，应用法语专业综合排名位居全校各专业前列。

（三）专业国际化特色发展带动专业影响力持续增强

学校应用法语专业"校企共建海外（法语）实训基地"建设项目于 2019 年获得教育部"高等职业教育创新发展行动计划（2015—2018）"项目认定。学校应用法语专业的国际化特色办学模式受到教育部外指委的充分认可，该模式曾被作为典型经验在教育部外指委组织的全国"一带一路"有关国家语言专业教学改革研讨会上进行分享。学校应用法语专业还受教育部外指委的委托，承接"全国高等职业院校应用法语专业教学标准"研制任务，并且已经通过验收。

图 9 为应用法语专业代表在教育部外指委"一带一路"有关国家语言专业教学改革研讨会上做经验分享。图 10 为《高等职业院校应用法语专业教学标准》结题证书。

图 9　应用法语专业代表在教育部外指委"一带一路"有关国家语言专业教学改革研讨会上做经验分享

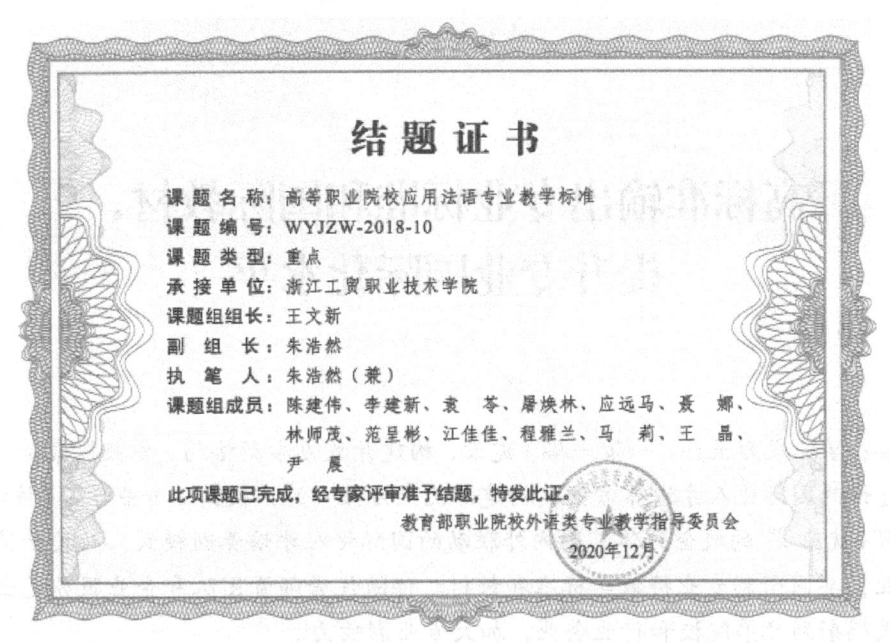

图10 《高等职业院校应用法语专业教学标准》结题证书

四、经验总结

国际化办学模式是高职外语类专业遵循专业特性、主动适应新时代经济社会发展的有效抓手，模式创新是专业特色的生动体现。校企紧密合作，产教深度融合，从助力企业"走出去"到服务"走出去"的企业，专业借船出海，走向海外。面对更广阔的世界，专业视野更开阔，专业发展之路也会越走越宽。

五、推广应用

学校应用法语专业"校企共建海外（法语）实训基地"的国际化特色办学模式受到教育部外指委及兄弟院校同行的充分肯定，应用法语专业代表针对该模式多次在教育部外指委、外语教学高端论坛、兄弟院校、企业界研习班等场所进行经验分享，反响热烈。

（执笔人：尹晨、朱浩然）

高标准输出专业标准和国际教材，提升专业国际化水平

摘　要：学院聚力服务"一带一路"建设，构建开放办学新格局，积极探索制订服务"一带一路"建设的国际化人才培养方案；构建以就业为核心的"校内（专业学习+技能培训）+国外（实习+就业）"的校企一体、国内外联动的国际化人才培养新模式，对接世界一流和国内知名企业，共同研制专业群教学标准和教材。伴随优秀师资团队和企业服务走出去，学校的教学模式辐射到兄弟院校和行业企业，加大专业影响力。

关键词：一带一路；交流与合作；标准输出

一、实施背景

近年来，浙江工贸职业技术学院以习近平新时代中国特色社会主义思想为指引，坚持社会主义办学方向，坚定践行开放办学理念，强化顶层设计，构建开放办学新格局，坚持"走出去""引进来"并举，服务"走出去"企业和"一带一路"沿线国家，在国际化人才培养、境内外合作交流等方面进行了积极的探索和实践，不断推动对外交流与合作迈上新台阶。学校与企业合作，共建海外法语实训基地，打造国际化办学"特色"样板。学生去海外实训就业。学校输出教学标准及其他教学资源，与海外教育机构开展多种形式的交流与合作。

二、主要做法

（一）与海外院校开展交流与合作

应用法语专业先后与科特迪瓦共和国的拉弗朗多尔国际学校、圣·扬·艾玛纽埃尔学院、几内亚的玛玛萨雷综合技术学院等学校开展交流与合作，共同探讨法语口语、翻译与写作等课程的教学内容与方法，向海外院校提供学校《应用法语专业教学标准》等；共同商讨合作培养非洲法语国家跨境电商专业人才的实施方案，达成双方师生线上、线下交流的可行性计划。

图1为应用法语专业与圣·扬·艾玛纽埃尔学院的合作证明。图2为玛玛萨雷综合技术学院标志。

图1 应用法语专业与圣·扬·艾玛纽埃尔学院的合作证明

图2 玛玛萨雷综合技术学院标志

（二）合作编译法汉双语跨境电商系列教材，携手培养跨境电商专业人才

应用法语专业与海外合作院校共同编译跨境电商法汉双语教材（2册），如图3所示。应用法语专业和国际经济与贸易专业的相关教师负责中文部分的编写和翻译工作；译稿完成后，交由海外合作院校负责法语部分的审核，并提出修改意见。该教材已在国内正式出版，并作为校际合作培养跨境电商专业人才的教学用书，输送到国外合作院校。

图3 跨境电商法汉双语教材（2册）

（三）海外实训就业学生与合作院校师生互动交流

在几内亚首都科纳克里和科特迪瓦经济首都阿比让实训就业的应用法语专业学生定期到所在地合作院校交流学习。他们在合作院校师生的指导下，体验当地风俗民情，并与当地学生开展中文和中国文化教学研讨活动。合作院校的师生定期到应用法语专业学生实训工作的企业考察交流，指导学生对当地员工开展"中文+职业技能"培训。

图4为应用法语专业学生在圣·扬·艾玛纽埃尔学院接受法语培训。

图4 应用法语专业学生在圣·扬·艾玛纽埃尔学院接受法语培训

三、成果成效

（一）学校、企业、地方一体，有效提升国外实训质量

赴海外实训基地就业实训的学生，不仅能在企业接受"师傅"和当地员工的指导，还可以定期去当地合作院校交流学习，极大地增强了国外实训的效果。

（二）丰富教学资源，改善课堂教学效果

通过校际交流，学校引进并选择性地吸纳海外珍贵教学资源（课程设置、教学设计、区域文化、影像资料等），用于专业课堂教学和专业文化活动，极大地提高了学生的学习兴趣，有效改善了课堂教学效果。

（三）国际化内涵建设不断深化，人才培养质量明显提升

在校企共建海外法语实训基地的基础上，学校通过标准输出、资源共享、互动交流等形

式，打造"国内外联动，学校、企业、地方一体的"人才培养国际化特色模式，专业国际化在广度和深度上都有了重要的突破，以专业国际化建设助推人才培养质量不断提升。

四、产生影响

通过校际交流与合作，学校扩大了学校及应用法语专业在海外的知名度；与海外院校同仁互动交流，协作研讨，丰富了专业教学内容，改善了课堂教学效果；输出教学标准和双语教材，增强了中国职业教育在海外的影响力；为海外实习工作的应用法语专业学生提供了提高法语水平和理解多元文化的理想平台；为今后开展更进一步的校际合作、提升专业国际化水平、助力中国职业教育"走出去"创造了良好的条件。

（执笔人：尹晨、朱浩然）

工业机器人技术专业依托国际化资源，打造国际化专业的探索与实践

摘　要：学校工业机器人技术专业积极借鉴美国教育思想、教育经验，引进美国高校教育教学资源，确定培养目标、指定合作模式、加强质量控制"三步走"，加快学校国际化进程，助推人才培养质量和就业竞争力提高，为学校"双高"建设、专业发展添砖加瓦，为兄弟院校开展国际合作提供"浙工贸模式"，为我国职业教育模式向全球输出提供范本。

关键词：中美合作；职业教育；人才培养；专业建设

一、实施背景

为贯彻落实《教育部等八部门关于加快和扩大新时代教育对外开放的意见》，加快"双高"建设，借鉴美国教育思想、教育经验，引进美国高校教育教学资源，不断提高对外开放水平和整体办学影响力，更好地服务国家战略和浙江省经济与社会发展，经双方平等友好协商，学校与美国盖特威技术学院合作举办工业机器人技术专业专科教育项目。

二、主要做法

（一）确立培养目标

工业机器人技术专业坚持以习近平新时代中国特色社会主义思想为指导，培养德、智、体、美全面发展，践行社会主义核心价值观，具有国际化视野和创新精神，适应中西方文化工作环境，具有一定的文化水平、良好的职业道德和人文素养，具有一般工业机器人结构、运动原理等知识，熟练掌握中西方先进机器人安装调试、编程操作、维护与维修技能，具备较强的就业能力和可持续发展能力，面向激光装备等智能制造产业链，能在自动控制工程技术人员、电工电气工程技术人员等职业群从事工业机器人应用系统的设计、编程、调试、运行、维护、销售及技术服务等工作的高素质复合型、创新型技术技能人才。

（二）制定合作模式

在合作之初，学校确定"共建""共享""共赢"的指导思想。一是锚定"共建"，汇聚各方力量，共同推动项目高质量发展；二是锚定"共享"，以真诚合作、平等互惠为基础，共同为中美两国青年学子构建一个跨文化学习交流的平台；三是锚定"共赢"，相互学习，共同发展，共同将项目打造成两国示范性国际交流与合作的品牌。

工业机器人技术专业依托国际化资源，打造国际化专业的探索与实践

图1为学校与美国盖特威学校的合作协议。图2为美国盖特威学校相关案例。

图1 学校与美国盖特威学校的合作协议

图2 美国盖特威学校相关案例

在此思想指导下，双方合作进一步体现了高职特色，学校实现了真正意义上的转型升级。

（1）在专业和课程设置方面，走国际化道路，参考国外教材、教师、实验实训环境，把国外的教材、教师、实验实训环境与国内教材、教师及实验实训环境进行有机整合。

（2）在教学方式和教材应用上，力求体现本土化色彩，同时吸收国外先进经验。

（3）在教学实践上，真正体现高职教育应用技能与实践特色，强调职业性与行业性的特点。

（4）在合作渠道上下足功夫，最大限度地实现国内学校和国外高职院校或国外企业的巧妙对接，学习国外先进的教育理念、教学手段、管理经验，实现"不出国门就可以留学"的最终目标。

中方、美方主要专业及实践环节课程教材如表 1、表 2 所示。

表 1 中方主要专业及实践环节课程教材

序号	课程	教材	出版社
1	工程图学及 CAD	《机械制图》	浙江大学出版社
2	电工与电子技术（一）	《电路与电子技术》	高等教育出版社
3	C 语言入门	《C 程序设计（第五版）》	清华大学出版社
4	电工与电子技术（二）	《电子技术（第 5 版）》	高等教育出版社
5	单片机技术及应用	《单片机应用技术（第 2 版）》	大连理工大学出版社
6	电子 CAD	《Altium Designer 印制电路板设计教程》	机械工业出版社

表 2 美方主要专业及实践环节课程教材

序号	课程	教材	出版社
1	工业控制系统简介	Industrial control system	Delmar Cengage Learning
2	机电一体化	Introduction to Mechatronic and Measurement Systems	McGraw-Hill
3	PLC 技术基础	Technical Basis of PLC	John Wiley & Sons, lnc
4	机器人技术基础	PDA Robotics	McGraw-Hill
5	电机及控制技术	Motor and Control Technology	John Wiley & Sons, lnc
6	现代电气控制技术	Electrical Control Technology	CRC Press, Inc
7	视觉技术及应用	Vision Technology and Application	Instrument Society of America
8	液压与气动技术	Hydraulic Fluids	John Wiley & Sons, lnc
9	工业机器人实操与应用	Robots And Robotics	CRC Press, Inc
10	先进的制造系统	Advanced Manufacturing Technology	Addison-Wesley

（三）加强质量控制

为加强质量控制，学校制订外国文教专家管理办法（如图 3 所示），培养专业的评估人员，要求他们具备专业课知识，精通外语，同时具备教学或管理经验。对教师的考核不能凭主观喜好，要有据可循，做到公平公正。因此，要注重教学过程管理，要求教师平时留下自己的教学记录和痕迹，如教案、讲义、试卷、课外活动资料等，以便核查。

专业的评估人员既作为中外教师的监督考核人员，又作为专业的培训人员。对于外籍教师，对其进行岗前培训，介绍中方学校的规章制度、中国的法律法规，并提前告知一些文化差异，帮助外籍教师事先理解中外教育理念与方式的不同，使他们能够更好地适应中国的学生和课堂，避免因教育制度和文化差异造成的误解和隔阂；对于中方教师，主要介绍合作方的文化背景、教育体系、教学特色，以便中方教师理解和借鉴。

浙江工贸职业技术学院文件

浙工贸院〔2020〕162号

浙江工贸职业技术学院外国文教专家管理办法（修订稿）

第一章 总则

第一条 浙江工贸职业技术学院（以下简称"学校"）为加强和完善学校外国文教专家（以下简称外教）管理工作，使学校外教管理工作走向科学化、制度化、规范化，根据国家外国专家局和教育部的有关规定，结合学校实际情况，特制定本条例。

第二条 建立、健全外教管理和服务体系，营造良好的环境氛围。党院办（外事办）（以下简称"外事办"）为外教聘任和管理的牵头部门，配有外教的各二级学院为外教管理和服务的主体部门，其它相关部门做好服务支持工作，为外教在教学、科研、生活等方面提供便利条件。

图3 外国文教专家管理办法

三、成果成效

（一）中外合作助力"双高"建设

学校"高起点架构、高标准建设、高质量实施"开展智能光电制造专业群建设，以习近平新时代中国特色社会主义思想为指导，全面贯彻党的教育方针及《国家职业教育改革实施方案》等文件精神与2021年全国职业教育会议精神，着力打造一支师德高尚、技艺精湛、能教善育、引领"三教"改革创新、推进人才培养质量持续提升的光电制造教学创新团队，为浙江省职业教育教师教学创新团队建设提供"浙工贸样板"。

此次工业机器人技术专业与美国盖特威技术学院的合作，有助于推动学校教学创新团队水平迈向应用型、国际化的道路，实现育人质量和办学层次"双提升"，进一步优化办学结构，培养具有国际化视野的人才。同时，与美国盖特威技术学院的合作，为学校打造国际领先的高水平高职学校提供了重要的量化参考指标，为学校的国际化进程积累了丰富的经验。

（二）中外合作助力专业发展

工业机器人技术专业参与申报并获批浙江省光电智造产教融合实习实训基地（如图4所

示）、温州市智能制造高技能人才公共实训基地（如图 5 所示），获批教育部第二批“现代学徒制”试点专业，2019 年成为国家第二批“1+X”工业机器人应用编程职业技能等级证书试点专业，毕业生跟踪调查连续 7 年稳居全省前二位，专业发展及人才培养得到了媒体的广泛赞誉。毕业生就业率连续 3 年在 97%以上。

图 6 为工业机器人技术专业毕业设计展。

浙江省教育厅办公室文件

浙教办职成〔2021〕60 号

浙江省教育厅办公室关于公布 2021 年度职业院校产教融合项目名单的通知

各设区市教育局，各高等职业院校：

根据《浙江省教育厅办公室关于开展 2021 年度职业院校产教融合项目申报认定工作的通知》（浙教办函〔2021〕262 号）要求，经推荐、遴选、审议、公示等程序，现确定 15 个产教融合联盟、20 个产教融合实践基地、101 个实习实训基地和 248 个

– 1 –

三、2021 年度职业院校实习实训基地（101 个）

序号	基地名称	学校
1	食品药品质量安全与科学监管实习实训基地	浙江药科职业大学
2	宁师学前教育专业群产教融合实习实训基地	宁波幼儿师范高等专科学校
3	浙江省智能航运技术实习实训基地	浙江交通职业技术学院
4	新商科智慧工场	金华职业技术学院
5	精密智能制造产教融合实训基地	宁波职业技术学院
6	数字经济产业创新公共实训基地	温州职业技术学院
7	现代旅行生产性实训基地	浙江旅游职业学院
8	生物技术应用与检测智慧实训基地	杭州职业技术学院
9	数字孪生技术产教融合实习实训基地	浙江机电职业技术学院
10	全域数字营销实习实训基地	浙江工商职业技术学院
11	制冷空调技术产教融合实训基地	浙江商业职业技术学院
12	影视技术产教融合实习实训基地	浙江艺术职业学院
13	商职财务数智化人才培养实习实训基地	浙江金融职业学院
14	电子商务数字化运营人才培养基地	浙江经贸职业技术学院
15	智慧建造虚拟仿真产教融合实训基地	浙江建设职业技术学院
16	服装数字化设计与制造实习实训基地	浙江纺织服装职业技术学院
17	新能源汽车智能制造实习实训基地	湖州职业技术学院
18	跨境电商实习实训基地	绍兴职业技术学院
19	智能制造实训基地	浙江工业职业技术学院
20	大数据技术智能创新应用实习实训基地	义乌工商职业技术学院
21	药品智造与服务产教融合实习实训基地	台州职业技术学院
22	基于工业互联网的智能制造实训基地	衢州职业技术学院
23	**光电智造产教融合实习实训基地**	**浙江工贸职业技术学院**
24	数字商贸产教融合实习实训基地	浙江育英职业技术学院
25	温州市智能包装实训基地	浙江东方职业技术学院
26	刑事执行人才培养警教融合实训基地	浙江警官职业学院
27	数字商贸专业群实习实训基地	浙江经济职业技术学院
28	康养护居一体化健康养老实习实训基地	宁波卫生职业技术学院

图 4　浙江省光电智造产教融合实习实训基地获批通知

中共温州市委人才工作领导小组办公室
温州市人力资源和社会保障局　文件
温　州　市　财　政　局

温人社发〔2021〕121 号

关于公布第九批高技能人才公共实训基地和温州市第十批技能大师工作室名单的通知

各县（市、区）委人才办、人力社保局、财政局，各有关单位：

根据《中共温州市委人才工作领导小组关于高水平建设人才生态最优市的40条意见》（温委人〔2020〕1号）、《关于申报2021年温州市高技能人才公共实训基地的通知》（温人社发〔2021〕109号）和《关于实施2021年温州市技能大师工作室建设项目的通知》（温人社发〔2021〕108号）文件精神，经过单位申报、材料审

附件 1

温州市第九批高技能人才公共实训基地建设单位名单

申报单位	实训基地名称
温州职业技术学院	温州市轻工产品设计高技能人才公共实训基地
浙江工贸职业技术学院	温州市智能制造高技能人才公共实训基地
浙江东方职业技术学院	温州市医康养护教高技能人才公共实训基地
温州技师学院	温州市工业机器人技术高技能人才公共实训基地
浙江乔顿服饰股份有限公司	温州市纺织服装高技能人才公共实训基地

图 5　温州市智能制造高技能人才公共实训基地获批通知

图 6 工业机器人技术专业毕业设计展

工业机器人技术专业与美国盖特威技术学院的合作，有助于更好地学习借鉴美国高等教育理念、办学模式、课程设置、师资培训及教学质量管理等方面的经验，充分利用美国教育资源，深入推进教育教学改革，加快学校培养工业机器人技术领域高素质应用型人才的进程，提高学校国际化水平，增强学生就业竞争力和学校办学竞争力，将专业建设成为对接国际标准的国内一流专业。

（三）中外合作助力人才培养

工业机器人技术专业引进美国盖特威技术学院的教学理念、教学内容、教学方法和教学手段，聘请盖特威技术学院的高水平师资并以全新的教学方式授课，有利于为学校培养一批兼具开阔的国际视野、较高的外语水平和扎实的专业能力的国际化技术技能型人才。此外，学生毕业时既可以获得浙江工贸职业技术学院的专科文凭，又可以获得国际认可的盖特威技术学院的专科文凭，在无形之中提高了毕业生的就业竞争力。

四、经验总结

（一）立足区域，立足本土

学校与美国高校合作，在合作办学中提升自己、发展自己，努力使国际先进的教育理念、教育模式在本土落地生根，也使职业教育的功能在区域人才培养和产业发展中得到更加充分的发挥。

（二）广泛联系，捕捉机遇

学校与美国高校合作，得益于平时注重联系，在国际学术交流、邀请大师举办讲座等活动中积极沟通联络，以及各级领导牵线搭桥，积极参与。

（三）互利互惠，共赢共进

中美教育合作提升学校的办学水平，美方多家学校、教育机构受益。今后，学校将进一步提升合作理念，拓展合作思路，夯实合作基础，建立长效的中外合作办学机制，创新合作的内容和形式，强化内引外联，寻找新的共振点，使中外合作教育越做越精彩，让中外合作教育之路越走越宽广。

五、推广应用

学校持续开展对外合作，双方培养方案得到多家美方学校、教育机构的参考、借鉴，使中方教育模式向全球推广。学校推进国际化合作赋能温台职教新高地建设的做法，得到浙江省教育厅、温州市教育局、杭钢集团等领导的充分肯定，以及专家同行的充分赞誉。学校代表多次在相关会议上做典型发言和经验分享。

（执笔人：吴智博）

厚植青年人才成长的沃土，打造中美青年创客标杆

摘　要：伴随席卷全球的创客运动，我国创客教育也形成了一股创新教育的新浪潮。基于中美青年创客大赛特点，从实施背景、主要做法、成果成效等方面分析了学校培育高校青年创客的做法。为学生创造与创新能力发展，为高校创客教育的研究和发展提供了有益的思路。

关键词：中美；创客；创新；创客空间

一、实施背景

习近平总书记强调："青年兴则国家兴，青年强则国家强。青年一代有理想、有本领、有担当，国家就有前途，民族就有希望。"

"中美青年创客大赛"由教育部主办，由中国（教育部）留学服务中心、清华大学、北京歌华文化发展集团、谷歌信息技术（中国）有限公司和中国大学科技园联盟承办，是中美人文交流高层磋商机制的配套活动之一。大赛以"共创未来"为主题，倡导参赛者关注社区、教育、环保、健康、能源、交通等可持续发展领域，结合创新理念和前沿科技，打造具有社会和产业价值的全新作品。大赛以比赛的形式促进中美两国创客文化与生态的建设，助力中国创客创新社区及众创空间生态环境的不断优化，并充分体现中美人文交流特色，为两国青年搭建交流沟通的平台，推动中美两国青年创客在创新领域深度交流，进而加强两国在青年层面上的文化交流与沟通。

大赛受到中美两国相关部门的高度重视，截至2022年，学校已经六次承办该项赛事，参赛团队来自重点本科院校、高职院校和企业（创客）。

国内高校的创客教育起步较晚，存在认识不足的问题，无从下手；课程体系陈旧，教学方式落后，缺乏供学生充分开展实践与创新活动的场地和平台等问题。

二、主要做法

（一）汇聚共同发展力量，建设优质创客空间

以创新创业教育实践基地中的国家级众创空间（如图1所示）为核心，政府、学校、行业、企业共建"学校+园区+城市"融合体，形成"一核两翼三载体"的双创教育实践平台。校园创客空间是校园创客的主要活动场所，既是校园创客交流创意思路、实现创意的地方，又是交友的平台。校园创客通过使用创客空间提供的各类工具，运用各种技术和非技术手段，以团队协作的方式发现问题、解决问题，经过不断的实验、改进，最终形成创意制品。在整

个创意活动过程中，校园创客在人际沟通、团队协作、解决问题、提升专业技能等方面获得了全方位的成长。优质的创客空间可以让学生充分发挥突如其来的奇思妙想，培养学生的发明创新能力，鼓励学生"动起来"，营造"校园众创"的氛围。

图2为光电制造学院众创空间人员合影。

图1 国家级众创空间标志

图2 光电制造学院众创空间人员合影

（二）深度融入学习生活，构建线上、线下课程体系

学校将创客教育有效融入线下学生社团活动中，形成创新创造社团、创客协会等组织，举办具有特色的创客沙龙、创客学堂，增强学生的创新、创造意识。同时，创客教育紧紧贴近学生线上生活用的社交平台，如微信、QQ、微博等，以及智慧职教平台和学习通平台，让学生拥有自媒体，使学生可以随时随地把自己的创意记录或发布上传，与其他学生进行交流，

共同探讨创意，达到随时随地都可以"创意"的效果。线上、线下两者之间协同发展，营造出一种时时可以创造的氛围，从而增强学生的创新、创造意识，激发学生学习实践发明的潜能。同时，针对不同类型的创客活动，学校开发相应的创客课程，结合专业特点，从培养学生的兴趣和能力出发，整合课程体系，建立跨学科、集技术性课程与实践技能于一体的专业创客教育课程体系。课程体系主要包括基础知识学习与技能训练课程、模仿项目训练、创新型项目训练三部分。

（三）深化"社区—学校—企业"合作发展模式

高校创客空间对社区开放，吸取社区创客的创意理论，加强学生对创客活动的理解。学校聘请有经验的创客人士作为高校创客教育活动的兼职导师。社区人士在高校进行创客活动，让自己的创意得到更有效的发挥，深化了社会人人向学的氛围。同时，学校与企业进行合作，企业可以为学校创客空间的建设提供经费支持和其他帮助。更进一步地说，企业与学校合作是学生创意转为现实商业化的必不可少的渠道。同时，学校培养出来的创新型人才可以直接向企业输送。两者相辅相成，互利共赢。学校探索深化"社区—学校—企业"合作发展模式，可以使一个创意完成从前期准备、萌发、设计、实践、创造到成为产品包装销售的全过程，带动创意飞跃。

三、成果成效

（一）营造众创创新的氛围，激发大学生的创造热情

学校众创空间是温州市首批市级认定众创空间、第三批国家级备案众创空间，三次获得省级、市级优秀众创空间称号。近年来，学校众创空间在与"985""211"高校及美国高校的比赛中，获得过前15名的成绩。学生与教师以众创空间为载体，教师在学生进行创客活动时起指导作用，从单一的传统课堂讲授者成为创客活动中的组织者和引导者。教师充分考虑学生的个性特点，当学生在创客活动中遇到疑难时进行有效的引导，让学生充分利用自己所学的知识来解决问题。学生根据自己的兴趣、能力和可用的设备对创客项目进行深度设计、开发与再创造，通过团队协作与分享，不断完善和共创新产品。学校充分调动学生参与创客活动的积极性，充分释放学生的创造思维，让其保持学习的激情与信心。

（二）推进创新创业交互迭代，扩大信息共享与交流

创客空间在发展中强调"从0到1"的原始创新，注重优化迭代。高校为企业提供理论知识，企业为学生提供实践场所，借助"中美创客大赛"孵化项目。学生学习的目的是走进社会，学校应该了解企业各种工作岗位的需求，针对不同领域开展切合实际、有助于学生融入社会的创客活动。企业的专业技术人员有着丰富的生产经验，对学生来说是宝贵的资源，两者形成良性的合作关系。学生科研能力强，是企业开发新产品的一大助力，学生的先进理念也能促进企业进步，使创意向创新与创造转化，促进创新、创业交互迭代，实现校企齐驱并进，互惠共赢。

图3为2020年度绩效评价为优秀的省级备案众创空间公示。

2020年度考核评价优秀（A类）省级备案众创空间公示名单

序号	众创空间名称	依托机构名称	所在辖区	
30	创立方众创空间	浙江启明投资管理有限公司	温州市	乐清市
31	浙江工贸学院众创空间	浙江工贸职业技术学院	温州市	鹿城区
32	汇聚·创业里众创空间	宁波汇聚产业园发展有限公司	宁波市	鄞州区
33	宁波麟沣医疗科技产业园	宁波麟沣生物科技有限公司	宁波市	杭州湾新区
34	宁波新材料创客中心	宁波高晟新材料初创产业园发展有限公司	宁波市	镇海区
35	宁波市创新设计众创空间	宁波和丰创意广场投资经营有限公司	宁波市	鄞州区

图3 2020年度绩效评价为优秀的省级备案众创空间公示

（三）优化多元绩效测评机制，促进教学质量提升

作为教育过程的一个重要组成部分，测评机制一直是高校教育工作者探索和研究的重点内容，科学、合理的测评机制不仅有利于提高教学质量，而且是评价和衡量学生对知识掌握程度的重要途径，是创新型人才培养的重要环节。创客教育鼓励学生在"做中学"，创客学习的结果往往是由小组成员共同完成的一件创新制品。多元绩效评价方式可以衡量出学生解决创新问题能力的高低，对创客教育实施具有重要意义。

四、经验总结

中美创客舞台给教师提供了交流与学习的平台，加强了校际之间专业教师的交流与学习；

专业教师的关注度不再局限于教材及教学资料，能够接触到工厂实际的应用技术及创客的新思路，开阔了眼界，拓宽了教学思路；教师的综合素养得到提高，专业教师逐渐意识到教与学之间的互动关系；校企之间的联系更加紧密，真正让专业教师转变了教学观念。

五、推广应用

学校长期致力于推进创新创业教育，拥有国家级众创空间。众创空间搭建起汇集资本、人才、技术、服务的"四位一体"的综合服务平台，成为中美青年创客交流中心的落脚点和最重要的双创基地，将持续增厚青年人才培养、项目创新孵化的沃土，促进创新创业企业与学校同发展、共成长。这也使学校承办的"中美创客大赛"舞台规模越来越大，层次越来越高，涵盖面越来越广。

图 4 为 2022 中美青年创客大赛温州分赛区总决赛参加人员合影。图 5 为中美青年创客大赛总决赛评审现场。图 6 为中美青年创客大赛决赛颁奖现场。

图 4　2022 中美青年创客大赛温州分赛区总决赛参加人员合影

图 5　中美青年创客大赛总决赛评审现场

守正创新，行稳致远——中国特色高水平高职学校和专业建设计划建设成果案例集

图6　中美青年创客大赛决赛颁奖现场

（执笔人：黄知洋）

十二、创新创业教育

十二、白鹿洞書院教育

四共理念引领下的高职"研训创融通"
创新创业人才培养

摘　要：学校秉承温州创新创业基因，立足于高质量培养创新创业人才，创立以"资源共享、平台共建、成果共用、人才共育"为准则的协同创新创业育人理念。学校牵头，政府、学校、行业、企业共建"学校+园区+城市"的"学园城"融合体，形成"一核多点"的创新创业实践教学平台，打造"研训创融通"教学模式，打通行业、企业创新链与高职双创人才培养链，面向全体学生，培养具有"创新精神、创客思维、创业实务、创业潜能"的高素质技术技能人才。

关键词：创新创业；融合体；教学模式

一、实施背景

学校立足创业型高校办学传统，秉承温州创新创业基因，紧扣"创新驱动发展，创业促进就业"的时代脉搏，聚焦创新创业实践平台与教学融合度不深、教学模式不能切合双创教学属性、教育评价体系不健全等问题，面向全体学生，培养具有"创新精神、创客思维、创业实务、创业潜能"的创新创业高素质技术技能人才。

二、主要做法

（一）确立双重保障机制，建立双创平台与教学一体化的"学园城"融合体

基于"四共"理念，立足浙江创意园，学校牵头，政府、学校、行业、企业共建"一核多点"的"学园城"创新创业教育综合实践支撑和服务融合体，政府相关部门每年投入专项经费500余万元。学校采取"产权+市场契约"方式，建立双重保障机制——融合体运行机制和融合体入驻实体服务双创教学绩效考核机制，确保融合体资源有效服务双创教学。融合体以园区为核心，引入56家企业，创办国家级众创空间，形成"体验+实训+孵化"的平台与教学一体化创新创业实践环境和文化氛围；多点布局，建立温州电子信息研究院等20个研究院所、温州文化创意学院等6个行业产业学院、永嘉创业分院等6个地方创业学院，形成"专业+产业+创业"的市场化双创教育环境。

（二）营造真实双创场景，打造"研训创融通"创新创业教学新模式

学校依托"学园城"融合体，承接行业、企业项目，由师生共同开展项目研究、专利研发、产品开发，培养学生的创客思维和研发能力；利用园区入驻企业、产业学院、地方创业学院，为学生提供双创实习实训，培养学生专创融合的创新精神和创业潜能。师生通过众筹开办实体店、创客空间、创业孵化园等，开展真实创业活动，由此培养学生的创业实务和实战能力。学校组织学生参加各类双创大赛，举办中美青年创客大赛、两岸青年创客工作坊，检验学生的双创综合能力。学校通过营造真实的双创场景，打造"研训创融通"创新创业教学新模式，如图1所示。

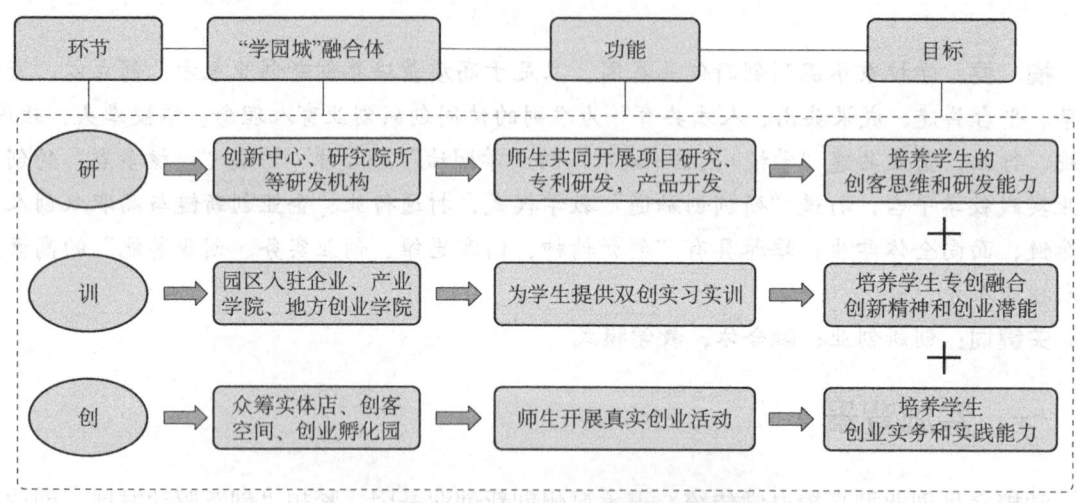

图1 "研训创融通"创新创业教学新模式

（三）突出绩效导引，形成三维立体的创新创业教育评价新体系

学校按照"平台有业绩、教学有保障、培养有成效"的原则，建立"学园城"融合体服务双创教学绩效考核制度、双创教学评价制度、学生双创素质评价制度，形成"平台建设、教学过程、培养目标"三维立体、校内校外联动的创新创业教育评价体系。在平台建设维度，以学校为主导，政府、学校、行业、企业共同制定校企合作育人绩效考核目标；在教学过程维度，研制课程建设、师资培养、教育教学等评价指标；在培养目标维度，创建高职学生创新创业素养评价模型。

三、成果成效

（一）学生创新创业能力明显提升，自主创业率高

据浙江省教育评估院毕业生调查数据，学校近三届毕业生创新能力平均值为96.94（全省平均值为91.03）；毕业生平均自主创业率为13.09%（全省平均为3.68%），连续三年居全省高校第一位；学生创新创业教育及指导平均满意度为95.61%（全省平均为82.75%）。

每年有3000多名学生进入"学园城"融合体，接受双创指导，进行实践，4000多名学生参加各类双创竞赛，获得"挑战杯—彩虹人生"全国职业学校创新创效创业大赛特等奖、

中国"互联网+"大学生创新创业大赛铜奖等国家级奖项 144 项。学校立项学生创新项目 229 项，学生授权专利 174 件。学校连续多年举办中美青年创客大赛、两岸青年创客工作坊等，共有 300 多个项目获奖并成功转化。其中学生杨忠敏获"浙江省文化新浙商新锐人物"称号，郑万里获"中国钢铁电商杰出人物"称号。

（二）双创教学资源建设成效突出，应用覆盖面广

截至 2022 年 10 月，学校主持建设的国家级创新创业教育教学资源库注册人数超过 50 万人，总访问量超过 1 亿次，覆盖 2246 所院校。学校建成了"大学生创业基础"等 3 门国家级精品在线开放课程、15 门省级在线开放课程；入选浙江省创新创业教育教材研究基地。近年来，学校立项教师双创教育研究课题 116 项，在《中国高教研究》等杂志发表创新创业教育论文 106 篇。2019 年度、2020 年度，学校发明专利授权数列全国高职院校第二名、第三名。

四、推广应用

（一）学校创新创业教育模式形成示范

2016 年，学校获全国首批创新创业典型经验高校 50 强、国家级众创空间称号，2017 年获全国深化创新创业教育改革示范高校称号，2018 年获批国家高技能人才培训基地。2016 年，学校承办浙江省高职高专院校创业学院建设工作现场推进会。2020 年，针对学校园区化人才培养模式，学校代表在全省高校人才工作推进会上做书面交流。2021 年，学校案例入选全国普通高校毕业生就业创业工作 100 个典型案例。2022 年，学校获批国家级创新创业教育实践基地。2021—2022 年，学校连续两届当选教育部高等学校创新创业教育指导委员会副主任委员单位（高职院校唯一）。《光明日报》《中国教育报》等媒体大量报道，全国本科和高职院校先后来校考察交流 130 余次，借鉴学校创新创业教育模式。

（二）双创人才培养得到各级部门、领导和专家肯定

教育部、国家知识产权局、中国工程院、省市领导多次来学校考察指导，高度评价学校的双创教育。2016 年 2 月，时任浙江省省长李强来学校调研，对园区各创业企业的运营模式给予肯定，对学校孵化与投资相结合的创新创业实践成效表示赞赏。2016 年 3 月，时任教育部副部长郝平在学校调研时指出，"创新创业教育在工贸学院发生了质的飞跃"。2019 年 3 月，教育部高校创新创业教指委主任、中国工程院副院长钟志华院士在调研时表示："浙工贸在创新创业教育改革方面走在全国前列，有很多自己的特色经验与做法。"多位双创教育研究专家在《高等工程教育研究》《教育发展研究》等核心期刊发表学术论文，对学校创新创业教育给予肯定性评价。

（执笔人：林海春、邱旭光）

建设创新创业资源库，打造双创教育生态圈

摘　要： 创新创业教育教学资源库贯彻"大众创业、万众创新"的国家战略，以互联网思维为驱动，开发具有前瞻性、普适性、多样性的资源体系，打造能学辅教的双创终身教育信息化平台，构建职业院校、行业企业、社会学习者多方交互的创新创业教育生态圈，成为具有高职特色、影响全国、辐射海外的创新创业教育平台。

关键词： 创新创业；生态圈；资源库

一、实施背景

创新创业资源库（以下简称"资源库"）以用户为中心，统筹双创资源建设、平台整体设计及跨地域共建共享机制的构建，进行一体化设计；以标准化课程为核心，以个性化课程为拓展，建设创新创业结构化课程体系；遵循碎片化、结构化和体系化原则，提供颗粒化资源。资源库建设内容包括四层级结构化课程、九大特色资源子库、能学辅教学习中心、四大培训课程模块和十大典型应用场景。从普及课程、专业课程、实操课程到双创与专业融合课程，资源库建设结构化主干课程12门；建设双创资讯、双创导师、众创空间、双创案例、融资平台、项目推介、创新集萃、双创竞赛、双创文化9个特色子库；建设线上线下混合式教学平台、交互式技术平台、自主学习平台、教学管理平台；开设个人创业能力提升、企业组织管理优化、创业环境认知明晰、前沿技术应用推广4个课程模块，解决创业者常见问题，提升创业能力。十大典型应用场景涵盖创业过程中的"痛点"，提供模拟实训，增强交互体验。创新创业资源库建设体系如图1所示。

四层结构化课程（共计12门）
普及课程 | 专业课程 | 实操课程 | 双创与专业融合课程

十大典型应用场景
涵盖创业过程痛点
可交互体验

九大特色资源子库
双创资讯 | 双创导师 | 众创空间
双创案例 | 融资平台 | 项目推介
创新集萃 | 双创竞赛 | 双创文化

四大培训课程模块（共计25门）
个人创业能力提升 | 创业组织管理优化
创业环境认知明晰 | 前沿技术应用推广

能学辅教学习中心
线上线下混合式教学平台 | 交互式技术平台
自主学习平台 | 教学管理平台

创新创业资源库
核心建设内容

图1　创新创业资源库建设体系

二、主要做法

（一）聚优资源优势，规划顶层设计

资源库汇聚国内示范校、骨干校的创新创业优质资源，建设"双高"A 类学校 5 所、B 类学校 4 所，特色优势突出。小米、柴火创客、阿里巴巴、大疆创新等创新创业企业翘楚参与建设和推广，社会影响力显著。学校联合各方成立教学资源库项目组，召开项目建设方案论证会，形成资源库总体方案和各子项目建设方案，完成资源库建设任务分解，形成系统顶层设计架构。

（二）建立资源标准，全流程绩效管理

学校编制《国家级职业教育创新创业教育教学资源库建设手册》，健全规范资源库认证标准，包括教学标准、课程标准、资源标准等，用于资源的建设、聚集、应用和推广。主持院校充分发挥建设主导作用，在内容建设、建设保障、监督制定等方面进行分工，并制定明确的分工表。线上与线下相结合的联席会议定期举行，对建设成效实时进行沟通，及时反馈，保证资源库建设的有效推进。为高质量推进资源库建设项目，学校组建了资源库项目建设领导小组和专家组，下设项目建设办公室。项目建设办公室对资源库的知识结构、功能结构、内容质量、应用平台、服务模式等做出具体明确的规范；资源建设和网络平台建设同步进行，形成系统化与规范化的资源库建设的良性循环，确保教学资源持续更新；重点关注使用率低的资源，查找原因，对方案执行情况和实施效果定期进行评估与考核，提出改进建议并贯彻实施；加强建设、应用、学习等方面的成果认定，扩展资源库在相关专业教学中的使用。

（三）完善共享平台，构筑双创生态

学校按照共建共享、边建边用的原则，创建资源库平台运行管理和更新维护机制，确保教学资源持续更新，满足教学需求和技术发展的需要。资源库初步建成后，进行调试，对教师、学生、企业、社会人员应用资源库资源的情况进行在线测试，结合创新创业教学中的难点、痛点和关键点，实现自主选择，进行系统化、个性化的学习，逐渐实现资源库的场景化服务，提升用户体验。学校加强资源库在联合建设学校中的推广应用，推动教学改革。教师实施翻转课堂教学，针对不同的教授对象和教学要求，利用资源库灵活组织教学内容，辅助教学实施。学校每年组织微课比赛，用获奖优质资源更新数据库，对于自主参与学习的在校学生给予学分认可。针对企业员工和社会学习者，学校推广对资源库的应用，设置不同难易程度的课程，作为企业员工培训、岗位提升等学习与考核的标准，让员工主动参与学习。学校与地方人力资源和社会保障局合作，开展创新创业教育资格培训，学员通过资源库自学，经过在线考核，取得资格证书。

三、成果成效

（一）资源丰富

目前，资源库拥有颗粒化资源 22601 个，拥有 8906 个视频类素材、918 个动画类素材、2293 个微课类素材、1554 个非文本类素材、8 门专业核心课程、4 门拓展课程、25 门社会培

训课程。资源库原创资源占比为78.2%，活跃资源占比为98.9%。

（二）形成双创生态圈九大特色子库

资源库服务职教改革，打造校企融合的生态圈层，构建"系统创业培训+专业导师咨询服务+竞赛展示+定制化投融资对接"四位一体的孵化体系，实现资金、智力、人才、场地的精准匹配，全方位服务创业者。双创生态圈九大特色子库如图2所示。

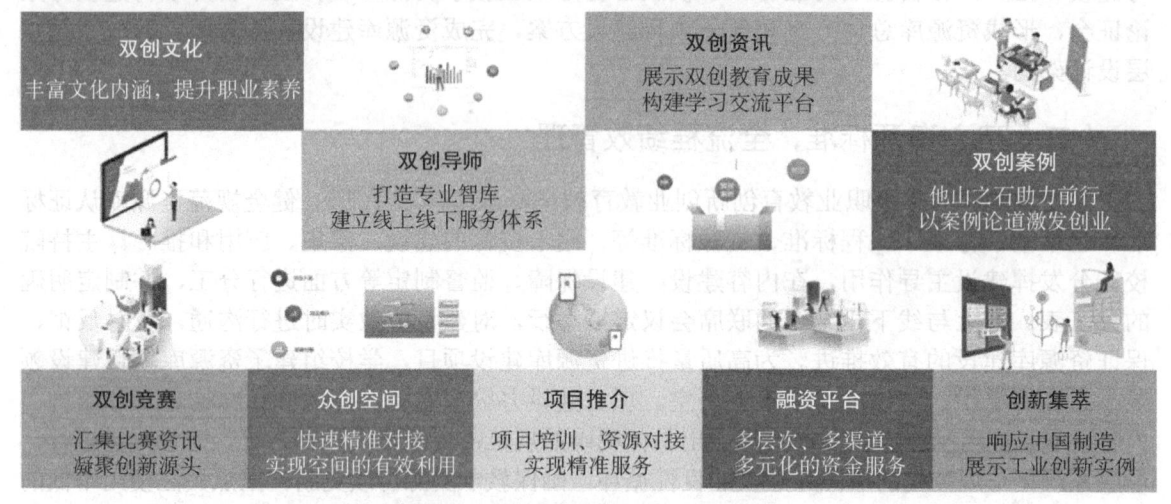

双创文化 丰富文化内涵，提升职业素养		双创资讯 展示双创教育成果 构建学习交流平台	
	双创导师 打造专业智库 建立线上线下服务体系		双创案例 他山之石助力前行 以案例论道激发创业
双创竞赛 汇集比赛资讯 凝聚创新源头	众创空间 快速精准对接 实现空间的有效利用	项目推介 项目培训、资源对接 实现精准服务	融资平台 多层次、多渠道、 多元化的资金服务	创新集萃 响应中国制造 展示工业创新实例

图2 双创生态圈九大特色子库

（三）建设交互式体验的十大典型场景

资源库围绕创业者必需的创业实践活动，建成十大典型应用，采用"技能训练+相关知识学习"的方式进行建设；增强交互式体验功能，实现平台模拟实训、自我评估等功能；建设完成包含510个学习资源的10类典型工作场景实训平台。

（四）构建进阶式双创教育人才培养模式

学校建立特色鲜明的"启蒙+预科+专门+实战训练"进阶式双创教育课程体系，编写双创新形态教材55本，在各类双创大赛中获奖457个（其中参建院校荣获11个"互联网+"国家金奖），学校教师获得市级以上各类奖项104个，开展各类培训班73个，发表论文138篇，获得自主知识产权255个。"大学生创业基础""移动营销"获评2020年国家精品在线开放课程，《大学生创业导航》《创业法律实务》《高职生职业生涯规划与就业创业指导数字课程》《网络创业》《毕业设计与就业创业指导》等教材入选"十三五"国家规划教材。

图3为"移动营销"入选国家精品在线开放课程。

四、应用推广

（一）坚持边建边用，资源库辐射示范效应明显

截至2022年10月，资源库注册人数超过50人，总访问量超过1亿次。资源库应用覆盖

31个省级行政区、2246所院校，其中包括清华大学、北京大学等国内顶级高校。

图3 "移动营销"入选国家精品在线开放课程

（二）坚持动态调整，建立健全学分互认机制

学校积极建立创新创业学分、专业创新课程学分和创新创业实践拓展学分认定与转换制度，进行学生发明创造、实习实训、实践经历、动手能力、第二课堂素质拓展、教育部职业技能大赛、"互联网+"大学生创业大赛、大规模在线开放课程（MOOC 课程）的认定。学生在线通过对应模块的 MOOC 在线课程学习，成绩合格的学生获颁"学习证书"。资源库移动端更加方便教师和学生的使用。

（执笔人：林海春）

深化园区化产教融合，培养创新创业人才

摘　要：大学生就业竞争激烈，社会产业升级迭代，尤其需要创新创业人才。高职院校在培养学生掌握专业技能的基础上，要强化学生的创新创业意识并培养学生的创新创业能力，积极响应"大众创业，万众创新"的国家战略。产教融合是高职院校批量培养创新创业人才的有效途径。

关键词：园区化；产教融合；创新创业

一、实施背景

学校立足于高质量培养创新创业人才，确立"平台共建、资源共享、成果共用、人才共育"的理念，与浙江创意园、温州知识产权服务园共同推进产教融合、专创融合，共建"学校+园区+企业"融合体；以此为依托，建立行业产业学院、研究院所，形成"园区化"创新创业实践教学平台，开展共研、共创、共训，打造园区化产教融合的创新创业人才培养模式；通过"企业出题、园区破题、学校接题、师生解题、市场验题"的良性互动，将学校、园区、企业共建成果转化为创新创业教育资源，打通行业企业创新链与高职双创人才培养链，面向全体学生培养具有"创新精神、创客思维、创业实务、创业潜能"的高素质技术技能人才。

二、主要做法

（一）协同育人，创建"园区化"双创实践平台

学校以园区内的行业龙头企业浙江思珀整合传播有限公司、温州先临左岸工业设计有限公司、温州瓯越专利代理有限公司等56家企业为核心，通过"教师到企业实践、企业技术人员到学校教学"等方式，每年常态化安排60多名教师入园实践，每学期聘请园区50余名专业技术人员和高级管理人才承担教学任务。教师带领学生在园区成立公司，开设工作室，进行创业教育和市场化运作。学校与园区行业龙头企业合作办班，负责教学过程，如与思珀公司合作开设"广告人班""2+1创业班"等，实行导师制和小班教学，在学习过程中完成真实的项目。校企共建国家级众创空间，形成"认知+实践+孵化+成长"的创新创业环境和文化氛围，激发创新创业内在动力。通过"园区化"创新创业实践平台，学校打通行业企业创新链与高职双创人才培养链，面向全体学生，培养兼具双创素养和专业能力的"双创型"技术技能人才。

（二）共建资源，开发"精品化"创新创业课程

学校与园区企业共建国家级职业教育创新创业教育教学资源库，共同制订资源库建设方案，共同开发课程和教材，共同制订评价标准。资源库确立双创教育与思政教育、专业教育融合、实践教育融合的原则，系统设计了普及课程、专业课程、实操课程、双创与专业融合课程四级课程体系，全面提升学生的创新素质和就业创业能力。截至 2022 年 10 月，资源库注册人数超过 50 万人，总访问量超过 1 亿次。共享课程覆盖 2246 所院校；建成"大学生创业基础"等 3 门国家级精品在线开放课程、15 门省级在线开放课程。"园区化"双创实践平台结构如图 1 所示。

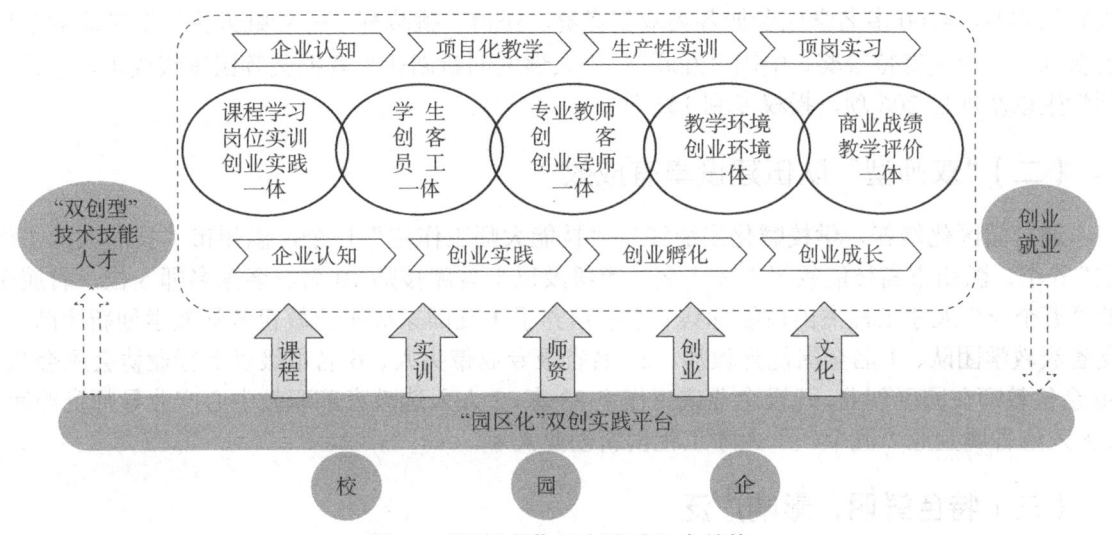

图 1 "园区化"双创实践平台结构

（三）互聘共培，打造"双师化"双创教师队伍

学校与园区共建创新创业教育师资培训基地：一方面，聘请园区企业家担任创业导师，兼职授课，举办讲座，与学生创业团队一对一结对服务；另一方面，各专业分别选派教师到园区开展创业实践或自主创业，与园区企业共同开发相关课程，形成"老板即导师"和"教师即老板"的"双导师"师资队伍。学校与园区人员双向交叉流动，实现双重职责的自然转化，使园区成为"校外导师"的来源基地、教师提升创新创业能力的实践基地，建成了一支"双师化"的双创教育教师队伍，推动了"双创型"技术技能人才培养，提升了学生的就业创业能力，提高了毕业生的就业创业质量。2019—2021 年，教师与园区企业合作承担横向课题 108 项，经费达 636 万元。

（四）合办活动，提升师生专业技能和双创能力

学校与园区共同策划，举办创意创新创业赛事和活动，已经连续 6 年承办两岸青年创客工作坊、中美创客大赛、温州动画绘制技能创业大赛、温州"白鹿杯"工业设计大赛、创意市集等活动，并通过开展第二课堂（如知识产权服务园开展"法庭进校园"等），以形式多样的创新活动提升师生的专业技能和社会影响力。通过合办的赛事活动，学校培育了 100 余名成功的"创业之星"，其中学生杨忠敏的瓯塑创业项目通过园区孵化，荣获"文化新浙商新锐奖"。2017—2021 年，学生参加双创竞赛，获得"挑战杯——彩虹人生"全国职业学校创新

创效创业大赛特等奖、中国"互联网+"大学生创新创业大赛铜奖等国家级奖项 124 项。

三、成果成效

（一）学生创新创业能力明显提升

据浙江省教育评估院 2016—2019 届毕业生调查数据，学校四届毕业生创新能力平均值为 95.78（全省平均值为 87.95）；毕业生一年后平均自主创业率为 11.55%（全省平均为 5.57%），位列全省高校第一位。每年平均有 3000 多名学生进入"学校+园区+企业"融合体，接受双创指导和实践，4000 多名学生参加各类双创竞赛，获得"挑战杯——彩虹人生"全国职业学校创新创效创业大赛特等奖、中国"互联网+"大学生创新创业大赛铜奖等国家级奖项。学校立项学生创新项目 206 项，授权专利 151 件。

（二）"双师型"队伍建设卓有成效

通过园区化培养，学校孵化出浙江省"技能大师工作室"1 个，温州市"技能大师工作室"6 个，温州市高技能领军人才 1 名，市级及以上首席技师 10 名、名家名师 5 位，省属企业"五个一"人才工程杰出技能标兵 4 名；培养了 1 支国家级职业教育教师教学创新团队、3 支省级教学团队、1 名全国优秀教师、23 名省级专业带头人、6 名市级以上行业协会副会长。50 余位教师在园区创业，开设企业或工作室 33 家，2 人入选教育部职教中心产业导师资源库，2 人入选省属企业"五个一"人才工程创新创业人才。

（三）特色鲜明，影响广泛

学校园区化产教融合的创新创业人才培养模式形成示范。《光明日报》《中国教育报》等媒体报道 100 多次。2014 年 9 月，英国文化协会发布报告，指出学校将园区作为真实的工作环境，有助于培养学生的创新创业能力。全国本科和高职院校先后来学校考察交流 300 余次，并借鉴学校园区化产教融合的创新创业人才培养模式。教育部、国家知识产权局、中国工程院和省市领导多次来学校考察指导，高度评价学校的创新创业教育。2020 年，学校代表针对学校园区化人才培养模式，在全省高校人才工作推进会上进行书面交流。

学校先后获评教育部全国创新创业典型经验高校 50 强（全国首批）、国家级众创空间（科技部）、全国深化创新创业教育改革示范高校（教育部）、海峡两岸青年创业基地（国台办）、浙江省双创示范基地等称号。学校是教育部指定的中美创客大赛分赛区承办校、2018－2022 年教育部高等学校创新创业教育指导委员会副主任委员单位。学校合作的园区获批国家广告产业园区、国家中小微企业知识产权培训（温州）基地、省级特色工业设计基地、浙江省重点文化产业园、省级大学生创业示范基地等。

四、经验总结

（一）构建四共理念引领的园区化产教融合创新创业人才培养模式

学校在"平台共建、资源共享、成果共用、人才共育"理念下，采用市场化运作方式，建立"园区化"创新创业人才培养模式。学校聘请园区企业家担任学校创业导师，兼职授课，并与学生创业团队一对一结对服务；鼓励教师到园区自主创办工作室或企业，提升自身创新创业实践能力；依托园区实施"现代学徒制+创业导师制"的创新创业人才培养模式。学校挑选优秀学生，在课余时间跟随教师学习，辅助教学，在教师的指导下生产作品，经过半年至一年的培养，达到可以独立完成一定水准作品的水平。针对有意从事创业的学生团队，教师作为创业导师，给予帮扶指导。学校与园区合作开发课程、实施教学，进行创新创业实践和创业帮扶等，实现了校内校外资源的良性互动。

（二）共建国家级众创空间，形成创新创业生态系统

学校与园区共同建立国家级众创空间，众创空间架构由"四创"核心圈+服务圈组成。"四创"核心圈包括创业学院、创客空间、创业孵化园和浙江创意园，构建涵盖创意、创新、创业全过程的服务体系。服务圈主要为创新创业者提供风险投资、网络、场所、知识产权、创业指导、人才、中介等创业全要素服务。众创空间发挥政策集成和协同效应，实现创新与创业相结合、线上与线下相结合、孵化与投资相结合，为大学生创新创业提供良好的工作空间、网络空间、社交空间和资源共享空间，2015年被评为温州市首批众创空间，2016年被评为浙江省优秀众创空间、科技部国家级众创空间。

（三）建立社会资源向育人资源精准有效转化的新方法

学校依托"学校+园区+企业"融合体，实现社会资源向教学资源的转化，即生产和服务性平台转化为教学实践平台，研创成果和实践案例转化为课程，共研、共训、共创体悟转化为教师教学能力。学校引入企业家、技术专家、能工巧匠等优质资源，建立"专业教师+企业导师+培训讲师"的互聘互兼师资队伍。2019—2021年，教师与园区企业合作承担横向课题108项，经费达636万元，并且建成了具有职教特色、面向全国的创新创业教育教学资源库。

（执笔人：林海春）

以"四化"加强双创教育 带动学生高质量就业

摘 要：创业带动就业具有乘数效应，学校通过构建"系统化"双创教育体系、创建"园区化"创新创业实践平台、开发"精品化"创新创业线上课程、打造"双师化"创新创业教师队伍等措施加强创新创业教育，促进大学生创业，带动学生高质量就业。

关键词：创新创业；分层分类；校企一体；开放共享；双岗双聘

一、实施背景

《国务院办公厅关于进一步做好高校毕业生等青年就业创业工作的通知》指出，高校毕业生等青年就业关系民生福祉、经济发展和国家未来，要以习近平新时代中国特色社会主义思想为指导，认真贯彻落实党中央、国务院决策部署，把高校毕业生等青年就业作为就业工作重中之重，将帮扶困难高校毕业生就业作为重点，做好当前和今后一段时期高校毕业生等青年就业创业工作。学校认真学习贯彻国家关于促进高校毕业生就业创业的决策部署，通过强化创新创业教育，带动学生高质量就业。

二、主要做法

（一）推行"分层分类"双创教育，构建"系统化"双创教育体系

学校始终坚持将创新创业教育贯穿于人才培养全过程，形成"分层分类"的创新创业教育体系。"分层"包括创新创业普及教育、创业通识教育、"2+1"试点教育和创业实践四个层次，根据学生群体的不同，开展"普及+通识+专创融合+实践"不同层次的双创教育，以满足学生不同阶段的学习需求；"分类"是指根据学生学习兴趣、创业意向、创业项目的不同，分别在创业通识教育阶段、"2+1"创新创业教育阶段、实践教育阶段按专业类别开展针对性的双创教育，以满足学生个性化的学习需求。通过系统化的创新创业教育，学校提升了学生的创新创业意识和能力，激发了学生的创新热情和创业动力。

（二）强化"校企一体"协同育人，创建"园区化"创新创业实践平台

学校立足自主创建并运营的"三园区三基地"，即浙江创意园、温州知识产权服务园、国家广告产业园和省级特色工业设计示范基地、国家中小微企业知识产权培训基地、数字经济国家级高技能人才培训基地，采取"产权+市场契约"的方式，政府、学校、行业、企业共建"园区化"创新创业教育综合实践支撑和服务融合体。政府相关部门每年投入专项经费500余万元，学校每年投入经费200余万元。学校以"三园区三基地"为核心，引入56家企业，年

容纳企业实践教师200多位；创办国家级众创空间，形成"体验+实训+孵化"的创新创业实践环境和文化氛围，激发创新创业内在动力。学校通过"园区化"创新创业实践平台，打通了行业企业创新链与高职双创人才培养链，面向全体学生，培养兼具双创素养和专业能力的"双创型"技术技能人才。

（三）建设"开放共享"资源库，开发"精品化"创新创业线上课程

学校主持建设国家级职业教育创新创业教育教学资源库，确立双创教育与思政教育、专业教育、实践教育融合的"三融合"原则，系统设计普及课程、专业课程、实操课程、双创与专业融合课程四个层级的课程新体系，全面提升学生的创新素质和就业创业能力。截至2022年5月，资源库注总访问量达160882103次，共享课程覆盖2246所院校。学校建成"大学生创业基础"等3门国家级精品在线开放课程、15门省级在线开放课程。在新型冠状病毒感染疫情期间，资源库用户访问量增长接近20倍。同时，学校积极响应国家"六保""六稳"政策，面向农民工、退伍军人、下岗职工推出"创业之新营销""网店的开设""DIY个性定制与网上经营""便利店创业经营""小本经营快餐店""家庭民宿创办与经营""家庭园艺开发""家装服务创业实践""房地产租赁服务创业实践"等特色共享课程，促进了农民工、退伍军人、下岗职工创业就业能力的提升。

（四）建立"双岗双聘"机制，打造"双师化"创新创业教师队伍

学校加强"契约约束"，对入驻学校下属园区的企业，在协议中规定承担教学任务和接受师生创业实践的条款。学校与园区共建创新创业教育师资培训基地，形成"老板即导师"和"教师即老板"的"双导师"师资队伍：一方面，聘请园区企业家担任创业导师，兼职授课，举办讲座，与学生创业团队一对一结对服务；另一方面，各专业分别选派教师到园区开展创业实践或自主创业，与园区企业共同开发相关课程。学校与园区人员双向交叉流动，实现双重职责的自然转化，使园区成为兼职教师的来源基地、教师提升创新创业能力的实践基地，建成了一支"双师型"的创新创业教育教师队伍，推动了"双创型"技术技能人才的培养，提升了学生的就业创业能力，提高了毕业生的就业创业质量。

三、成果成效

学校2020届毕业生初次就业率为98.22%，就业率连续13年达98%以上。据浙江省教育评估院毕业生调查数据显示，学校连续五年毕业生创新能力平均值为94.74（全省平均值为86.94）；毕业生一年后平均自主创业率为11%（全省平均为4.79%），名列全省高校前茅。

（执笔人：林海春）

五力聚合，学创一体，打造专创融合专业（群）

摘　要：面对新时代的新需求，学校精准施策，聚焦专创融合，强化实践育人，全面贯通课内课外，将创新创业教育深度融入专业教育，打造"五力聚合，学创一体"的专创融合专业（群），培养了大批富有双创素质并勇于投身实践的创新创业人才，为我国职业院校双创教育人才培养提供了重要经验。

关键词：创新创业；专创融合；学创一体

一、实施背景

学校各专业在"校企一体"办学理念与"创业型高校"建设思想的指导下，积极探索适合专业特征的人才培养模式。在利益相关者等理论指导下，学校创新性地提出了"五力聚合，学创一体"的专业人才培养模式，实现了人才培养全过程与产业的无缝对接，以及创新创业能力培养的贯穿，大幅提升了人才培养质量。

二、主要做法

（一）汇聚五方力量，打造学创一体平台

高职专业人才培养不能仅依靠学校单一主体，需要内外多方力量协同支撑。为此，学校采用"市场契约+利益多赢"的方法，立足市场吸引力，着眼学生发展力，发挥学校服务力，争取政府引导力，激发企业教育力，形成"共同愿景、共构组织、共同建设、共同管理、共享成果、共担风险"的利益相关者，从而汇聚了学校、政府、企业、学生、市场五方力量，构建了"合作育人、合作创业、合作就业、合作研发、合作发展"的学创一体平台。

（二）创新创业贯穿人才培养全程

1. 人才培养目标：设立创业就业双通道

在人才培养目标定位上，相关专业设置就业和创业两大通道，并利用不同课程体系设置支撑。在完成专业学习后，面向就业的学生到相应企业按照"校企一体人才培养模式"参加企业班学习；面向创业的学生则转入创业学院"2+1"创业班，学习系统的创业理论和实践课程，同时依托国家级众创空间平台进行创业孵化专项训练。

2. 课程体系设置：创新创业全面融入

无论面向就业或创业，在学生前两年的专业学习中，创新创业教育都充分融入课程体系。

学校基于学创一体平台，整合学校、政府、企业、学生、市场五方资源，建立校企一体专业教学指导委员会；在根据企业运行流程和创业流程进行知识、能力与素质分析的基础上，对各类创业活动和就业岗位所需的创新意识、创新能力结构进行深度剖析，制订专业人才培养方案，构建专业课程体系。

3. 课程开发与实施：依托真实创业项目，实现学创一体

学校依托学校国家级众创空间，实施学创一体课程开发；根据企业创业实践项目与各岗位工作任务，开发项目课程，设计学习实训任务。学校通过创业带动真实的项目实训，在真实的创业环境和企业经营氛围中，由担任创业导师或创业工作室负责人的教师作为项目课程教学师资，学生在担任创业工作室CEO、合伙人或员工多种角色的实践体验中完成课程学习。在教学评价中，学校将学生负责的工作室商战业绩和岗位绩效纳入课程考核目标。

（三）构建学创一体的支撑保障体系

1. 打造学创一体师资

依托学创一体平台，专任教师经历了创业实践的洗礼，具备了担任课程教师、创业导师和创客复合角色的能力。同时，在众创空间中沉淀下来的各类优秀创业学子有力地充实了专业教师队伍。

2. 建设学创一体基地

依托学校国家级众创空间平台，专业师生创办实体企业，并以此为核心，根据企业运行流程，以师生团队竞标的形式，成立工作室等系列创业实体，形成互为服务外包的链式工作室集群——学创一体基地。

3. 完善学创一体机制

（1）在动力机制层面，各方实现利益共赢。专业通过承接政府转移职能，依托众创空间，获得政策支持；师生以市场为导向，开展创业项目；企业为创业教育与实践提供所需的资金、货源、供应链、培训等要素支持，获得商业价值与政策支持。

（2）在运行机制层面，学校深入实践并完善"创业2+1""创业学分互换""教师在岗创业"等制度体系，保障学创一体人才培养模式顺畅运行。

三、成果成效

（一）构建学创一体人才培养模式

学校基于学创一体平台，实现电子商务人才培养的"五个一体"，即学习环境、创业环境一体，课程学习、创业实践一体，学生、员工、创客一体，教师、创客、创业导师一体，创业业绩与教学评价一体。

（二）实现人才培养主体多方协同

根据利益相关者理论，学校打造众创空间平台，通过市场资源优化配置、政府政策支持、企业创业支撑要素输入、师生全面参与创业，使各方力量真正汇聚到学创一体人才培养上来，

形成"共同愿景、共构组织、共同建设、共同管理、共享成果、共担风险"的格局,实现学校、政府、企业、学生、市场五方共赢。

(三)开辟显隐结合的教学资源开发路径

一方面,在教学资源开发中,学校充分吸收各工作室创业实战的案例、成果、素材等显性资源,开发系列项目课程、教材和资源库;另一方面,挖掘创业平台中的隐性资源元素,以学生观摩、体验、感悟、内化等形式加以利用。

(四)塑造"学、工、创、教"一体化形态

学生投身于省级众创空间浓郁的学创一体氛围中,通过对创业、合伙、就业等多种角色的轮番体验实践,感知市场,学习知识,培养能力,磨砺意志,陶冶情操,塑造了一种寓教于工、寓教于学、寓教于创、寓教于景、寓教于悟的"学、工、创、教"一体化的人才培养新形态。

四、推广应用

学校在实践探索中形成的理念和经验在同行和社会中迅速传播,形成了较大的社会影响力。《光明日报》《中国教育报》《浙江日报》等媒体均对该成果进行了深度报道。全国100多所高校陆续来学校参观学习,并各自试点了该模式。时任浙江省省长李强、教育部原副部长郝平、教育部原副部长鲁昕等领导,以及全国政协调研组、浙江省人大调研组来学校视察后均给予了高度评价。2015年10月,时任教育部部长袁贵仁在浙江调研期间,学校作为全省高职院校唯一代表进行专题汇报,得到高度肯定。

(执笔人:施星君、林海春)